DA INTERVENÇÃO DO ESTADO NA QUESTÃO DA VIOLÊNCIA CONJUGAL EM PORTUGAL

MARIA ELISABETE FERREIRA
ASSISTENTE DA FACULDADE DE DIREITO
DA UNIVERSIDADE CATÓLICA PORTUGUESA
CENTRO REGIONAL DO PORTO

DA INTERVENÇÃO DO ESTADO NA QUESTÃO DA VIOLÊNCIA CONJUGAL EM PORTUGAL

ALMEDINA

DA INTERVENÇÃO DO ESTADO NA QUESTÃO
DA VIOLÊNCIA CONJUGAL EM PORTUGAL

AUTOR
MARIA ELISABETE FERREIRA

EDITOR
EDIÇÕES ALMEDINA, SA
Rua da Estrela, n.º 6
3000-161 Coimbra
Tel.: 239 851 904
Fax: 239 851 901
www.almedina.net
editora@almedina.net

EXECUÇÃO GRÁFICA
G.C. – GRÁFICA DE COIMBRA, LDA.
Palheira – Assafarge
3001-453 Coimbra
producao@graficadecoimbra.pt

Março, 2005

DEPÓSITO LEGAL
223642/05

Toda a reprodução desta obra, por fotocópia ou outro qualquer processo,
sem prévia autorização escrita do Editor,
é ilícita e passível de procedimento judicial contra o infractor.

*À memória da minha
avó Margarida*

NOTA PRÉVIA

O trabalho que agora se publica corresponde, praticamente sem alterações, à dissertação de mestrado em Ciências Jurídico-Civilísticas apresentada na Faculdade de Direito da Universidade Católica Portuguesa – Centro Regional do Porto, e discutida publicamente em Julho de 2004.

Ao Senhor Professor Doutor Américo Taipa de Carvalho e ao Senhor Professor Doutor Heinrich Ewald Hörster, o meu profundo agradecimento, não só como membros do júri que apreciou a dissertação, mas também na qualidade de regentes das duas cadeiras com que iniciei a minha experiência docente na Faculdade de Direito da Universidade Católica Portuguesa – Centro Regional do Porto. Ao primeiro, uma palavra especial, pela compreensão e pelo apoio ao longo dos três anos em que fui sua assistente e que, praticamente, coincidiram com o período de investigação; ao segundo, outra palavra especial, pela orientação atenta e empenhada, pelas horas – e foram muitas – que me dedicou, pela sabedoria e pelos conselhos. À Senhora Professora Doutora Maria João Baila Antunes, o meu agradecimento pela co-arguição desta dissertação, pelos seus reparos e amáveis sugestões e ao Senhor Professor Doutor Damião da Cunha, pela leitura parcial da dissertação e suas valiosas observações.

À Faculdade de Direito da Universidade Católica Portuguesa – Centro Regional do Porto, o meu reconhecimento, por ter-me proporcionado condições de tempo e de trabalho sem as quais não teria sido possível levar a bom porto este projecto. O meu agradecimento também para os colegas que me incentivaram e apoiaram, especialmente às Senhoras Doutoras Clara Sottomayor, Maria João Tomé e Raquel Carvalho.

A minha gratidão ainda à APAV, à CIDM, à Senhora Juiz de Direito do Tribunal de Comarca de Matosinhos Doutora Joana Salinas, ao Doutor José Alexandre Nascimento, à minha família.

ABREVIATURAS MAIS UTILIZADAS

Ac.	– Acórdão
APAV	– Associação Portuguesa de Apoio à Vítima
APMJ	– Associação Portuguesa de Mulheres Juristas
BGB	– Bürgerliches Gesetzbuch
BMJ	– Boletim do Ministério da Justiça
BOA	– Boletim da Ordem dos Advogados
CC	– Código Civil
Cfr.	– Conferir
CIDM	– Comissão para a Igualdade e para os Direitos das Mulheres
CJ	– Colectânea de Jurisprudência
CP	– Código Penal
CPC	– Código de Processo Civil
CPP	– Código de Processo Penal
CRP	– Constituição da República Portuguesa
DAR	– Diário da Assembleia da República
DL	– Decreto-Lei
DR	– Diário da República
Ed.	– Edição
GewSchG	– Gewaltschutzgesetz
L	– Lei
LOFTJ	– Lei de Organização e Funcionamento dos Tribunais Judiciais
Ob. cit.	– Obra citada
ONG	– Organização Não Governamental
p.	– página
p. e p.	– previsto e punido
RCCS	– Revista Crítica de Ciências Sociais
RDE	– Revista de Direito e Economia
RLJ	– Revista de Legislação e de Jurisprudência

RMP	– Revista do Ministério Público
ROA	– Revista da Ordem dos Advogados
RPCC	– Revista Portuguesa de Ciência Criminal
ss	– seguintes
StGB	– Strafgesetzbuch
STJ	– Supremo Tribunal de Justiça
Vol.	– Volume

«(...) Desde que passaram a viver juntos, o arguido impunha à vítima a sua vontade e as suas decisões quanto à vida de ambos. A vítima acedia e fazia o que o arguido dissesse, pois o mesmo exercia autoridade e ascendência sobre ela.

Os conflitos entre o casal começaram a ser cada vez mais frequentes, o arguido, quando discutia com a esposa, chamava-lhe..., arrastava móveis ou atirava com objectos para o chão, até que passou a agredi-la, desferindo-lhe empurrões, puxões de cabelo e murros na cabeça. (...)

Por ter medo do arguido, pois sabia que o mesmo era bastante violento e tinha várias armas em casa, a C... nunca apresentou queixa contra o arguido e escondeu sempre dos amigos de ambos, vizinhos e familiares, o que se passava entre o casal.

Por seu lado, o arguido fazia questão de mostrar aos amigos e vizinhos que o casal vivia em harmonia. (...)

A C... foi aguentando tais pressões, medos e angústias, pois por um lado, tinha muito medo do arguido e sabia que ele tinha várias armas em casa e seria bem capaz de as usar,..., mas por outro lado, tinha consciência de que para terminar com tal sofrimento e angústia era forçoso separar-se dele. (...)

Perante tal desgaste e sofrimento físico e psicológico, (...) a vítima decidiu sair da companhia do arguido e passar a viver numa casa arrendada. (...)

No final dessa tarde, quando regressou a casa, a C... apercebeu-se que o arguido a seguiu a pé, no percurso que fez até à sua residência.

Pelo que, teve medo de entrar no prédio onde residia sozinha e esperou junto ao estabelecimento de padaria sito ali próximo por companhia (...). Reflectindo sobre as perseguições que o arguido lhe vinha movendo, a vítima convenceu-se de que iria morrer. (...)

Assim, no dia 5 de Dezembro de 2002, antes das 8.00h, o arguido muniu-se da arma (...)

De imediato, o arguido também avançou na direcção da C... e a uma distância (...) inferior a dois metros da vítima, efectuou dois disparos na direcção do peito dela. (...)

Não satisfeito, e para se certificar de que a esposa ficaria sem vida, o arguido abeirou-se do corpo, já tombado sobre o solo, inclinou-se sobre o mesmo e, a uma distância nunca superior a meio metro, efectuou outros dois disparos sobre a cabeça da vítima.»

in Acórdão da Relação do Porto de 12 de Maio de 2004, disponível na Internet em www.dgsi.pt

INTRODUÇÃO

1. Definição do objecto. Plano

O curso de mestrado em ciências jurídico-civilísticas – vertente de direito da família – que culmina na apresentação da presente dissertação escrita, foi subordinado ao tema da intervenção do Estado na Família. Abraçando tal orientação, o presente trabalho de investigação intitula-se *"Da intervenção do Estado na questão da violência conjugal em Portugal"*. Nele procuraremos averiguar da intervenção do Estado Português na temática da violência conjugal, aos mais diversos níveis, chamando à colação, sempre que venha a propósito, a experiência de outros Estados, *maxime*, a experiência anglo-saxónica, aquela que consideramos mais desenvolvida nesta área.

Indagaremos sobre os instrumentos de que se socorre o Estado Português para intervir neste domínio, assim como reflectiremos sobre a adequação e eficácia dos mesmos na resposta ao problema da violência conjugal, não deixando, de igual modo, de observar os principais obstáculos que se levantam à utilização, bem sucedida, de cada um. Terminaremos com a apreciação geral da intervenção estadual portuguesa nesta matéria, reflectindo sobre possíveis rumos a seguir.

A temática da violência conjugal encontra-se na ordem do dia. A comunicação social inunda-nos com relatos pungentes e estatísticas assustadoras. Não se engane o leitor: o objecto de estudo da presente dissertação é a violência conjugal em Portugal, na sua perspectiva jurídica. A violência conjugal é um problema social dos nossos dias que exige uma intervenção ponderada e eficaz, que só é possível, quando precedida de um estudo sério e objectivo, ancorado nos contributos dos diversos ramos do saber. A presente investigação procura contribuir para esse fim, balizando o seu campo de análise nos limites do juridicamente relevante. Todavia, uma vez que «característica do direito da família é ainda a sua estreita ligação a outras ciências humanas»[1], não poderemos deixar de procurar o indispensável suporte de conhecimento que as outras ciências sociais e humanas nos oferecem, para melhor conhecermos e compreendermos o nosso próprio objecto de estudo. O problema da violência conjugal é um fenómeno plurifacetado, só compreensível à luz de uma perspectiva interdisciplinar. Por sua vez, só uma intervenção pluridisciplinar no problema poderá produzir bons resultados. Esta é uma ideia chave que indiciaremos, ao longo da nossa exposição.

Numa perspectiva jurídica, pretendemos, neste trabalho, reunir os diversos mecanismos de reacção estadual à violência conjugal, procedendo à enunciação das principais coordenadas do funcionamento de cada um deles. Preside, pois, a esta investigação, um esforço de compilação e síntese da produção estadual a este nível, dispersa por diversas entidades e temporalmente dispersa. Privilegiámos, em consciência, a opção pela extensão, em detrimento da compreensão, pois que, entre nós, não lográmos encontrar qualquer trabalho que fornecesse esta perspectiva global, que justifica, em nosso ver, a realização do presente projecto. Em Portugal, a produção jurídico-científica no domínio da violência conjugal incide, fundamentalmente, na análise da sua vertente penal e, dentro desta, quase exclusivamente na abordagem dos problemas conexos com o crime de maus tratos a cônjuge. A presente dissertação procurará explorar estas áreas, mas também outras, quase esquecidas pela doutrina portuguesa, mas sempre sob a égide da abordagem integral e concertada da questão da violência conjugal, enquanto problema específico do direito da família.

De acordo com PEREIRA COELHO e GUILHERME DE OLIVEIRA[2], podemos definir o direito da família como o conjunto das normas jurídicas que regulam as relações de família, as relações "parafamiliares" e as que, não sendo em si mesmo familiares, se constituem e desenvolvem na sua dependência[3]. Os mesmos autores[4] definem direito da família, enquanto

---

[1] PEREIRA COELHO, Francisco, e OLIVEIRA, Guilherme, *Curso de Direito da Família*, vol. I, Introdução, Direito Matrimonial, 2ª edição, Coimbra Editora, Coimbra, 2001, p. 169.

[2] *Ob. cit.*, p. 31.

[3] *Vide* a este propósito PEREIRA COELHO, F. M., *Curso de Direito da Família*, Coimbra, 1986, p. 8: «Subordinadas à relação matrimonial, havemos de ver que aquelas relações obrigacionais ou reais, não sendo em si mesmas familiares, também caem no âmbito deste ramo de direito.».

[4] *Ob. cit., loc. cit.*.

ramo da ciência jurídica, como ramo do direito civil a que pertence o estudo daquelas normas. Só por esta razão poderemos entender o presente trabalho como fundado no domínio das ciências jurídico-civilísticas, pois que, em bom rigor, a reflexão que expenderemos em seguida perpassa diversos ramos de direito, público e privado. As relações de família assumem relevância em diversos ramos de direito[5], designadamente, a violência no domínio da relação familiar matrimonial; esta apresenta conexões importantes, entre outros, com o direito civil, o direito penal, o direito processual e o direito administrativo. Desenvolveremos, por isso, um estudo transversal deste problema.

Circunscrevemos a nossa análise à temática da violência conjugal *stricto sensu*, isto é, à violência praticada entre cônjuges em sentido jurídico, ou, dito de outro modo, à violência que tem lugar no âmbito da relação matrimonial. De fora, fica o estudo da violência entre conviventes de facto e ex-cônjuges. Excluída fica também a abordagem da violência matrimonial entre estrangeiros residentes em Portugal[6] e portugueses não residentes em território nacional.

A presente dissertação encontra-se dividida em três partes. Na PARTE I, começamos por localizar o nosso objecto de estudo – a violência entre cônjuges – dentro do universo da violência doméstica, que engloba outras espécies de violência, como a violência contra as crianças, ou a violência contra os idosos, posto o que, traremos à discussão o conceito de violência conjugal. Traçaremos, em seguida, a retrospectiva desta questão em Portugal, fixando a nossa atenção no período compreendido entre o século XIX e a actualidade. Finalmente, lançaremos mão dos conhecimentos que nos oferecem as ciências sociais e humanas, como a psicologia e a sociologia, para tentarmos compreender como surge e se desenvolve a violência entre cônjuges, tentando designadamente averiguar se esta é ou não uma questão de género.

Na PARTE II, entraremos na análise da intervenção do Estado Português na problemática da violência conjugal, começando por indagar da legitimidade da intervenção estadual neste domínio, para nos determos, em seguida, sobre as espécies de intervenção propriamente ditas, que recon-

---

[5] PEREIRA COELHO, Francisco, e OLIVEIRA, Guilherme, *ob. cit.*, p. 157.

[6] A COMISSÃO DE PERITOS PARA O ACOMPANHAMENTO DE EXECUÇÃO DO PLANO NACIONAL CONTRA A VIOLÊNCIA DOMÉSTICA, *I Relatório Intercalar de Acompanhamento do Plano Nacional contra a Violência Doméstica*, Lisboa, Maio de 2000, defendia a necessidade de clarificar, à luz da Constituição vigente, a situação especial das mulheres imigrantes vítimas de violência.

duziremos a dois vectores essenciais: o vector da prevenção primária, ou prevenção *stricto sensu* e o vector da prevenção secundária, ou intervenção pós-conflitual. Veremos, com algum pormenor, as espécies relativas a esta última forma de intervenção, preponderante em Portugal. Neste domínio, podemos identificar quatro grandes sectores de resposta estadual à violência conjugal: as *sanções penais*, as *sanções civis*, a *modificação e dissolução do vínculo conjugal*, e *outras espécies de intervenção estadual*.

No que concerne às *sanções penais*, dedicaremos particular atenção ao crime de maus tratos a cônjuge. Teceremos ainda algumas considerações sobre o crime de violação e sobre o crime de homicídio, na estrita medida do que nestes crimes releva para a discussão do nosso objecto de estudo. Encerraremos este capítulo com a reflexão sobre a adequação e suficiência da resposta penal à problemática da violência conjugal.

No capítulo dedicado às *sanções civis*, ocupar-nos-emos, por um lado, do mecanismo da responsabilidade civil, seus pressupostos, modalidades, via processual e o momento em que deve ser exercido tal direito e, por outro, sobre a aplicabilidade aos casos de violência conjugal do mecanismo previsto na 2ª parte do n.º 2 do artigo 70.º do Código Civil, que prevê para a violação ou ameaça de violação de direitos de personalidade a possibilidade de decretamento de providências adequadas às circunstâncias do caso, problematizando-se, a este nível, da necessidade de criação de legislação específica, semelhante à existente nos países anglo-saxónicos e na Alemanha, que prevê medidas de direito civil destinadas à protecção das vítimas de violência conjugal.

Sob a epígrafe *A modificação e dissolução do vínculo conjugal*, referir-nos-emos ao divórcio e à separação de pessoas e bens como resposta estadual ao problema da violência conjugal, designadamente como forma de modificar ou extinguir a relação matrimonial.

Terminaremos esta PARTE II com a menção às *outras espécies de intervenção estadual*, consagradas em diplomas normativos avulsos. Por ordem cronológica, referiremos os documentos mais significativos, neste domínio; passaremos, em seguida, à enunciação, em traços largos, do seu conteúdo e objectivos, não deixando de se tecer, sempre que se reputar oportuno, a devida crítica. Invocaremos, especificamente, a Lei n.º 61/91, de 13 de Agosto, que *garante protecção adequada às mulheres vítimas de violência*; a Lei n.º 107/99, de 3 de Agosto, que *cria a rede pública de casas de apoio a mulheres vítimas de violência* e respectiva regulamentação, mediante o Decreto-Lei n.º 323/2000, de 19 de Dezembro; o Decreto-Lei n.º 423/91, de 30 de Outubro, que *estabelece o regime jurídico de protecção às vítimas de crimes violentos*; a Lei n.º 129/99, de 20 de Agosto, que *aprova o regime aplicável ao adiantamento pelo Estado da indemnização devida às vítimas de violência conjugal*; a Resolução n.º 55//99 do Conselho de Ministros, de 27 de Maio, que *estabelece o Plano Nacional contra a Violência Doméstica* e a Resolução n.º 88/2003 do Conselho de Ministros, de 7 de Julho, que aprova o *II Plano Nacional contra a Violência Doméstica*.

Na PARTE III, faremos uma apreciação global da intervenção que o Estado Português tem desenvolvido, no que respeita ao problema da violência conjugal, lançando para a discussão quatro questões em particular sobre as quais se impõe ao Estado uma reflexão ponderada: o problema da *competência dos tribunais em matéria de violência conjugal*, *o recurso à mediação* como mecanismo auxiliar de resolução deste tipo de conflitos, *a política de habitação como factor de não revitimação* e *a intervenção junto do agressor*. Por fim, chamaremos à colação *o modelo de Duluth* de intervenção junto da violência doméstica, nos Estados Unidos da América, como eventual inspiração a ter em conta pelo Estado Português como futuro rumo de intervenção.

Finalizaremos este trabalho com a formulação das oportunas *CONCLUSÕES*.

PARTE I
VIOLÊNCIA DOMÉSTICA EM PORTUGAL: ENQUADRAMENTO TEÓRICO E HISTÓRICO

I.1. A violência conjugal como caso específico de violência doméstica

«O lar é o lugar mais perigoso nas sociedades modernas.». Quem o afirma é GIDDENS[7] que continua, afirmando que uma pessoa de qualquer sexo ou idade tem maiores probabilidades de vir a ser fisicamente atacada dentro de casa, do que na rua, à noite[8]. Encontramo-nos aqui no domínio da violência doméstica ou familiar[9].

---

[7] GIDDENS, Anthony, *Sociology*, 4ª edição, Cambridge: Polity Press, 2001, p. 193.

[8] Segundo este autor, *ob. cit.*, *loc. cit.*, um em cada quatro homicídios no Reino Unido é perpetrado por um membro da família contra outro membro da mesma. Por outro lado, a APAV, *Estatísticas 2001*, disponível na Internet em http://www.apav.pt, em 20 de Junho de 2002, dava conta de que em 56,2% dos casos conhecidos, o local do crime é a residência da vítima. Em 2002, este número subiu, representando agora 82% do total. É importante, a este respeito, referir que as *Estatísticas 2002* da APAV, disponíveis na Internet em http://www.apav.pt, em 22 de Fevereiro de 2003, fazem agora a distinção entre a residência da vítima, como local do crime, e a residência comum, como local do crime. Quanto a esta última, de per si, representa 69,7% do total de locais de crime avançados, o que faz adivinhar que a área criminológica que surge em maior número é a da violência doméstica.

[9] Note-se que, para denominar este fenómeno são empregues, comummente, as expressões violência familiar ou violência doméstica, de forma mais ou menos indistinta, opção a que também aderiremos na presente dissertação. Ambas as expressões traduzem, com a amplitude possível, este fenómeno, ainda que, numa perspectiva estritamente jurídica, nenhuma delas consiga, em rigor, abarcar todas as manifestações do fenómeno. Quanto à primeira, e no que especificamente se reporta ao caso português, atento o disposto no artigo 1576.º do CC, terá forçosamente que deixar de lado a violência experienciada no domínio das uniões de facto, uma vez que, pelo menos para a doutrina dominante, o elenco do artigo 1576.º é taxativo, não se admitindo, por isso, que a união de facto possa constituir uma fonte de relações jurídicas familiares. Do mesmo modo, a expressão violência doméstica deixa escapar a situação do ex-cônjuge ou ex-convivente em condições análogas às dos cônjuges, que seja vítima de violência, quando já não habitem domicílio comum, e do progenitor de descendente comum em 1.º grau, quando nunca tenha habitado com o agressor. À primeira vista, pareceria, inclusive, que tais pessoas não seriam de incluir nesta problemática e, consequentemente, não careceriam de protecção legal. Todavia, a realidade tem demonstrado o contrário, sendo hoje convicção geral dos estudiosos da matéria que, em muitos casos, a violência não pára, e às vezes sobe de tom, após o *terminus* da coabi-

Para CORSI[10] «El término violencia familiar alude a todas las formas de abuso que tienen lugar en las relaciones entre los miembros de una familia.», sendo o vocábulo família empregue aqui em sentido não jurídico. Podemos encontrar diversas espécies[11] de violência familiar: a violência entre cônjuges[12], a violência entre quem conviva em condições análogas às dos cônju-

---

tação, e existe, mesmo que esta nunca tenha ocorrido. Em Portugal, a constatação deste facto surge com a entrada em vigor da Lei n.° 7/2000, de 27 de Maio, que altera o CP, introduzindo no seu artigo 152.° um novo n.° 3 que estabelece que «A mesma pena é também aplicável a quem infligir a progenitor de descendente comum em 1.° grau maus tratos físicos ou psíquicos.». Deste artigo decorre que o legislador penal só sanciona o agente pela prática de crime de maus tratos contra vítima com quem já não coabite (ou com quem nunca tenha coabitado) quando da relação haja resultado um filho.

[10] CORSI, Jorge (Comp.), *Violencia Familiar, una mirada interdisciplinaria sobre un grave problema social*, Buenos Aires: Paidós, 1999, p. 30. Por sua vez, o CONSELHO DA EUROPA, *A violência no seio da Família – projecto de recomendação e de exposição de motivos, do comité restrito de peritos sobre a violência na sociedade moderna (PC-R-VS), aprovado na 33ª sessão plenária do comité director para os problemas criminais (Abril de 1984)*, BMJ, n.° 335, 1984, p. 7, considera violência «qualquer acto ou omissão que constitua atentado contra a vida, a integridade física ou psíquica ou a liberdade de uma pessoa ou que comprometa gravemente o desenvolvimento da sua personalidade» e violência física «qualquer acto ou omissão cometido no âmbito da família por um dos seus membros, que constitua atentado à vida, à integridade física ou psíquica ou à liberdade de um outro membro da mesma família ou que comprometa gravemente o desenvolvimento da sua personalidade». Concordamos com o teor da definição apresentada, apenas nos parecendo incorrecto o uso da terminologia violência *física*, porquanto a definição proposta contém dimensões que contendem apenas com o domínio psicológico. Em nosso ver, resultaria mais adequado o emprego do termo violência *familiar*. Sobre o conceito de violência doméstica, *vide*, entre muitos outros, SHOR, Elizabeth, *Domestic Abuse and Alien Women in Immigration Law: Response and Responsibility*, Cornell Journal of Law and Public Policy, vol. 9, n.° 3, 2000, p. 697, para quem «Domestic abuse is the label used to describe a form of assault that includes psychological abuse, physical battery, kidnapping, rape, threats of bodily harm, shootings, and murder.». Entre nós, *vide* a definição proposta pela COMISSÃO DE PERITOS PARA O ACOMPANHAMENTO DE EXECUÇÃO DO PLANO NACIONAL CONTRA A VIOLÊNCIA DOMÉSTICA, *ob. cit.*, que considera violência doméstica «qualquer conduta ou omissão que inflija, reiteradamente, sofrimentos físicos, sexuais, psicológicos ou económicos, de modo directo ou indirecto (por meio de ameaças, enganos, coacção ou qualquer outro meio); a qualquer pessoa que habite no mesmo agregado doméstico ou que, não habitando, seja cônjuge ou companheiro ou ex-cônjuge ou ex-companheiro, bem como ascendentes ou descendentes.».

[11] Existem múltiplas obras sobre a temática da violência doméstica. Citamos aqui apenas algumas, das quais tivemos conhecimento directo ao longo da nossa investigação e cuja consulta nos parece de algum interesse.

[12] Sobre o conteúdo dos actos que consubstanciam violência conjugal, *vide* APAV, *Manual ALCIPE Para o Atendimento às Mulheres Vítimas de Violência*, disponível na Internet em http://www.apav.pt, em 20 Dezembro de 1999: «Estas estratégias podem ser as

ges, a violência contra as crianças[13], a violência contra os idosos[14], e a violência contra ex-cônjuge, ex-convivente em condições análogas às dos cônjuges, ou contra progenitor de descendente comum em 1.º grau.

Ao longo desta dissertação, ocupar-nos-emos apenas da primeira das espécies supra mencionadas[15], ou seja, ocupar-nos-emos da violência conjugal.

---

seguintes: a) exercer violência física sobre a mulher vítima (...) b) exercer violência psicológica sobre a mulher vítima (...) c) exercer violência sexual sobre a mulher vítima (...) d) isolamento relacional (...) e) intimidação (...) f) domínio económico».

[13] CORSI, ob. cit., p. 33 e ss, define violência contra as crianças como «cualquier acción u omisión, no accidental, que provoque daño físico o psicológico a un niño por parte de sus padres o cuidadores». Para o mesmo autor, «todo acto que, por acción u omisión, provoque daño físico o psicológico a un anciano por parte de un miembro de la familia» constituirá violência contra os idosos.

[14] Vide, a propósito dessas diversas formas de violência doméstica, designadamente, sobre a violência contra as crianças e a violência contra os idosos, entre outros: AMARO, Fausto, Crianças maltratadas em Portugal, aspectos sociológicos, in Desadaptações sociais e criminalidade. O papel da comunidade na sua prevenção, vol. I, Lisboa: CEJ, Ministério da Justiça, 1989; Idem, Aspectos socioculturais dos maus tratos e negligência de crianças em Portugal, RMP, Jul-Dez, n.º 35, 1998; FIGUEIREDO, Bárbara, Maus tratos à criança e ao adolescente (I): situação e enquadramento da problemática, Psicologia: Teoria, Investigação e Prática, Universidade do Minho, Instituto de Educação e Psicologia, n.º 3, 1998; ALMEIDA, Ana Nunes, ANDRÉ, Isabel Margarida, ALMEIDA, Helena Nunes, Sombras e marcas: os maus tratos às crianças na família, Análise Social, Vol. XXXIV, 1999, p. 91 e ss; OLIVEIRA, Guilherme, A criança maltratada, in Temas de Direito da Família, 2ª edição aumentada, Coimbra: Coimbra Editora, 2001, p. 215 e ss; Idem, "Protecção de Menores/Protecção Familiar", ob. cit., p. 295 e ss; SANI, Ana Isabel, As vítimas silenciosas: a experiência da vitimação indirecta nas crianças, Psicologia: Teoria, Investigação e Prática, Universidade do Minho, Instituto de Educação e Psicologia, n.º 2, 1999; NEGRÃO, F., e BISCAIA, J., As crianças e os maus tratos, Brotéria, Revista de Cultura, vol. 149, 1999, p. 344 e ss; KINGSLEY, Ben e JONHSON, Susan, Elder abuse: the ethical dilemma, Australian Institute of Criminology, 1993, disponível na Internet em http://.aic.gov.au; BOUDREAU, Frances, Elder abuse, in HAMPTON (ed.), Family violence: prevention and treatment, New York, Sage Publications, 1993; ONU, Violence in the family, United Nations Interregional Crime and Justice Institute – UNICRI, n.º 4, 1995.

[15] Será de admitir que a violência entre cônjuges e a violência entre quem conviva em condições análogas às dos cônjuges apresenta fortes afinidades, que poderiam justificar um tratamento conjunto nesta dissertação. Todavia, não poderemos deixar de reconhecer a diferente natureza jurídica destas duas formas de comunhão de vida e a diversa regulação de que são alvo no plano legal. Recordemos que a primeira Lei da União de Facto (Lei n.º 135/99, de 28 de Agosto) tem pouco mais de três anos, tendo sido entretanto revogada pela Lei n.º 7/2001, de 11 de Maio, razão que justifica, para nós, que a análise da protecção conferida pelo Estado aos conviventes em condições análogas às dos cônjuges, vítimas de violência, aguarde por mais oportuna ocasião, uma vez que, neste momento, em

Desenvolveremos em seguida uma breve reflexão sobre o conceito de Violência Conjugal[16].

I.1.1. *O conceito de violência conjugal*

Lancemos para a discussão a seguinte definição:
Constitui acto de violência conjugal a conduta, activa ou omissiva, intencional, perpetrada por um dos cônjuges contra o outro, ou por ambos, reciprocamente, que se traduza na violação, efectiva ou potencial, da integridade física do cônjuge ofendido ou, pelo menos, na violação efectiva da sua integridade psicológica.

Atentemos agora nos termos desta definição:
– *Conduta activa ou omissiva* – Poderá ser considerada violenta tanto a conduta activa de um agente (um *fazer*) como uma conduta omissiva do mesmo (um *não fazer*), quando exista um dever jurídico de agir. O cônjuge que, durante meses, nega o sustento ao outro cônjuge, que desse sustento, comprovadamente, necessita, tendo o primeiro capacidade para o proporcionar, além de incorrer na violação do dever de assistência[17], estará a praticar um acto de violência para com o seu cônjuge, na medida em que omite um comportamento que lhe é juridicamente imposto. Da mesma forma, o cônjuge que se recusa, repetidamente, a dirigir a palavra, ou a res-

---

Portugal, escasseiam ainda dados e referências que permitam um estudo aprofundado que a questão (pelo interesse prático crescente que suscita) merece.

[16] Sobre o conceito de violência conjugal, *vide*, entre outros: MATOS, Marlene, *Retratos da Violência na Conjugalidade*, RPCC, ano 11, Fasc. 1.º, 2001, p. 99, «O conceito de violência, neste contexto, refere-se a qualquer acção sobre alguém empregando força, intimidação, fazê-lo submeter-se e agir contra sua vontade, obrigando-o a fazer o que o agressor pretende.», GELLES, R. J., *Intimate violence in Families*, Thousand Oaks: Sage Publications, 1997, *apud* MATOS, Marlene, *ob. cit.*, que define violência como um acto intencional perpetrado por alguém para causar dano físico a outra pessoa, ou CORSI, Jorge, DOHMEN, Mónica Liliana, SOTÉS, Miguel Ángel, com un aporte de BONINO MÉNDEZ, Luís, *Violencia Masculina en la pareja, Una aproximación al diagnóstico y a los modelos de intervención*, Buenos Aires: Paidós, 1999, p. 12: «Se denomina relación de abuso aquella forma de interacción que, enmarcada en un contexto de desequilibrio de poder, incluye conductas de una de las partes que, por acción o por omisión, ocasionan daño físico y/o psicológico al outro miembro de la relación.».

[17] *Vide* os artigos 1672.º e 1675.º do CC.

ponder às interpelações pacíficas do outro cônjuge, estará a cometer um acto de violência, atitude que poderá configurar violação do dever de respeito[18].

Por seu turno, pacífica será a consideração de uma agressão física, grave ou não, como um acto de violência, o mesmo se passando nos casos de agressão verbal, mediante palavras obscenas, humilhantes, de índole ofensiva ou vexatória. Aqui, estará bem patente a ideia de um *fazer*, que redunda num comportamento violento. Assim, no que toca às formas de violência que pressupõem um comportamento activo do agente, externamente manifestado, elas subsumem-se essencialmente a duas grandes categorias: a violação da integridade física do cônjuge, por um lado, e a violação da integridade psicológica, por outro, ainda que esta última possa também ocorrer em virtude de comportamentos omissivos, ou exteriormente não observáveis. Já em relação às condutas omissivas, elas consubstanciarão, na maioria dos casos, violações da integridade psicológica, ainda que os comportamentos omissivos possam acarretar, eventualmente, violações, directas, ou indirectas, da integridade física; directas, sempre que, em hipótese meramente académica, a falta de provimento do sustento por parte do outro cônjuge ponha em causa a adequada nutrição do cônjuge dele carecido; indirectas, quando, em virtude de *greve de silêncio* prolongada, desencadeada por um dos cônjuges, o outro cônjuge venha, apenas na sequência deste comportamento, atentar contra a sua própria vida, tentando o suicídio, independentemente de conseguir ou não a sua consumação.

– *Intencional*[19] – Ao afirmar-se a exigência da intencionalidade, para qualificarmos a conduta como violenta, pretende excluir-se do número de condutas classificáveis como violentas todas aquelas em que, apesar de ter ocorrido a violação da integridade física ou psicológica do cônjuge vítima, tal não possa, todavia, ser imputado ao agressor, a título de dolo.

– *Perpetrado por um dos cônjuges contra o outro, ou por ambos, reciprocamente* – A primeira parte da expressão não nos traz nada de novo: a situação mais linear que poderemos encontrar é a da existência na

---

[18] *Vide* o artigo 1672.º do CC.

[19] A intencionalidade do agente prende-se com a exigência ou não de *animus* violento do cônjuge agressor (a intenção de actuar com o intuito de causar dano na integridade física ou psicológica do seu cônjuge). Será forçoso atender ao *animus* do agente, ainda que nunca inteiramente desligado do quadro objectivo que o seu comportamento configura, sendo que o ónus da prova do *animus* não violento deve caber ao agente.

relação conjugal de um único agressor ou sujeito activo e de uma única vítima ou sujeito passivo. No entanto, o fenómeno da violência conjugal não é sempre, ou até mesmo poucas vezes será, um fenómeno unidireccional. Pelo contrário, frequentes são os casos de condutas violentas recíprocas, de um cônjuge contra o outro, o que CORSI[20] denomina de violência cruzada.

– *Que se traduza na violação, efectiva ou potencial, da integridade física do cônjuge ofendido* – Quanto ao requisito da violação da integridade física, este não tem forçosamente que verificar-se, mas, quando ocorre, surge, frequentemente, combinado com a violação da própria integridade psicológica; por outro lado, tendemos a aceitar como suficiente para a classificação da conduta como violenta, que ela se fique pela mera tentativa de lesão da integridade física, sem que todavia chegue a produzir-se o resultado almejado pelo agressor, desde logo, porque tal representará lesão da integridade psicológica do cônjuge vítima e bem assim, porque a tentativa de, pela força, provocar dano físico ao outro, assume já elevado nível de gravidade.

Problema controverso é o de saber se, em ordem a podermos afirmar se estamos ou não perante violência conjugal, se deverá ou não atender à permanência no tempo, à sazonalidade, repetição[21] ou habitualidade no desenvolvimento de condutas violentas por parte do cônjuge.

À primeira vista, parece-nos que só poderemos falar de violência conjugal, quando as condutas violadoras da integridade física ou psicológica do outro cônjuge assumirem uma certa permanência, regularidade, ou um carácter cíclico ou repetido[22]. Ainda assim, o proferimento de uma pa-

---

[20] *Ob. cit.*, p. 35. Este autor exige todavia, para que possamos classificar determinado fenómeno como violência cruzada ou recíproca, que «Exista simetría en los ataques y paridad de fuerzas físicas y psicológicas en ambos miembros de la pareja.», o que se tem por inteiramente justificado, uma vez que de outra forma, estaremos em face de uma situação de mera defesa. Note-se a propósito que, muitas vezes, a violência cruzada é apenas aparente, porquanto o cônjuge vítima se limita, em geral, ao fim de longo período de sofrimento e de abusos, a reagir face à violência de que é vítima e, em regra, com tanta ou mais violência do que aquela que sofria.

[21] Tal repetição não implica o desenvolvimento sucessivo de condutas materiais idênticas, isto é, o agente poderá agredir fisicamente uma vez, depois insultar ou ameaçar, ou poderá manter sempre inalterado o seu modo de actuação, por exemplo, insultando, de tempos a tempos, o cônjuge vítima.

[22] Nesse sentido, CORSI, *ob. cit.*: «Cuando hablamos de violencia familiar nos referimos, pues, a las distintas formas de relación abusiva que caracterizan de modo permanente o cíclico al vínculo intrafamiliar.» e também APAV, *ob. cit.*: «A violência conjugal não consiste numa agressão pontual, isolada. Consiste na vitimação continuada no tempo,

lavra insultuosa uma única vez, ou um empurrão, sem grandes consequências, não constituem condutas social e, muito menos, juridicamente permitidas, até porque correspondem a infracções penais, com a especificidade de se desenvolverem no contexto intrafamiliar.

A exigência de repetição parece-nos excessiva nos casos de violência grave. Não poderemos deixar de considerar violência conjugal o espancamento brutal da mulher pelo marido exemplar que acaba de ser despedido, ou um homicídio em circunstâncias semelhantes[23].

– *Ou, pelo menos, na violação efectiva da integridade psicológica do cônjuge ofendido* – Para que possamos afirmar a existência de uma conduta violenta, ela terá, pelo menos, que causar dano na integridade psicológica do ofendido. Tal elemento interno afigura-se imprescindível, tendo que traduzir-se, pelo menos, na criação no espírito da vítima de um sentimento de medo, infelicidade ou depressão. Isto é, terá que produzir-se a alteração do estado psicológico normal do ofendido, em virtude do comportamento violento. Esta exigência deriva do facto de que, se o cônjuge agressor adoptou determinado comportamento, tendencialmente violento, mas, ainda assim, não provocou no outro cônjuge, tão pouco, uma alteração do seu estado psicológico normal, inexiste qualquer tipo de dano, faltando um pressuposto essencial para a qualificação daquela conduta como conjugalmente violenta.

---

revelando a existência de um sistema – o Ciclo da Violência Conjugal. Consiste em muitas agressões, físicas e psicológicas, sobre a mulher vítima. Consiste na prática de vários crimes pelo ofensor contra a mulher vítima, repetidamente.».

[23] Vide, a propósito, o Acórdão do STJ, de 14 de Novembro de 1997, CJ, tomo III, p. 235, que refere que «Só as ofensas corporais, ainda que praticadas uma só vez, mas que revistam uma certa gravidade (...) é que cabem na previsão do artigo 152.º do CP. (...) A actual redacção, por consequência, mais não significa, no caso concreto, do que a incriminação, decorrente da lei penal, de condutas agressivas, mesmo que praticadas uma só vez, que se revistam de gravidade suficiente para poderem ser enquadradas na figura dos maus tratos.». Com efeito, a letra do artigo 152.º do CP, quanto ao crime de maus tratos, não consagra, pelo menos de forma expressa, a ideia de reiteração ou habitualidade, ainda que, regra geral, pareça inerente ao conceito de maus tratos a exigência de uma certa repetição, continuidade ou periodicidade temporal, uma vez que, de outra forma, estaremos perante as condutas simples ou instantâneas subsumíveis a outro tipo de crimes que não o de maus tratos. A este respeito, a formulação do Código Penal Espanhol é bem mais elucidativa, ao estabelecer no seu artigo 153.º que «El que *habitualmente* ejerza violencia física sobre quien sea o haya sido su cónyuge (...), será castigado con la pena de prisión (...) Para apreciar la habitualidad a que se refiere el párrafo anterior, se atenderá al número de actos de violencia que resulten acreditados, así como a la proximidad temporal de los mismos.». (Itálico nosso).

I.2. Algumas notas históricas sobre a problemática da violência conjugal em Portugal

I.2.1. Generalidades

«E da costela que o Senhor Deus tomou do homem, formou uma mulher: e trouxe-a a Adão.»[24]. Deste pequeno versículo da Sagrada Escritura, podemos extrair um importante contributo para a compreensão do estatuto da mulher, na civilização ocidental, ao longo dos tempos: a intrínseca dependência da mulher, relativamente ao homem, plasmada no Velho Testamento, que perdurou pelo menos até meados do séc. XX.[25] Durante séculos, coube ao homem o lugar central na vida social. Ele era o responsável pelo sustento do lar, da mulher e dos filhos, bem como pela educação e orientação daqueles que estavam subordinados à sua autoridade. Por seu turno, à mulher cabia o poder de gerir o orçamento familiar, cuidar da casa, dos filhos e do marido. Como refere SEGALEN[26], a propósito das sociedades agrárias[27], que predominaram até ao séc. XIX, «Os homens detêm o formal e o público: têm assento no conselho municipal, representam o

---

[24] *Sagrada Bíblia*, Genesis, 2, 22.
[25] Para um estudo global da evolução da família, desde os primórdios, *vide* BURGUIÈRE, André, KLAPISCH-ZUBER, Christiane, SEGALEN, Martine, ZONABEND, Françoise (direcção de), *História da Família,* vol. 1-4, Lisboa, Terramar, 1997.
[26] *Sociologia da Família*, Terramar, Lisboa, 1999, p. 246.
[27] SEGALEN, M., *ob. cit.*, p. 246 e ss, refere inclusive que, no domínio agrícola, existia um modelo relativamente equilibrado entre os dois sexos. A autoridade masculina afirmava-se sobretudo publicamente, mas o papel da mulher nestas comunidades saía reforçado: «Nestas comunidades, é muito menos a mãe, do que a mulher activa que é valorizada, a que goza de boa saúde e que sabe ser prudente e gerir bem o lar. O trabalho feminino no seio da exploração agrícola é uma necessidade absoluta.». A autora vai ainda mais longe, ao levantar a hipótese de, na comunidade agrária, a Autoridade Masculina se tratar apenas de um mito, «contraponto ao surdo temor que está ligado aos poderes da mulher.». A mulher mantinha um certo estatuto que lhe advinha do exercício de uma profissão, estatuto esse que só terá perdido com a introdução do capitalismo na economia agrícola, que forçou a reorganização do trabalho e foi privando, paulatinamente, a mulher agricultora das suas responsabilidades, virando-a cada vez mais para as tarefas domésticas. Para o caso específico de Portugal, THE LIBRARY OF CONGRESS, *Portugal – A Country Study*, disponível na Internet em http://lcweb2.loc.gov, em 17 de Abril de 2002, salienta que a possibilidade da mulher herdar terras concedia a esta, nas zonas rurais, alguma independência. Algumas administravam as suas propriedades, realizando muitos dos trabalhos pesados, tradicionalmente típicos dos homens, sobretudo nas regiões onde a emigração assumia maior expressão.

seu lar nas instâncias públicas aldeãs. As mulheres detêm o informal e o privado.». Os papéis do homem e da mulher encontram-se rígida e solidamente definidos.

Vivíamos numa sociedade patriarcal, da «'grande família' em que os vínculos conjugais se diluíam e perdiam, por assim dizer, a sua individualidade própria»[28] e em que a mulher passava, naturalmente, do domínio do pai para o domínio do marido. Não poderemos, contudo, conceber a supra--infra ordenação no casamento como fundamento da violência contra as mulheres[29]. Mas, a existência do denominado modelo tradicional do casamento, que atribui a este um carácter institucional, dotado de interesses próprios, que transcendem os interesses individuais e as aspirações afectivas de cada um dos cônjuges, em que a instituição matrimonial prevalece, mesmo contra a vontade destes[30], poderá ter contribuído para a não reacção e conformação, mais ou menos pacífica, da mulher com o fenómeno. Na óptica desta e da sociedade circundante, à luz das concepções sociais dominantes, o bem superior da família e dos filhos justificaria que a mulher suportasse atitudes violentas do seu cônjuge, mantendo o casamento, numa sociedade profundamente católica, em que a Igreja, ontem (como hoje), não admitia o divórcio.

Na literatura quinhentista, Gil Vicente[31] satirizava assim a vida conjugal da época:

> «E mais, sereis avisada
> que não me respondais nada,
> em que ponha fogo a tudo;
> porque o homem sisudo
> traz a mulher sopeada.
> (...)

---

[28] PEREIRA COELHO, F., *Casamento e Família no Direito Português*, in Temas de Direito da Família – Ciclo de Conferências no Conselho Distrital do Porto da Ordem dos Advogados, Coimbra: Almedina, 1986, p. 20.

[29] Vide MELO, Francisco Manuel de (Dom), *Carta de Guia de Casados*, Mem Martins: Publicações Europa *América, edição n.º 155551/5560, S.D., p. 28: «A violência e o castigo não tem lugar na gente de grande qualidade» e ainda: «O marido tenha as vezes de sol, em sua casa, a mulher as de lua. (...) A ele sustente o poder, a ela, a estimação. Ela tema a ele, e ele faça que todos a temam a ela, serão ambos obedecidos.».

[30] Cfr. PEREIRA COELHO, F., *ob. cit.*, p. 10.

[31] VICENTE, Gil, *Farsa de Inês Pereira*, in Teatro de Gil Vicente: Auto da Índia, Auto da Barca do Inferno, Auto da Barca do Purgatório, Farsa de Inês Pereira, 6ª edição, Biblioteca Ulisseia de Autores Portugueses, 2001.

> Vós não haveis de mandar
> em casa somente um pêlo;
> se eu disser: «isto é novelo»,
> havei-lo de confirmar.
> E mais, quando eu vier
> de fora, haveis de tremer;
> e cousa que vós digais
> não vos há-de valer mais
> que aquilo que eu disser.
> (...)»

Por seu turno, D. FRANCISCO MANUEL DE MELO[32] referia-se assim ao relacionamento conjugal: «A violência e o castigo não tem lugar na gente de grande qualidade. Pelo que já disse um muito discreto, que entre as coisas, que os vilãos traziam lá usurpado aos fidalgos, era uma, o poderem castigar suas mulheres cada vez que lho mereciam.(...) Procede daqui não leve injúria; pelo menos um escrúpulo de afronta, que anda sempre zunindo nos ouvidos do pobre marido, como os gritos da própria mulher brava.».

Finalmente, no plano jurídico, as Ordenações Filipinas, no seu livro V, título XXXVI, consagravam o direito do marido castigar a mulher, ao determinarem que: «E estas penas não haverão lugar (...) nem em quem castigar criado, ou discípulo, ou sua mulher, ou seu filho (...)». A julgar pelo preceito aqui parcialmente transcrito, é de admitir, nesta época, a existência de um direito de correcção não só em relação à pessoa dos filhos, mas também em relação à pessoa da mulher[33].

Assim, «Teríamos de esperar pelo século XX para assistir à libertação da mulher e dos filhos do poder "paternal". O factor determinante terá sido o acesso da mulher ao mercado de trabalho, tornando-a independente dos ganhos auferidos pelo marido, até aí o principal sustentáculo da economia familiar.»[34].

---

[32] MELO, Francisco Manuel de (Dom), *ob. cit.*, p. 25-26.

[33] Este direito era também reconhecido ao marido nos países da Common Law, onde, até finais do século XIX, o marido tinha o direito de impor à mulher obediência e, em caso de desobediência, poderia submetê-la a castigos corporais («chastisement», na língua Inglesa). Era admitido o direito a uma correcção *moderada*. Sobre a evolução do Direito de Correcção Matrimonial nos EUA, *vide* SIEGEL, Reva B., *The Rule of Love: Wife Beating as Prerogative and Privacy*, The Yale Law Journal, vol. 105, n.º 8, 1996.

[34] TORRES, A. M. Pinheiro, *Em Defesa dos Direitos da Família – a Bioética*, Lisboa: Editora Rei dos Livros, 1999, p. 99. Não poderemos concordar integralmente com a afir-

I.2.2. O século XIX

A evolução desta questão em Portugal foi semelhante à verificada no mundo ocidental em geral. A Revolução de 1822, inspirada nos ideais

mação deste autor, porquanto, se é verdade que o aludido movimento de libertação da mulher só teve início no século XX e que em boa parte se deve à generalização do trabalho feminino (e consequente decréscimo da dependência económica desta em relação ao seu cônjuge), também é certo que muitas mulheres trabalhadoras não atingiram, ainda hoje, a independência económica. Recorde-se aqui que o Código de 1966, na sua versão original, ao abrigo do artigo 1676.º, consagrava já a liberdade da mulher para exercer profissões liberais ou funções públicas, bem como para publicar ou fazer representar as suas obras ou dispor de propriedade intelectual, mas acrescentava que «O exercício de outras actividades lucrativas, mediante contrato com terceiro, não depende igualmente do consentimento do marido, mas é lícito ao marido, se não tiver dado o seu consentimento e este não tiver sido judicialmente suprido, ou não vigorar entre os cônjuges o regime de separação de bens, denunciar a todo o tempo o contrato, sem que por esse facto possa ser compelido qualquer dos cônjuges a uma indemnização.». A COMISSÃO DA CONDIÇÃO FEMININA, *Discriminação contra a mulher no Direito da Família,* 1976, p. 18-19, refere que desta disposição, em conjugação com o art. 117.º da Lei do Contrato de Trabalho (DL n.º 49.408) resultava a desnecessidade de consentimento do marido para que a mulher pudesse celebrar contratos de trabalho, mas qualquer que fosse o regime de bens do casamento, desde que não houvesse separação judicial ou de facto, o marido, nos termos do art. 117.º, n.º 2 do DL n.º 49.408, podia, alegando razões ponderosas, opor-se quer à celebração do contrato, quer posteriormente obstar à sua manutenção, revogando o seu anterior consentimento expresso ou tácito. A COMISSÃO DA CONDIÇÃO FEMININA, *ob. cit.*, p. 35, narra o caso de uma costureira que se viu obrigada a deixar o atelier de pronto-a-vestir onde trabalhava, por via da denúncia do seu contrato de trabalho, operada pelo seu marido, para que ela não pudesse ter em relação a ele uma certa independência económica, invocando os mecanismos legais supra descritos. Este regime, na prática, poderia dificultar a saída da mulher de uma relação abusiva, uma vez que, caso a mesma pretendesse celebrar um contrato de trabalho, de maneira a obter para si um meio autónomo de subsistência, que lhe possibilitasse planear a sua saída do lar conjugal, pesaria sempre contra si a ameaça de o marido, a todo o tempo, poder denunciá-lo, o que constituía um forte obstáculo à reacção da mulher aos maus tratos de que fosse vítima, pois que, economicamente dependente do marido, não tinha como subsistir sem a sua ajuda. Mesmo que isto não se verificasse, também não poderemos esquecer que, pese embora a consagração jurídica do princípio «para trabalho igual, salário igual», desde o DL n.º 49.408, de 24 de Novembro de 1969, que visava «uma afirmação mais precisa do princípio da "igualdade da retribuição para a identidade de tarefas e qualificações"», a retribuição auferida pelas mulheres, para igual categoria e natureza de funções, é, muitas vezes, inferior à auferida pelos homens e, consequentemente, não poderemos ainda afirmar, na maioria dos casos, uma auto-suficiência das mulheres em relação aos seus cônjuges, sendo que, ainda hoje, a dependência económica constitui um factor relevante para que a mulher se mantenha envolvida numa relação conjugalmente violenta, pese embora o preceito a que supra fizemos referência haja sido eliminado pela Reforma do Código Civil de 1977.

revolucionários franceses[35], revelava-se nos seus ideais de liberdade e igualdade. A defesa de uma lógica de voto universal e não censitário era uma das pedras angulares do sistema. Porém, universal queria dizer apenas todos os homens, não todos os homens e mulheres[36]. A rigidez de papéis, perfeitamente definidos e atribuídos a cada um dos cônjuges, mantinha-se. Mantinha-se o *status quo* estabelecido, a menoridade civil, política e jurídica [37] da mulher, graças a um Código de Seabra marcadamente burguês[38], que por tudo quanto já referimos a respeito das sociedades rurais,

---

[35] Curiosamente, autores como Rousseau, Voltaire ou Mirabeau, expoentes do movimento ideológico associado à Revolução Francesa, revelavam nas suas obras a ideia de permanência «no seio da instituição familiar (e não só nesta), de um estatuto de inferioridade das mulheres», como revela BELEZA, José Manuel Pizarro, *O princípio da igualdade e a lei penal. O crime de estupro voluntário simples e a discriminação em razão do sexo*, *in* Estudos de Homenagem ao Professor Teixeira Ribeiro, Coimbra, 1983, p. 476.

[36] Em 1913, a Lei n.º 3 de 3 de Julho de 1913, consagrava o direito de voto a todos os cidadãos do sexo masculino que soubessem ler e escrever. Todavia, só em 1931, as mulheres foram autorizadas a votar, pelo Decreto com força de Lei n.º 19.694, de 5 de Maio de 1931, mas apenas se fossem titulares de curso superior ou secundário. A Lei n.º 2.015, de 28 de Maio de 1946, alargaria o direito de voto, ainda que continuasse a exigir requisitos diferentes para homens e mulheres. Por sua vez, a Lei n.º 2.137, de 26 de Dezembro de 1968, passa a admitir o voto para a Assembleia Nacional a homens e mulheres em condições de igualdade. Ao invés, só os chefes de família podiam ser eleitores das Juntas de Freguesia. Só em 1974, pelo Decreto n.º 621-A/74 de 15 de Novembro, homens e mulheres passam a ser eleitores de todos os órgãos de soberania, em perfeita igualdade de condições.

[37] *Vide* algumas das formulações do Código de Seabra, a respeito dos deveres dos cônjuges, assim como a respectiva anotação ao artigo 1185.º de FERREIRA, José Dias, *Código Civil Português Anotado*, vol. V, Coimbra: Imprensa da Universidade, 1876, p. 224: «Ao marido incumbe, especialmente, a obrigação de proteger e defender a pessoa e os bens da mulher; e a esta a de prestar obediência ao marido.». Segundo o autor, «A primeira obrigação do marido é proteger a mulher na sua pessoa e bens; não só porque elle é o mais inteligente e forte pelo seu sexo, mas porque é elle o chefe e cabeça da família. A obediência da mulher é necessária para manter a boa ordem na sociedade familiar, pela qual o marido é responsável; nem elle pode cumprir convenientemente o dever de dirigir a família se não se lhe concedessem os meios necessários para isso, e um deles é ter a mulher como subordinada. (...) A mulher deve obediência ao marido, mas só no que for lícito, e no que não for contrário à moral ou aos bons costumes.».

[38] BELEZA, José Manuel Pizarro, *ob. cit.*, p. 479, afirma que «Na família da sociedade burguesa a estrutura do poder não podia deixar de ser autoritária, com forte predominância da figura do homem, do pai, do marido – ela é mesmo uma exigência de uma vida social que se pensa em termos de eficiência, de produtividade, de concorrência.». A propósito da criminalização do estupro voluntário, nesta altura, o autor, *ob. cit.*, p. 505, considera que a mesma não se deveria a uma política de «bons costumes», uma vez que quando a lei se referia às «"filhas famílias imediatamente sucessoras ou bem dotadas", é porque as

não teria uma completa adesão à realidade nacional, predominantemente rural, em que formalmente existia um chefe de família, mas em que, materialmente, a mulher assumia um papel de relevo[39].

Desta forma, o fenómeno que hoje designamos por violência conjugal, não teria, à época, o significado que hoje lhe atribuímos. Ao contrário, muitas das condutas que hoje consideraríamos violentas, à luz da definição avançada no ponto I.1.1 desta dissertação, seriam encaradas com naturalidade por parte da sociedade do tempo, zelosa dos valores tradicionais da família e do casamento, em que o bem comum justificava a aceitação de certos sacrifícios pessoais. Mas não pretendemos com isto afirmar que, com a entrada em vigor dos diplomas legislativos nascidos em consequência do movimento codificador despoletado pela Revolução Liberal, a violência conjugal se encontrasse legitimada[40].

---

eventuais vítimas "de quantos reprovados modos inventava a malícia e a libertinagem" não eram propriamente as mulheres, mas os interesses da preservação da riqueza patrimonial. (...) Os pais, para remirem a honra das suas filhas» eram obrigados, muitas vezes, a consentirem nos casamentos, que escapavam ao "arranjo" familiar, para efeitos da união de fortunas e da perpetuação e multiplicação da riqueza. «Para compreender o sentido da punição do estupro (...) julgo indispensável ter sempre presente o contexto geral em que se define a condição (...) de todas as mulheres.» (*Ibidem*, p. 464).

[39] *Vide* a propósito VASQUINHAS, Irene Maria, *Violência, Justiça e Sociedade Rural – Os campos de Coimbra, Montemor-o-Velho e Penacova de 1858 a 1918*, Porto: Edições Afrontamento, 1995, p. 452. A autora refere que «A divisão hierárquica do trabalho no seio da família que atribuía ao marido a responsabilidade económica e a autoridade, e à mulher o papel de administradora e guardiã do lar, está associada à expansão das classes médias no século XIX bem como à difusão dos seus valores. Não é evidente que estes postulados sejam válidos para a sociedade camponesa. Os aspectos materiais da vida dos campos, os métodos de trabalho, condicionavam uma certa igualdade entre os cônjuges.». No que especificamente se reporta ao problema da violência doméstica, afirma que eram praticamente insignificantes os casos de sevícias e maus tratos perpetrados pelo marido contra a mulher. «Estes eram oficialmente reprovados pelos princípios jurídicos que condenavam os maridos que se arrogavam o direito de fazer justiça pelas suas próprias mãos nas respectivas esposas». VASQUINHAS, Irene Maria, cita, a este respeito, uma sentença proferida pelo tribunal de Coimbra, em 1869, em que se afirmava que «o marido não tem direito de espancar a mulher e que aquele que assim pratica dá motivo de crime.». Por último, a autora vai ainda mais longe ao afirmar que, apesar dos diferentes papéis que homem e mulher ocupavam na sociedade, «as agressões eram recíprocas», participando ambos «na mesma cultura de violência».

[40] No que concerne ao CP de 1852, não encontramos no texto da lei, nem dela parece decorrer, qualquer direito do marido bater na mulher, o mesmo se passando com o CP de 1886. Veja-se, a título de exemplo, a anotação ao artigo 359.º do CP, que regula «os ferimentos, contusões e outras offensas corporaes voluntarias», de TEIXEIRA REBELLO, João

Todavia, como resultado da prevalência dessas concepções, a respeito da família, o legislador civil não admitia o divórcio, limitando-se a admitir apenas, no que concerne à violência conjugal, a separação de pessoas e bens[41], com fundamento na verificação de sevícias[42] e injúrias gra-

---

M. Pacheco, *Código Penal Annotado*, 3ª edição, Lisboa, 1905, p. 144, na qual não encontramos qualquer referência a um hipotético direito do marido bater na mulher, enquanto que o autor, citando um caso da jurisprudência da altura, refere expressamente não constituir crime «O reitor de um seminário, que dá palmatoadas em um dos colegiaes, para fazer respeitar a sua auctoridade e cohibir as demasias do collegial, embora d'ellas resultem ferimento.»; *vide* ainda o comentário de OSÓRIO, Luís, *Notas ao Código Penal Português*, Coimbra: França e Arménio, Editores, 1917, p. 666: «pelos artigos 137.°, 141.°, 142.° e 143.° do Código Civil os pais têem direito de reger e corrigir os filhos, portanto podem aqueles castigar êstes com ofensas corporais, sendo por estas isentos de pena, em virtude do artigo 44.°, n.° 4.° do Código Penal.». Por outro lado, a pena aplicável ao marido, ou à mulher, pelo homicídio ou ofensa à integridade física grave, do seu cônjuge encontrado em flagrante adultério, era a mesma, por força do disposto no artigo 372.° do mesmo Código, com a especificidade de que a concubina tinha, neste caso que ser «teúda e manteúda pelo marido na casa conjugal» (cfr. § 2 do artigo 372.° do CP de 1886). No que se refere à lei civil, o Código de Seabra, no seu artigo 7.°, afirmava que «A lei civil é igual para todos e não faz distinção de pessoas, nem de sexo, salvo nos casos que forem especialmente declarados». FERREIRA, José Dias, *ob. cit.*, p. 225, conclui, em comentário ao artigo 1185.°, que: «Pode o marido empregar alguns castigos para obrigar a mulher a cumprir as suas determinações lícitas? Nenhum artigo da lei lhe confere este direito, nem pode admitir-se, porque é contrário ao princípio da igualdade que rege a situação do marido e da mulher na sociedade conjugal.». Todavia, como aponta ANTUNES VARELA, J., *Evolução histórica da sociedade familiar*, Direito e Justiça, vol. II, 1981-86, p. 44, «A corrente renovadora do liberalismo que protegeu o cidadão contra as limitações do absolutismo (...) não chegou a penetrar no seio da família para defender a mulher contra a eventual prepotência do marido. A mulher continuou sujeita à protecção *paternalista* do marido, sem autonomia jurídica.».

[41] Caso a mulher pretendesse separar-se do marido, a lei processual civil previa, nos artigos 477.° e seguintes, o depósito da mulher casada, como preliminar ou consequência da acção de separação. A mulher casada só podia abandonar o lar conjugal desde que requeresse o seu depósito. Caso este fosse realizado como preliminar da acção de separação, o depósito caducaria se esta não fosse distribuída no prazo de 30 dias. O depósito tinha lugar em casa de família honesta, escolhida pelo juiz. Caso a mulher não lançasse mão deste procedimento legal e, ainda assim, abandonasse o lar conjugal, o marido podia requerer a sua entrega judicial, ao abrigo do artigo 665.° do CPC. Tal formalismo desencorajava, sem dúvida, o abandono do lar pela mulher. A Lei do Casamento, no seu artigo 41.°, afasta a possibilidade de entrega judicial da mulher ao seu marido em caso de abandono do lar, mas por sua vez, o artigo 20.° da Lei do Divórcio continua a prever que a mulher possa requerer o seu depósito judicial, nos mesmos moldes que na legislação anterior. Ao invés, o homem que pretendesse divorciar-se, nunca era depositado. Apesar da mulher, *op legis*, não poder ser entregue judicialmente, ainda assim, se pretendesse abandonar o lar con-

ves⁴³ (ou seja, os maus tratos corporais, por um lado, e os maus tratos à honra, por outro). O artigo 1204.°, n.° 4.° do Código de Seabra determinava que: «Podem ser causa legítima de separação de pessoas e bens: (...) 4.° As sevícias e injúrias graves.». Desta forma, os maus tratos físicos que não revelassem crueldade excessiva, ou as injúrias que não manifestassem gravidade, ao não constituírem fundamento de separação de pessoas e bens, teriam que ser suportadas pelo cônjuge ofendido, ainda que já fossem subsumíveis ao conceito de violência conjugal. Não seriam, ainda assim, suficientemente graves para justificar o "fim" do casamento⁴⁴ – tanto quanto a lei de então o permitia.

Poderemos afirmar que, ao longo do séc. XIX, o leque de situações que poderiam configurar comportamentos conjugalmente violentos era mais reduzido do que aquele que hoje encontramos. Não nos parece, por exemplo, que o conceito de violência psicológica, de violência por omissão, ou de violência sexual pudessem encontrar acolhimento na sociedade ou na legislação da altura⁴⁵.

---

jugal, devia requerer o seu depósito, na expressão de BELEZA, Teresa Pizarro, *Mulheres, Direito e crime ou a Perplexidade de Cassandra*, Lisboa: Faculdade de Direito: AAFDL, 1990, p. 163, «Não fosse o diabo tecê-las. Ou o marido. Ou mesmo uma interpretação estranha do art. 20.° que permitisse ainda basear na possibilidade do depósito a entrega judicial.». Já durante o Estado Novo, mais concretamente, em 1939, o CPC reintroduz a possibilidade de entrega judicial da mulher casada (cfr. art. 1470.°), o que BELEZA, Teresa Pizarro, *ob. cit.*, p. 166, considera um «poder humilhante e a todos os títulos desumano concedido ao marido de judicialmente requerer a entrega dela». As alterações ao CPC introduzidas pelo DL n.° 44.129 de 28 de Dezembro de 1961, mantendo a figura da entrega judicial da mulher casada, consagram agora uma excepção de vulto, ao admitir-se, no artigo 1416.°, que a mulher abandonasse justificadamente o marido. Continuava, no entanto, a aconselhar o depósito, que só seria definitivamente abolido, a par da entrega judicial da mulher casada, com o Código Civil de 1966.

⁴² «A palavra *sevícias* significa crueldade excessiva (...) maus tratos corporaes», FERREIRA, José Dias, *ob. cit.*, p. 240.

⁴³ Sobre os critérios a observar no preenchimento do conceito de «injúrias graves», vide ANDRADE, Manuel, *Algumas questões em matéria de «injúrias graves» como fundamento de divórcio*, RLJ, ano 88.°, 1956, p. 297-298, que aponta como elementos a considerar, a posição socio-económica e cultural dos cônjuges, os seus hábitos de linguagem, o grau de instrução, as suas condições pessoais, etc.

⁴⁴ Tal facto deriva da concepção do casamento dominante na altura: a ideia do casamento como instituição, em que os interesses do grupo familiar se colocavam acima dos interesses individuais dos seus membros. Sobre esta concepção do casamento, vide ANTUNES VARELA, J., *ob. cit.*, p. 43 e ss e PEREIRA COELHO, Francisco, *Casamento e Família no Direito Português...*, p. 10 e ss.

⁴⁵ Já nesse tempo, todavia, FERREIRA, José Dias, *ob. cit.*, p. 240, parecia admitir que

I.2.3. *A Primeira República e a Lei do Divórcio de 1910*

A implantação da República, em 1910, trouxe consigo um sentimento marcadamente anticlerical e anti-religioso. Tal atitude encontrou a sua expressão última, no que respeita à dimensão da família, na consagração da possibilidade de divórcio[46], até aqui vedada por lei, e na consagração, pelo menos formal, da igualdade dos cônjuges[47]. A Lei do Divórcio enunciava, no seu artigo 4.°, n.° 4, entre outras causas taxativas do pedido de divórcio litigioso, «*As sevícias ou injúrias graves*». O teor do preceito não traz nada de novo, por comparação com a formulação do Código de Seabra, com a diferença de que, o que até aqui constituía apenas fundamento para

---

a violência pudesse ser protagonizada tanto pelo marido, como pela mulher, ao afirmar que «A terceira causa de separação são as sevícias e injúrias graves. N'este caso, o direito de pedir a separação é igual para marido e para mulher, ainda que seja o marido pela sua posição de mais forte quem ordinariamente dê causa á separação por tal motivo.». Uma formulação nestes termos leva-nos a configurar a hipótese de ser a mulher a protagonizar o comportamento violento, retirando-lhe a caracterização de única vítima possível, dentro da relação conjugal, na linha do supra exposto por VASQUINHAS, Irene Maria, *ob. cit.*.

[46] Com o Decreto de 3 de Novembro de 1910. Este diploma representa também um passo em frente, rumo à igualdade de tratamento entre homem e mulher ao consagrar, no seu artigo 61.°, que «§1.° O adultério do marido será igualado em carácter e gravidade, ao da mulher (...)». A este respeito, tanto o Código Penal de 1852 como o de 1886 consagravam penas substancialmente diferentes para a mulher adúltera, a quem poderia ser aplicada uma pena de dois a oito anos de prisão celular, ou, em alternativa, degredo temporário, e para o marido adúltero, que podia ser condenado em pena de multa de três meses a três anos. Cfr. a este respeito os artigos 401.° e 404.° do CP de 1886. FERREIRA, José Dias, *ob. cit.*, p. 237, explicava assim a diferença de tratamento entre o adultério masculino e feminino: «ainda que não venha acompanhado de circumstancias aggravantes, (...) o adultério da mulher em todo o caso póde introduzir geração estranha no seio da família, e expor o marido a tratar, como filhos legitimos, os provenientes de união reprovada e criminosa.».

[47] Cfr. o artigo 39.° da Lei do Casamento, que estabelece: «A sociedade conjugal baseia-se na liberdade e na igualdade, incumbindo ao marido, especialmente, a obrigação de defender a pessoa e os bens da mulher e dos filhos, e à mulher, principalmente, o governo doméstico e uma assistência moral tendente a fortalecer e aperfeiçoar a unidade familiar.». Ainda a mesma lei, no seu artigo 44.°, consagrava para a mulher casada a possibilidade de estar em juízo, sem autorização do marido, nos mesmos termos em que este o pode fazer sem outorga nem autorização da mulher. Orientação oposta seguia o Código de Seabra ao consagrar a regra de que a mulher casada não podia estar em juízo sem autorização do marido. Como nota FERREIRA, José Dias, *ob. cit.*, p. 227, «A mulher que casa perde a faculdade de exercer só por si, sem auctorisação do marido, a maior parte dos seus direitos civis. O interesse da associação conjugal e a deferência que a mulher deve ao marido, collocam-na na obrigação de não praticar actos importantes sem a sua auctorisação.», tendência legalmente invertida pelo supra mencionado preceito da Lei do Casamento.

separação de pessoas e bens, é agora causa de divórcio litigioso, admitindo-se, pela primeira vez em Portugal, a cessação do vínculo conjugal, por meio de divórcio. Esta lei, no que especificamente concerne à problemática da violência conjugal, nada adianta, em relação ao sistema anterior[48]. Mas a jurisprudência fez, em certos casos, interpretações relativamente amplas do preceito, que indiciam já um alargamento do leque de condutas qualificáveis como actos violentos[49].

Em suma, a Primeira República não trouxe consigo grandes contributos para uma nova visão do fenómeno da violência doméstica, ainda que tenha contribuído para uma certa dignificação do estatuto da mulher. Os valores sociais dominantes, profundamente enraizados no seio da nossa comunidade, no que diz respeito ao domínio da família, lograram impedir avanços significativos. Continuávamos numa sociedade católica, patriarcal, em que o estatuto da mulher teimava em permanecer, no direito, mas sobretudo em termos práticos, quase sem alterações.

I.2.4. O Estado Novo

O Estado Novo não inverteu este estado de coisas. Antes, agravou-o. A Constituição de 1933 consagrava a igualdade dos cidadãos perante a lei, excepção feita às mulheres, atendendo às «diferenças resultantes da sua natureza e do bem da família»[50]. Na triologia salazarista: Deus, Pátria e

---

[48] É de notar a interpretação, verdadeiramente inovadora e progressista, que alguns juízes da época fizeram dos conceitos de «sevícias» e «injúrias graves», ao considerarem, por exemplo, que: «Sevícias, para efeitos do n.º 4 do artigo 4.º da Lei do Divórcio são quaisquer factos de um dos cônjuges que causem directamente ao outro um sofrimento corporal, embora não constituam crime.», numa sentença do Juiz da Comarca de Figueira de Castelo Rodrigo, de 7 de Fevereiro de 1927, apud BRAZ RODRIGUES, Lei do Divórcio – decreto de 3 de Novembro de 1910, 2ª edição, actualizada com toda a legislação e jurisprudência, Lisboa: Livraria Morais, p. 191.

[49] Veja-se a propósito a visão de um Juiz da Comarca de Valpaços, que proferiu a seguinte decisão, em 24 de Outubro de 1925: «As sevícias são maus tratos que constituem fundamento de divórcio, sem precisarem de ser repetidas. A constatação das sevícias pode fazer-se por qualquer meio admissível em Direito. A injúria consiste na imputação de factos ofensivos da honra e consideração, quer se trate de factos determinados, quer de factos indeterminados, e pode fazer-se por palavras ou acções, com publicidade, ou sem ela. A gravidade da injúria depende da posição social, da educação, do meio em que as pessoas vivem, do modo de vida, etc.», apud BRAZ RODRIGUES, ob. cit., p. 193.

[50] Cfr. o artigo 5.º da Constituição de 1933. Com a revisão constitucional de 1972, ficou apenas ressalvado o primeiro fundamento.

Família, esta última era considerada a instituição política primária. O Estado Novo, com a sua auto-proclamada missão de recristianizar a família, procurou pôr termo à possibilidade de dissolução do vínculo matrimonial por via do divórcio e, graças ao sistema concordatário[51], na prática, quase o conseguiu, porquanto a esmagadora maioria dos casamentos em Portugal era celebrada catolicamente[52]. Mesmo para aqueles que podiam divorciar-se, a dissolução do casamento por esta via encontrava-se dificultada, por força da interpretação jurisprudencial desenvolvida do teor da cláusula 4ª do artigo 4.º da Lei do Divórcio, que defendia, por exemplo, que «O facto do marido chamar à mulher "senhora" e "feto", não pode fundamentar o divórcio. O esbofeteamento da mulher pelo marido, Idem.»[53]. Virá também a propósito referir o Acórdão do Tribunal da Relação de Lisboa, de 3 de Maio de 1952[54], que, em pleno Estado Novo, parecia admitir a existência de um direito de moderada correcção doméstica, ao referir que «Desde que haja ofensa física, maus tratos infligidos pelo marido à mulher e uma vez que esses actos excedam os limites de uma moderada correcção doméstica, está-se em presença de sevícias graves, que ninguém é obrigado a tolerar sem reagir pelos meios que a lei lhe faculta.». Daqui se ex-

---

[51] A Concordata de 7 de Maio de 1940, assinada entre a Santa Sé e a República Portuguesa, no seu artigo 24.º, determinava que: «Em harmonia com as propriedades essenciais do casamento católico, entende-se que, pelo próprio facto da celebração do casamento canónico, os cônjuges renunciarão à faculdade civil de requererem o divórcio, que, por isso não poderá ser aplicado pelos tribunais civis aos casamentos católicos.». A Concordata, no entendimento de GOMES DA SILVA, *O Direito da Família no Futuro Código Civil*, BMJ n.º 65, p. 33, «veio reparar a injúria das leis de 1910 (...) e consagrar o casamento católico como exigência da consciência nacional e, portanto, como ele é na realidade – um sacramento e não mera forma de celebração.», ou seja, o casamento católico, de carácter indissolúvel, tornava praticamente inviável, *de iure*, a saída da mulher de uma relação conjugal abusiva.

[52] Em 1960, segundo o estudo *A Situação Social em Portugal*, 1960-1999, disponível na Internet em http://www.ics.ul.pt, em 25 de Abril de 2002, apenas 9,3% dos casamentos em Portugal não eram celebrados catolicamente. No mesmo ano, a taxa de divorcialidade foi de cerca de 0,1‰, correspondente a 749 divórcios ocorridos. Tal taxa de divorcialidade permaneceu até 1974, mas dispara, em 1975, para cerca do dobro (0,2‰). De um número total de divórcios de 777, em 1974, passamos para 1552, em 1975, triplicando o número em 1976: 4.875 – cerca de 0,5‰ de taxa de divorcialidade. No que concerne à celebração não católica do matrimónio, ela tem vindo a crescer. Em 1975, situava-se em 20,0%. Em 1998, ascendia já aos 33,0%.

[53] Acórdão do Supremo Tribunal de Justiça, de 31 de Março de 1944, *apud* BRAZ RODRIGUES, *ob. cit.*, p. 186.

[54] Publicado no BMJ n.º 33, 1952, p. 285.

trai a conclusão de que, no entendimento deste tribunal, as ofensas à integridade física menos graves, desde que motivadas pela ideia de correcção doméstica, estariam justificadas, o que não parece derivar, directamente, das disposições legais em vigor à época[55], mas antes da vigência social de uma concepção patriarcal da família e da subordinação da mulher ao marido.

Num regime de índole corporativista, como foi a ditadura salazarista, seria de esperar alguma condescendência para com o fenómeno da violência conjugal. A sociedade conjugal era domínio inviolável[56], feudo do chefe de família, a quem a mulher devia obediência. O cerne da vida comunitária centrava-se no colectivo: a Pátria e a Família. Os Direitos Fundamentais da pessoa humana, homem, ou mulher, eram de somenos importância, Neste contexto, a porta para a violência conjugal, politicamente *legitimada*, estava entreaberta[57].

O Código Civil de 1966, em matéria de Direito da Família, na parte que especificamente nos interessa em sede desta reflexão, pouco divergia do Código de Seabra[58]. Estabelece o artigo 1671.º que «Os cônjuges estão reciprocamente vinculados pelos deveres de fidelidade, coabitação e assistência.». A julgar pelo disposto no artigo 1778.º, alínea i), que consagra, a nosso ver, com carácter meramente residual, como causa de separação litigiosa, «Qualquer outro facto que ofenda gravemente a integridade física ou moral do requerente.», uma agressão, física, ou moral, passaria

---

[55] Por sua vez, o Acórdão da Relação de Lisboa, de 9 de Março de 1938, *apud Ibidem*, p. 191, considerava que: «A injúria, como fundamento de divórcio, tem que ser grave, mas não tem o significado restrito que lhe atribui o artigo 410.º do Código Penal, e por isso, os actos que possam ofender a dignidade de um dos cônjuges e que violem os deveres resultantes do casamento, constituem, quando praticados, injúria grave. A ofensa corporal, mesmo que dela não resultem vestígios, constitui sevícia e por isso, fundamento de divórcio. A intimidação com arma de fogo praticada por um cônjuge contra o outro deve considerar-se injúria grave.».

[56] *Vide*, nesse sentido, GOMES DA SILVA, *ob. cit.*, p. 29: «Se queremos defender a família respeitemos-lhe a intimidade, pois são muito menos danosos os inconvenientes que, num ou noutro caso, possam resultar desta confiança depositada no funcionamento natural da instituição, do que os males que inevitavelmente resultariam de se ofender o respeito e o pudor da generalidade das famílias.».

[57] Cfr. o Acórdão da Relação de Lisboa de 3 de Maio de 1952.

[58] No preâmbulo do Projecto de Código Civil, apresentado à Nação em 1966, dizia-se estar consagrada uma maior independência da mulher casada, mas não ia, porém, ao «Extremo absurdo de proclamar a igualdade jurídica dos cônjuges, a qual acabaria por destruir a necessária unidade da família, além de esquecer a profunda desigualdade natural dos dois sexos, que está na base da união matrimonial.».

quase despercebida à violação dos deveres conjugais. Só em casos extremos é que um acto de violência conjugal poderia justificar uma separação litigiosa, o que constitui um retrocesso, face à Lei do Divórcio, tanto mais que «O marido é o chefe da família, competindo-lhe nessa qualidade representá-la e decidir em todos os actos da vida conjugal comum, sem prejuízo dos artigos subsequentes.»[59].

O Código Civil de 1966 «Concretamente quanto à mulher discriminou-a relativamente ao marido, sacrificando os seus interesses pessoais,

---

[59] Já nas ACTAS DA COMISSÃO REVISORA DO ANTEPROJECTO SOBRE O DIREITO DE FAMÍLIA DO FUTURO CÓDIGO CIVIL PORTUGUÊS, BMJ, n.º 153, 1966, p. 14, a propósito do artigo 49.º do Anteprojecto, respeitante aos nubentes menores, se fazia a afirmação de que: «a mulher solteira ignora totalmente e não pode imaginar sequer o que é viver como casada. A mulher casada é em grande parte – pode dizer-se – aquilo que o marido a faz.». *Vide* também o artigo 1674.º do CC de 1966, na sua redacção original e respectiva anotação de PIRES DE LIMA e ANTUNES VARELA, *Código Civil Anotado*, vol. IV, Coimbra: Coimbra Editora, 1975, p. 235: «A posição de supremacia atribuída ao marido na vida conjugal comum assenta em razões de ordem *funcional* e não em motivos de *incapacidade* natural da mulher. (...) É preciso ver na autoridade do chefe de família, escreve Carbonnier (*ob. e vol. cits.*, pág.72), "um meio de assegurar, *no respeito da liberdade individual da mulher, a unidade de direcção do lar*". A prova incontestável de que a solução não se filia em razões de incapacidade natural da mulher está não só no facto de ela se aplicar à mulher casada, mas ainda na circunstância de a mulher casada poder legalmente assumir a verdadeira chefia da família em determinados casos (cfr. art. 1678.º, 2, al. a), in fine.». Este entendimento, representa, na nossa perspectiva, uma porta aberta à afirmação da hegemonia masculina e, como tal, a uma possível " legitimação", *de facto*, de comportamentos violentos, perpetrados pelos cônjuges maridos, contra os cônjuges mulheres, numa sociedade ainda masculina, em que a justificação para a consagração do dever de obediência da mulher parece fundar-se exclusivamente em razões de ordem «funcional». O conteúdo dessas razões revela-se, para nós, enigmático. VAN USSEL, *Histoire de la répression sexuelle*, p. 307, *apud* BELEZA, José Manuel Pizarro, *ob. cit.*, p. 600, afirma, inclusive, que «A estrutura autoritária e patriarcal continua a existir mesmo quando o homem *afirma* que a mulher é igual ao homem. A mulher tem o direito de se *sentir* psiquicamente emancipada, mas a sociedade continua a ser uma sociedade de homens. São os homens que promulgam leis em domínios que dizem respeito às mulheres, e às vezes só a elas.». Note-se, por exemplo, que teríamos que esperar pelo Código Penal de 1982, para encontrarmos legalmente consagrado o crime de maus tratos a cônjuge. Até aí, com manifesta dificuldade em obter o divórcio e em face dos rígidos pressupostos de que dependia, também, a concessão da separação, bem como pelo rigoroso formalismo exigido (cfr. o que supra se mencionou quanto à figura do depósito e da entrega judicial da mulher casada), à mulher vítima de violência só restava o processo crime comum, caso o comportamento violento configurasse algum dos crimes previstos no Código Penal, o que, como sabemos, poderia não ser o caso. Acresce que, no tocante à mulher, ser-lhe-ia extremamente difícil iniciar (e quanto mais levar até ao fim) um processo crime contra o seu marido.

profissionais e afectivos pondo-os uma vez mais à mercê da instituição, do homem, dos filhos ou de todos conjuntamente.»[60].

Em suma, o Estado Novo terá tolerado a violência conjugal, em ordem à realização dos superiores interesses do Estado e do bem estar da Família, agravando ou mantendo o estatuto jurídico da mulher, que não tinha, à época, mecanismos efectivos de resposta à violência conjugal[61]. Restava-lhe esperar que os novos ventos de mudança que, paulatinamente, se iam fazendo ouvir pela Europa fora, chegassem, em força, a Portugal.

I.2.5. *O Período pós 25 de Abril*

A Revolução de Abril de 1974 teve reflexos legislativos quase imediatos; primeiro, através da Constituição de 1976[62] e, logo em seguida, através das alterações ao Código Civil, em 1977[63], nomeadamente no domínio do Direito da Família[64]. A Reforma de 1977 estabelece o princípio da igualdade dos cônjuges[65], consagrando o dever de respeito[66], como dever primordial a que estão vinculados os cônjuges entre si. Por sua vez, fruto da Revisão Constitucional de 1982, o artigo 67.º da CRP passa a de-

---

[60] BELEZA, Teresa Pizarro, *ob. cit.*, p. 182.

[61] Todavia, não poderá deixar de se referir aqui que, ao abrigo do artigo 1671.º do Código Civil de 1966, cessava a obrigação da mulher adoptar a residência do marido, se esta tivesse «justificada repugnância pela vida em comum, por virtude de maus tratos infligidos por ele ou do comportamento indigno ou imoral que ele tenha.». Como chama à atenção BELEZA, Teresa Pizarro, *ob. cit.*, p. 174, «É de sublinhar a necessidade do legislador em permitir, excepcionalmente, que numa situação destas a mulher pudesse não ter a residência do marido. Como se tal não devesse resultar da própria situação e dos princípios gerais de direito vigentes.». Tal possibilidade afigura-se para nós como quase cosmética, porquanto, atenta a situação de subserviência e dependência económica e jurídica da mulher, face ao marido, a adopção de residência diferente da do marido, em caso de maus tratos, representaria praticamente uma miragem sem qualquer viabilidade.

[62] No que concerne ao nosso tema, relevam particularmente os artigos 13.º (que consagra o princípio da igualdade) e 36.º (este último, no que especificamente se refere ao domínio da família), ao estabelecer que «Os cônjuges têm iguais direitos e deveres quanto à capacidade civil e política e à manutenção e educação dos filhos.».

[63] Mediante o DL n.º 496/77, de 25 de Novembro.

[64] Reformas que todos conhecemos e que procuraram adaptar o Código Civil de 1966 aos imperativos constitucionais, no que particularmente nos interessa, relativamente ao princípio da igualdade dos cônjuges.

[65] Cfr. o artigo 1671.º do CC.

[66] Cfr. o artigo 1672.º do CC.

fender que a família seja um lugar de realização das pessoas que a compõem, numa adesão clara a uma concepção mais individualista do casamento, ideia corroborada pela reintrodução da possibilidade de divórcio[67] para todos os casamentos, em virtude da ratificação do Protocolo Adicional à Concordata de 1940[68]. Este parece-nos ser um contributo importante da legislação civil do pós 25 de Abril para o repúdio da violência conjugal, ao admitir-se a possibilidade de se pôr termo à relação matrimonial, mormente, por via litigiosa, desde que se verifique a violação culposa pelo outro cônjuge, de algum dever conjugal, «que pela sua gravidade ou reiteração, comprometa a possibilidade de vida em comum.»[69].

A consagração do dever de respeito como recíproco entre os cônjuges[70] parece-nos a pedra angular do combate contra a violência conjugal, na medida em que toda a sociedade conjugal se deve fundar no amor, na fidelidade, na cooperação e na assistência, mas antes e primeiro que tudo, no respeito de um cônjuge para com o outro, enquanto cônjuge e enquanto pessoa humana[71].

---

[67] Como bem salienta PEREIRA COELHO, F., *Casamento e Família no Direito Português*, in Temas de Direito da Família, ob. cit., p. 14, os cônjuges passaram a poder pedir directamente o divórcio por mútuo consentimento, sem necessidade de lhe preceder a separação judicial de pessoas e bens e, no que concerne ao divórcio litigioso, passou a admitir-se o mesmo com fundamento em causas objectivas, designadamente por via da ruptura da vida em comum (cfr. artigo 1781.° do CC).

[68] Cfr. o DL n.° 187/75, de 4 de Abril, em que a Santa Sé «recorda aos cônjuges que contraírem o matrimónio canónico o grave dever que lhes incumbe de se não valerem da faculdade civil de requerer o divórcio.». Por sua vez, o DL n.° 261/75, de 27 de Maio, revoga o preceito que vedava o divórcio aos casamentos celebrados catolicamente, desde 1 de Agosto de 1940 – data em que entrou em vigor a Concordata – e altera diversos artigos do Código Civil, de forma a permitir aos cônjuges casados catolicamente e separados de pessoas e bens a conversão da separação em divórcio.

[69] Cfr. o artigo 1779.° do CC, na redacção que lhe foi conferida pelo DL n.° 496/77, de 25 de Novembro.

[70] Cfr. o artigo 1672.° do CC.

[71] A Reforma do Código Civil de 1966, em matéria de Direito da Família, como salienta PEREIRA COELHO *apud* BELEZA, Teresa Pizarro, ob. cit., p. 192, reflecte-se na transição do modelo da grande família, para o modelo da família nuclear ou célula. «Acompanhava-se, de resto, idêntica evolução quanto ao casamento cuja concepção foi da tradicional (...) à moderna, que o considera simples associação de pessoas que procuram antes de mais, a sua realização pessoal.». Ainda assim, em pleno séc. XXI, há forças sociais resistentes à mudança: que dizer da terminologia empregue pelo STJ, em Abril de 2001, a propósito da Revista n.° 4068/00, da 7ª secção (disponível na Internet em http://www.cidadevirtual.pt, em 6 de Abril de 2002), que afirma ainda que «A vida em comum implica aos cônjuges a comunhão de mesa, leito e o *débito conjugal* (itálico

A Era pós 25 de Abril traduz-se, para a mulher, na sua ascensão à condição de cidadã de pleno direito e no reconhecimento legal de iguais direitos, comparativamente ao homem. O direito de voto, o direito de eleger e ser eleita, a consagração da igualdade dos cônjuges, a democratização do ensino,[72] o livre acesso aos *media* e ao mercado de trabalho[73], os movimentos feministas[74], que teimavam em subsistir desde a década de 60, constituíram factores decisivos para a mudança de atitude da mulher, em relação a si própria e em relação à sociedade em que vive[75]. Ela deixa de ser um sujeito passivo, para encarnar um papel activo[76].

---

nosso)», como se de uma estrita obrigação se tratasse, a despeito de tudo quanto supra se referiu acerca da alteração operada no período pós revolucionário, ao nível da forma de entender o relacionamento conjugal.

[72] A este propósito, será interessante referir que o ensino público obrigatório é uma conquista da Primeira República, tendo expressão constitucional no artigo 3.º, n.º 11.º da Constituição de 1911, mas a taxa de analfabetismo nesta altura, segundo o estudo *Illiteracy Rates*, disponível na Internet em http://www.cphrc.org.uk, em 12 de Fevereiro de 2002, baseado em ROSAS, F., *História de Portugal: O Estado Novo*, Lisboa: Estampa, 1994, p. 24, e CÉSAR DAS NEVES, J. L., *O crescimento económico português*, Análise Social, XXIX, p. 128, era de 70,3%. Em 1940 atingia ainda quase 50% da população portuguesa (49,0%). Em 1991, rondava os 12,7% e em 2001, a taxa de analfabetismo quedava-se nos 9% (cfr. INE, *Censos 2001 – Destaque*, disponível na Internet em http://www.ine.pt, em 3 de Janeiro de 2003). Por sua vez, segundo os números constantes de CANÇO, Dina, *As mulheres no Censo de 91*, Cadernos da Comissão Feminina, n.º 45, CIDM, Lisboa, 1996, p. 27 e ss, no que concerne ao ensino superior, em 1991, por cada 100 portugueses que entravam na Universidade, 49% eram mulheres. Nesta mesma data, no sector etário entre os 20 e os 24 anos, quase 70% dos habilitados com grau de licenciatura ou bacharelato eram mulheres, percentagem que cai para os cerca de 40%, na faixa etária dos residentes com mais de 35 anos.

[73] Graça, entre outros factores, à eliminação de todas as normas que, directa ou indirectamente, faziam depender o acesso da mulher ao trabalho do consentimento do marido.

[74] Ao nível internacional, o trabalho dos movimentos feministas contribuiu decisivamente para a chamada de atenção para a temática da violência conjugal como problema social, na década de 70. Até aí, este era um fenómeno praticamente ignorado. Para uma introdução às perspectivas feministas do direito, *vide* STANG DAHL, *O direito das mulheres – uma introdução à teoria do direito feminista*, tradução portuguesa, Lisboa: Fundação Calouste Gulbenkian, 1993, e FINEMAN, Martha Albertson, MYKYTIUK, Roxane, *The Public Nature of Private Violence*, Nova Ioque – Londres: Routledge.

[75] Trabalhar, salienta RODRIGUES, Julieta Almeida, *Continuidade e mudança nos papéis das mulheres portuguesas urbanas – o aparecimento de novas estruturas familiares*, Cadernos da Condição Feminina, n.º 40, CIDM, Lisboa, 1995, p. 141-144, deixa de ser, como até ao 25 de Abril, «um sinal declarado de baixa condição económica.».

[76] «Deste modo, o 25 de Abril proporcionou às mulheres portuguesas uma mudança de papel. A capacidade de tomar decisões na esfera pública tinha sido negada às mulheres durante o Estado Novo.» (*Idem, Ibidem*, p. 144).

Esta emancipação da mulher poderá produzir efeitos na problemática da violência conjugal, uma vez que, esta, paulatinamente, começa a tomar maior consciência dos seus direitos, adquirindo maior capacidade de resposta aos abusos de que é vítima. Agora, com frequência, a mulher trabalha fora de casa[77], não estando tão dependente do seu cônjuge, pelo menos do ponto de vista económico, o que poderá traduzir-se na bidireccionalização do fenómeno da violência conjugal: desde logo, porque, de vítima passiva, a mulher poderá passar a vítima activa, capaz de defender-se; mas poderá também passar ela própria a ser a agressora, não tanto, em princípio, como protagonista de agressões físicas, devido à natureza biológica tendencialmente mais frágil da mulher, mas potencial agressora psicológica.

I.3. Violência conjugal: contributos das ciências sociais para a compreensão do fenómeno

Chegados a este ponto, cumpre agora tentar compreender o fenómeno da violência conjugal, lançando mão dos contributos de ciências sociais como a psicologia, a sociologia e a antropologia cultural.

---

[77] Em 1989, segundo o Inquérito ao Emprego do INE, *apud* BELEZA, Teresa Pizarro, *ob. cit.*, p. AP – 38, num total populacional de 9.840,2 milhares de indivíduos, 4.715,3 milhares eram homens, contra 5.088,8 de mulheres. No que concerne à população activa, num total de 4.680,1 milhares de trabalhadores, 2.658,1 eram homens e 2.022,0 eram mulheres (43,2%), mas já no que diz respeito ao desemprego, ele era maior entre as mulheres (179 milhares) do que entre os homens (101,6 milhares), tendência que actualmente se mantém. Entre 1992 e 1997, a representatividade das mulheres na população activa cresceu dos 44,5%, em 1992, para os 45,6%, em 1997. No 3.º trimestre de 2002 correspondia a 45,8% (cfr. INE, *Estatísticas do Emprego*, disponível na Internet em http://www.ine.pt, em 3 de Janeiro de 2003, e *Idem, Estimativas de População Activa por grupo etário e sexo – valores anuais (1992-1997)*, disponível na Internet em http://www.ine.pt, em 3 de Janeiro de 2003). Comparando os Censos 1991 e os Censos 1981, *apud* CANÇO, Dina, *ob. cit.*, p. 36, verificou-se um aumento da taxa de actividade feminina, na ordem dos 5 %, que segundo a autora, ter-se-á devido sobretudo à alteração de comportamentos e atitudes das mulheres mais jovens. Veja-se, por exemplo, que o número de domésticas baixou, em 10 anos, dos 33,5 %, em 1981, para os 20 %, em 1991.

I.3.1. *O ciclo da violência*

Como primeira abordagem da questão, começaremos por referir que os especialistas[78] no estudo deste fenómeno atribuem ao mesmo um cariz cíclico[79] e de intensidade crescente, decompondo-o em três fases. A primeira fase, denominada de fase de acumulação da tensão[80], traduz-se na ocorrência de pequenos episódios geradores de conflito, que vão crescendo paulatinamente de intensidade e frequência, gerando-se um clima de ansiedade e hostilidade. A segunda fase, ou fase do ataque violento, dá lugar à explosão de toda a tensão, hostilidade e ansiedade que se vinha acumulando, num acto de violência cuja gravidade poderá variar. Numa terceira fase – a fase do apaziguamento – o agressor manifesta o seu arrependimento perante a sua vítima, prometendo que tal comportamento não se repetirá. A curto ou médio prazo, repetir-se-á o ciclo, sendo que, à medida que o tempo passa, os ciclos tendem a ser cada vez mais voláteis, muito mais próximos entre si e a fase do ataque cada vez mais violenta.

I.3.2. *Pseudo-justificações da violência conjugal*

Tradicionalmente, na sociedade ocidental[81], a respeito da violência conjugal, vingam diversos mitos, tais como o de que tal problema é pouco

---

[78] CORSI, *ob. cit.*. No mesmo sentido, *vide* APAV, *ob. cit.*.

[79] Sobre o ciclo da violência *vide* APAV, *ob. cit.*, WALKER, Lenore, *The Battered Woman*, Nova Iorque: HarperPerennial, 1979, p. 55 e ss, *El Ciclo de la Violencia*, disponível na Internet em http://www.mundomatero.com, em 2 de Dezembro de 2001, e *El Ciclo de la Violencia*, disponível na Internet em http://www.geocities.com, em 2 de Dezembro de 2001, entre outros.

[80] Na terminologia adoptada por CORSI, *ob. cit.*.

[81] A realidade da violência conjugal e doméstica, noutras sociedades, é bem diferente: segundo a MUSLIM WOMEN'S LEAGUE, *An Islamic Perspective on Violence Against Women*, disponível na Internet em http://www.mwlusa.org, em 20 de Abril de 2002, nos países islâmicos, é frequente a violência do homem contra a mulher, apesar do Islão exigir que o homem trate a sua mulher respeitosamente, proibindo qualquer forma de abuso físico ou psíquico. Na Palestina, por exemplo, segundo RUGGI, Suzanne, *Honor Killings in Palestine*, disponível na Internet em http://www.merip.org, em 21 de Abril de 2002, são vulgares os designados «honor killings». Constituindo a Família o edifício basilar da sociedade palestiniana, o seu estatuto depende em muito do código de honra, que assenta, sobretudo, na respeitabilidade das suas filhas, que por sua vez poderão pôr em causa todo esse edifício, desonrando-o pelo mau uso que possam vir a fazer da sua sexualidade. Nessas situações, torna-se legítimo a um membro homem da família matar a mulher prevaricadora,

relevante, pois é escasso o número de casos verificados. Tal afirmação encontra-se longe da verdade. Por exemplo, em Espanha, estima-se que cerca de 50% das famílias já tenha experienciado algum tipo de violência[82], sendo que, os números divulgados nunca correspondem à realidade, porquanto existe, ainda hoje, por parte da vítima de violência conjugal, uma forte resistência em denunciar a situação.

Atentos os números dos últimos anos, todavia, parece constatar-se um aumento do número de casos de violência conjugal, ou pelo menos, uma maior exposição dos mesmos[83], fruto da crescente divulgação dos direitos da vítima, que leva a que, cada vez mais, as vítimas denunciem os abusos que sofrem[84].

---

sendo que, na maioria dos casos, só a mulher acaba "condenada" pelo seu comportamento, uma vez que o responsável homem é considerado parte inocente. A Lei Jordana ainda considera acto de legítima defesa matar outrem, quando esteja em causa a defesa da vida ou da honra do agente, ou de terceiro. *Vide* também o caso do Irão, onde a Lei e o Legislador não revelam qualquer preocupação com a Violência na Família. As vítimas da violência familiar que recorrem aos tribunais são condenadas por provocarem a ira e o comportamento desrespeitoso dos maridos. As mulheres são educadas para se submeterem aos desejos dos seus cônjuges, sendo-lhes incutida a ideia de que a violência por eles desenvolvida constitui algo de necessário para o bem da família. Sobre a condição das mulheres no Irão, *vide* ASSOCIATION OF IRANIAN WOMEN – USA (AIW-USA), *Constitucional Violence against Women in Iran*, http://aiwusa.org. Sobre esta matéria, *vide* ainda MUHAMMAD, M. Haj-Yahia, *El abuso contra la esposa en la comunidad árabe de Israel: propuestas para el cambio*, in EDLESON, J., EISIKOVITS, Z., Violencia Domestica: la mujer golpeada y la familia, (tradução para a Língua Espanhola de Inés Frid), Buenos Aires: Granica, 1997, p. 133.

[82] *Vide* a propósito SANMARTÍN, José, *La Violencia y sus claves*, Barcelona: Editorial Ariel, S.A., 2000, p. 46.

[83] ROSMANINHO, Teresa, *Violência Doméstica em Portugal*, BOA, n.º 19, 2002, p. 29-30, refere-se à situação da violência doméstica em Portugal, da perspectiva das ocorrências registadas pelas Polícias: GNR e PSP. Do quadro extraído do Relatório Nacional 2000, do projecto INOVAR, constante de *ob.* e *loc. cit.*, podemos concluir que, em todo o país, entre 1999 e 2000, se verificou um acréscimo do número de ocorrências que oscilou entre os cerca de 3% em Bragança e os 64,5% em Évora, atingindo-se em média nacional, um aumento de 16,7%. Em termos percentuais, por cada 100 habitantes, o maior número de ocorrências teve lugar nos Açores (2,22%), na Madeira (1,85%) e no Porto (1,56%). O total de ocorrências a nível nacional ascendeu a 11.765, correspondendo a uma média de 1,19 por cada 100 habitantes.

[84] *Vide*, a este respeito, APAV, *Estatísticas 2001*. Em 2001, à APAV chegaram 5.544 casos de maus tratos a cônjuge ou companheiro, o que corresponde a 49% do total dos crimes de violência doméstica que chegaram ao conhecimento desta associação. Seguiam-se os crimes de Ameaças/Coacção, com 20% do total da criminalidade doméstica, e as Injúrias/Difamação, com 13,8%. Em 2002, esta tendência geral manteve-se, ainda que não possamos dar conta do número total de casos de maus tratos a cônjuge ocorridos, uma

Por outro lado, ainda tem grande força na sociedade hodierna a ideia de inviolabilidade do lar conjugal[85], de que os problemas entre cônjuges são problemas que só a eles dizem respeito. Franjas mais conservadoras reconhecem ainda um direito do marido a bater na mulher – o chamado direito de correcção[86] – e mesmo um direito sobre o corpo da mulher, como se esta se tratasse de um qualquer outro bem pertença do marido. Há, inclusive, quem formule pseudo-justificações da violência sobre a mulher: a provocação desta sobre o marido ou a predisposição inerente ao homem para ser violento[87].

A par destes preconceitos tradicionais, circulam abundantemente pela nossa sociedade outras ideias erradas acerca deste problema, como a convicção generalizada de que a violência ocorre sobretudo entre os casais

---

vez que as *Estatísticas 2002*, da APAV, não autonomizam agora este tipo de crime, o mesmo sucedendo com as *Estatísticas 2003*, que distinguem apenas entre maus tratos físicos e psicológicos, não nos permitindo apurar se estes são sofridos por cônjuge ou equiparado, ou menor.

[85] «Tradicionalmente, se considera que hay que respetar de forma escrupulosa la privacidad de la familia, dejándola al margen de cualquier tipo de intrusión o intervención, en particular, por parte de las instituciones estatales.» (SANMARTÍN, *ob. cit.*, p. 56). No sentido da não intervenção de estranhos ao casal, cfr. também SILVA, Luísa Ferreira da, *Entre marido e mulher alguém meta a colher*, Celorico de Basto: À Bolina, 1995, p. 93: «Todos/as fomos habituados com o provérbio "entre marido e mulher ninguém meta a colher"».

[86] SILVA, Luísa Ferreira da, *ob. cit.*, p. 95, refere que, ainda hoje, o casamento representa para muitos uma autorização para bater na mulher. Para muitos, diz a autora, *ob. cit.*, p. 91, «antigamente é que era; as mulheres de agora queixam-se mas levam pouco, nem sabem o que é apanhar!», o que espelha por parte de grande parte da sociedade o reconhecimento da mudança, mas também uma certa aceitação e continuação do comportamento conjugal tradicional. Continua a autora, afirmando que, ainda hoje, um número considerável de pessoas, sobretudo as mais velhas e pertencentes ao sexo masculino, consideram aceitável que o marido bata na mulher, em determinadas circunstâncias. No mesmo sentido, *vide* ALMEIDA, Maria Rosa Crucho de, *Inquérito de Vitimação 1992*, 1.º vol., Lisboa: GEPMJ, 1993, p. 82.

[87] Quanto a esta última, é comum reconhecer-se que a espécie humana contém certas condicionantes inatas, de índole biológica, que determinam o seu comportamento, designadamente, predispondo-o para a violência. Todavia, como explica SANMARTÍN, *ob. cit.*, p. 19, «la biología nos hace agresivos, pero es la cultura que nos hace pacíficos o violentos (...) La violencia no es un producto de la evolución biológica. (...) Es un resultado de la evolución cultural». Ainda no mesmo sentido, *vide* CORSI, *ob. cit.*, p. 38, «La violencia es una conducta aprendida a partir de modelos familiares y sociales que la define como un recurso válido para resolver conflictos.».

mais velhos[88], mais tradicionalistas, possuidores de uma educação mais conservadora, ou a certeza de que a violência conjugal é prerrogativa quase exclusiva das classes mais desfavorecidas[89]. Por último, manifesta-se, as mais das vezes, um sentimento generalizado de incompreensão da sociedade em relação à passividade da vítima de violência, atribuindo-lhe, inclusive, certos laivos masoquistas, esquecendo a complexidade do fenómeno[90].

---

[88] Segundo as mesmas *Estatísticas 2001*, da APAV, os sectores etários onde se verifica um maior número de vítimas localizam-se nos 35-45 anos, que representam 10,8% do total, e nos 25-35 anos, que representam 10,3%. Segundo a mesma organização, em 2002, 33,4% das vítimas inscrevem-se no intervalo etário dos 26 aos 45 anos (cfr. APAV, *Estatísticas 2002*). No primeiro semestre de 2004 este escalão etário representa 37,3% do total.

[89] Caberá aqui uma chamada de atenção para as conclusões de LOURENÇO, Nelson, LISBOA, Manuel, PAIS, Elza, *Violência contra as mulheres*, Cadernos da Condição Feminina n.° 48, CIDM, Lisboa, 1997, p. 38 e ss, no que concerne ao nível de instrução, rendimento e estrato social das vítimas (mulheres) de violência doméstica. Quanto ao nível de instrução formal, «verifica-se uma certa regularidade no sentido de os níveis de instrução mais elevados terem também, pesos maiores de mulheres que são alvo de actos de violência.». No que toca ao rendimento do agregado familiar, os dois escalões de rendimentos mais baixos (rendimentos iguais ou inferiores a 140 contos e rendimentos entre 141 e 250 contos) são os que apresentam mais casos de violência. Por último, no que respeita aos estratos sociais, «os resultados mostram que as mulheres que foram alvo de violência têm pesos semelhantes em todos os estratos sociais.».

[90] No que concerne à vítima mulher, por exemplo, ela está, na sua maioria, na dependência económica do marido, carecendo, por exemplo, de protecção social autónoma e, quando não está totalmente dependente, sempre terá algum grau de dependência, porquanto o nível de salários praticado em relação ao trabalho feminino é frequentemente inferior. Ainda que não exista dependência económica, existirá quase sempre dependência emocional, em tal grau, que as mulheres «se perciben a sí mimas como incapaces de afrontar a solas la vida.», SANMARTÍN, *ob. cit.*, p. 63. No que respeita à dependência emocional, alguns psicólogos vêm defendendo a aplicação do Síndroma de Estocolmo à violência doméstica, como forma de explicar a manutenção da mulher vítima no contexto da relação abusiva. O Síndroma de Estocolmo, segundo MONTERO GÓMEZ, Andrés, *Síndrome de Adaptación paradójica a la violencia doméstica*, disponível na Internet, em http://www.nodo50.org, em 20 de Março de 2002, é um conjunto de reacções psicológicas observadas em pessoas submetidas a cativeiro, mediante as quais as vítimas acabam por manifestar uma adesão paradoxal à causa dos sequestradores, estabelecendo-se certo tipo de processos de identificação entre sequestrado e sequestrador, incluindo o desenvolvimento de laços afectivos e de simpatia, dentro do contexto traumático do sequestro. «En muchos aspectos, es possible establecer un paralelismo mui claro entre la emergencia de vínculos paradójicos en experiencias de personas submetidas a sequestro y en mujeres que sufren violencia en la intimidad, a modo de un Síndrome de Adaptación Paradójica a la Violencia Domestica», *Idem, ob. cit.*. Tal Síndroma poderá explicar o facto de, mesmo

Vinga também na nossa sociedade, sobretudo em relação às formas mais atrozes de violência conjugal, a ideia de que a mesma é despoletada em razão das deficiências mentais ou dos distúrbios de personalidade apresentados pelo agressor[91]. Este factor, todavia, só representa uma margem residual de cerca de 10 a 20% dos agressores[92].

O consumo de álcool, ou a ingestão de substâncias estupefacientes também constituem factores a considerar, quando falamos de violência conjugal, mas tais factores constituem, sobretudo, elementos potenciadores de violência e não, por si só, geradores de violência[93]. No entanto, segundo o estudo citado por SANMARTÍN[94], em Espanha, cerca de 30% dos agressores padecem de problemas com o consumo de álcool[95].

---

mulheres pessoal e economicamente independentes dos seus cônjuges agressores, bem sucedidas nas diversas facetas da sua vida, sejam incapazes de abandonar a relação abusiva, ou de denunciar os agressores. Estas, tal como as mulheres mais dependentes do núcleo familiar, *maxime*, dos seus cônjuges, parecem desenvolver uma reacção paradoxal, que consiste no desenvolvimento de um vínculo afectivo, gradualmente mais forte com o seu agressor, que as leva a protegê-lo, «llegando al punto de asumir las excusas esgrimidas por el agresor tras cada paliza y de aceptar sus arrepentimientos (...) o detener procesos judiciales em marcha al declarar a favor de sus agresores antes de que sean condenados.», MONTERO GÓMEZ, Andrés, *ob. cit.*. Sobre o Síndroma de Estocolmo Doméstico *vide Idem, El Síndrome de Estocolmo Doméstico en Mujeres Maltratadas*, disponível na Internet em http://www.nodo50.org, em 3 de Março de 2002, e *Idem, Shaping the Ethiology of the Stockholm Syndrome. Hypothesis of the Induced Mental Model*, disponível na Internet em http://fs-morente.filos.ucm.es, em 20 de Março de 2002.

[91] «Um indivíduo que atira ácido sulfúrico para cima da mulher não pode ser normal. Tem de haver um traço de psicopatologia» – MOTA, Fátima, da Fundação Bissaya Barreto, em entrevista ao Jornal de Notícias, 18 Nov. 2001, p. 6.

[92] SANMARTÍN, *ob. cit.*, p. 52.

[93] Neste sentido, *vide* LOURENÇO, Nelson, LISBOA, Manuel, PAIS, Elza, *Violência contra as mulheres...*, p. 111, «O álcool tem funcionado como um *alibi* que leva homens e mulheres a demitirem-se das responsabilidades dos seus comportamentos conjugais. Muitos autores dizem hoje que a violência existiria mesmo que situações de alcoolismo não se verificassem, estando o álcool não na origem da violência, mas associado aos processos catalisadores que melhor permitam libertar as tensões acumuladas.». Ainda assim, no primeiro semestre de 2004, segundo as *Estatísticas da APAV*, 966 agressores padeciam de dependência do álcool e 255 de estupefacientes.

[94] *Ibidem*, p. 52.

[95] Sobre a influência do consumo de álcool e de substâncias estupefacientes na violência conjugal, *vide*, respectivamente, KANTOR, Glenda Kaufman, e STRAUS, Murray A., *The "Drunken Bum" Theory of Wife Beating* e *Idem, Substance Abuse as a Precipitant of Wife Abuse*, disponíveis na Internet em http://pubpages.unh.edu, em Março de 2002.

No que especificamente se reporta à sociedade portuguesa e suas percepções da violência doméstica[96], sempre se dirá que a grande maioria da população considera que existem muitos comportamentos violentos nas famílias portuguesas, sendo sobretudo manifestados contra as mulheres e crianças, normalmente pelo marido/pai. Considera também maioritariamente que a violência diminui com o aumento da escolaridade e que ocorre, sobretudo, nos lares mais pobres.

I.3.3. *Violência conjugal: um problema de género?*

O nosso discurso até aqui faz supor a existência de uma outra ideia preconcebida: a de que na violência conjugal, o homem é o agressor e a mulher é a vítima[97]. Nos dias de hoje, tal afirmação não corresponde inteiramente à verdade. Se estatisticamente, pelo menos, no que especificamente concerne ao caso português, as mulheres constituem a esmagadora maioria das vítimas de maus tratos[98], também é verdade que, por um lado, tais estatísticas não representam o número real de casos de violência contra o cônjuge marido, uma vez que os preconceitos sociais como a superioridade e dominação masculinas constituem fortes obstáculos para que tais vítimas denunciem os abusos de que são alvo, sendo que, tal denúncia implicaria, com frequência, uma atitude de discriminação social contra a

---

[96] Cfr. a este respeito o estudo desenvolvido por COSTA, Adélia, *Representações Sociais de Homens e Mulheres*, Cadernos da Condição Feminina, n.º 34, CIDM, Lisboa, 1992, p. 45 e ss e LOURENÇO, Nelson, LISBOA, Manuel, PAIS, Elza, *Violência contra as mulheres...*, p. 105 e ss.

[97] Para PEARSON, Patrícia, *When she was bad: Violent women and the myth of innocence*, Viking, 1997, p. 7, «Violence is still universally considered to be the province of the male. (...) It is one of the most abiding myths of our time.».

[98] Em 2000, os casos de violência doméstica registados pela APAV, em que a vítima era mulher, representavam 94,8% do total de processos de apoio, contra 4,2% de vítimas masculinas. No que concerne ao crime de maus tratos a cônjuge ou companheiro, registaram-se 82 casos de mulheres agressoras, o que corresponde a 1,79% do total. Este número cresceu em 2001, tendo sido denunciados 144 casos de maus tratos a cônjuge ou companheiro perpetrados por mulheres, o que representa uma percentagem que ronda os 2,6%. Em Espanha, o número estatístico de vítimas masculinas rondará os 2%, segundo SANMARTÍN, *ob. cit.*, p. 48. Segundo a APAV, no primeiro semestre de 2004, no domínio da violência doméstica, 7,8% das vítimas eram do sexo masculino, pese embora não possamos afirmar que se tratem de cônjuges, uma vez que são tratados conjuntamente todos os crimes a que a violência doméstica é subsumível.

vítima homem – com inevitável repercussão ao nível da diminuição da sua própria auto estima –; por outro lado, ainda que admitamos que, em sede de violência conjugal, é a mulher a vítima por excelência, tal não significa que esta seja a única vítima. Ao contrário, nos últimos anos, têm vindo a público diversos estudos em que se constata o acréscimo de casos de violência contra o cônjuge marido[99].

Torna-se assim de extrema pertinência uma questão: será a violência conjugal um problema de género?

A resposta não é unânime, dividindo os estudiosos do tema. Para BONINO MÉNDEZ[100], por exemplo, o fenómeno da violência doméstica enquadra-se na abrangente categoria da violência de género[101]. Segundo o autor, violência de género é aquela que, com diversas formas, tem como principais vítimas as mulheres de todas as idades, sendo inequívoco na afirmação de que tal problema se funda na cultura masculina e patriarcal[102]. MACKINNON[103] vai ainda mais longe na sua análise, ao compreen-

---

[99] Os estudos desenvolvidos nos EUA a este respeito revelaram-se surpreendentes: já em 1977, num estudo conduzido por STRAUS, M. A., *apud* FONTES, David, *What domestic violence presenters don't tell you*, disponível na Internet em http://www.vix.com, em 20 de Novembro de 2001, concluiu-se que, em cada 15 segundos, uma mulher era agredida com gravidade, pelo seu marido ou namorado. Todavia, o mesmo estudo revelava que o mesmo se passava com o marido ou namorado, a cada 14,6 segundos. Por seu turno, a *National Family Violence Survey's Nationwide Random Sampling of Households apud* FARREL, Warren, *The myth of male power*, Berkley, Nova Iorque, 1993, p. 214, constatava que as esposas confessavam haver maior probabilidade de elas próprias virem a agredir os seus maridos, do que o contrário.

[100] BONINO MÉNDEZ, Luís, *Violencia de género e prevención. El problema de la violencia masculina.*, disponível na Internet em http://www.nodo50.org, em 3 de Março de 2002.

[101] No mesmo sentido, *vide* FERRER PÉREZ, Victoria A. e BOSCH FIOL, Esperanza, *Violencia de género y misoginia: Reflexiones psicosociales sobre un possible factor explicativo.*, disponível na Internet em http://www.nodo50.org, em 3 de Março de 2002, e CAMPO, Ana María Pérez del, *apud Mujer y Violencia: análisis*, disponível na Internet em http://www.nodo50.org, em 3 de Março de 2002. Esta autora «insiste en el término VIOLENCIA DE GÉNERO, por encima de violencia familiar, para precisar y no desvirtuar el origen de la violencia.». *Vide* também LOCKE, Lisa M., *Attitudes toward domestic violence: race and gender issues*, disponível na Internet em http://www.findarticles.com, em 10 de Março de 2002, e, entre nós, BELEZA, Teresa Pizarro, Maus *Tratos Conjugais: o artigo 153.º, 3 do Código Penal*, Lisboa: AAFDL, 1989.

[102] «Por todo esto, es importante en cualquier estrategia de prevención de la violencia, señalar sin temor a los varones como los principales ejecutores de la violencia, y hablar de violencia 'masculina' contra las mujeres» (BONINO MÉNDEZ, Luis, *ob. cit.*). Curiosa é, sem dúvida, a perspectiva de FARREL, Warren, *ob. cit.*, p. 215 e ss, a este respeito, ao afir-

der a violência contra a mulher e, concretamente, a violência conjugal como uma questão de género[104], atribuindo assim ao acto violento uma componente de domínio sexual[105].

A Plataforma de Acção da Quarta Conferência Mundial sobre as Mulheres[106], um dos muitos documentos internacionais sobre violência contra as mulheres, na sua conclusão 113, refere que o termo violência contra as mulheres diz respeito a actos de violência motivados pela diferença de género[107] e que resultem, ou possam resultar, em sofrimento físico, sexual ou psicológico para a mulher, abrangendo, entre outros, actos de violência física, sexual e psicológica, perpetrados no seio da família.

Outros autores são peremptórios em afirmar que a violência conjugal não é um problema de género, mas um problema da família[108]. Cook[109] afirma, inclusive, que ignorar a violência contra os homens contribui para

---

mar que «murder, rape, and spouse abuse, like suicide and alcoholism are but a minute's worth of superficial power to compensate years of underlying powerlessness. They are manifestations of hopelessness commited by the powerless, which is why they are acts commited disproportionately by blacks and by men.».

[103] MACKINNON, Catherine A., *Toward a Feminist theory of the state*, Harvard University Press, 1991.

[104] «Battery is often precipitated by women's noncompliance with gender requirements. Nearly all incidents occur in the home, most in the kitchen or bedroom.» (*Ibidem*, p. 178).

[105] «Gender and sexuality, in this view, become two different shapes taken by the single social equation of male with dominance and female with submission.» (*Idem, Ibidem*, p. 143).

[106] Esta Conferência teve lugar em Pequim, em 1995. O texto da Conferência encontra-se disponível na *Agenda Global n.° 5 – Plataforma de Acção de Pequim 1995 & Iniciativas e Acções Futuras, Igualdade de Género, Desenvolvimento e Paz para o séc. XXI*, CIDM, 2001.

[107] Sobre a relevância jurídica do género, *vide* BELEZA, Teresa Pizarro, *Mulheres, Direito e Crime ou a Perplexidade de Cassandra*; *Idem, Género e Direito: da igualdade ao "direito das mulheres"*, Themis, ano 1, n.° 2, 2000, p. 35; sobre a problemática do género no sistema penal português, *vide Idem, Mulheres e Crime – o sistema penal e a construção do género*, RMP, n.°s 33 e 34, p. 29.

[108] «Is not time we began approaching family violence as a family problem, rather than as one more method of canonading the opposite sex in the ongoing gender wars?», HUGH NATIONS, *Family Homicides – rates by gender – DoJ, 94*, disponível na Internet em http://www.vix.com, em 3 de Março de 2002.

[109] COOK, Philip W., *The Hidden Side of Domestic Violence*, disponível na Internet em http://www.abusedmen.com, em 23 de Novembro de 2001: «Domestic violence is a human problem, not a gender problem.».

a perpetuação da violência nas próximas gerações[110]. Virá a propósito a afirmação de VICENTE, Ana[111], segundo a qual «A família é, idealmente, um espaço de pertença, (...) mas também pode constituir um lugar de grande violência, de abuso de poder e de autoritarismo, por parte dos mais fortes (física, psicológica ou economicamente) sobre os mais fracos.», o que significa que o mais forte não é necessariamente o homem[112-113].

Actualmente, não poderemos deixar de reconhecer que o fenómeno da violência conjugal é cada vez menos unidireccional. O cônjuge marido não é sempre o agressor. Ainda que pudéssemos fazer tal afirmação, não nos parece que fosse possível automaticamente conceder que a violência conjugal se tratasse, sem mais, de um problema de género, em que o comportamento violento do cônjuge marido fosse exclusivamente motivado por concepções de supra/infra-ordenação, de dominação masculina e submissão feminina[114]. Tais concepções poderão, em muitos casos, estar na base do fenómeno violento, mas quase nunca são os únicos factores. A violência entre cônjuges é um fenómeno de grande complexidade, pelo que, reduzi-lo a uma simples questão de género, parece-nos uma solução excessivamente simples para um problema que apresenta tantas cambiantes. Por outro lado, tendemos a crer que a tese da *questão do género* cai pela base ao reconhecermos a existência de cônjuges maridos vítimas de violência. Admitirmos que a mulher pode agredir[115], não provocada por

---

[110] Sobre a temática da violência contra os homens, *vide* COOK, Philip, *Abused Men – The Hidden Side of Domestic Violence*, Praeger, 1997, PEARSON, Patrícia, *ob. cit.*, FARREL, Warren, *ob. cit.*, e SOMMERS, Christina Hoff, *Who stole feminism: How women betrayed women*, Simkon and Schuster, 1996.

[111] *Direitos das Mulheres/Direitos Humanos*, Cadernos da Condição Feminina, n.º 59, Lisboa, CIDM, 2000, p. 48.

[112] Neste sentido, *vide* FARREL, Warren, *ob. cit.*.

[113] «É claro que também as mulheres se socorrem da violência psicológica, dado que, em geral, têm menos força física do que os homens.» (VICENTE, Ana, *ob. cit.*, 51).

[114] Por definição (cfr. SERRAT MORÉ, D., *Violencia doméstica y género: aspectos médico-legales*, disponível na Internet em http://www.aragob.es, em 2 de Fevereiro de 2002), deverá entender-se como violência de género «todo acto de agresión, física o psíquica, basado en la superioridad de un sexo sobre outro.».

[115] Segundo o RELATÓRIO ANUAL DA PROCURADORIA-GERAL DA REPÚBLICA – 1999, disponível na Internet, em http://www.pgr.pt, em 6 de Abril de 2002, no que respeita ao crime de maus tratos a cônjuge, terminaram 118 processos, dos quais, 108 das vítimas eram mulheres, o que corresponde a uma percentagem de 92%. O Relatório não menciona o número de condenações e absolvições, mas estes números permitem constatar que o Ministério Público encontrou indícios suficientes para deduzir acusação contra cônjuges mulheres, ou conviventes de facto mulheres, pela prática deste crime, em 8% do total de acusações

qualquer via e sem o escopo da reacção ou da defesa perante uma atitude violenta do seu cônjuge, leva-nos a aceitar que, pelo menos nesses casos, a mulher terá ultrapassado o preconceito da submissão feminina. Deste modo, a motivação do comportamento violento não poderá encontrar-se, apenas, numa discriminação em função do sexo.

I.3.4. *Contributos para uma tentativa de compreensão do fenómeno da violência conjugal*

A consideração isolada de cada um dos factores apontados supra é de afastar. Outrossim, para uma tentativa de compreensão do fenómeno em toda a sua complexidade, terão que considerar-se os diversos elementos no seu conjunto, fazendo-os interagir.

Parece-nos interessante, neste ponto, abordar o modelo proposto por BRONFENBRENNER[116], adaptado por CORSI[117], à tentativa de compreensão do fenómeno da violência intrafamiliar (o denominado modelo ecológico), que consideramos satisfatório para a compreensão da problemática da violência conjugal[118]. Tal modelo propõe a existência de quatro dimensões inter-actuantes e explicativas, no seu conjunto, por via da sua interacção, da violência conjugal – tais dimensões CORSI[119] denomina *Macrossistema, Exossistema, Microssistema* e *Nível Individual*[120].

O *Macrossistema* é formado pelo conjunto de crenças e valores culturais acerca do homem, da mulher, dos filhos, da família e bem assim, as concepções sociais vigentes acerca do poder e da obediência. A sociedade ocidental hodierna, ainda que em mudança, assenta numa tradição histórica milenar de uma família patriarcal, hierárquica, de estrutura vertical, em que a mulher deve obediência ao marido e em que, por sua vez, os filhos devem obediência aos pais.

---

deduzidas. Se tivermos em conta que o preconceito social ainda existente em relação à violência contra os homens dificulta a denúncia deste tipo de situações, então, poderemos admitir como bastante superior o número de casos em que o agressor é o cônjuge mulher.

[116] BRONFENBRENNER, U., *La ecologia del desarrollo humano*, Barcelona: Paidós, 1987, apud CORSI, *ob. cit.*, p. 48.

[117] *Ob. cit..*

[118] Mas que não exclui outras formas de explicação do fenómeno.

[119] *Ibidem*, p. 49 e ss.

[120] Este último comporta a dimensão cognitiva, comportamental, psicodinâmica e interaccional.

As crenças culturais vigentes na nossa sociedade apresentam ainda padrões muito rígidos sobre o que é ser homem[121], associando-se frequentemente à força a ideia de masculinidade[122]. Por sua vez, persiste a concepção, enraizada, de fragilidade da mulher e, consequentemente, está--lhe associada a ideia de submissão e obediência[123].

Tais concepções culturais acerca do que significa ser homem e mulher têm ligação directa com o fenómeno da violência conjugal[124].

O *Exossistema* consiste no contexto social em que se insere o casal em cujo seio se manifesta a violência. A incorporação destes modelos tradicionais opera através dos mecanismos de aprendizagem social veiculados pela família, pela escola, pelo espaço laboral, pelo espaço de convívio, pela Igreja, pelos *media* e por quaisquer outras formas de acesso à cultura. Com efeito, tais valores e padrões culturais chegam ao indivíduo através

---

[121] Segundo CORSI, Jorge, DOHMEN, Mónica Liliana, SOTÉS, Miguel Ángel, com un aporte de BONINO MÉNDEZ, Luís, *Violencia Masculina en la pareja,...*, p. 16, o modelo masculino tradicional assenta em determinadas características que permitem construir um verdadeiro perfil psicológico, caracterizado por contenção emocional (traduzida na não expressão dos sentimentos próprios, particularmente com outros homens) e obsessão pelo sucesso, sobretudo profissional e económico, o que implica um estado permanente de alerta e competitividade, bem como um auto-controlo repressivo que evite a exteriorização de sentimentos como a dor, a tristeza ou o medo, geralmente associados a debilidade. As suas relações com o mundo exterior traduzem-se numa conduta afectiva e sexual restringida, atitudes baseadas em modelos de controlo, poder, competitividade e dificuldades em cuidar da sua própria saúde. O comportamento masculino é dominado por mitos como o de que o poder e o controlo são essenciais à prova de masculinidade.

[122] «A precedência universalmente reconhecida aos homens afirma-se na objectividade das estruturas sociais e das actividades produtivas e reprodutivas, baseadas numa divisão sexual do trabalho de produção e reprodução biológica e social que confere ao homem a melhor parte, e também os esquemas imanentes a todos os habitus.», BOURDIEU, P., *A Dominação Masculina*, (tradução para a Língua Portuguesa de PEREIRA, M. S.), Oeiras: Celta Editora, 1999, p. 29.

[123] «Assim, a lógica paradoxal da dominação masculina e da submissão feminina, da qual podemos dizer ao mesmo tempo, e sem contradição, que é espontânea e extorquida, não se compreende a não ser tendo em conta os efeitos duradouros que a ordem social exerce sobre as mulheres (e os homens), quer dizer, as disposições espontaneamente adaptadas a essa ordem que lhes impõe.» *(Idem, Ibidem,* p. 32).

[124] DOHMEN, M., *in* CORSI, Jorge, DOHMEN, Mónica Liliana, SOTÉS, Miguel Ángel, com un aporte de BONINO MÉNDEZ, Luis, *Violencia Masculina en la pareja,...*, p. 43, refere que «Mercedes Rodríguez (1990) aporta que las causas de la violencia doméstica están en las bases de una sociedad sexista, donde se promueve la desigualdad de las relaciones entre hombres y mujeres al permitir el ejercicio privado e institucionalizado del poder, el control, el dominio y la violencia».

da mediação destas e de outras instituições sociais[125]. O problema a este nível reside em saber até que ponto existe ou não uma legitimação institucional da violência que estimule a violência intrafamiliar. A resposta dependerá do contexto social específico em que se movimenta cada casal em concreto. Dentro deste, factores de risco poderão ser, por exemplo, as dificuldades económicas ou a deficiente formação escolar[126].

O *Microssistema* é composto pela família e respectivos padrões de interacção familiar. Com efeito, como salienta CORSI[127], é mais provável a ocorrência de violência entre famílias de tipo autoritário, onde a distribuição de poder assenta em estereótipos culturais e numa lógica de verticalidade. Mas a própria idade dos membros do casal poderá ter relevância[128], porquanto a dependência económica da mulher muito jovem, do seu cônjuge bastante mais velho, poderá determinar para este um certo ascendente propício ao despertar da violência. Todavia, segundo SANMARTÍN[129], em Espanha, a franja etária de mulheres vítimas de violência situa-se entre os 31 e os 40 anos. Em Portugal, como tivemos oportunidade de ver, a faixa etária dominante situa-se entre os 35 e os 45 anos[130].

Outro factor a ter em conta no *Microssistema* é a própria história pessoal dos membros da família. Muitos homens agressores foram, na sua infância, sujeitos a maus tratos, ou, pelo menos, assistiram, de perto, a episódios de violência entre os pais. Perante tal situação, a criança, mais tarde, o jovem e, finalmente, o homem adulto, passa a encarar a violência conjugal e familiar como situação normal, inerente à vida familiar. CORSI[131] vai ainda mais longe e adianta que a convivência das crianças, sejam elas do sexo masculino ou feminino, com este tipo de situações, acarreta-lhes baixos índices de auto-estima. Todavia, por força da socialização de género, os resultados manifestam-se de forma diferente con-

---

[125] «Parece-me com efeito que, se a unidade doméstica é um dos lugares onde a dominação masculina se manifesta da maneira mais indiscutível e mais visível, (e não só por meio do recurso à violência física), o princípio da perpetuação das relações de força materiais e simbólicas que aí se exercem situa-se no essencial fora dessa unidade, em instâncias como a Igreja, a Escola ou o Estado e nas suas acções propriamente políticas, declaradas ou ocultas, oficiais ou oficiosas», BOURDIEU, P., *ob. cit.*, p. 99.
[126] SANMARTÍN, J., *ob. cit.*, p. 64.
[127] *Violencia Familiar, una mirada interdisciplinaria...*, 1999, p. 57.
[128] SANMARTÍN, *ob. cit.*, p. 61.
[129] *Ob. cit.*, p. 62.
[130] Cfr. APAV, *Estatísticas 2001*.
[131] *Ibidem*, p. 58.

soante os sexos: a baixa auto-estima feminina acarreta sentimentos de incapacidade de defesa[132] e de culpabilidade, enquanto que nos homens actua um mecanismo de sobrecompensação que lhes confere uma aparência externa "dura".

Finalmente, há outro elemento a ter em conta na dimensão que estamos a analisar: o tempo que cada família passa em conjunto. Quanto mais tempo o casal passar junto, maior será o risco de ocorrência de conflitos e, consequentemente, do aparecimento de comportamentos violentos[133]. Acresce a esse facto a existência, na família, de sexos e, tantas vezes, gerações distintas e diferentes papéis no seu seio, compreendendo-se, por isso, melhor, a propensão da família[134] e, particularmente do casal, para a violência, num espaço em que se torna tão fácil que cada membro invada a esfera privada do outro.

O *Nível Individual* corresponde à esfera do agressor, às diversas condicionantes biopsicológicas, sociológicas e inter-accionais que condicionam o seu comportamento, propiciando a ocorrência de actos violentos.

Começaremos por referir que o cônjuge agressor poderá padecer de deficiências mentais que afectem as suas capacidades de discernimento e de relacionamento com os outros, *maxime* com o seu cônjuge, o que, como tivemos oportunidade de referir supra, constitui uma franja residual do número de agressores. Estes, ainda que em escasso número, poderão apresentar distúrbios da personalidade ou dificuldades na expressão de sentimentos, que influam na forma como se relacionam com o seu cônjuge, designadamente através de comportamentos violentos[135].

O padrão de comportamento[136] do agressor traduz-se numa forma de agir antagónica, consoante se encontre em público, ou em privado. Educado, equilibrado e cortês em público, torna-se agressivo, conflituoso e,

---

[132] «La mujer maltratada se percibe a sí misma como alguien que no tiene posibilidades de salir de la situatión en la que se encuentra. Tiene una idea hipertrofiada acerca del poder de su marido. El mundo se le presenta hostil y ella cree que nunca podrá valerse por sí misma.» – CORSI, *ob. cit.*, p.59.

[133] SANMARTÍN, *ob. cit.*, p. 54.

[134] SANMARTÍN, *ob. cit.*, p. 55.

[135] «El hombre violento se caracteriza, pues, por la inexpresividad emocional, la baja autoestima, la escasa habilidad para la comunicación verbal de sentimientos, la resistência al autoconocimiento y la proyección de la responsabilidad y de la culpa» (CORSI, *ob. cit.*, p. 60, a propósito do preenchimento da '*Dimensión psicodinámica*').

[136] A '*dimensión conductual*' de CORSI, *ob. cit.*, p. 58.

por vezes, violento em privado. A vítima vive num clima de medo e instabilidade emocional.

No que concerne à *dimensão cognitiva*[137], o agressor manifesta uma percepção rígida e perfeitamente estruturada da realidade, que corresponde a uma interiorização dos estereótipos tradicionais social e culturalmente enraizados, absorvidos do *Macrossistema*.

No que respeita à *dimensão interaccional* [138], sempre se dirá que o agressor não o é ininterruptamente. A violência conjugal surge como um ciclo[139].

Em síntese, poderemos referir que a violência conjugal surge «como la resultante de las interacciones entre los componentes de un sistema. Esos componentes son el agresor, la familia en la que el agresor se integra, el entorno social de la familia y, finalmente, el entramado cultural en que todos estes componentes se inscriben.»[140]. É a combinação destes elementos, em maior ou menor grau, que explica, por isso, a eclosão do fenómeno da violência entre cônjuges.

---

[137] *Idem, Ibidem*, p. 59.
[138] *Idem, Ibidem.*, p. 60.
[139] *Vide* o que supra se referiu a propósito do ciclo da violência, no ponto I. 3.1. desta dissertação.
[140] SANMARTÍN, *ob. cit.*, p. 59.

PARTE II
VIOLÊNCIA CONJUGAL EM PORTUGAL: DA INTERVENÇÃO DO ESTADO

II.1. Da legitimidade da intervenção do Estado em sede de violência conjugal

«Mas, para assim satisfazer aos anseios e à felicidade dos indivíduos e da sociedade, a família carece de se expandir, em regra, ao sabor da instituição e de viver em ambiente de profunda intimidade. Não é pela regulamentação severa que a família se disciplina, mas sim pela espontânea combinação da autoridade com o afecto e a dedicação. Não é pela vigilância de estranhos ou pelo receio de penas que se realiza a missão da família. É no segredo do lar e no fervor dos afectos que o homem pode exercer os seus direitos e cumprir os seus deveres com a segurança e a satisfação de quem se sente num mundo à parte, em que figura como verdadeiramente único e autónomo; (...) Devassemos o segredo do lar, ponhamos junto de cada qual um vigilante estranho, peçamos constantemente aos membros da família contas do cumprimento dos seus deveres, e tudo cessará imediatamente – quebrar-se-á o encanto e a família não passará de pobre amontoado de interesses, pronto a desabar ao primeiro vento da discórdia ou da adversidade. (...) Se queremos defender a família, respeitemos-lhe a intimidade, pois são muito menos danosos os inconvenientes que, num ou noutro caso, possam resultar desta confiança depositada no funcionamento natural da instituição, do que os males que inevitavelmente resultariam de se ofender o respeito e o pudor da generalidade das famílias.»[141]

---

[141] GOMES DA SILVA, *O Direito da Família no Futuro Código Civil*, BMJ n.º 65, p. 29. A passagem que ora se transcreve corresponde à visão tradicional sobre a questão da intervenção do Estado na Família. Esta visão, como refere ROCA, Encarna, *Familia y cambio social (De la "casa" a la persona)*, Madrid: Civitas, 1999, p. 63, inspira-se nas posições liberais mais extremadas, que concebiam a família como uma unidade independente dos seus membros, também ela titular de direitos fundamentais, entre os quais, o direito à intimidade, o que constituía obstáculo intransponível à intervenção do Estado. Nas palavras de GOMES DA SILVA, *ob. cit.*, p. 30, à lei competia apenas «montar uma estrutura jurídica sólida, que dificulte a desvirtuação da família, mas não abafe a sua vida interior e espontânea; o resto, só pela moral, pelo bom senso e pela livre expansão dos sentimentos

A intervenção do Estado em sede de Direito da Família, em geral, e no que especificamente concerne à problemática da violência conjugal, em particular, está longe de ser uma questão pacífica. O Estado Português hodierno encontra-se perante um dilema fundamental: intervir ou não intervir[142-143] nesta questão. Optando pela intervenção, quais as formas que esta deverá revestir?

II.1.1. *Motivações Constitucionais*

Afastado que está, nos dias de hoje, o modelo liberal de família[144], em que pouco foi solicitada a intervenção do Estado, de forma a salva-

---

e ideais pode ser preenchido.». Entre nós, este entendimento terá vingado, pelo menos, até à Revolução de Abril de 1974, sobretudo no que respeita à violência conjugal, que até aí não era reconhecida como problema (nesse sentido, *vide* COSTA, Eduardo Maia, *Maus tratos entre cônjuges: punir a pedido da vítima ou independentemente da sua vontade?*, in Do crime de Maus Tratos, cadernos Hipátia, n.° 1, Lisboa: APMJ, 2001, p. 42). Noutros países, como os EUA, a evolução foi semelhante, ainda que se tenha verificado mais cedo, graças a uma consolidação menos tardia dos movimentos feministas que pugnavam pela intervenção do Estado neste domínio: «Building on the consciousness-raising of the sixties' women's movement by insisting on the truth of women´s accounts, feminism nurtured the social conditions that enabled these women to speak.» – afirma COHEN, Jane Maslow, *Private Violence and Public Obligation: The Fulcrum of Reason, in* FINEMAN, Martha Albertson, MYKYTIUK, Roxane, The Public Nature of Private Violence, p. 350. Mas mesmo nesses países, vingou, durante muito tempo a ideia de que a intervenção estatal na violência doméstica poderia pôr em causa «the delicate mechanisms of marital and intrafamilial negotiation, thereby lessening the likelihood of reconciliation.» (*Ibidem*, p. 360). COHEN, Jane Maslow, *ob. cit.*, p. 361 e ss, enuncia diversas razões de ordem pública justificativas da intervenção estadual no domínio da violência privada: a luta pelo afastamento em definitivo da ideia patriarcal de família, em que o homem tem um poder de domínio sobre a mulher, a ideia de que o Estado deve garantir a segurança pessoal dos seus cidadãos e bem assim, uma razão de cariz económico, traduzida nos custos directos e indirectos que a violência privada acarreta para a economia e para a sociedade em geral.

[142] Sobre esta questão, *vide* BELEZA, Teresa Pizarro, *Maus Tratos Conjugais: o artigo 153.°, 3 do Código Penal*, p. 41 e ss.

[143] Na Resolução n.° 55/99, do Conselho de Ministros, de 15 de Junho, que aprova o Plano Nacional contra a Violência Doméstica, o Estado Português, na figura do Executivo, parece responder afirmativamente a esta questão, ao proclamar que «O papel do Estado é fundamental: nem a política de não ingerência nos assuntos privados nem os valores e costumes tradicionais podem ser invocados para impedir a luta contra a violência doméstica.».

[144] Historicamente, o Estado regulava a esfera pública, ao mesmo tempo que as instituições legais protegiam, agressivamente, a esfera privada, contra a intervenção do

guardar a sua intimidade e livre desenvolvimento, actualmente, o Estado preocupa-se com a intervenção na família, procurando assegurar a sua protecção social, económica e jurídica, mas também promovendo o respeito dos direitos fundamentais de cada um dos seus membros[145]. É este escopo protector que justifica, em grande medida, a imperatividade das normas reguladoras do direito da família[146].

A Constituição da República Portuguesa proclama no seu artigo 36.º, n.º 1, o direito de todos a constituir família e a contrair casamento em condições de plena igualdade. Por sua vez, estabelece o mesmo artigo, no seu n.º 3, a igualdade de direitos e deveres dos cônjuges, quanto à capacidade civil e política e à manutenção e educação dos filhos. Já no artigo 67.º, integrado no capítulo dos direitos e deveres sociais, o legislador constitucional consagra o direito da família, como elemento fundamental da sociedade, à protecção da sociedade e do Estado e à efectivação de todas as condições que permitam a realização pessoal dos seus membros. Esta protecção deve pautar-se por critérios de indispensabilidade, adequação e proporcionalidade, no sentido de evitar uma intervenção abusiva do Es-

---

Estado. A separação público/privado conduzia ao estabelecimento de uma "zona de privacidade" ao nível das relações conjugais. Todavia, como salienta HANNA, Cheryl, *No right to choose: mandated victim participation in domestic violence prossecutions*, Harvard Law Review, vol. 109, n.º 8, 1996, p. 1869, muito do trabalho feminista em prol da luta contra a violência doméstica considera que a não intervenção do Estado neste domínio não pode encontrar justificação no argumento da protecção da esfera privada. A autora acrescenta, relativamente ao caso americano, que «Because the purpose of criminal law is to serve the greater public good, at least this strand of feminist theory seems to provide strong theoretical support for mandated participation in criminal cases.».

[145] ROCA, Encarna, *ob. cit.*, p. 80.

[146] Todavia, há quem se pergunte se, nos dias de hoje, o Direito da Família terá ainda algum sentido. *Vide* a este respeito CAMPOS, Diogo Leite de, *Lições de Direito da Família e das Sucessões*, 2ª edição actualizada e revista, Coimbra: Almedina, 1997, p. 44-45 e 93. O autor continua, interrogando-se: «Se o Direito é repartição, que tem ele a ver com a família, onde as relações interpessoais desafiam toda a repartição? Legislar sobre as condições de harmonia na família, partindo da normalidade para a anormalidade? O Estado não pode obrigar a esposa a amar o seu marido ou uma criança a honrar os seus pais. (...) O direito da família falha, sobretudo, na regulamentação das relações pessoais. (...) Nos momentos de crise, a intervenção da lei nada mais é do que, normalmente, a constatação da falência da organização familiar.». Ainda assim, dizemos nós, o Direito da Família tem ainda o seu lugar nos dias de hoje, apesar das suas «obrigações imperfeitas» e das suas «sanções imperfeitas». Pese embora a fragilidade da garantia, sobretudo ao nível dos direitos e deveres pessoais, a consagração dos mesmos representa, em nossa perspectiva, uma importante função conformadora do Direito da Família que, mesmo nos tempos que correm, ainda tem o seu lugar próprio, dentro da sociedade em que vivemos.

tado[147], que contenda com um princípio fundamental do Estado de Direito, que é o princípio da autonomia privada[148].

Por outro lado, o legislador constitucional estabeleceu para o Estado, entre outras tarefas fundamentais, a garantia dos direitos e liberdades fundamentais[149] e do respeito pelos princípios do Estado de direito democrático[150], e a promoção da igualdade entre homens e mulheres[151]. É à luz

---

[147] «O Estado nas Sociedades Democráticas, respeita demasiado a vida privada para que possa, sem razões aparentes e sólidas, invadir a esfera privada das famílias, na procura de hipotéticas violências.» (EPIFÂNIO, Rui Manuel Lisboa, *Maus tratos a menores – Intervenção do Tribunal de Menores*, RMP, ano 6.º, vol. 23, p.139). «Reconhece-se que o problema dos maus tratos em crianças e mais genericamente o da violência na família é um problema que cabe, em primeiro lugar (...) à própria família resolver e que apenas na medida em que os problemas não sejam solucionáveis a nível da família se torna legítima a intervenção de terceiros. É então ao Estado que cabe, em primeiro lugar, a responsabilidade de encontrar uma solução. (...) Aceita-se que nestes casos, o procedimento penal só deveria ser promovido após uma intervenção contemporizadora (critério da oportunidade) (...) e que soluções maleáveis como o regime de prova, a suspensão da pena, a imposição de determinadas condutas (uma vez tido por necessário o procedimento criminal), se adequam aos casos de que agora se trata, em detrimento das tradicionais penas de prisão.» (*Ibidem*, p. 141-143). Este comentário de EPIFÂNIO, embora emitido a propósito dos maus tratos às crianças no seio da família, poderá transpor-se para a problemática da violência doméstica em geral e, bem assim, para a questão da violência conjugal, em particular, ao defender-se a necessidade de intervenção do Estado neste domínio, mas, correlativamente, ao sugerir-se uma intervenção contida dentro do estritamente necessário à salvaguarda dos direitos ameaçados ou violados pelo agressor.

[148] Ainda que reconheçamos que o Direito da Família, como ramo de Direito Privado, constitui um dos ramos que maiores entorses apresenta, em relação à consagração do princípio da autonomia privada, não podemos, contudo, ignorar que esse princípio é um dos pilares base do edifício do Direito Privado e, como tal, insusceptível de afastamento sistemático. Em nome da liberdade que caracteriza o Estado de Direito Democrático, à Família deve ser assegurada uma esfera de competências própria, insusceptível de intromissão estatal, mas o Estado deve intervir, neste domínio, sempre que o imponha a salvaguarda do princípio da protecção dos mais fracos (cfr. a este respeito PEREIRA COELHO, *Casamento e Família no Direito Português*, p. 27), que é fortemente ameaçado nos casos de violência conjugal.

[149] Uma vez que, segundo LOURENÇO, Nelson, e LEOTE DE CARVALHO, M.ª João, *Violência Doméstica...*, p. 105, o Estado desempenha o papel de «guardião e promotor dos Direitos Humanos», *maxime*, acrescentamos nós, dos direitos fundamentais de cada cidadão. No mesmo sentido, *vide* MONTERO GÓMEZ, Andrés, *Princípio da ingerencia ante la violencia contra la mujer*, disponível na Internet em http://www.nodo50.org, em 3 de Março de 2002.

[150] Cfr. o artigo 9.º, al. b) da CRP.

[151] Cfr. o artigo 9.º, al. g) da CRP.

destas imposições constitucionais que encontramos fundamento para a intervenção estadual em sede de violência conjugal, como passamos a explicar.

Fazendo aqui apelo às diversas definições de violência conjugal avançadas, incluindo a que propusemos, sempre teremos que concluir que os comportamentos conjugalmente violentos afectam bens como a integridade física e moral do cônjuge, a sua liberdade, a sua auto-determinação sexual, entre outros, chegando mesmo, por vezes, a ser lesado o bem vida. Todos estes bens merecem tutela constitucional, constituíndo direitos fundamentais e, dentro destes, direitos, liberdades e garantias. Estão em causa os artigos 24.º a 26.º da Constituição, decorrentes da concretização do princípio da dignidade humana.

O artigo 18.º, n.º 1 da CRP proclama que «Os preceitos constitucionais respeitantes aos direitos, liberdades e garantias são directamente aplicáveis e vinculam entidades públicas e privadas». Sendo entidades públicas, «desde logo, os poderes públicos: o legislador, o governo/administração, e os tribunais»[152]. Detendo-nos mais concretamente sobre a figura do legislador, a vinculação deste assume uma importante dimensão positiva, que se traduz no dever do legislador conformar «as relações da vida, as relações entre o Estado e os cidadãos e as relações entre os indivíduos, segundo as medidas e directivas materiais consubstanciadas nas normas garantidoras de direitos, liberdades e garantias. Neste sentido, o legislador deve "realizar" os direitos, liberdades e garantias, optimizando a sua normatividade e actualidade.»[153]. Por outras palavras, no domínio concreto da violência conjugal, caberá ao legislador adoptar as medidas legislativas que tiver por convenientes, para assegurar a plena realização dos direitos, liberdades e garantias de cada um dos cônjuges[154], «Porque ao falar-se de violência doméstica é a dignidade do ser humano que é posta em causa de forma intensa e, frequentemente, de um modo dramático, cabe ao Estado, em constante articulação com as respostas, válidas mas insuficientes, que têm sido dadas pela sociedade civil, um papel fundamental na sua identificação, prevenção e combate.»[155].

---

[152] Cfr. GOMES CANOTILHO, J. J., *Direito Constitucional e Teoria da Constituição*, 5ª Edição, Coimbra: Almedina, 2000, p. 437.

[153] Cfr. *Idem, Ibidem*, p. 438.

[154] Na verdade, como afirma ROCA, Encarna, *ob. cit.*, p. 79, assiste-se hoje a uma evolução positiva, no sentido do primado dos direitos fundamentais constitucionalmente protegidos, de cada cidadão, sobre a estrutura da família tradicional.

[155] LOURENÇO, Nelson, e LEOTE DE CARVALHO, M.ª João, *Violência Doméstica*, p. 101.

Esta intervenção legislativa estadual de salvaguarda dos direitos, liberdades e garantias dos cônjuges, poderá contender com a protecção constitucional da reserva à intimidade da vida privada[156], mas não podemos perder de vista a necessidade de protecção de outros direitos fundamentais constitucionalmente protegidos, mormente o direito à vida e à integridade pessoal. Como afirma VIEIRA DE ANDRADE[157], «os direitos, liberdades e garantias, não são absolutos nem ilimitados (...) visto que a comunidade (...) liga os direitos a uma ideia de responsabilidade social e integra-os no conjunto dos valores comunitários.». Por essa razão, deveremos entender que a reserva da vida privada tem um âmbito de protecção constitucional determinado, havendo pois esferas de acção no exercício deste direito que se encontram a descoberto desta protecção[158].

O Governo da República Portuguesa parece perfilhar esta orientação, ao afirmar, como tivemos oportunidade de ver, na Resolução n.° 55/99, do Conselho de Ministros, de 15 de Junho, que «a política de não ingerência nos assuntos privados» não pode ser invocada para impedir a luta contra a violência doméstica.

Afirmámos também supra que a intervenção do Estado, na problemática da violência conjugal, se justifica, inclusive, pela necessidade de promover a igualdade entre homens e mulheres. É o artigo 13.°, n.° 2 da CRP que consagra o princípio da igualdade como princípio de justiça material[159]. Na parte I desta dissertação, abordámos a questão do género na violência conjugal e concluímos tendencialmente pela positiva, mas ressalvando o argumento de que também existe violência conjugal feminina e esta não resulta, em princípio, de uma atitude discriminatória em relação ao homem. Julgamos ter ficado claro que, com frequência, a violência con-

---

[156] Cfr. o artigo 26.° da CRP.

[157] VIEIRA DE ANDRADE, José Carlos, *Os Direitos Fundamentais na Constituição Portuguesa de 1976*, 2ª edição, Coimbra: Almedina, 2001, p. 276.

[158] *Vide*, a este respeito *Idem, Ibidem*, p. 279: «Deve admitir-se uma interpretação das normas constitucionais que permita restringir à partida o âmbito de protecção da norma que prevê o direito fundamental, excluindo os conteúdos que possam considerar-se *de plano* constitucionalmente inadmissíveis.». O direito pessoal à reserva da intimidade da vida privada e familiar, constitucionalmente protegido pelo artigo 26.°, n.° 1 da CRP, não comporta todas as configurações imagináveis de exercício desse direito. Torna-se aqui necessário proceder a uma interpretação restritiva, em abstracto, da norma constitucional que prevê este direito, que se justifica como forma de assegurar plenamente o núcleo essencial de outros direitos fundamentais em presença.

[159] Neste sentido, *vide*, PEREIRA VAZ, Manuel A., *Lei e Reserva da Lei: A causa da Lei na Constituição Portuguesa de 1976*, Porto, 1996, p. 202 e ss.

jugal resulta, em grande medida, de atitudes discriminatórias em relação à mulher, sendo esta a vítima preferencial. Assim, a promoção da igualdade entre homens e mulheres torna indispensável a intervenção do Estado na temática da violência conjugal – na medida em que esta se funde, de alguma forma, em atitudes de discriminação em razão do sexo[160] – através da afirmação da igualdade de género, *maxime*, da igualdade entre cônjuges, já formalmente consagrada no texto constitucional desde 1976.

Em suma, a intervenção do Estado, em matéria de violência conjugal, encontra-se, em nosso entendimento, constitucionalmente imposta[161], desde que se mantenha em estrita observância dos ditames constantes do artigo 18.º da Constituição, designadamente, para a protecção da vida, da integridade física e psíquica e do livre desenvolvimento da personalidade de cada um dos cônjuges.

II.1.2. *Motivações do Direito Internacional*

Como oportunamente referimos, a problemática da violência conjugal, *maxime*, da violência contra a mulher, passou a ser alvo de atenção, a nível internacional, na década de 70, devido aos esforços dos movimentos feministas nesse sentido. Ainda assim, já antes disso, instrumentos internacionais de carácter generalista, emergentes do pós II Guerra Mundial pugnavam pelo reconhecimento e pela defesa, estadual e supra-estadual, dos direitos fundamentais do Homem.

O grande marco na História dos Direitos Humanos foi, sem dúvida, a Declaração Universal dos Direitos do Homem, de 10 de Dezembro de 1948. À luz dos artigos 1.º, 3.º e 5.º desta Declaração, seria ilícito para qualquer dos cônjuges exercer qualquer tipo de violência sobre o outro, porquanto tais actos poderiam pôr em causa o direito deste último à vida, liberdade e/ou segurança pessoal, comportamento esse por vezes contrário à proibição da tortura e de tratamentos cruéis, desumanos ou degradan-

---

[160] Cfr. o artigo 13.º, n.º 2 da CRP.
[161] Neste sentido, a propósito do Estado Espanhol, *vide* ROCA, Encarna, *ob. cit.*, p. 81-86, «Los poderes públicos deben intervenir para controlar que la actividad de los miembros de la familia no produzca una lesión en los derechos fundamentales de algunos de ellos. (...) Porque el pertenecer a una familia no implica ni la pérdida ni la disminución de ningún derecho. Ésta es la principal justificación de las normas y también lo es de sus características: la imperatividad y la intervención del Juez como forma de control de la efectividad del sistema.».

tes[162]. No seguimento da Declaração, assumem também alguma relevância, neste domínio, os Pacto Internacional sobre os Direitos Civis e Políticos e Pacto Internacional sobre os Direitos Económicos, Sociais e Culturais, ambos de 16 de Dezembro de 1966.

No que respeita ao problema da violência contra a mulher, têm especial interesse a Declaração sobre a Eliminação da Discriminação contra as Mulheres, de 7 de Novembro de 1967[163], e a Convenção sobre a Eliminação de todas as formas de Discriminação contra as Mulheres, de 18 de Dezembro de 1979[164].

Por sua vez, também o Conselho da Europa manifestou a sua preocupação com estas questões através das Recomendações do Comité de Ministros R (85) 4, de 26 de Março de 1985, sobre *A Violência na Família*, e R (90) 2, de 15 de Janeiro de 1990, sobre *Medidas Sociais Relativas à Violência na Família*.

Em Junho de 1993, sob a égide das Nações Unidas, teve lugar em Viena a Conferência Mundial sobre Direitos Humanos, cuja Declaração e Programa de Acção apontavam para o reconhecimento dos direitos humanos da mulher como parte integrante, inalienável e incindível dos direitos humanos universais, defendendo a incompatibilidade da violência em razão do género com a dignidade e o valor da pessoa humana e, como tal, devendo ser eliminada[165]. Em Dezembro desse ano, a Assembleia Geral das Nações Unidas adoptava a Declaração para a Eliminação da Violência contra as Mulheres, por recomendação da Declaração de Viena. No artigo 4.º desta Declaração da Assembleia Geral, vêm enunciadas diversas tarefas a levar a cabo por cada Estado, no sentido de eliminar a violência contra a mulher. Com relevância para o combate à violência conjugal, em particular, destacamos três tarefas: proceder com a diligência devida, a fim de

---

[162] Cfr. o artigo 5.º da Declaração Universal dos Direitos do Homem.

[163] Cfr., por exemplo, o artigo 3.º desta Declaração: «Devem ser tomadas todas as medidas apropriadas para educar a opinião pública e inspirar em todos os países o desejo de abolir os preconceitos e suprimir todas as práticas fundadas na ideia de inferioridade da mulher.».

[164] O Estado Português ratificou esta Convenção, mediante a Lei n.º 23/80, de 27 de Julho.

[165] Cfr. I. § 18 da Declaração, disponível na Internet em http://www.unhcr.ch, em Maio de 2002. Esta Declaração, na sua parte II, sob o título *B. Equality, dignity and tolerance/3. The equal status and human rights of women*, § 38, reforçava que «In particular, the World Conference on Human Rights stresses the importance of working towards the elimination of violence against women in public and private life (...)».

prevenir, investigar e, conforme a legislação nacional, castigar todo o acto de violência contra a mulher, quer se trate de actos perpetrados pelo Estado ou *por particulares*[166]; estabelecer, na legislação nacional, sanções penais, civis, laborais e administrativas, para castigar e reparar as lesões sofridas pelas mulheres vítimas de violência; considerar a possibilidade de elaborar planos de acção nacionais, para promover a protecção das mulheres contra todas as formas de violência[167].

Em 1995, em Pequim, teve lugar outro acontecimento importante para este tema: a IV Conferência Mundial das Nações Unidas sobre as Mulheres, de onde emergiu a Declaração de Pequim e a Plataforma de Acção da IV Conferência Mundial das Nações Unidas sobre as Mulheres. Como objectivo estratégico D.1. desta Conferência, encontrávamos a adopção de medidas integradas, para prevenir e eliminar a violência contra as mulheres, das quais destacamos as contidas no parágrafo 124, alíneas c), d), e), h), j), k), n) e p)[168]; elas defendem, em suma, a adopção e/ou o reforço pelos Governos nacionais de sanções e legislação adequada para a prevenção da violência contra as mulheres e a punição dos seus responsáveis, tal como a garantia às vítimas do acesso à justiça, de forma a obterem a reparação dos danos sofridos, entre outras.

A Conferência de Pequim de 1995 deu o mote para a realização de múltiplas iniciativas no domínio do combate à violência contra as mulheres e, dentro desta área, no domínio da luta pela eliminação da violência conjugal. Reflexo do aparecimento sucessivo destes instrumentos internacionais, surge, em 1997, a Resolução do Parlamento Europeu A4-0250/97[169] que, entre outras medidas a que oportunamente aludiremos, sugeria para o ano de 1999 a designação de «Ano Europeu contra a violência contra as mulheres», sugestão que veio a ser adoptada.

No âmbito do «Ano Europeu contra a violência contra as mulheres», a Comissão Europeia lançou uma campanha de sensibilização sobre esta

---

[166] Itálico nosso.
[167] Cfr. as alíneas c), d) e e) do artigo 4.º da Resolução da Assembleia Geral das Nações Unidas n.º 48/104, de 20 de Dezembro de 1993, disponível em http://www.nodo50.org, em 21 de Maio de 2002.
[168] Cfr. *Declaração de Pequim e a Plataforma de Acção da IV Conferência Mundial das Nações Unidas sobre as Mulheres*, Agenda Global n.º 5 – Plataforma de Acção de Pequim 1995 & Iniciativas Futuras, Igualdade de Género, Desenvolvimento e Paz para o Século XXI, CIDM, 2001, p. 91 e ss.
[169] PARLAMENTO EUROPEU, *Resolução n.º A4-0250/97 (Resolução sobre uma campanha europeia sobre tolerância zero na violência contra as mulheres),* disponível na Internet em http://nodo50.org, em 3 de Março de 2002.

problemática, reconhecidamente inspirada na Plataforma de Pequim 1995: VIOLÊNCIA CONTRA AS MULHERES: TOLERÂNCIA ZERO. O objectivo desta campanha, nas palavras da própria Comissão[170], era o de desenvolver a sensibilização do cidadão europeu para o tema da violência contra as mulheres e, em particular, para o tema da violência doméstica[171]. A par desta campanha, a Comissão Europeia criou o Programa DAPHNE[172-173], que visa o desenvolvimento de acções preventivas no combate à violência contra as crianças, os jovens e as mulheres.

Em 2000, procedeu-se à avaliação do desenvolvimento prático das estratégias enunciadas na Conferência de Pequim 1995, tendo a Assembleia Geral das Nações Unidas, em sessão especial, aprovado o documento *Iniciativas e Acções Futuras para a implementação da Declaração e Plataforma de Acção de Pequim – 2000 (Pequim + 5)*[174]. Neste documento, reconhece-se a existência de vários obstáculos[175] à plena implementação das medidas saídas da Conferência de Pequim, a saber: a falta de programas integrados dirigidos aos agressores; a insuficiência de dados sobre a violência, que impedem a análise e decisão política bem informadas; a existência de atitudes sócio-culturais discriminatórias e de desigualdades económicas, que reforçam também o papel subordinado das mulheres; a inexistência, em muitos países, de um verdadeiro enfoque multidisciplinar

---

[170] Cfr. COMISSÃO EUROPEIA, *Campagne européenne de sensibilisation contre la violence à l'égard des femmes*, disponível na Internet em http://europa.eu.int, em 9 de Março de 2002.

[171] «The strongest message of the campain was that domestic violence is a crime and will not be tolerated. Alongside that message, the aim was to convince men that violence robbed them of their dignity too, and that they could get help to stop them resorting to violence. (...) The priority was to promote the idea that women did not need to accept violence as a necessary part of their lives.» – DIAMANTOPOULOU, Anna (Comissária Europeia para o Emprego e Assuntos Sociais), *Violência Contra as Mulheres: Tolerância Zero – Encerramento da campanha Europeia. Actas da Conferência Europeia, 4-6 de Maio de 2000*, Cadernos da Condição Feminina n.º 57, CIDM, 2000, p. 23.

[172] Que vem substituir a Iniciativa DAPHNE, criada pelo Parlamento Europeu em 1997 e que esteve em vigor até 1999.

[173] Sobre os objectivos do Programa DAPHNE, cfr. COMISSÃO EUROPEIA, *Le programme Daphne (2000-2003)*, disponível na Internet em em http://europa.eu.int, em 9 de Março de 2002. Sobre a aplicação prática do Programa, vide COMISSÃO EUROPEIA, *Relatório da Comissão ao Parlamento Europeu sobre o Programa Daphne (2000-2002)*, 2002, disponível na Internet em http://europa.eu.int, em 25 de Julho de 2002.

[174] Cfr. Agenda Global n.º 5 – Plataforma de Acção de Pequim 1995 & Iniciativas Futuras, Igualdade de Género, Desenvolvimento e Paz para o Século XXI, p. 227 e ss.

[175] Cfr. *ob. cit.*, p. 242-243.

de resposta à violência, em que estejam incluídos o sistema judicial, o sistema de saúde, o sistema educativo, os *media* e os locais de trabalho; as poucas medidas legais e legislativas que, apesar de terem melhorado, são ainda insuficientes em muitos países; as estratégias de prevenção fragmentadas e reactivas e a falta de programas sobre estas questões.

Perante tais obstáculos, as Nações Unidas reafirmam a necessidade de adopção de medidas a nível nacional, entre as quais chamaremos a atenção para as seguintes, que consideramos mais significativas para o nosso objecto de estudo: o desenvolvimento de um currículo sensível às questões de género, com vista à eliminação dos estereótipos tradicionais; a implementação de políticas que possibilitem o pleno gozo pelas mulheres de todos os seus direitos; a adopção de medidas adequadas à eliminação da discriminação e da violência contra as mulheres; a alteração da legislação em vigor, no sentido da protecção mais eficaz das mulheres contra a violência física, psicológica e sexual e da garantia do seu pleno acesso à justiça; a condenação dos agressores e a criação de medidas que os motivem a romper o ciclo da violência; o desenvolvimento de mecanismos de reparação adequada às vítimas; o estabelecimento de legislação e/ou reforço dos mecanismos adequados, para tratar das questões penais relacionadas com todas as formas de violência doméstica, incluindo a violação dentro do casamento; a aprovação e a promoção de uma abordagem holística, para o combate da violência contra as mulheres.

Ao analisarmos, em seguida, as formas como o Estado Português intervém na problemática da violência conjugal, não poderemos perder de vista este enquadramento constitucional e internacional em que se move e que determinam, em maior ou menor grau, as opções por ele tomadas.

II.2. Espécies de intervenção do Estado

II.2.1. *Intervenção preventiva primária ou intervenção preventiva em sentido estrito e intervenção preventiva secundária ou intervenção pós-conflitual*

Esta intervenção estadual sobre o problema da violência conjugal pode assumir múltiplas vertentes. Duas afiguram-se-nos como fundamentais: uma dimensão preventiva primária (ou intervenção preventiva, em sentido estrito) e dimensão preventiva secundária (ou intervenção pós-conflitual).

A intervenção preventiva primária tem lugar quando o Estado intervém antes da manifestação da violência entre o casal, com o objectivo de evitar que ela venha a ocorrer[176], ao passo que a intervenção preventiva secundária surge após a manifestação do fenómeno violento, no sentido de evitar a sua repetição e perpetuação, num objectivo que já poderíamos definir como remediativo ou repressivo da violência, não sendo exclusivamente preventivo. Trata-se de prevenção secundária, porque intervém já num segundo nível, quando a prevenção primária – pré-conflitual – falhou, ou não existiu, dando lugar à manifestação do conflito. Designamos a primeira forma de intervenção preventiva como intervenção preventiva em sentido estrito, porque assente exclusivamente num escopo preventivo, enquanto denominamos a segunda como intervenção pós-conflitual, pretendendo com esta designação abarcar as múltiplas finalidades desta intervenção *a posteriori*.

II.2.2. *A intervenção preventiva em sentido estrito ou intervenção preventiva primária*

Este é o domínio privilegiado da educação, do ensino, da sensibilização para o respeito e defesa dos direitos e liberdades basilares da pessoa humana, seja ela homem, ou mulher. Caberá, nesta dimensão, a criação de campanhas de sensibilização, nos *media* e nos estabelecimentos de ensino[177], para a questão da violência conjugal e doméstica, bem como para o respeito dos mais elementares padrões de convivência social e familiar, e dos direitos fundamentais de toda a pessoa humana[178].

No que concerne aos *media*, tem-se notado uma evolução positiva nos últimos anos, sendo que, presentemente, assistimos a autênticos bom-

---

[176] Cfr. O'BRIEN, Mary K., *School-Based Education and Prevention Programs*, in Sourcebook on Violence against Women, California: Sage Publications, 2001, p. 387. Nas palavras da autora, trata-se de combater os factores de risco dos problemas, antes destes terem hipótese de se desenvolverem.

[177] Cfr. a CONFERÊNCIA MUNDIAL SOBRE DIREITOS HUMANOS – VIENA 1993, Secção B.I.1, que determina que «Non-sensationalist information campaigns should be encouraged on the part of the media, schools and other agencies that influence the public at large.» Antes, na Secção A.5., recomendava-se que «To this end, education and the media should be properly used.».

[178] Neste sentido, *vide* ASOCIACIÓN PRO DERECHOS HUMANOS, *La violencia familiar, Actitudes e representationes sociales*, Madrid: Editorial Fundamentos, 1999, p. 98 e ss.

bardeamentos de reportagens sobre esta temática, em que se dá conta de casos concretos de vitimação, prestando-se também informação útil sobre os direitos e formas de reacção ao alcance das vítimas. Esta exposição mediática do problema da violência conjugal é uma das razões que estão na origem do acréscimo do número de casos denunciados. Todavia, este efeito preventivo não poderá atribuir-se a um esforço do Estado, mas antes à própria sociedade civil, sobretudo, se tivermos em atenção que uma parte significativa deste esforço de divulgação tem ocorrido junto dos *media* privados.

Com efeito, no nosso país, a intervenção estadual preventiva primária encontra-se ainda bastante subdesenvolvida, para não a classificar de praticamente inexistente. Registam-se apenas campanhas de sensibilização esporádicas[179] e sem grandes efeitos práticos.

No que respeita ao ensino[180], não existem iniciativas definidas tendentes à abordagem desta temática, ao contrário do que sucede por exem-

---

[179] Uma dessas iniciativas, de nome *A Escola contra a violência na Família*, teve lugar no ano de 1999, integrada no âmbito da campanha europeia *Violência contra as Mulheres: Tolerância Zero*, tendo como área de intervenção a sensibilização da opinião pública. Definia, designadamente, como público-alvo as crianças e os jovens. Este Projecto foi promovido pela REAPN (Rede Europeia Anti-Pobreza/Portugal) e desenvolvido em parceria com o Sindicato dos Professores do Norte, no sentido de chamar a atenção da comunidade educativa para o problema da violência doméstica, em particular os mais jovens, incutindo-lhes a ideia da resolução pacífica de conflitos intra-conjugais, contribuindo para a eliminação de mitos e tabus a este respeito. A avaliação Comunitária desta iniciativa alertava para a necessidade de planear futuras acções que dessem continuidade ao projecto e para a inclusão desta temática nos projectos educativos das escolas envolvidas, estendendo-o a outras escolas. *Vide* a este propósito *Violência Contra as Mulheres: Tolerância Zero – Encerramento da campanha Europeia...*, p. 134-135. Outra iniciativa, também integrada na campanha europeia *Violência contra as Mulheres: Tolerância Zero*, mas de cariz espacialmente ainda mais circunscrito, foi o denominado *Projecto AURORA*, promovido pela Rota do Guadiana – Associação de Desenvolvimento Integrado, que visava também a sensibilização da população local para esta problemática – cfr. *ob. cit.*, p. 136.

[180] A ASOCIACIÓN PRO DERECHOS HUMANOS, *ob. cit.*, p. 100, defende que as instituições educativas, encimadas pelo Ministério da Educação, devem ser as responsáveis máximas pela tarefa preventiva da violência familiar. Em sentido idêntico, a ASSEMBLEIA GERAL DAS NAÇÕES UNIDAS, através da sua Resolução n.º 48/104, considerava que os Estados devem adoptar todas as medidas adequadas, especialmente no sector da educação, para modificar os padrões sociais e culturais de comportamento do homem e da mulher, assim como eliminar os preconceitos e práticas consuetudinárias baseadas na ideia da inferioridade/superioridade de um dos sexos sobre o outro e na atribuição de papéis estereotipados ao homem e à mulher (cfr.o artigo 4.º, alínea j) desta resolução).

plo nos EUA[181]. Todavia, a reforma curricular de 2001 levada a efeito pelo Ministério da Educação[182], criou a área curricular não disciplinar de *Formação Cívica*, que pretende ser o «espaço privilegiado para o desenvolvimento da educação para a cidadania, visando o desenvolvimento da consciência cívica dos alunos como elemento fundamental no processo de formação de cidadãos responsáveis, críticos, activos e intervenientes, com recurso, nomeadamente, ao intercâmbio de experiências vividas pelos alunos e à sua participação, individual e colectiva, na vida da turma, da escola e da comunidade.» [183]. Em nosso entendimento, a sensibilização para a problemática da violência, em geral e da violência doméstica/conjugal, em particular, terá cabimento no conteúdo indeterminado desta recém--criada área de *Formação Cívica*[184]. No entanto, os manuais actualmente disponíveis para o acompanhamento desta área curricular não abordam a temática. Perguntamo-nos, pois, se a sensibilização para o problema da violência doméstica não constitui domínio privilegiado na educação para a cidadania e para o desenvolvimento da consciência cívica dos adolescentes e jovens alunos. Parece-nos que o respeito pelas liberdades e direitos individuais e o desenvolvimento da consciência da igual dignidade e

---

[181] Segundo O'BRIEN, Mary K., *ob. cit.*, p. 389 e ss, neste país, têm-se desenvolvido diversos programas que funcionam em quatro níveis distintos de prevenção primária: certos programas destinam-se apenas aos estudantes; outros actuam a um nível mais abrangente, englobando na sua acção a própria família dos estudantes; a um nível mais elevado, temos programas de prevenção que trabalham já com as organizações e o grupo social onde os estudantes se inserem, tendo como alvos a própria escola e a vizinhança; e no último nível, os programas de prevenção centram-se já nos macrossistemas sociais, designadamente, no domínio da criação de oportunidades económicas, *maxime*, na criação de possibilidades de emprego. Todavia, como afirma a autora, «The fourth level is beyond the capacity of most programming efforts (...)». Estes programas actuam, desde o ensino básico, até ao ensino secundário, ainda que, com diferentes abordagens, específicas, para cada nível etário. Enquanto que a intervenção junto das crianças mais novas se centra na interiorização de uma cultura de não violência, em geral, à medida que se vão tornando adolescentes, começa a abordagem da designada «dating violence» e «intimate partnerships violence», que acompanha os alunos, até ao final do ensino secundário.

[182] Cfr. o DL n.º 6/2001, de 18 de Janeiro.

[183] Cfr. o artigo 5.º, n.º 3, al. c) do DL n.º 6/2001, de 18 de Janeiro.

[184] Julgamos até que a criação de uma área curricular de tal teor, embora não propositada, expressa e directamente, vem de encontro às preocupações manifestadas pelo Parlamento Europeu na Resolução A4-0250/97, ao pedir à Comissão e aos Estados membros, no parágrafo 13, que tomassem a iniciativa de elaborar programas escolares destinados a aumentar o nível de consciência entre os adolescentes de ambos os sexos sobre os efeitos da violência em razão do género.

direitos entre homem e mulher se afiguram imprescindíveis para um pleno exercício da cidadania[185].

Como adiante teremos oportunidade de constatar, o Estado Português dos nossos dias desenvolve sobretudo uma intervenção pós-conflitual e não tanto uma intervenção de carácter preventivo, *stricto sensu*. Porém, o Estado poderia fazer mais a este nível, no que concerne à alteração das mentalidades e dos valores que regem a sociedade portuguesa, designadamente através do desenvolvimento de políticas de ensino eficazes e de uma utilização inteligente do serviço público de televisão, para que este pudesse contribuir para a informação e formação da sociedade portuguesa. Na era dos *media* e da Internet, é inegável o poder que hoje assumem tais formas de comunicação, pelo que as pretensões do Estado em orientar a sociedade em determinado sentido, no caso, no sentido do respeito pelos direitos fundamentais da pessoa humana e da igualdade de direitos e oportunidades, terão que passar por um correcto aproveitamento destes meios de comunicação privilegiados, sem que se possa esperar mudanças a breve trecho. As mudanças de comportamento levam tempo e exigem um esforço continuado do Estado, ao longo de muitos anos.

Consciente destes imperativos, o Estado Português parece, nos últimos tempos, mais sensível a estas questões. Assim, o II Plano Nacional contra a Violência Doméstica, aprovado pela Resolução do Conselho de Ministros n.º 88/2003, de 7 de Julho, consagra agora todo um capítulo à sensibilização e prevenção, sob a epígrafe: *1. Informação, sensibilização e prevenção*[186].

---

[185] Presentemente, o II Plano Nacional contra a Violência Doméstica prevê expressamente, no seu ponto 1.6 a «Introdução nas escolas, desde a Educação pré-escolar, aos Ensinos Básico e Secundário (transversalmente e nas áreas de Projecto e Educação Cívica) do tratamento de temas relacionados com a igualdade de direitos entre sexos, com realce para o problema da violência doméstica».

[186] É o Executivo que, como introdução a esse ponto 1., afirma que «Uma maior sensibilização das cidadãs e dos cidadãos para o problema da violência doméstica passa por acções de informação e divulgação sobre os seus direitos e deveres. O Governo está empenhado em comprometer toda a sociedade no combate a um crime público que tem proporções inaceitáveis, pois a eficácia deste combate depende de todos os portugueses. Apostar na sensibilização e na prevenção, tanto dos adultos, como das gerações mais novas, é um dos caminhos para alterar a actual situação.».

II.2.3. A intervenção preventiva secundária ou intervenção pós-conflitual. Preponderância desta espécie de intervenção

O outro tipo de intervenção que interessa aqui referir é a intervenção repressiva, dissuasora, *a posteriori*, ou prevenção secundária, que se traduz numa actuação do Estado que, tendo falhado a prevenção primária, se vê a braços com a ocorrência de comportamentos conjugais violentos, aos quais terá que dar uma resposta. É sobretudo neste domínio que podemos falar da existência de uma verdadeira intervenção estadual, nunca isenta de críticas.

Afiguram-se-nos quatro hipóteses, cumulativas ou não, de resposta aos actos de violência conjugal, não meramente potencial, mas efectiva, materialmente concretizada em um ou mais actos violentos[187]: por um lado, os actos violentos configuram, na maioria dos casos, um ilícito penal. Por outro lado, o acto violento poderá corresponder a um ilícito civil, passível de responsabilização civil, traduzida em compensação por violação dos direitos de personalidade do cônjuge ofendido e, bem assim, na adopção de providências adequadas, para evitar a consumação da ameaça de lesão desses direitos ou atenuação dos efeitos dessa lesão[188]. O cônjuge ofendido poderá ainda pôr termo à relação conjugal, para tal intentando a competente acção de divórcio litigioso[189], desde que o comportamento violento caiba na previsão legal do artigo 1779.º do Código Civil, isto é, que constitua violação culposa de algum dos deveres conjugais. Por último, existe ainda uma faixa de protecção proporcionada pela criação paulatina de diplomas avulsos, com âmbitos de protecção variados.

II.3. Espécies de intervenção estadual pós-conflitual

II.3.1. *As sanções penais*

As condutas violentas perpetradas pelo cônjuge agressor podem configurar diversos ilícitos penais. Os crimes mais frequentes são, entre ou-

---

[187] Para classificarmos o acto como violento, fazemos novamente apelo à definição adiantada supra, no ponto I.1.1. da presente dissertação.

[188] Cfr. o artigo 70.º, n.º 2 do CC.

[189] Ainda que legalmente possível, o divórcio por mútuo consentimento, nos casos de violência conjugal, por tudo quanto supra se adiantou na parte I desta dissertação, assume uma dimensão residual.

tros, as injúrias, as ameaças, a coacção, as ofensas à integridade física, a coacção sexual, a violação[190] e, por último, o crime de maus tratos[191]. Em casos extremos, a violência conjugal chega a traduzir-se em homicídio[192-193]. Na sua vertente económica, podemos ainda admitir, com alguma frequência, o crime de violação da obrigação de alimentos[194], sobretudo nos casos em que ocorre separação de facto. Com excepção do crime de maus tratos e, bem entendido, do crime de homicídio, os restantes crimes apresentam natureza semi-pública, dependendo o início do procedimento criminal da apresentação de queixa por parte do cônjuge vítima[195].

Teceremos, em seguida, algumas considerações acerca do crime de maus tratos e do crime de homicídio, não deixando de fazer uma breve referência ao crime de violação. À excepção do crime de maus tratos, os restantes tipos legais de crime supra mencionados constituem tipos de ilícito comuns, pelo que a referência a estes últimos só releva, nas questões particulares que colocam, quando praticados entre cônjuges. Ficarão de fora da nossa abordagem os restantes tipos de crime a que aludimos.

O crime de maus tratos a cônjuge será o primeiro na nossa análise, por ser aquele que se encontra mais especificamente associado à problemática da violência conjugal.

---

[190] *Vide* respectivamente os artigos 181.°, 153.°, 154.°, 143.°/144.°, 163.° e 164.° do CP.

[191] *Vide* o artigo 152.°, n.° 2 do CP.

[192] *Vide* o artigo 131.° e ss do CP.

[193] Em 2001, só a APAV teve conhecimento da prática de 11.321 crimes de violência doméstica, sendo que 5.544 (49%) correspondem ao crime de maus tratos a cônjuge ou companheiro. As ameaças/coacção correspondem a 2.262 casos (20%) e a difamação/injúrias a 1.560 casos (13,8%). Ocorreram 168 crimes de violação da obrigação de alimentos (1,5%), 200 crimes de violação (1,8%) e 151 crimes de abuso sexual (1,3%), mas em relação a estas categorias, exceptuando a primeira, os números incluem outras vítimas de violência doméstica, além dos cônjuges. Em 2002, o número total de casos de violência doméstica chegados ao conhecimento da APAV ascendeu aos 18.587, correspondendo a 90,3% do total de criminalidade conhecida (cfr. APAV, *Estatísticas 2002*). No primeiro semestre de 2004, ainda segundo a APAV, do total de processos de apoio desencadeados, em 87,7% dos casos estão em causa crimes relacionados com a violência doméstica.

[194] Cfr. artigo 250.° do CP.

[195] Ressalva feita para o crime de ofensa à integridade física grave, em que, pela gravidade do resultado em causa, *maxime*, pela intensidade da violação do bem jurídico protegido pela norma incriminadora, o legislador penal confere natureza pública a este crime.

II.3.1.1. *O crime de maus tratos a cônjuge*[196]

II.3.1.1.1. *Evolução legislativa*

Em Portugal, o crime de maus tratos surge, pela primeira vez, com o Código Penal de 1982[197], sob a epígrafe de *maus tratos ou sobrecarga de menores e de subordinados ou entre cônjuges*. Todavia, a extensão do crime de maus tratos à situação dos cônjuges foi uma conquista de última hora, introduzida quase no final dos trabalhos preparatórios, uma vez que das ACTAS das Sessões da Comissão Revisora do Código Penal – Parte Especial[198], não constava qualquer referência à figura do cônjuge a este respeito. Neste domínio, regiam os artigos 166.º e 167.º do Projecto da Parte Especial do Código Penal[199] que previam, respectivamente, o crime de *maus tratos a crianças* e o crime de *sobrecarga de menores e de subordinados*. O procedimento criminal não dependia de queixa.

No entanto, pese embora a relativa amplitude com que o legislador, à data, consagrou este tipo legal de crime, o seu campo de acção era, na prática, bastante limitado, por força da interpretação dominante na doutrina e jurisprudência[200] portuguesas da altura que, à luz da letra do tipo incrimi-

---

[196] *Vide* o artigo 152.º, n.º 2 do CP, «A mesma pena é aplicável a quem infligir ao cônjuge, ou a quem com ele conviver em condições análogas às dos cônjuges, maus tratos físicos ou psíquicos.».

[197] Regia assim o artigo 153.º do CP: «1. O pai, mãe ou tutor de menor de 16 anos ou todo aquele que o tenha a seu cuidado ou à sua guarda ou educação será punido com prisão de 6 meses a 3 anos e multa até 100 dias, quando, devido a malvadez ou egoísmo: a) lhe infligir maus tratos físicos, o tratar cruelmente ou não lhe prestar os cuidados ou assistência à saúde que os deveres decorrentes das suas funções lhe impõem ou; (...) 3. Da mesma forma será ainda punido quem infligir ao seu cônjuge o tratamento descrito na alínea a) do n.º 1 deste artigo.».

[198] *Vide* MINISTÉRIO DA JUSTIÇA, *Actas das Sessões da Comissão Revisora do Código Penal – Parte Especial*, Lisboa, 1979, p. 77-79.

[199] Discutidos em 26 de Março de 1966, na 5ª Sessão da Comissão Revisora e «notoriamente inspirados nos Códigos suíço – arts. 134.º e 135.º e da República Federal da Alemanha – art. 223.º, b).», MAIA GONÇALVES, M., *Código Penal Português anotado e comentado e legislação complementar*, 4ª edição revista e actualizada, Coimbra: Almedina, 1988, p. 371.

[200] Na doutrina, a favor da interpretação restritiva, *vide Ibidem*, p. 371, LEAL-HENRIQUES, Manuel de Oliveira, e SIMAS SANTOS, Manuel José Carrilho, *Código Penal de 1982*, 1ª edição, Lisboa, 1982, *apud* LEAL-HENRIQUES, Manuel de Oliveira, e SIMAS SANTOS, Manuel José Carrilho, *Código Penal Anotado*, 3ª edição, vol. II, Lisboa: Editora Rei dos Livros, 2000. Em sentido contrário, *vide* BELEZA, Teresa, *Maus tratos conjugais: o artigo*

nador, faziam dele uma interpretação restritiva, exigindo, para a sua verificação, a existência de um dolo específico[201]. Não bastava, como parecia fazer crer a letra do n.° 3 do artigo 153.° do CP de 1982, que o cônjuge infligisse «o tratamento descrito na alínea a) do n.° 1 deste artigo (infligir maus tratos físicos, tratá-lo cruelmente ou não lhe prestar os cuidados ou assistência à saúde que os deveres decorrentes das suas funções lhe impõem)», mas tornava-se também imprescindível que o preenchimento material da conduta se fundasse em *malvadez* ou *egoísmo*[202], para que pudesse ocorrer a incriminação do cônjuge[203].

153.°, n.° 3 do Código Penal, e MAIA COSTA, E., *Tribuna de Justiça*, Agosto/Setembro de 1985, p. 15 e ss. Na jurisprudência, *vide* o Acórdão da Relação de Lisboa, de 4 de Julho de 1984, CJ, ano IX, tomo IV, 132, segundo o qual «As ofensas corporais entre cônjuges (art. 153.° do CP) só não são perdoáveis pelo ofendido quando cometidas com malvadez ou por egoísmo, tal como sucede em relação às ofensas ou maus tratos infligidos a menores.»; *vide* ainda os Acórdãos da Relação de Coimbra, de 30 de Maio e de 5 de Julho de 1984, BMJ n.° 337, p. 417 e n.° 339, p. 470, respectivamente, bem como o Acórdão da Relação do Porto, de 14 de Maio de 1997, disponível na Internet em http://www.trp.pt, em 6 de Dezembro de 2001: «IV – Exigindo-se no código de 1982 que os maus tratos fossem devidos a malvadez ou egoísmo, tal elemento típico tem-se como integrado ao dar-se como assente que o arguido "sabia que a vítima era sua mulher e que por isso lhe devia particular respeito" e que "lhe batia apenas para satisfazer as suas pulsões agressivas", pois se não se puder falar em "malvadez", deverá entender-se que a conduta é "egoísta".». Em sentido contrário, *vide* o Acórdão da Relação do Porto, de 22 de Março de 1995, disponível na Internet em http://www.trp.pt, em 6 de Dezembro de 2001: «I – A exigência de que o autor dos maus tratos os inflija por malvadez ou egoísmo (dolo específico) abarca os maus tratos a menores, mas não os maus tratos conjugais. II – É que o n.° 3 do artigo 153.° do Código Penal remete claramente e apenas para o tratamento descrito na al. a) do seu n.° 1.».

[201] BELEZA, Teresa, *ob. cit.*, p. 25-26, recusa a terminologia *dolo específico*, para designar o requisito de que o agente, para se ter por preenchido o tipo legal de crime de maus tratos a cônjuge, tenha que agir motivado por malvadez ou egoísmo, invocando, entre outros argumentos, que estas expressões «descrevem certas motivações, mas em rigor não correspondem a determinadas finalidades ou objectivos que presidam a uma actividade». Não tomaremos posição quanto a esta questão, mas continuaremos a utilizar a expressão dolo específico, por ser a expressão comummente utilizada pela doutrina e jurisprudência a este respeito.

[202] Sobre a crítica à exigência jurisprudencial de *malvadez ou egoísmo*, no caso de maus tratos a cônjuge, *vide* o comentário ao Acórdão da Relação de Lisboa, de 4 de Julho de 1984, *Ibidem*, p. 51-69 e *Idem*, *Mulheres, Direito e Crime ou a Perplexidade de Cassandra*, p. 363-375. No mesmo sentido, *vide* MOREIRA DAS NEVES, José Francisco, *Violência conjugal: um problema sem fronteiras*, disponível na Internet, em http://www.verbojuridico.net, em 6 de Abril de 2002.

[203] Partilhamos da opinião minoritária, que rejeita o requisito do dolo específico, porquanto, como bem refere TAIPA DE CARVALHO, A., *Comentário do artigo 152.° do CP*,

A Reforma de 1995 veio pôr termo a tal querela, ao eliminar a referência à *malvadez ou egoísmo*, reconhecendo a doutrina, unanimemente, que «a lei contenta-se agora com os requisitos gerais do dolo»[204].

Contudo, a manutenção do crime de maus tratos a cônjuge esteve em risco, precisamente aquando da Revisão do Código Penal de 1995. No seio da Comissão Revisora, a discussão foi acesa, sendo que alguns membros pugnavam pela «eliminação da referência específica ao cônjuge (enquanto tal)»[205-206]. No Anteprojecto de 1987 procedera-se também a essa eliminação. Vingou, porém, a posição de LOPES ROCHA[207] e MANSO PRETO[208], tendo o n.º 2 do artigo 152.º sido aprovado por maioria. A mesma Comissão, por sugestão do Professor FIGUEIREDO DIAS, veio a aprovar que, no

---

in Comentário Conimbricense do Código Penal – Parte Especial, Tomo 1, dirigido por FIGUEIREDO DIAS, Jorge, Coimbra: Coimbra Editora, 1999, p. 330 e ss, a referência às expressões *malvadez* e *egoísmo* demonstram os receios do legislador da época em «intervir penalmente em domínios que, tradicionalmente, pareciam querer prolongar um poder quase absoluto do marido, do pai, do educador e do empregador». Por outro lado, como bem reconhece o Acórdão da Relação do Porto de 22 de Março de 1995, «o n.º 3 do artigo 153.º do Código Penal remete claramente e apenas para o tratamento descrito na al. a) do seu n.º 1.». Ainda que nas outras hipóteses de incriminação, nos pareça de atender à verificação ou não de egoísmo ou malvadez, já no que concerne à incriminação do agente cônjuge, parece-nos excessivo lançar mão de tal verificação, pelo menos, à luz do argumento literal.

[204] MAIA GONÇALVES, M., *Código Penal Português Anotado e Comentado e legislação complementar*, 13ª edição, Coimbra: Almedina, 1999, p. 523.

[205] MINISTÉRIO DA JUSTIÇA, *Código Penal, Actas e Projecto da Comissão de Revisão*, Lisboa: Rei dos Livros, 1993, p. 230.

[206] Tal posição é adoptada, por exemplo, pelo legislador penal alemão, que não prevê um tipo legal de crime semelhante ao constante do nosso actual artigo 152.º, n.º 2 do CP. A punição dos crimes ligados à violência conjugal passa pela subsunção dos factos ao tipo legal das ofensas à integridade física, coacção ou violação, pese embora o *Aktionplan zur Bekämpfung von Gewalt gegen Frauen* de 1999, disponível na Internet em http://www.bmfsfj.de, em 10 de Outubro de 2002, refira que o Governo Federal Alemão estudava a necessidade de introdução, ou não, de um crime de "violência doméstica persistente". O artigo 225.º do StGB encontra apenas paralelo no nosso crime de maus tratos a menores ou subordinados, não correspondendo, de todo em todo, à incriminação prevista no artigo 152.º, n.º 2 do CP Português.

[207] Cfr. MINISTÉRIO DA JUSTIÇA, *Código Penal, Actas e Projecto da Comissão de Revisão*, p. 230: «A eliminação pode abrir uma frente de desacordo desagradável. Para além de ser emblemático, julga que se suporta numa certa componente sociológica.».

[208] Que entendeu ser útil a manutenção do n.º 2, por via da constatação da existência de abusos flagrantes na realidade que, de alguma forma, justificariam a manutenção desse n.º 2, ainda que defendesse a introdução da dependência de queixa para este caso (cfr. *ob. cit., loc. cit*).

caso deste mesmo n.º 2, o procedimento criminal dependesse de queixa, como veio a constar do DL n.º 48/95, de 15 de Março[209].

Além da atribuição expressa de natureza semi-pública[210] ao crime de maus tratos a cônjuge, a Reforma de 1995 traz consigo a elevação da moldura penal, que passa a inscrever-se entre 1 e 5 anos de prisão.

Em 1998[211], surge nova alteração, bastante significativa: apesar de, regra geral, o procedimento criminal continuar a depender de queixa, o legislador penal cria a possibilidade de o Ministério Público poder dar início ao procedimento criminal, sem dependência de queixa, caso o interesse da vítima o imponha, desde que, até ser deduzida acusação, não haja oposição do cônjuge ofendido[212]. Esta alteração reveste-se de especial importância[213], uma vez que dado o ascendente do cônjuge violento sobre o cônjuge ofendido, este não se encontra, muitas vezes, em condições que lhe permitam apresentar queixa.

Sucede, porém, que o regime que descrevemos coloca nas mãos do Ministério Público a decisão de iniciar ou não o procedimento criminal, podendo tal faculdade implicar diferentes interpretações do que seja, por

---

[209] Esta Reforma dissipou também as dúvidas quanto à protecção ou não dos conviventes de facto por via deste artigo, ao incluir, expressamente, no âmbito de protecção do crime de maus tratos, a situação destes.

[210] ALMEIDA, Carlota Pizarro de, *Despublicização do Direito Criminal*, Lisboa: AAFDL, 2000, p. 18, refere que a motivação para o legislador considerar certo tipo de crimes como semi-públicos, radica na defesa da unidade familiar, entendendo-se que a opção pelo crime público ou semi-público resulta da ponderação feita pelo legislador, a respeito dos inconvenientes do confronto em tribunal de parentes próximos, no caso, cônjuges, colocando-se em causa «uma unidade familiar por certo já ameaçada de ruptura, mas talvez ainda recuperável.». Sobre outras razões que, em tese geral, fundamentam a natureza semi-pública de outros tipos de crime, *vide Ibidem*, p. 17 e ss.

[211] Com a entrada em vigor da Lei n.º 65/98, de 2 de Setembro.

[212] Cfr. o artigo 152.º, n.º 2 do CP, na redacção que lhe foi conferida pela Lei n.º 65/98, de 2 de Setembro. Sobre a crítica à alteração legislativa nesta matéria, *vide* CUNHA, José Damião da, *A participação dos particulares no exercício da acção penal*, RPCC, ano 8, fasc. 4.º, 1998, p. 607.

[213] Através dela podemos constatar uma evolução positiva e crescente na consciencialização do legislador, fruto da pressão social, no sentido da assunção destes comportamentos como graves e do reconhecimento de uma intervenção necessária do legislador, num domínio, até aqui, considerado sagrado e inviolável, ainda que, no plano adjectivo, como bem salienta CUNHA, José Damião da, *ob. cit.*, p. 598, neste tipo de crimes, o ofendido assuma uma importância fundamental para a prova dos factos, «pelo que, dificilmente poderia o MP provar os factos contra (ou sem) a vontade da testemunha», tanto mais que o cônjuge ofendido beneficia da possibilidade de recusar o seu testemunho, ao abrigo do artigo 134.º do CPP.

exemplo, o interesse da vítima, suscitando hipotéticos tratamentos desiguais de situações idênticas, atentatórios do princípio da igualdade[214].

A Lei n.º 7/2000, de 27 de Maio, representa um marco importante no tratamento jurídico repressivo conferido pela legislação portuguesa à problemática da violência conjugal[215]. O ordenamento jurídico português, após grandes hesitações, consagra a natureza pública do crime de maus tratos a cônjuge, rompendo definitivamente com a concepção tradicional da inviolabilidade da intimidade da vida privada, *maxime*, da união conjugal.

II.3.1.1.2. *Breve comentário à Lei n.º 7/2000, de 27 de Maio*

A Lei n.º 7/2000[216], como supra se referiu, consagra a natureza pública do crime de maus tratos a cônjuge. Esta Lei traz consigo dois outros aspectos relevantes: a criação da figura da suspensão provisória do processo a pedido da vítima e a possibilidade de ser decretada para o cônjuge agressor pena acessória de proibição de contacto com a vítima, incluindo o afastamento da residência da mesma, a qual poderá ir até ao máximo de dois anos.

Analisaremos, em seguida, estes três aspectos que consideramos decisivos, no combate à violência conjugal.

---

[214] Embora para nós insuficiente, este regime representa a possibilidade, em nosso ver, bastante positiva, de um terceiro, estranho ao casal, poder vir em defesa do cônjuge vítima que não tem condições de denunciar a situação e fazer frente ao agressor, contribuindo para inverter o sentido-regra da impunidade generalizada.

[215] A Lei n.º 7/2000, de 27 de Maio, altera o CP e o CPP, no que concerne à regulação de alguns pontos relativos ao crime de maus tratos.

[216] Esta Lei resultou da aprovação conjunta de dois Projectos de Lei: um da iniciativa do grupo parlamentar do Bloco de Esquerda, que propunha simplesmente a conversão do crime de maus tratos a cônjuge em crime público (cfr. BLOCO DE ESQUERDA, *Projecto de Lei n.º 21/VIII: Violência contra a família – «crime público»*, disponível na Internet em http://www.parlamento.pt, em 12 de Fevereiro de 2002) e outro da iniciativa do grupo parlamentar do PCP, que defendia também a passagem do crime de maus tratos a cônjuge a crime público; do mesmo modo, defendia a introdução da pena acessória de afastamento do agressor da residência da vítima e a possibilidade da suspensão provisória do processo ser requerida pelo ofendido (cfr. PCP, *Projecto de Lei n.º 58/VIII – Reforça as medidas às mulheres vítimas de violência,* disponível na Internet em http://www.parlamento.pt, em 12 de Fevereiro de 2002).

II.3.1.1.2.1. *Algumas considerações sobre a natureza pública do crime de maus tratos a cônjuge*

Chegados a este ponto, afigura-se pertinente tecer algumas considerações sobre a opção feita pelo legislador português, no sentido de tornar o procedimento criminal pela prática do crime de maus tratos a cônjuge independente da queixa do ofendido. Não poderemos esquecer, a este nível, que a *ratio* subjacente à natureza semi-pública[217] deste tipo de crimes se fundava, sobretudo, no escopo protector da intimidade da vida privada[218] e, consequentemente, havia uma certa renitência do sistema punitivo em intervir nestes casos, mercê da concepção tradicional de que a família, como instituição, deveria ser preservada, «eventualmente com o sacrifício da integridade física e dignidade de alguns dos seus membros.»[219]. Neste sentido, se bem que não expressamente, encontrávamos o CONSELHO DA EUROPA[220], em 1984, ao recomendar que não fosse instaurado procedimento criminal no seio da família, senão quando a vítima o pedisse, ou o interesse público o justificasse. Tal opção não parece acautelar devidamente os direitos da vítima[221], nem a protecção do interesse público da

---

[217] *Vide* a propósito CUNHA, José Damião da, *ob. cit.*, p. 598, que defende uma «dupla função» nos crimes dependentes de queixa: por um lado, a ressalva dos interesses da vítima, protegendo-se a sua intimidade, ou atendendo-se à sua especial relação pessoal com o agente; por outro, a disponibilidade dos bens jurídicos em causa. Por sua vez, FIGUEIREDO DIAS, *Direito Penal Português, Parte geral II, As consequências jurídicas do crime*, Lisboa, 1993, § 1065 e ss, defende uma tripla função da queixa e da acusação particular. A este respeito, o autor defende que a dependência de queixa/acusação particular poderá justificar-se «pelo significado criminal relativamente pequeno do crime (bagatelas penais e pequena criminalidade)», pela necessidade de «não intromissão na esfera das relações pessoais» existentes entre o arguido e a vítima, ou pela necessidade de protecção da vítima do crime.

[218] «'A sociedade familiar' é vista como local de privacidade e liberdade, onde a intromissão do Estado é ilegítima e destruidora» (BELEZA, Teresa Pizarro, *Mulheres, Direito e crime ou a Perplexidade de Cassandra*, p. 366).

[219] *Ibidem*, p. 367.

[220] CONSELHO DA EUROPA, *A violência no seio da Família – projecto de recomendação...*, p. 10.

[221] ALMEIDA, Maria Rosa Crucho de, *Inquérito de Vitimação 1992*, 2.º vol., Lisboa: GEPMJ, 1993, p. 39, refere que 23% dos homens e 29% das mulheres experimentaram crimes atribuídos a membros da sua família, mas que, no caso das mulheres, a percentagem deverá situar-se aquém da realidade, porque muitas vezes, estas nem sequer representam como crimes as agressões de que são vítimas, pelo que (acrescentamos nós) em tais condições, nunca apresentarão queixa.

manutenção da paz social, familiar e da integridade pessoal[222], não obstante a consagração de natureza pública para o crime de maus tratos a cônjuge não ser isenta de crítica[223]. Nesta solução, questiona-se, sobretudo, a ausência de liberdade de escolha do ofendido, sendo que, não raras vezes, a prossecução do procedimento criminal só contribui para o agravamento da situação violenta, em vez de a solucionar.

Apesar desta crítica, parece-nos que a opção do legislador português pelo crime público foi acertada[224], se atendermos à disseminação do problema nos dias de hoje, à gravidade das condutas violentas desenvolvidas, à patente incapacidade de resposta da vítima, nestes casos[225], bem como às repercussões que o fenómeno apresenta, aos mais diversos níveis[226].

---

[222] Há, nomeadamente, quem justifique a natureza pública do crime de maus tratos a cônjuge com base no argumento de que a «violência entre pessoas que coabitam, porque se trata de direitos humanos da Mulher é uma questão pública»: PCP – *Projecto de Lei n.º 58/VIII – Reforça as medidas às mulheres vítimas de violência: exposição de motivos*, disponível na Internet, em http://www.parlamento.pt, em 12 de Fevereiro de 2002.

[223] Argumentos de peso surgem nos EUA, a propósito do denominado 'No-Drop Model' ou 'No-Drop prosecution policy', «meaning that cases were not dropped simply because a battered woman refuses to cooperate.» (CHIU, Elaine, *Confronting the agency in battered mothers*, Southern California Law Review, vol. 74, n.º 5 Jul. 2001, p. 1226). «Instead, – continua a autora – prosecutors in the office decided whether and how long to pursue each case of domestic violence and considered the wishes of the battered woman as only one of many factors». DURHAM, Gena L., *The Domestic Violence Dilemma: How our ineffective and Varied Responses Reflect Our Conflicted Views of the Problem*, Southern California Law Review, vol. 71, n.º 3, Mar. 1998, p. 650, realça que «the most extreme of these policies mandates victim testimony under threat of prosecution for contempt for failure to testify.». Contra as «no-drop policies», *vide* também MILLS, Linda G., *Killing her softly: intimate abuse and the violence of state intervention*, Harvard Law Review, vol. 113, n.º 2, Dez. 1999, p. 550. Ainda que o sistema penal e processual penal americano não seja comparável ao nosso, o teor desta crítica poderá perfeitamente ser transposto a respeito da solução do ordenamento jurídico português: o carácter público do crime, na sua vertente de inadmissibilidade da desistência de queixa como forma de proceder à extinção do procedimento criminal. O crime público implica que qualquer pessoa possa denunciar o infractor. Concomitantemente, ainda que haja sido o cônjuge ofendido a denunciar o caso, este não poderá pôr termo ao procedimento criminal por si iniciado, mesmo que o deseje, livre e esclarecidamente.

[224] Pese embora alguns autores tenham levantado o problema da constitucionalidade desta solução, por eventual violação do artigo 26.º, n.º 1 da CRP, o entendimento dominante é o da conformidade de tal opção com a nossa Constituição. Cfr. a este respeito SÁ GOMES, Catarina, *O Crime de Maus Tratos Físicos e Psíquicos infligidos ao Cônjuge ou ao Convivente em Condições Análogas às dos Cônjuges*, Lisboa, 2002, p.45-47.

[225] *Vide* a propósito BLOCO DE ESQUERDA, *Projecto de Lei n.º 21/VIII*.

[226] DURHAM, Gena L., *ob. cit.*, p. 644, refere que os estudiosos da violência doméstica têm concluído, por exemplo, que, no que concerne a casais violentos em que existem

Todos estes factores denunciam um evidente interesse público na prossecução do processo penal e subsequente punição dos infractores.

O crime semi-público conduzia, as mais das vezes, à impunidade, por via da ulterior desistência de queixa por parte da vítima[227]. Não nos oferece grande resistência que a vítima possa desistir do procedimento criminal por sua iniciativa, de forma livre e consciente, uma vez que, em última análise, prevaleceu a vontade do ofendido[228]; o caso é diferente na hipótese da vítima ser coagida pelo agressor a desistir da queixa (ocorrência que não será invulgar), problema que desaparece, no crime público[229]. Além disso, atentas as considerações expendidas no ponto I.3.4. desta dissertação, é questionável que se possa afirmar que a vítima, aquando do desenrolar do procedimento criminal, tenha condições efectivas para realizar

---

filhos, mesmo que estes não sejam directamente vítimas, acabam por ficar traumatizados para o resto da vida e, pior do que isso, quando adultos, tendem a desenvolver o mesmo padrão de comportamento que testemunharam na infância, assumindo o papel de agressores, ou de vítimas, consoante os casos.

[227] Em Portugal, segundo números divulgados por ALMEIDA, Maria Rosa Crucho de, *As relações entre vítimas e sistema de justiça criminal em Portugal*, RPCC, ano 3, fasc. 1, 1993, p. 110, a faculdade que assiste ao ofendido, em geral, de desistir da queixa, até à sentença final, é largamente utilizada: só em 1990, na fase de julgamento, 41% dos processos penais terminaram por desistência. Em Espanha, por exemplo, já no que concretamente se refere ao crime de maus tratos, segundo um estudo da Asociación de Mujeres Juristas Themis, baseado na análise de 2.500 processos judiciais, mais de metade das mulheres desistiram de continuar os processos por falta de mecanismos judiciais de apoio e protecção e nos processos que chegaram ao fim, cerca de metade resultaram em sentenças absolutórias e só em 18% dos casos o agressor foi condenado (cfr. PÉREZ CARRACEDO, *Maltrato – del miedo a la denuncia*, disponível na Internet em http://www.nodo50.org, em 3 de Março de 2002). Ainda assim, entre nós, em 2001, já após a entrada em vigor da Lei n.º 7/2000, dos 6.912 casos de maus tratos a cônjuges ou equiparados, crianças e pessoas indefesas, registados pelas polícias, apenas 382 chegaram aos tribunais (cerca de 5% do total), segundo números citados pelo Jornal PÚBLICO, in *Violência doméstica longe dos tribunais*, em 19 de Outubro de 2002, p. 1. Segundo o PÚBLICO, estes números facultados pelo Ministério da Justiça revelam que a alteração legislativa em vigor desde Junho de 2000, não significou, no curto prazo, um aumento do número de processos a chegar à barra dos tribunais.

[228] Ainda que esta situação não deixe, também, de ser algo problemática, uma vez que, como supra se mencionou, é de admitir o interesse público na punição do agente e, logo, o não atendimento, sem mais, à vontade da vítima.

[229] A propósito da *Victim-in-charge Policy* norte-americana, DURHAM, Gena L., *ob. cit.*, p. 655, refere que tal política representa um incentivo para o agressor, no sentido de este exercer pressão junto da vítima para que esta abandone as acusações, uma vez que é a esta que cabe a palavra final. No mesmo sentido, relativamente ao caso português, *vide* ALMEIDA, Maria Rosa Crucho de, *ob. cit.*, p. 111.

uma opção livre e consciente[230], pelo que colocar nas suas mãos o desfecho do procedimento criminal apresenta sérios riscos.

Finalmente, como já, de alguma forma, tivemos oportunidade de referir, a opção pelo crime semi-público mantinha a convicção, ainda significativa, na sociedade portuguesa, de que a violência conjugal é um problema do casal e que o Estado só deverá intervir "a pedido da vítima". Diferentemente, a consagração do crime de maus tratos, como crime público, favorece a convicção do agressor e da sociedade em geral de que a violência conjugal não é socialmente permitida, que não é uma questão privada. A intervenção do Direito, a este nível, reconduz-se assim à sua função conformadora, como forma de dirigir a sociedade no sentido da adopção de novos padrões de comportamento, no que diz respeito à violência conjugal.

II.3.1.1.2.1.1. *Da admissibilidade da intervenção de associações de mulheres no processo penal*

Independentemente da natureza pública ou semi-pública do crime, o nosso sistema processual penal admite que o ofendido – considerando-se como tal o titular dos interesses que a lei especialmente quis proteger com a incriminação[231] – se constitua assistente, sujeito processual que, entre nós, assume a posição de colaborador do Ministério Público[232-233]. No que concerne ao crime de maus tratos e, em geral, a outros crimes em que o cônjuge seja o titular dos interesses que a lei especialmente quis proteger com a incriminação, ele poderá constituir-se assistente, nos termos da lei processual penal, com os poderes nela previstos. Por outro lado, o ofendido poderá também, no âmbito do processo penal, deduzir pedido de indemnização civil, com fundamento na lesão de seus direitos ou interesses juridicamente protegidos[234].

---

[230] *Vide*, nesse sentido, DURHAM, Gena L., *ob. cit.*, p. 654.
[231] Cfr. o artigo 68.º, n.º 1, al. a) do CPP.
[232] Cfr. o artigo 69.º, n.º 1 do CPP.
[233] Sobre o estatuto processual do assistente em processo penal, *vide*, entre outros, CUNHA, José Damião da, *Algumas reflexões sobre o estatuto do assistente e seu representante no direito processual português*, RPCC, 1995, p. 153, e BRAVO, Jorge, *O assistente em processo penal*, Scientia Iuridica, 1996, p. 243.
[234] Cfr. os artigos 71.º e ss do CPP.

A questão sobre a qual pretendemos aqui expender algumas considerações é a da admissibilidade, ou não, da intervenção no processo penal de associações de mulheres, quando a ofendida, de per si, não se encontre em condições de se constituir assistente, ou de deduzir pedido de indemnização civil. A questão coloca-se, por exemplo, a propósito do parágrafo 24 da *Resolução n.° A4-0250/97 (Resolução sobre uma campanha europeia sobre tolerância zero na violência contra as mulheres)* do PARLAMENTO EUROPEU, que «Pede aos Estados membros que nos casos mais graves em que as vítimas estejam incapacitadas de actuar se permita às Associações de Mulheres e aos organismos institucionais competentes intervir perante os tribunais em defesa das vítimas.».

Até à entrada em vigor da Lei n.° 61/91, de 13 de Agosto, esta questão encontrava-se resolvida no sentido da não admissibilidade deste tipo de intervenção. Todavia, o projecto inicial da Lei das Associações de Mulheres já previa a possibilidade destas se constituírem assistentes, quando estivessem em causa crimes de violação ou outros crimes tipicamente contra as mulheres "enquanto tais"[235], o que veio a ser recusado[236].

O artigo 12.° da Lei n.° 61/91 vem consagrar a possibilidade de constituição como assistente às associações de mulheres que prossigam fins de defesa e protecção das mulheres vítimas de crimes[237], em representação da vítima no processo penal, mediante a apresentação de declaração subscrita por aquela, nesse sentido, quando estejam em causa crimes sexuais, de maus tratos a cônjuge, crimes de rapto, sequestro ou ofensas corporais[238].

A constituição como assistente é facultativa, o que significa que, sendo um direito conferido ao ofendido, caso ele entenda não lançar mão do mesmo, ou caso não o possa fazer, por qualquer razão, caberá ao Ministério Público levar a bom porto a acusação pública, missão que, desde o início, lhe pertencia, e que a constituição de assistente em nada vem al-

---

[235] Cfr. BELEZA, Teresa Pizarro, *Mulheres, Direito e crime ou a Perplexidade de...*, p. 341 e ss.

[236] Ainda que tal projecto houvesse sido aprovado, temos sérias dúvidas que o crime de maus tratos pudesse ser considerado um crime tipicamente contra as mulheres "enquanto tais". Fazemos aqui apelo à argumentação desenvolvida no ponto I.3.3. desta dissertação.

[237] Cfr. o artigo 11.° do supra mencionado diploma legal.

[238] A proposta do I Plano Nacional contra a Violência Doméstica é ainda mais ousada: defende a possibilidade de constituição de assistente a estas associações «salvo oposição da vítima ou de quem legalmente a represente». Ainda não existe alteração legislativa neste sentido e o II Plano parece ter abandonado esta ideia.

terar. É certo que o assistente poderá oferecer provas e requerer a realização de certas diligências, com vista à descoberta da verdade, mas este é sempre um papel acessório, que cabe, em primeira linha, ao Ministério Público[239]. Pelo menos do ponto de vista formal, a intervenção do assistente em pouco altera o desenrolar do processo penal, razão pela qual esta alteração legislativa não se nos afigura de grande importância.

Por outro lado, a admissão desta possibilidade levanta uma questão interessante que se prende com a necessidade da concordância do assistente, para que o Ministério Público, uma vez verificados os demais pressupostos, possa decidir-se pela suspensão provisória do processo, nos termos do artigo 281.°, n.° 1 do Código de Processo Penal[240].

Comentário diferente merece-nos a consagração legal da possibilidade de intervenção das associações de mulheres, para, em representação das vítimas, deduzir o pedido indemnizatório e requerer o adiantamento pelo Estado da indemnização, nos termos previstos na legislação aplicável[241], quando o cônjuge vítima não se encontre em condições físicas e/ou psicológicas de intervir, de per si, no processo, ou desencadear ele próprio os mecanismos legais ao seu dispor, tendentes à obtenção de uma indemnização. É certo que a lei processual penal até resolve este problema através do mecanismo do artigo 82.°-A do CPP, porquanto, em caso de condenação, o tribunal pode arbitrar uma quantia a título de reparação pelos prejuízos sofridos, quando particulares exigências de protecção da vítima o imponham. Mas a intervenção deste tipo de associações, a este nível, em representação da vítima, afigura-se vantajosa, desde logo, por permitir subtrair à subjectividade do juiz a avaliação das particulares exigências de protecção da vítima que fundamentam o arbitramento de uma indemnização.

Parece-nos, todavia, que o nosso legislador deveria ter consagrado este direito de intervenção não só para as associações de mulheres, mas para as associações de apoio à vítima, de uma maneira geral[242].

---

[239] Cfr. o artigo 53.°, n.° 1 do CPP: «Compete ao Ministério Público, no processo penal, colaborar com o tribunal na descoberta da verdade e na realização do direito, obedecendo em todas as intervenções a critérios de estrita objectividade.».

[240] *Quid iuris* se a vítima, lançando mão da faculdade prevista no n.° 6 do artigo 281.° do CPP, requer a suspensão provisória do processo e a associação de mulheres, constituída assistente, nos termos da Lei n.° 61/91, manifesta a sua discordância com a aplicação de tal medida? Poderá, ainda assim, o Ministério Público decidir-se pela suspensão?

[241] Cfr. o n.° 2 do artigo 12.° da Lei n.° 61/91, de 13 de Agosto.

[242] É o que acontece ao abrigo da Lei n.° 129/99, de 20 de Agosto – que aprova o regime aplicável ao adiantamento pelo Estado da indemnização devida às vítimas de

II.3.1.1.2.2. *A suspensão provisória do processo a pedido da vítima*

Rege assim o artigo 281.°, n.° 6 do Código de Processo Penal[243]:

«6 – Em processos por crime de maus tratos entre cônjuges, entre quem conviva em condições análogas ou seja progenitor de ascendente comum em 1.° grau, pode ainda decidir-se, sem prejuízo do disposto no n.° 1, pela suspensão provisória do processo *a livre requerimento da vítima*[244], tendo em especial consideração a sua situação e desde que ao arguido não haja sido aplicada medida similar por infracção da mesma natureza.»

O instituto da Suspensão Provisória do Processo, previsto no artigo 281.° do Código de Processo Penal, representa a adesão, no nosso ordenamento jurídico, ao princípio da oportunidade[245], pese embora predomine entre nós o princípio da legalidade, o que deriva, aliás, de imperativos constitucionais[246], mas que, de per si, «apenas logrará obter aqueles benefícios da defesa dos cidadãos face à actividade do Estado, e do tratamento igual perante a lei, situações que (...) se mostram manifestamente insuficientes para um sistema jurídico que se pretenda útil e que tenha em consideração o interesse social.»[247]. Deste modo, seguindo de perto TORRÃO[248], a consagração de soluções de oportunidade no sistema processual português, *maxime*, a Suspensão Provisória do Processo[249], apresenta van-

---

violência conjugal – que garante, no seu artigo 3.°, al. b), às associações de protecção à vítima (não já às associações de mulheres) legitimidade para requerer o adiantamento da indemnização, por solicitação e em representação da vítima.

[243] Na redacção que lhe foi conferida pela Lei n.° 7/2000, de 27 de Maio.

[244] Itálico nosso.

[245] COSTA ANDRADE, Manuel, *Consenso e Oportunidade*, in Jornadas de Direito Processual Penal: O novo Código de Processo Penal, Coimbra: Almedina, 1995, p. 352, manifesta algumas reticências quanto à classificação do artigo 281.° como solução de oportunidade, preferindo a designação de legalidade aberta. Sobre o contraponto entre legalidade e oportunidade, *vide* SANTANA VEGA, Dulce Maria, *Principio de oportunidad y sistema penal*, Anuário de Derecho Penal y ciencias penales, tomo XLVII, fasc. II, Maio-Agosto, 1994.

[246] Cfr. o artigo 219.° da CRP.

[247] TORRÃO, Fernando J. S. P., *A Relevância Político-criminal da Suspensão Provisória do Processo*, Coimbra: Almedina, 2000, p. 131.

[248] *Ob. cit.*, p. 131.

[249] Sobre institutos análogos à suspensão provisória do processo no direito estrangeiro, *vide* COSTA ANDRADE, *ob. cit.* p. 321.

tagens, do ponto de vista político-criminal, designadamente no que concerne aos interesses da vítima, do Estado e do delinquente, em tese geral e, muito concretamente, quando em causa se encontra uma situação de violência conjugal.

Vejamos os pressupostos de que depende a suspensão provisória do processo, quando utilizada pelo Ministério Público, por sua própria iniciativa e, em seguida, as especificidades desta figura, quando requerida pela vítima de um crime de maus tratos a cônjuge, não deixando de se considerar em que medida a consagração de tal instituto representa um passo em frente na luta pela diminuição/eliminação do fenómeno da violência conjugal.

A suspensão provisória do processo só poderá ser decretada pelo Ministério Público, desde que estejam verificados determinados pressupostos: que o crime seja punível com pena de prisão até 5 anos (ou sanção diferente de prisão), que tanto o arguido como o assistente[250] concordem com a suspensão, que o arguido não tenha antecedentes criminais, que seja diminuto o grau de culpa e que seja de prever que o cumprimento das injunções e regras de conduta[251] responda suficientemente às exigências de

---

[250] ALMEIDA, Maria Rosa Crucho de, *A suspensão provisória do Processo Penal – Análise estatística do biénio 1993-1994*, RMP, n.° 73, 1998, p. 54, a propósito da troca da expressão *ofendido,* constante da lei de autorização legislativa (Lei n.° 43/86, de 23 de Setembro) pela expressão *assistente,* no artigo 281.°, n.° 1, al. a), quando se refere ao pressuposto da necessidade de concordância do arguido e do assistente, refere que tal troca «serve mal alguns dos objectivos político-criminais atribuídos à suspensão provisória. E isto porque raras são as vítimas que se constituem assistentes.», o que frustra as expectativas desta figura na busca de soluções de consenso. A este propósito, segundo TORRES, Mário, *O princípio da oportunidade no exercício da acção penal*, RMP, Jornadas de Processo Penal, Lisboa, 1997, p. 221-243, *apud, ob. cit.,* levanta-se inclusive um problema de constitucionalidade do artigo 281.°, n.° 1, al. a), ao referir-se à necessidade de concordância do *assistente* (não do *ofendido*) como constava da supra mencionada lei de autorização legislativa.

[251] «São oponíveis ao arguido as seguintes injunções e regras de conduta: a) Indemnizar o lesado; b) Dar ao lesado satisfação moral adequada; c) Entregar ao Estado ou a instituições privadas de solidariedade social certa quantia; d) Não exercer determinadas profissões; e) Não frequentar certos meios ou lugares; f) Não residir em certos lugares ou regiões; g) Não acompanhar, alojar ou receber certas pessoas; h) Não ter em seu poder determinados objectos capazes de facilitar a prática de outro crime; i) Qualquer outro comportamento especialmente exigido pelo caso.» (cfr. o artigo 281.°, n.° 2 do CPP). A submissão do arguido a injunções e regras de conduta levantam um problema de ordem prática, que se prende com o controlo do seu efectivo cumprimento. Sobre esta matéria, *vide* ALMEIDA, Maria Rosa Crucho de, *ob. cit.,* p. 70.

prevenção que no caso se façam sentir[252]. A opção por esta solução enquadra-se no âmbito de discricionariedade do Ministério Público, podendo ele, uma vez verificados os seus pressupostos, decidir-se, ou não, pela suspensão provisória do processo, mas nunca poderá decidir-se pela suspensão sem que os pressupostos – cumulativos – supra descritos se encontrem verificados, razão pela qual, a doutrina se refere aqui a uma discricionariedade vinculada[253]. Ainda assim, a suspensão provisória do processo dependerá sempre da concordância do juiz de instrução, sem a qual tudo se passará como se o Ministério Público não tivesse decidido suspender o processo, devendo este seguir os seus termos até final[254].

Quando esteja em causa o crime de maus tratos a cônjuge, a vítima pode, por sua iniciativa, requerer a suspensão provisória do processo[255-256], hipótese que não se vislumbra para outro tipo de crimes. Neste caso, porém, segundo a nossa interpretação da letra da lei, parece verificar-se um abrandamento dos pressupostos que têm que se encontrar preenchidos,

---

[252] Cfr. o artigo 281.º, n.º 1 do CPP, alíneas a) a e).

[253] Vide TORRÃO, Fernando J. S. P., *ob. cit.*, p. 239. No mesmo sentido, TEIXEIRA, Carlos Adérito, *Suspensão Provisória do Processo: fundamentos para uma justiça consensual*, RMP, n.º 86, 2001, p. 111.

[254] Cfr. MAIA GONÇALVES, M., *Código de Processo Penal Anotado e Comentado*, 11ª edição, Coimbra: Almedina, 1999, p. 540.

[255] Esta possibilidade teve origem no supra referido *Projecto de Lei n.º 58/VIII*, da iniciativa do grupo parlamentar do PCP, cujo artigo 19.º determinava que: «1. Para além da suspensão provisória do processo prevista na Lei, o Ministério Público poderá ainda decidir tal suspensão, com a concordância do Juiz de Instrução, a requerimento do ofendido, assegurando-se previamente de que a pretensão resultou de decisão livre e consciente. 2. Para os efeitos do número anterior o Ministério Público solicitará ao Instituto de Reinserção Social, a elaboração de um relatório social, de onde constem, sendo caso disso, as medidas de injunção a opor ao arguido.».

[256] *Ex vi* do n.º 6 do artigo 281.º do CPP, na redacção que lhe foi conferida pela Lei n.º 7/2000, de 27 de Maio. Neste caso, a duração da suspensão provisória poderá ir até ao limite máximo da respectiva moldura penal, nos termos do disposto no artigo 282.º, n.º 4 do CPP, ao passo que a duração máxima da suspensão provisória, quando sugerida pelo Ministério Público, poderá ir até a um máximo de dois anos. Se atendermos a que a moldura penal do crime de maus tratos vai até aos 5 anos de prisão, ou mesmo até aos oito anos, no caso de se ter verificado ofensa à integridade física grave, em rigor, a suspensão provisória do processo poderá atingir tal limite. MOREIRA DAS NEVES, *ob. cit.*, considera tal medida inconstitucional, «por violação do princípio da proporcionalidade, a que refere o artigo 18.º, n.º 2 da CRP». Para o autor, essa possibilidade abstracta gera «alguma perplexidade» pois que, uma duração de oito anos «em qualquer circunstância se afigura manifestamente desproporcional e se mostra claramente desadequada face à própria natureza do instituto.».

para que possa decretar-se a suspensão do processo. Desde logo, não parece exigir-se o carácter diminuto da culpa[257], nem a ausência de antecedentes criminais do arguido, *latu sensu*, mas apenas «que ao arguido não tenha sido aplicada medida similar por infracção da mesma natureza»[258-259]. Parece exigível, apenas, que o arguido não haja, anteriormente, beneficiado da suspensão provisória do processo, em consequência da prática de crime de maus tratos[260]. No que concerne aos restantes requisitos do artigo 281.°, n.° 1, ainda que a formulação da lei não seja clara, parece de admitir a necessidade de se encontrarem preenchidos: a concordância do arguido e do assistente[261] decorre da própria natureza do instituto, que

---

[257] Parece-nos acertado o afastamento deste requisito, sob pena de tornar praticamente inaplicável esta figura recém-criada, cheia de potencialidades, porquanto só em casos limite poderemos admitir que o arguido pratique o crime de maus tratos a cônjuge com diminuto grau de culpa.

[258] Cfr. o n.° 6 do artigo 281.° do CPP.

[259] Por outras palavras, ao arguido só poderá ser aplicada a suspensão provisória do processo uma vez. Todavia, como bem repara MOREIRA DAS NEVES, *ob. cit.*, a lei do registo criminal (Lei n.° 57/98, de 18 de Agosto), no seu artigo 5.°, não contempla a suspensão provisória do processo, como facto sujeito a registo, o que levanta grandes problemas de ordem prática, sobre como se há-de fazer o controlo do preenchimento deste requisito.

[260] Quanto ao problema dos antecedentes criminais, a dar-se como correcta a nossa interpretação, o que nos oferece dúvidas, não se nos afigura inteiramente válida tal opção, pese embora a opção contrária seja também de afastar, uma vez que, por exemplo, anteriores condenações pela prática de crimes em que não estejam em causa bens eminentemente pessoais, no caso concreto de requerimento da vítima no sentido de ser suspenso o processo penal pela prática do crime de maus tratos, não devem relevar, pois que a natureza dos bens jurídicos protegidos é outra, bem como a *ratio* da figura da suspensão provisória do processo. Por outro lado, já nos repugna a desconsideração dos antecedentes criminais, quando digam respeito a condenações pela prática de crimes contra as pessoas, porquanto tais antecedentes poderão indiciar uma certa indiferença do arguido face à dignidade da pessoa humana. Em nossa opinião, a existência deste tipo de antecedenntes poderá relevar para se afastar a aplicação da suspensão provisória do processo a pedido da vítima, pois que, com boas probabilidades, a suspensão não será suficiente para se acatelarem devidamente as necessidades de prevenção geral e especial que se fazem sentir nos casos de violência conjugal.

[261] Note-se porém que a Lei n.° 61/91, de 13 de Agosto, que *garante protecção adequada às mulheres vítimas de violência,* no seu artigo 15.°, faz depender o decretamento da suspensão provisória do processo não da concordância da assistente, mas da concordância da ofendida. Tal diploma contém, em nosso entendimento, normas especiais, razão pela qual parece não se poder entender que o disposto no já referenciado artigo 15.° se encontra revogado pela entrada em vigor do actual Código de Processo Penal, o que quererá significar que, quando esteja em causa um dos crimes referenciados na parte final do n.° 2 do artigo 1.° daquele diploma (o crime de maus tratos a cônjuge, o crime de rapto, de se-

pugna por uma solução de consenso, só possível pelo acordo entre todos os intervenientes no processo penal; o afastamento da aplicabilidade ao caso de medida de segurança de internamento remete-nos para o problema da inimputabilidade[262] e, por último, o preenchimento das exigências de prevenção geral e especial[263] representa aquilo que poderíamos designar de *conditio sine qua non* do decretamento da suspensão.

Bem andou o legislador ao consagrar esta possibilidade, no que concerne ao crime de maus tratos[264], permitindo afastar algumas das críticas que se teciam em relação à natureza pública do crime, *maxime,* a negação à vítima da realização da sua vontade[265]. Esta solução é uma solução mitigada no tratamento jurídico-processual do crime de maus tratos[266], que evita muitos dos inconvenientes que existem na prossecução, até final, de

---

questro e de ofensas corporais), mesmo que a ofendida não se haja constituído assistente, o Ministério Público terá que obter a sua concordância, em ordem a poder decretar a suspensão provisória do processo, desde que, bem entendido, se encontrem preenchidos os restantes pressupostos.

[262] *Vide* a respeito TORRÃO, F. J. S., *ob. cit.*, p. 212.

[263] Estas encontram-se satisfeitas pelo cumprimento das injunções e regras de conduta. Sobre a (in) constitucionalidade de certas injunções e regras de conduta, *vide* COSTA ANDRADE, *ob. cit.*, p. 349, pugnando pela sua constitucionalidade, e TORRES, Mário, *O princípio da oportunidade no exercício da acção penal*, 1997, p. 241 e ss *apud* ALMEIDA, Maria Rosa Crucho de, *A suspensão provisória do Processo Penal*, no sentido da inconstitucionalidade; sobre a caracterização doutrinal das injunções e regras de conduta, *vide* COSTA ANDRADE, *ob. cit.*, p. 353.

[264] Pois que, neste caso, se torna possível «atingir por meios mais benignos do que a pena, os fins que presidiram à criminalização, em abstracto, da conduta.» (COSTA ANDRADE, *ob. cit.*, p. 345).

[265] É certo que a possibilidade da vítima requerer a suspensão provisória do processo não encontra paralelo na natureza semi-pública do crime, no que concerne à margem de manobra que lhe permite, designadamente, em termos de, ela própria poder pôr termo ao procedimento criminal. A decisão de suspensão do processo cabe sempre ao Ministério Público e, em última instância, depende do acordo do juiz de instrução. Ainda assim, esta figura parece-nos uma situação intermédia, entre a total irrelevância da vontade da vítima, uma vez iniciado o processo penal, no crime público e a sua total relevância, no crime semi--público, cabendo, nesta sede, à vítima, a última palavra.

[266] Solução em que, como refere MOREIRA DAS NEVES, *ob. cit.*, p. 12-13, «o legislador procurou equilibrar os interesses em presença», acautelando que o procedimento se possa iniciar e prosseguir sem dependência de queixa, mas reconhecendo também que «há situações da vida real das pessoas em que o procedimento penal formalizado, sobretudo na fase judicial, não é necessário, nem adequado.». Daí a atribuição à vítima deste papel decisivo no impulso da suspensão provisória do processo que, em muitos casos, será suficiente para acautelar os interesses da vítima e as necessidades de prevenção geral e especial.

um processo penal, que é suposto terminar com uma decisão condenatória que, em muitas ocasiões, para a vítima, só vem piorar as coisas. O recurso ao processo penal por parte da vítima pretende, simplesmente, pôr termo à violência. Sucede porém que, no processo penal *standard*, o resultado é frequentemente o oposto, agravando o conflito existente entre a vítima e o infractor[267], o que se traduz em desvantagens, tanto para para a vítima, como para o agente e para a própria ordem pública. «O sistema sancionatório tem-se revelado ineficaz – e gera delinquência.»[268], o que deve determinar, sempre que possível, a aposta na *diversão (desjudiciarização)*[269]. «Muitos casos de pequena – e mesmo média – criminalidade, que chegam ao tribunal deveriam encontrar solução na sua antecâmara (...) pela mediação e o consenso (...)»[270], sobretudo – acrescentamos nós – quando existe uma relação familiar íntima, como a que se estabelece entre os cônjuges, numa área tão complexa como é a da violência conjugal[271].

Ainda assim, não podemos deixar de criticar a formulação algo ambígua com que foi consagrada a figura da suspensão provisória do pro-

---

[267] Assim, assume particular importância a suspensão provisória do processo, uma vez que o agressor será sujeito, voluntariamente, a determinadas injunções e regras de conduta, que poderão passar por aconselhamento familiar e psicológico, assim como tratamento, por exemplo, face ao consumo de estupefacientes, que possa ocorrer no caso. Esta opção pela suspensão provisória do processo é importante, «desde logo, pela sua informalidade e evicção das cerimónias degradantes e dos estigmas geradores de frustração, adulteradores da identidade, perturbadores do sentido de pertença à comunidade e, por essa via, indutores de delinquência secundária e de conflitualidade» (COSTA ANDRADE, *ob. cit.*, p. 349); estes aspectos, com mais razão, são de evitar, quando estamos perante familiares próximos, *in casu*, cônjuges. Recordemos aqui que, muitas vezes, a vítima depende economicamente do agressor e a condenação, por força do efeito normal da transcrição da sentença condenatória para o Registo Criminal, poderá produzir efeitos negativos, designadamente dificultando as possibilidades de emprego, o que pode potenciar novos comportamentos violentos do agressor, obstando à sua ressocialização e colocando agressor e vítima em grave risco de carência económica, o que torna cada vez mais difícil a obtenção de uma solução para a relação abusiva. No sentido da suspensão provisória do processo como factor de ressocialização, *vide* TORRÃO, F. J. S., *ob. cit.*, p. 210, e TEIXEIRA, Carlos Adérito, *ob. cit.*, p. 113.

[268] GONÇALVES DA COSTA, José, *Legalidade versus Oportunidade – Legalidade atenuada, oportunidade regulada*, RMP, n.º 83, 2000, p. 94.

[269] Na expressão de *Ibidem*, p. 94.

[270] *Ibidem*, p. 95.

[271] Sobre as vantagens da aplicação da «probation» – figura próxima da nossa suspensão provisória do processo – ao cônjuge agressor, no direito argentino, *vide* CÁRDENAS, José Eduardo, *Violencia en la pareja – intervenciones para la paz desde la paz*, Buenos Aires: Granica, 1999, p. 73 e ss.

cesso a pedido da vítima, sobretudo no que concerne à expressão «*tendo em especial consideração a sua situação*»[272] (a da vítima), porquanto nenhuma indicação nos é dada sobre qual será a situação da vítima que justifica decisão no sentido da suspensão, uma vez requerida a suspensão provisória do processo[273]. Poderá entender-se que é a análise do conjunto de circunstâncias envolventes do caso concreto, na perspectiva do interesse da vítima, mas nesse caso, parece-nos que estarão a ser descurados dois outros interesses em presença: o interesse do agressor e o interesse público, que, para nós, atenta a *ratio* do instituto, deverão procurar harmonizar-se.

O n.º 5 do artigo 281.º do CPP determina que «A decisão de suspensão, em conformidade com o n.º 1, não é susceptível de impugnação.». Ao não se admitir tal impugnação[274], parece vedar-se à vítima a possibilidade de reagir contra a decisão de suspensão, mesmo nas hipóteses que supra levantámos, em que a vítima tenha requerido a suspensão, por exemplo, sob coacção moral, ou que, não a tendo requerido, mas admitindo-se preenchidos os pressupostos de que depende a suspensão por via do artigo 281.º, n.º 1 e tendo-se a vítima constituído assistente, dá a sua concordância nas mesmas condições. COSTA ANDRADE[275], nestes casos de falta de concordância ou vício da vontade, defende que a vítima deve ter a possibilidade de recorrer da decisão, nos termos previstos para a decisão instrutória de não pronúncia.

Por outro lado, seria de supor que, atenta a natureza do instituto, fosse possível modificar ou adaptar as injunções e regras de conduta adoptadas em sede de decisão de suspensão provisória do processo, o que aproximaria mais o sistema «das concretas e mutáveis exigências do caso con-

---

[272] Cfr. o n.º 6 do artigo 281.º do CPP, na redacção que lhe foi conferida pela Lei n.º 7/2000.

[273] A este nível, melhor teria andado o legislador se aderisse a uma formulação que pusesse a tónica na decisão livre e consciente da vítima, como sugeria o PCP, no *Projecto de Lei n.º 58/VIII – Reforça as medidas às mulheres vítimas de violência*. Não podemos olvidar que estamos aqui num domínio muito sensível em que poderá haver pressão do agressor no sentido da efectivação do requerimento pela vítima, para contornar a condenação. Daí a importância desta solução mitigada em que a iniciativa da suspensão parte da vítima, mas em que a decisão já não depende exclusivamente da mesma, o que de alguma forma limita a possibilidade de coacção, sem que todavia a exclua.

[274] Nesse sentido, cfr. os Acórdãos da Relação de Évora, de 3 de Fevereiro de 1998, CJ, XXIII, tomo 1, p. 278, e da Relação de Lisboa, de 21 de Dezembro de 1999, CJ, XXIV, tomo 5, p. 153.

[275] *Ob. cit.*, p. 350-351.

creto.»[276]. Todavia, essa possibilidade, que o Projecto consagrava, veio a ser afastada, por força do entendimento do Acórdão do Tribunal Constitucional n.º 7/87, de 9 de Janeiro[277].

Pese embora a confiança que depositamos neste instituto, do ponto de vista da *law in books*, sabemos depararem-se graves obstáculos, na perspectiva da *law in action*, a julgar pelo impacto prático que a suspensão provisória do processo teve desde que foi criada, pelo Código de Processo Penal de 1987, até aos dias de hoje. Basta lançar um olhar sobre as estatísticas da sua aplicação: entre 1989 e 1995, as suspensões provisórias do processo rondavam cerca de 1% das acusações deduzidas[278]; no período 1996-1998, rondavam os 0,30% do número total de inquéritos findos por ano[279]; em 2000, em apenas 1.861 processos se optou pela suspensão provisória[280]. Em 2002 foram suspensos 2.704 processos, o que constitui uma percentagem inferior a 1%. Para estes números, terão contribuído diversos factores[281], «mas sobretudo a necessidade de acordo do assistente e do

---

[276] COSTA ANDRADE, *ob. cit.*, p. 351.

[277] Publicado no DR, I Série, de 9 de Fevereiro de 1987.

[278] Cfr. ALMEIDA, Maria Rosa Crucho de, *ob. cit.*, p. 84.

[279] Enquanto que a percentagem de acusações rondava os 26%, 24% e 17%, respectivamente, segundo os números constantes dos respectivos Relatórios da Procuradoria-Geral da República *apud* FERNANDO, Rui do Carmo Moreira, *O Ministério Público face à pequena e média criminalidade (em particular, a suspensão provisória do processo e o processo sumaríssimo)*, RMP, n.º 81, 2000, p. 137.

[280] Cfr. RELATÓRIO ANUAL DA PROCURADORIA-GERAL DA REPÚBLICA – 2000, disponível na Internet em http://www.pgr.pt, em 6 de Abril de 2002.

[281] ALMEIDA, Maria Rosa Crucho de, *ob. cit.*, p. 56, da análise dos números constantes do estudo levanta a hipótese de que, em comarcas menos sobrecarregadas, haja maior disponibilidade por parte dos magistrados do MP para a aplicação da medida, por disporem de mais tempo para o desenvolvimento das diligências necessárias à aplicação e ao acompanhamento da suspensão provisória, ainda que logo conclua que este não é o factor decisivo. Por sua vez, FERNANDO, Rui do Carmo Moreira, *ob. cit.*, p. 129, enuncia um conjunto de factores que, em nosso ver, com maior razão, explicam a reduzida aplicação por parte da Magistratura do Ministério Público do instituto da suspensão provisória do processo: «a rotina instalada, alguma resistência e passividade face aos aspectos inovadores da lei, estimuladas por uma "lógica de produção" percebida numa perspectiva parcelar do sistema de justiça formal (limitada à actividade do Ministério Público e à fase de inquérito), potenciada pela carência de meios e mantidas, muitas vezes, por uma hierarquia sem dinamismo, bem como pela adopção de uma posição distanciada das investigações e do contacto com os sujeitos processuais, com a inerente burocratização das funções dos magistrados.». O autor continua, afirmando que decisiva para a maior aplicação desta figura é a «plena assunção por cada magistrado, no dia-a-dia do seu exercício funcional, dos princípios informadores dos novos contornos da intervenção do Ministério Público no

juiz, o que implica algo semelhante a uma negociação processual que não está na nossa tradição.»[282]. «É bem de ver que o instituto da suspensão provisória do processo só poderá ter sucesso prático quando os agentes da justiça admitirem que a finalidade primeira ou última da Justiça penal não é a repressão do criminoso, mas a prevenção da criminalidade e a paz social e que esta prevenção se pode alcançar também, e porventura melhor[283], em certos casos por modos diversos dos tradicionais, que implicam ainda a solenidade do julgamento, a condenação e o anátema da inscrição no rol dos condenados (registo criminal).»[284].

Ainda assim, sempre se dirá, seguindo de perto BELEZA, Teresa Pizarro[285], que a Lei n.º 7/2000 veio facilitar a suspensão provisória do processo, quando esteja em causa o crime de maus tratos, uma vez que, independentemente da faculdade de que o Ministério Público já dispunha, a própria vítima pode, por sua livre iniciativa, desencadear o mecanismo da suspensão provisória do processo, pese embora a última palavra caiba ao Ministério Público e, em última análise, ao juiz de instrução.

II.3.1.1.2.3. *A pena acessória de proibição de contacto com a vítima e/ou de afastamento da residência desta*

Introduzida pela Lei n.º 7/2000, «a pena acessória de proibição de contacto com a vítima, incluindo a de afastamento da residência desta pelo período máximo de dois anos»[286], tem sido aplicada pelos tribunais, so-

---

exercício da acção penal, (...) pelo rompimento com as atitudes de acomodamento, com a lógica de funcionamento virada para o interior do sistema.».

[282] SILVA, Germano Marques da, *A Reforma do Código de Processo Penal e as perspectivas de evolução do direito processual penal*, Scientia Iuridica, tomo XLVIII, n.ºs 277/279, 1999, p. 74.

[283] Exemplos disso são as boas percentagens de sucesso na aplicação da medida: no estudo referido por ALMEIDA, Maria Rosa Crucho de, *ob. cit.*, p. 78, nos anos de 1993--1994, no total de suspensões provisórias do processo aplicadas, 75% resultaram em arquivamento e apenas 2% resultaram no prosseguimento do processo. Percentagens igualmente baixas constam do RELATÓRIO ANUAL DA PROCURADORIA-GERAL DA REPÚBLICA – 2000: num total de 1.426 processos cujo prazo de suspensão provisória chegou ao fim, apenas em 56 se determinou o prosseguimento do processo, o que corresponde apenas a 4% dos casos. Nos últimos anos, a tendência mantém-se.

[284] SILVA, Germano Marques da, *ob. cit.*, p. 75.

[285] *Sobre Violência Doméstica: situação legislativa – Nota prévia* a LOURENÇO, Nelson, e LEOTE DE CARVALHO, M.ª João, *Violência Doméstica*, p. 95.

[286] Cfr. o n.º 6 do artigo 152.º do CP, na redacção que lhe foi conferida pela Lei n.º 7/2000.

bretudo nos casos em que os maus tratos hajam assumido maior gravidade. No que especificamente respeita ao decretamento da pena acessória de afastamento da residência da vítima, ele ocorre geralmente, quando, no decurso do processo penal, o arguido foi já sujeito à medida de coacção[287] de idêntico conteúdo. O decretamento de tal pena acessória ocorre como última *ratio*, isto é, quando resulta para o tribunal a convicção de que o agressor não se afastará da sua vítima de outra forma, que não por via do decretamento de tal pena acessória, o que se encontra plenamente justificado pela imposição constitucional da observância da proporcionalidade no decretamento das penas.

---

[287] O artigo 200.°, n.° 1, al. a) do CPP de 1987 previa a possibilidade de o juiz impor ao arguido a obrigação de «Não permanecer, ou não permanecer sem autorização, (...) onde residam os ofendidos seus familiares ou outras pessoas sobre as quais possam ser cometidos novos crimes». Por sua vez, a Lei n.° 61/91, de 13 de Agosto, vem consagrar expressamente a possibilidade de aplicação ao arguido que seja «pessoa com quem a vítima resida em economia comum», quando houver perigo de continuação da actividade criminosa, da medida de coacção de afastamento da residência da mesma (cfr. o artigo 16.° da mencionada lei), pese embora se deva entender que o CPP em vigor já admitia esta medida, com carácter geral. Nos anos subsequentes à entrada em vigor da Lei n.° 61/91, suscitaram-se dúvidas quanto à possibilidade da efectiva aplicação da medida prevista no seu artigo 16.°, que levaram, inclusive, a que, em Fevereiro de 1998, o Senhor Procurador-Geral da República emitisse a Circular n.° 2/98, determinando que «os Senhores Magistrados e Agentes do Ministério Público promovam a referida medida, sempre que se mostrem preenchidos os pressupostos legais.». A falta de regulamentação do supra mencionado diploma era, no entendimento de alguns, obstáculo à aplicabilidade da medida que, para outros, se reputava como materialmente inconstitucional. O Senhor Procurador-Geral da República, na Circular referida, pugnava pela constitucionalidade da medida e pela sua imediata exequibilidade. Ainda assim, em 1999, através da Resolução n.° 31/99, a Assembleia da República lançava ao Governo o repto de alterar a legislação penal e processual penal, no sentido de garantir a criação das condições que se revelassem necessárias com vista a assegurar a aplicação efectiva da medida de coacção de afastamento preventivo do agressor. A revisão do Código de Processo Penal de 1998, mediante a Lei n.° 59/98, de 25 de Agosto, manteve, no já mencionado artigo 200.°, a medida de coacção de proibição de permanência, de ausência e contactos, estatuindo agora que ao arguido pode ser imposta a obrigação de «Não permanecer (...) na residência onde o crime tenha sido cometido ou onde habitem os ofendidos seus familiares ou outras pessoas sobre as quais possam ser cometidos novos crimes.». A despeito de todos estes incentivos, no ano 2000, segundo os resultados da Procuradoria-Geral da República, *in* COMISSÃO DE PERITOS PARA O ACOMPANHAMENTO DA EXECUÇÃO DO PLANO NACIONAL CONTRA A VIOLÊNCIA DOMÉSTICA, *Relatório de Acompanhamento do Plano Nacional contra a Violência Doméstica*, de Dezembro de 2001, num total de 1.661 processos, apenas em 61 casos foi decretada a medida de afastamento do agressor, o que corresponde a uma percentagem de 3,7%.

Violência Conjugal em Portugal: da Intervenção do Estado

A consagração desta pena acessória para o crime de maus tratos a cônjuge resulta da iniciativa do grupo parlamentar do PCP, através do Projecto de Lei n.º 58/VIII que, no seu artigo 18.º, previa que «Nos crimes de maus tratos previstos no artigo 152.º, n.ºs 2 e 3 do Código Penal, se não houver coabitação entre a vítima e o arguido, a este será aplicada a pena acessória de afastamento da residência da vítima pelo período de 2 anos.». Este projecto veio a ser aprovado na generalidade, por unanimidade, a 13 de Janeiro de 2000[288], tendo baixado à 1.ª Comissão, para discussão e votação na especialidade, de onde sairia uma versão final desta pena acessória com algumas alterações. Mas, já antes, no início de 1999, a Assembleia da República se havia pronunciado pela necessidade de alterar a legislação penal e processual penal, lançando ao Governo o desafio de prever como pena acessória, atendendo à gravidade dos factos e ao perigo que o condenado represente, a proibição de este se aproximar da vítima[289].

É ainda cedo para tecer qualquer comentário sobre a eficácia prática da aplicação desta pena acessória. Não há ainda números que nos permitam concluir da frequência com que ela é decretada, nem é ainda possível aferir do grau de efectivo cumprimento da mesma pelo agressor, bem como da respectiva taxa de reincidência. Com efeito, o não cumprimento desta pena acessória só acarretará para o agressor a possibilidade de vir a responder em novo processo penal, desta feita, pelo crime de violação de proibições ou interdições[290] pois, outra cominação não se encontra prevista na lei, factor que poderá favorecer o incumprimento[291].

Em termos meramente teóricos, ainda assim, parece-nos legítimo afirmar que esta pena acessória, de escopo claramente protector dos interesses da vítima, é um passo em frente[292]. Não é suficiente, porém, para

---

[288] Cfr. a este respeito o DAR n.º 26, 01/VIII, 1ª série, de 14 de Janeiro de 2000, p. 0989 e 1005 e ss.

[289] Cfr. a este respeito o ponto 2 da Resolução da Assembleia da República n.º 31//99, de 14 de Abril.

[290] Cfr. o artigo 353.º do CP.

[291] Neste ponto, a suspensão da execução da pena de prisão, subordinada à condição do afastamento do agressor da residência da vítima, nos termos dos artigos 50.º e ss do CP, oferece maiores garantias de cumprimento, por força da consequência directa que para o mesmo pode resultar, em caso de incumprimento, de ver revogada a suspensão de tal execução e, em consequência, ver-se forçado a cumprir a pena de prisão em que foi condenado (cfr. o artigo 56.º do CP).

[292] É de louvar que o nosso legislador já partilhe do entendimento de que, em caso de comportamento violento, é o agressor (e não a vítima) quem deve abandonar o lar conjugal.

prevenir a "recaída", porque o decretamento e subsequente cumprimento desta pena, sem mais, nada resolvem (nada impede o agressor de, uma vez terminado o período de afastamento compulsório, regressar a casa e reincidir no mesmo tipo de comportamentos que desenvolvera até ao afastamento)[293]. Poderá arguir-se, contra esta perspectiva, o ideário correccionalista da suposta regeneração do delinquente, mediante o cumprimento da sua pena, após o que, se reabilitaria perante a sociedade. Mas não sejamos ingénuos, pensando que essa regeneração ocorre por efeito automático da condenação e cumprimento da pena, pelo menos no que se refere à violência conjugal, em que o comportamento do agressor, como oportunamente constatámos, é motivado por um conjunto complexo de factores inter-actuantes, que não deixa, pura e simplesmente, de existir por mero efeito da condenação. A modificação desse padrão de comportamento depende de uma intervenção orientada, de um acompanhamento psicossocial do agressor, sem o qual permanece aberta a porta à reincidência.

II. 3.1.1.3. *O tipo legal de crime de maus tratos a cônjuge*

II.3.1.1.3.1. *Sua inserção sistemática no artigo 152.° do CP*

O crime de maus tratos a cônjuge encontra-se previsto no livro II do Código Penal, no seu título I, capítulo III, correspondendo ao artigo 152.°, n.° 2, do mesmo diploma legal. Por sua vez, a epígrafe deste artigo refere-se a *Maus tratos e infracção de regras de segurança*. No mesmo artigo encontram-se, por isso, reguladas quatro situações diferentes: os maus tratos a menores ou pessoas particularmente indefesas ou o emprego das mesmas em actividades perigosas, ou a sua sobrecarga com trabalhos excessivos,

---

[293] Para obviar a este tipo de problemas, o direito argentino prevê a possibilidade de afastamento definitivo do cônjuge agressor: CÁRDENAS, José Eduardo, *ob. cit.*, p. 65, considera que «cuando se trata de matrimonio, excluir al adulto maltratante en forma definitiva encuentra su fundamento en el artículo 231 del Código Civil.». O autor reconhece todavia que podem surgir dificuldades na execução da medida, designadamente quando o outro cônjuge não deseje tal exclusão definitiva. Não defendemos a importação de tal mecanismo para o ordenamento jurídico português, uma vez que tal solução se nos afigura, à primeira vista, de constitucionalidade duvidosa e de efeitos muito limitados, pois a exclusão do cônjuge agressor da residência da vítima não assegura o fim das agressões – quando muito, poderá diminuir o grau de probabilidade destas ocorrerem, ou de ocorrerem com maior frequência – sendo que, em casos patológicos, o problema subsiste.

em situações de trabalho subordinado[294]; os maus tratos a cônjuge ou a convivente de facto[295]; os maus tratos a progenitor de descendente comum em 1.º grau[296]; e a sujeição de trabalhador a perigo para a vida ou a perigo de grave ofensa para o corpo ou para a saúde[297].

A inclusão, na mesma norma, de «quatro diferentes formas de violação de distintos direitos pessoais»[298] não tem sido isenta de críticas[299], por se considerar «desadequado agrupar na mesma previsão legal acções essencialmente distintas, quer pela natureza dos bens e valores tuteláveis, quer ainda pela qualidade dos agentes e das vítimas, quer também pelo contexto em que podem ocorrer»[300], sobretudo atendendo a que cada um dos interesses em causa tem hoje uma identidade própria, justificativa de um tratamento autónomo. A APMJ entende mesmo que «A concepção que presidiu à redacção deste normativo é (...) própria de uma visão patriarcal da família, na qual a mulher surge com um estatuto menor, idêntico ao das crianças e ao dos trabalhadores subordinados.»[301]. Não poderemos ignorar este argumento. Aliás, já EDUARDO CORREIA, em 1966, no seu anteprojecto, previa a criação de dois preceitos: um relativo aos maus tratos a crianças, outro relativo à sobrecarga de menores e subordinados[302].

De *lege ferenda*, seria de ponderar a proposta da APMJ, no sentido do desdobramento deste artigo 152.º do CP, em ordem à consagração autónoma de cada uma das quatro situações acima descritas, ou pelo menos, de maneira a obter a diferenciação clara entre as situações de maus tratos e as situações de outra índole[303].

[294] Cfr. o n.º 1 do artigo 152.º do CP.
[295] Cfr. o n.º 2 do artigo 152.º do CP.
[296] Cfr. o n.º 3 do artigo 152.º do CP.
[297] Cfr. o n.º 4 do artigo 152.º do CP.
[298] APMJ, direcção da, *Apresentação in Do crime de Maus Tratos*, cadernos Hipátia, n.º 1, Lisboa: APMJ, 2001, p. 8.
[299] Nesse sentido, *vide* COSTA, Eduardo Maia, *ob. cit.*, p. 36.
[300] APMJ, direcção da, *ob. cit.*, p. 9-10.
[301] APMJ, direcção da, *ob. cit., loc. cit.*. Em sentido idêntico, encontramos BELEZA, Teresa Pizarro, *Mulheres, Direito e Crime...*, p. 368, que afirma que, o então artigo 153.º do CP coloca em termos paralelos os cônjuges e os filhos.
[302] Cfr. os artigos 166.º e 167.º do Anteprojecto, MINISTÉRIO DA JUSTIÇA, *Actas das sessões da comissão revisora do Código Penal*, p. 77.
[303] À excepção do n.º 2 do artigo 152.º do CP, nos restantes casos estão em causa agentes sobre os quais impende um dever «de *cuidado, guarda* ou *educação, o poder de direcção* ou uma *posição hierárquica laboral*», nas palavras de LEAL-HENRIQUES, M. O., e SIMAS SANTOS, M. J., *Código Penal Anotado*, p. 299, ao passo que, no n.º 2, «há um dever de solidariedade conjugal ou análoga, em relações de pura igualdade.».

II.3.1.1.3.2. *Do bem jurídico protegido*

Teceremos em seguida algumas considerações acerca do bem jurídico protegido pelo tipo legal do crime de maus tratos a cônjuge. TAIPA DE CARVALHO[304], defende que esta norma incriminadora visa a protecção da pessoa individual e da sua dignidade humana, estando por isso em causa a salvaguarda do bem jurídico saúde – «bem jurídico complexo que abrange a saúde física, psíquica e mental». A propósito de formulação legal semelhante consagrada no Código Penal Espanhol[305], a doutrina espanhola diverge. Há quem entenda, como TAIPA DE CARVALHO, a propósito do nosso Código Penal, estar em causa a saúde e a integridade física; outros defendem a protecção do bem estar pessoal, outros ainda a dignidade humana e, finalmente, há até quem defenda a protecção do bem jurídico paz e tranquilidade familiar[306]. Nesta última linha de pensamento encontramos MAGRO SERVET, V.[307], que defende a protecção de um bem jurídico de carácter misto, uma vez que, a par da saúde e da integridade física das pessoas, estará também aqui em causa a protecção da «pacífica convivencia y armonía en el seno del grupo familiar»[308]. O entendimento de que o crime de maus tratos protege um bem jurídico de alguma forma supra individual, de carácter misto, ou pluriofensivo, como pretendem os autores supra mencionados, poderia traduzir-se numa adesão com menos reservas ao carácter público deste crime, a que oportunamente fizemos referência, entendendo-se assim mais facilmente a prevalência do interesse público da protecção da paz familiar sobre a opção individual do cônjuge ofendido na não punição do agressor[309]. Mas não pretendemos com isto afirmar que a

---

[304] *Ob. cit.*, p. 332.

[305] Cfr. o artigo 153.º do CP espanhol, que refere como conduta típica a de habitualmente exercer violência física ou psíquica sobre quem seja cônjuge (entre outros).

[306] *Vide* GARCÍA ALVAREZ, Pastora, e CARPIO DELGADO, Juana del, *El delito de malos tratos en el ámbito familiar*, tirant lo blanch, Valencia, 2000, p. 23, que apresentam a síntese das diversas posições doutrinais a este respeito.

[307] MAGRO SERVET, V., *La sociedad española ante el reto de la mujer maltratada*, Actualidad Jurídica Aranzadi, ano VIII, n.º 364, 1998.

[308] No mesmo sentido, *vide* também a orientação do TRIBUNAL SUPREMO, *Delito de violencia doméstica: substantividad del tipo penal*, Actualidad Jurídica Aranzadi, ano X, n.º 449, 2000, segundo o qual o bem jurídico «trasciende y se extiende más allá de la integridad personal (...) Pude afirmar-se que el bien jurídico protegido es la preservatión del ámbito familiar (...) es la paz familiar.»

[309] Ainda assim, este argumento não merecerá grande acolhimento, na medida em que, no país vizinho, pese embora a ideia de protecção do bem jurídico paz familiar, tal crime não é público.

protecção exclusiva do bem jurídico saúde, na acepção atrás descrita, não pode ser tutelada por via de um crime público, mas sabemos que, por via de regra, tal só se verifica quando a conduta praticada e/ou o resultado produzido assumem determinada gravidade[310], o que, aqui, não deixa de se verificar.

Por outro lado, o argumento sistemático da inserção deste crime no capítulo dos crimes contra a integridade física não deverá ser descurado, mas não deverá ter-se como único[311]. Não se nos afigura inteiramente descabida a posição defendida pela doutrina e jurisprudência espanholas supra mencionadas, mas tendemos a perfilhar o entendimento de TAIPA DE CARVALHO, no sentido da protecção única do bem jurídico saúde[312]. Parece-nos, todavia, que a determinação do bem jurídico protegido pelo crime de maus tratos a cônjuge é ainda uma questão aberta à discussão.

II.3.1.1.3.3. Da exigência de reiteração

Questão polémica relativamente ao preenchimento do tipo legal do crime de maus tratos é a especulação sobre a exigência ou não de reiteração da conduta. A conduta descrita na norma incriminadora apenas se refere a *«infligir maus tratos»*, formulação próxima da prevista pelo Código Penal de 1982. As sucessivas alterações legislativas, por que passou o tipo legal do actual artigo 152.º do CP, não alteraram, substancialmente, a redacção conferida à descrição da conduta punível. No essencial, esta reconduz-se ao desenvolvimento de maus tratos, nada se referindo, pelo menos expressamente, quanto à exigência de que a prática de tal conduta se prolongue ou não no tempo e em que termos. Tal resposta parece ser possível de obter por via da interpretação e preenchimento do conceito de maus tratos.

---

[310] Cfr. a propósito os artigos 143.º a 152.º do CP.

[311] Recordemos, por exemplo, que o crime de roubo, ínsito no capítulo dos crimes contra a propriedade, é, inegavelmente, um tipo legal de crime pluriofensivo, tutelando, a par de bens jurídicos de cariz patrimonial, bens jurídicos de natureza pessoal, *in casu*, «a liberdade individual de decisão e acção» como refere CUNHA, Conceição Ferreira da, *in Comentário do artigo 210.º do CP*, Comentário Conimbricense do Código Penal – Parte Especial, Tomo 2, dirigido por FIGUEIREDO DIAS, Jorge, Coimbra: Coimbra Editora, 1999, p. 160.

[312] No mesmo sentido, *vide* SÁ GOMES, Catarina, *ob. cit.*, p. 59.

A este respeito, a jurisprudência portuguesa tem desenvolvido uma actividade extremamente fértil, frequentemente contraditória, que podemos sintetizar em duas correntes de opinião: por um lado, os que defendem a exigência de reiteração[313], isto é, que a conduta violenta ocorra, pelo menos, por mais do que uma vez; por outro, mais recentemente, tem vingado o entendimento de que, em situações de manifesta gravidade, a conduta desenvolvida apenas por uma única vez é suficiente, para termos preenchido o tipo legal de crime de maus tratos[314], em nosso entendi-

---

[313] *Vide* o Acórdão do STJ, de 8 de Janeiro de 1997, disponível na Internet em http://www.stj.pt, em 7 de Janeiro de 2002: «III – Para a verificação do crime de maus tratos p. e p. pelo artigo 153.° do CP de 82, não basta uma acção isolada, mas também, não se exige uma habitualidade. IV – Assim, pratica tal ilícito o arguido que, durante os anos de 1993, 94 e 95, agrediu o seu cônjuge, com palavras torpes e batendo-lhe com as mãos.»; *vide* ainda o Acórdão da Relação do Porto, de 31 de Janeiro de 2001, disponível na Internet em http://www.trp.pt, em 7 de Janeiro de 2002, segundo o qual «II – Tal tipo de crime pressupõe uma reiteração das condutas.».

[314] Decisivo, neste ponto, revela-se o Acórdão do STJ, de 13 de Novembro de 1997, disponível na Internet em http://www.stj.pt, em 7 de Janeiro de 2002, que dispõe: «O artigo 152.° do CP, no seu número 2, pune a actuação de quem infligir ao cônjuge maus tratos físicos ou morais, e a sua redacção teve como propósito a eliminação de algumas dúvidas que doutrinariamente tinham surgido na interpretação do artigo 153.° do CP de 1982, e que conduziam a ter-se discutido se, no crime de maus tratos a cônjuge, fazia ou não parte do tipo uma certa habitualidade ou repetição de condutas ofensivas da integridade física ou moral do consorte ofendido, embora a final, se tivesse fixado a jurisprudência no sentido de que, mesmo com a redacção de 1982, a referida figura criminal se poderia verificar com uma única agressão, desde que a sua gravidade intrínseca a pudesse qualificar como tal. II – A actual redacção, por consequência, mais não significa, no caso concreto, do que a incriminação, decorrente da lei penal, de condutas agressivas, mesmo que praticadas uma só vez, que se revistam de gravidade suficiente para poderem ser enquadradas na figura dos maus tratos. III – Assim, não são todas as ofensas corporais entre cônjuges que cabem na previsão criminal do referido artigo 152.°, mas aquelas que se revistam de uma certa gravidade, ou, dito de outra maneira, que, fundamentalmente, traduzam crueldade ou insensibilidade, ou até vingança desnecessária, da parte do agente. IV – Comete o crime p. e p. pelo artigo 152.° do CP de 1995, o arguido que, no interior da sua residência, desfere bofetadas e pancadas com as mãos no corpo da então, sua esposa, F...., e seguidamente, mediante o uso da força, obriga-a a sair da casa em roupão, indiferente à chuva que caía e ao frio que se fazia sentir, e a permanecer à porta durante três horas. Depois disso, agarrou-a pelos braços, obrigou-a a entrar num automóvel Fiat Panda e, contra a sua vontade, transportou-a até à PSP de Z..., sem se importar com o facto de ter sozinho em casa um filho do casal, de 5 anos, e alegou tê-la encontrado com um amante, tendo a ofendida sofrido várias lesões, que lhe provocaram 7 dias de doença, sem impossibilidade de trabalho.». Cfr. também o já mencionado Acórdão da Relação do Porto, de 31 de Janeiro de 2001: «Discutida a questão sobre se o crime de maus tratos a cônjuge pressupõe implicitamente a reiteração dos respectivos actos ou condutas, entende-se que a respectiva incriminação, decorrente da

mento, com razão[315]. Integrado no capítulo III do título I da Parte Especial do CP, não poderemos, ainda assim, por exemplo, reduzir o crime de maus tratos a um crime agravado, por referência ao tipo legal base do artigo 143.º. O grande factor distintivo deste tipo legal prende-se com a sua característica de crime específico e, bem assim, com a sua tendencial reiteração, mas não nos repugna que em certas situações como as mencionadas nos Acórdãos citados na nota 314, se subsumam tais factos ao tipo legal de maus tratos[316].

A exigência da habitualidade[317], como pretende o Código Penal Espanhol, parece-nos excessiva, sendo de preferir a exigência regra de que o

---

lei penal, de condutas agressivas, mesmo que praticadas uma só vez, sempre ocorrerá quando a gravidade intrínseca das mesmas se assumir como suficiente para poder ser enquadrada na figura dos maus tratos físicos ou psíquicos, enquanto violação da pessoa individual e da sua dignidade humana, com afectação da sua saúde». No mesmo sentido, *vide* os Acórdãos proferidos pelo Tribunal da Comarca de Matosinhos, no âmbito dos processos n.º 590/99.9 GBMTS, que correu termos pelo 4.º juízo criminal, e n.º 357/01.06 PCMTS, que correu termos pelo 1.º juízo criminal: «no caso, estamos perante uma conduta plúrima e continuada, se bem que o crime fique consumado com a ocorrência de qualquer agressão ou acto de crueldade.», bem entendido, desde que esta conduta isolada que assume determinada gravidade, não seja subsumível ao tipo legal do crime de ofensa à integridade física grave, do artigo 144.º do CP.

[315] *Vide*, nesse sentido, BELEZA, Teresa Pizarro, *Maus Tratos Conjugais: o artigo 153.º, 3 do Código Penal*, p. 19: «o sentido comum das palavras também abrange actos esporádicos. Mas a (s) situação (ões) social (is) típica (s) a que o artigo 153.º se refere é (são) de continuação, de reiteramento, activo ou omissivo.».

[316] No caso mencionado no Acórdão do STJ, de 13 de Novembro de 1997, a não se considerar verificado o crime de maus tratos, parece-nos restar apenas a alternativa de punição do agente por via do artigo 146.º do CP – ofensa à integridade física qualificada – de onde derivaria a aplicabilidade da moldura penal prevista no artigo 143.º (prisão até 3 anos ou pena de multa), agravada de um terço nos seus limites mínimo e máximo, *ex vi* do artigo 146.º, n.º 1, parte final. Tal solução resulta mais favorável ao agente, do que a punição por via do artigo 152.º, n.º 2 do CP. Todavia, justifica-se, em nosso ver, a subsunção de tais factos ao tipo legal de maus tratos, porquanto não nos parece de todo afastada da amplitude deste a consideração de situações como a supra descrita.

[317] Como já se referiu, o CP Espanhol, no seu artigo 153.º, consagra expressamente a exigência de habitualidade, para se ter por preenchido o tipo legal de maus tratos. Sobre o conceito de habitualidade do crime de maus tratos, no âmbito do Código Penal Espanhol, *vide* GARCÍA ALVAREZ, Pastora, e CARPIO DELGADO, Juana del, *El delito de malos tratos en el ámbito familiar*, p. 65. A defesa da habitualidade no direito penal espanhol não é pacífica: RUIZ VADILLO, Enrique, *Las violencias físicas en hogar*, Actualidad Jurídica Aranzadi, ano VIII, n.º 326, 1998, refere-se, a este propósito, ao «fantasma de la habitualidad». A consagração do crime de maus tratos em Espanha remonta a 1989, através do artigo 425.º do CP de então mas, como salienta este autor, talvez não se tenha tido a perfeita

comportamento violento se desenvolva por mais do que uma vez[318] (reiteração), admitindo-se, em situações excepcionais, que o comportamento

---

noção de que, ao exigir-se a habitualidade deste comportamento tão grave, estava a introduzir-se um factor de grave imprecisão, gerador de muitos problemas práticos. A Sala 2ª do Tribunal Supremo Espanhol, em Acórdão de 20 de Dezembro de 1996, *apud* MAGRO SERVET, V., *ob. cit.*, entendia por habitualidade «la repetición de actos de idéntico contenido, con cierta proximidad cronológica, siendo doctrinal e jurisprudencialmente consideradas como tal siempre que existan al menos agressiones cercanas.». As maiores dúvidas suscitadas em Espanha, no preenchimento do conceito de habitualidade, prendem-se com o número de condutas a partir das quais poderemos entender que esta se verifica e bem assim, se as condutas desenvolvidas têm que ser de idêntica natureza, ou não. GARCÍA ALVAREZ, Pastora, e CARPIO DELGADO, Juana del, *ob. cit.*, p. 74, sintetizam assim a sua posição perante a polémica: «En definitiva, cabe hablar de habitualidad si se constata la concurriencia de tres o mas actos de violencia conectados espacial e temporalmente, com independencia de que se trate de actos de violência física o psíquica.».

[318] Entendimento diferente denota uma sentença proferida pelo 3.º juízo do Tribunal Judicial da Comarca da Maia, no âmbito do processo n.º 1193/00.2 PAMAI, em Março de 2002, segundo a qual, pese embora se tenha dado como provada a ocorrência de duas agressões (a primeira, com puxões de cabelo, empurrões e pontapés nas ancas e pernas, e a segunda, com pontapés, bofetadas, um murro) bem como, o proferimento de expressões injuriosas, desenvolvidas em menos de uma semana (designadamente, com o intervalo de quatro dias), não se entendeu poderem tais factos serem subsumidos ao tipo legal de crime de maus tratos, como constava da Acusação Pública, mas apenas, a *um* crime de ofensas à integridade física simples (itálico nosso). Em nossa opinião, por tudo quanto já referimos, mal andou o tribunal, neste caso concreto, contribuindo para a perpetuação da impunidade em matéria de violência conjugal. A situação a que se acaba de aludir denota aquilo que passamos a designar como erro de subsunção dos factos ao tipo legal respectivo. Se a impunidade já deriva, por vezes, dos pequenos escapes que a lei, em si mesma, contém, ela deriva também, não raras vezes, da incorrecta subsunção dos factos à lei (cfr. a este respeito BELEZA, Teresa Pizarro, *A mulher no Direito Penal*, Cadernos da Condição Feminina, n.º 19, Lisboa, 1984, p. 39). Muitas vezes, quando o cônjuge ofendido se dirige, efectivamente, a uma esquadra de polícia, ou ao Ministério Público, para apresentar queixa de maus tratos de que é vítima, os agentes policiais, ou o Ministério Público, consoante os casos, subsumem os factos a crimes isolados, como as ofensas à integridade física ou as injúrias, o que tem como consequência directa a redução acentuada da pena máxima abstractamente aplicável, além das implicações em sede de determinação da medida de coacção aplicável, bem como da possibilidade de ser decretado o afastamento da residência da vítima como pena acessória. Além disso, a recondução dos factos a estes crimes *menores* tem o efeito negativo de afastar a possibilidade de iniciativa do procedimento criminal por impulso exclusivo do Ministério Público, desde que tenha notícia do crime, assim como permitir, sem grande possibilidade de controlo, a desistência, pura e simples, da queixa. Seria, por isso, aconselhável, proceder-se à sensibilização dos órgãos de polícia criminal, da magistratura do Ministério Público e da magistratura judicial, para esta questão, no sentido da correcta subsunção dos factos ao crime de maus tratos. Afigura-se importante, neste domínio, a aposta na formação específica destes profissionais, para que se encontrem mais aptos a lidar com esta matéria.

violento desenvolvido uma única vez, atenta a gravidade intrínseca do mesmo, possa reconduzir-se, ainda, ao tipo legal de maus tratos[319].

II.3.1.1.3.4. *Das causas de justificação*

Pouco haverá a referir nesta sede. Julgamos, no entanto, interessante discorrer sobre o problema do consentimento como causa de exclusão da ilicitude, no crime de maus tratos a cônjuge[320]. Poderemos admitir como provável que o cônjuge vítima consinta nas agressões por si sofridas[321]? Em caso afirmativo, deverá tal consentimento relevar em sede de exclusão da ilicitude do facto praticado pelo agente?

Relativamente à primeira questão, afigura-se-nos que a resposta poderá ser positiva. Embora com raridade, poderemos vislumbrar situações em que o cônjuge vítima aceda a que lhe sejam infligidas certas agressões, ainda que possa exprimir tal assentimento «por qualquer meio que traduza uma vontade séria, livre e esclarecida»[322]. Todavia, decorre da letra do ar-

---

[319] Os obstáculos apontados por RUIZ VADILLO, *ob. cit.*, a propósito da exigência de habitualidade, também se colocam a respeito da exigência de reiteração e mesmo a propósito da afirmação de um acto violento intrinsecamente grave ser suficiente para ser subsumível ao crime de maus tratos. Em última análise, caberá ao Magistrado do Ministério Público responsável pela dedução de Acusação e, finalmente, ao juiz, em sede de julgamento, enquadrar, ou não, tais factos no crime de maus tratos. Esse juízo, inegavelmente subjectivo, parece-nos todavia incontornável, o que não será forçosamente negativo, mas que implica, a nosso ver, um esforço de sensibilização destes profissionais, para a problemática da violência conjugal.

[320] Nos EUA, por exemplo, segundo AIKEN, Jane Harris, *Intimate Violence and the Problem of Consent*, South Carolina Law Review, vol. 48, n.º 3, 1997, p. 626, «A woman's continued cohabitation with her batterer often results in imputation of consent to his assaults.» e mesmo algumas mulheres que padecem do «battered women syndrome» acreditam que não têm o direito de denunciar os abusos de que são vítimas, porque «they did "consent" by staying.».

[321] BELEZA, Teresa Pizarro, *Sobre Violência Doméstica: situação legislativa – Nota prévia..., ob. cit.*, p. 95, parece responder afirmativamente ao defender, a propósito da solução legislativa da Reforma de 1998 do CP, acerca da possibilidade de iniciativa do Ministério Público, independentemente de queixa, quando o interesse da vítima o justificasse, que «Se a lógica desta disposição era a protecção de mulheres particularmente vulneráveis (...) então talvez fosse preferível tornar o crime público. (...) É que em relação às outras sempre se poderá dizer que o problema será inexistente ou *realmente* reconduzível a um genuíno "consentimento" (ou "renúncia").».

[322] Cfr. o artigo 38.º do CP.

tigo 38.º do Código Penal que o consentimento tem que ser prévio à prática do facto, sendo que, dado *a posteriori*, como bem refere MAIA GONÇALVES[323], «mais não é do que perdão, e como tal deve ser tratado.». Assim, o alcance desta causa de justificação, a existir, seria extremamente limitado, a não ser que, como nos EUA, admitíssemos a "regra do precedente", ou seja, perfilhássemos o entendimento de que, quando a mulher permanece na relação abusiva, tacitamente, estará a consentir nas lesões que possa vir a sofrer de futuro. Tal entendimento é, todavia, de rejeitar, uma vez que, como se mencionou no ponto I. 3. desta dissertação, os motivos que levam as vítimas a permanecer na relação abusiva são de vária ordem e, dificilmente, poderão ser interpretados como consentimento para novas agressões.

Ainda assim, mesmo com o alcance circunscrito a casos quase contados, duvidamos que seja possível admitir, a este nível, o consentimento do ofendido como causa de justificação, uma vez que o consentimento só exclui a ilicitude do facto praticado pelo agente, se estiverem em causa bens livremente disponíveis pelo ofendido *e* desde que o facto não ofenda os bons costumes. Quanto ao primeiro dos pressupostos – a disponibilidade do bem jurídico – ainda poderemos, em certos casos, admiti-lo como preenchido, uma vez que, quando esteja em causa a integridade corporal, «a tendência moderna é para considerar disponível, desde que a acção consentida (não o consentimento!) não vá *contra os bons costumes*.»[324]. Encontraremos, todavia, um obstáculo decisivo no pressuposto da conformidade com os bons costumes. Pese embora, «a fronteira dos bons costumes»[325] passe pela distinção entre ofensas ligeiras e graves, sendo que, regra geral, se admitem como não contrárias aos bons costumes as ofensas ligeiras, e contrárias aos mesmos as ofensas graves, parece-nos ser de considerar, no caso dos maus tratos a cônjuge, o consentimento do ofendido sempre contrário aos bons costumes[326], atenta a normal reiteração de con-

---

[323] *Código Penal Português anotado e comentado e legislação complementar*, p. 178.

[324] MAIA GONÇALVES, M., *Código Penal Português anotado e comentado e legislação complementar*, p. 179.

[325] COSTA ANDRADE, Manuel, *Comentário do artigo 149.º do CP*, in Comentário Conimbricense do Código Penal – Parte Especial, Tomo 2, p. 291.

[326] Nesse sentido, aliás, TAIPA DE CARVALHO, Américo, no seu *Comentário do artigo 152.º do CP*, levanta apenas a hipótese de justificação, por via do consentimento, quanto aos casos de sobrecarga de adolescentes ou jovens menores de 18 anos. GARCÍA ALVAREZ, Pastora, e CARPIO DELGADO, Juana del, *ob. cit.*, p. 77 e ss, pelo contrário, admitem

dutas e o interesse público da protecção do pleno desenvolvimento de ambos os cônjuges como pessoas, e da paz familiar.

No entanto, a existência de consentimento, ainda que não juridico-penalmente relevante, no sentido de excluir a ilicitude do facto praticado, sempre relevará, segundo TAIPA DE CARVALHO[327], para efeitos de diminuição do ilícito e consequente redução da culpa e da pena.

II.3.1.1.3.5. *O erro sobre a ilicitude como causa de desculpação no crime de maus tratos a cônjuge*

No âmbito do crime de maus tratos a cônjuge, outra questão interessante prende-se com a admissibilidade da falta de consciência da ilicitude não censurável[328], como causa de exclusão da culpa do cônjuge agressor na prática do facto, e consequente exclusão da responsabilidade penal[329].

À primeira vista, a hipótese parece descabida, mas atento tudo quanto se mencionou na parte I desta dissertação, poderemos, pelo menos, admitir que, em certos casos, o agressor desenvolva comportamentos violentos contra o seu cônjuge, convencido da licitude dos factos que pratica, uma vez que ainda subsistem na nossa sociedade certas concepções sócio-cul-

---

nesta sede a hipótese do consentimento ser jurídico-penalmente relevante, ao reconhecer a saúde como um bem jurídico livremente disponível pelo seu titular, «que podrá consentir válidamente su puesta en peligro por conductas violentas; y este consentimiento – en la medida en que constituya la expresión del libre desarrollo de su personalidad – permitirá sostener la atipicidad de dicha conducta violenta siempre que aquél fuera válidamente emitido y ésta lo ponga en peligro dentro de los limites consentidos (...) una agresión física o psíquica, válidamente consentida en esos términos, no constituirá unos malos tratos – desde el punto de vista jurídico-penal.».

[327] *A Legítima Defesa: da fundamentação teorético-normativa e preventivo-geral e especial à redefinição dogmática*, Coimbra: Coimbra Editora, 1995, p. 355. Em sentido idêntico, parecemos encontrar também BELEZA, Teresa Pizarro, *Sobre Violência Doméstica: situação legislativa – Nota prévia* a LOURENÇO, Nelson, e LEOTE DE CARVALHO, M.ª João, *Violência Doméstica*, p. 95.

[328] Cfr. o artigo 17.º do CP.

[329] FIGUEIREDO DIAS, Jorge de, *Temas Básicos da Doutrina Penal*, Coimbra: Coimbra Editora, 2001, p. 304, explica a propósito que «Segundo o direito português, é, pois, a verdadeira falta de consciência do ilícito – reveladora de uma dessintonia entre a atitude pessoal do agente e a concepção do legislador relativamente aos valores jurídico-penalmente protegidos –, não o mero erro sobre a proibição que, quando não censurável constitui uma *causa de exclusão da culpa*.».

turais, que atribuem ao cônjuge marido um certo poder de correcção, à luz do qual seriam aparentemente lícitas certas agressões ao cônjuge mulher[330].

Comentário diferente merecerá o problema da censurabilidade, ou não censurabilidade, da falta de consciência da ilicitude[331], neste caso concreto do crime de maus tratos a cônjuge.

RUI PEREIRA[332] defende, em abstracto, que a aplicabilidade do artigo 17.º, n.º 1 ou n.º 2 do Código Penal e consequente exclusão, ou não, da culpa, dependerá da violação ou não pelo agente de um dever subjectivo de cuidado. Para este autor, haverá exclusão da culpa, quando o agente não tenha podido «cumprir deveres de informação» e não tenha podido «tomar conhecimento da realidade»[333]. FIGUEIREDO DIAS[334] adianta que a exclusão da culpa pela falta de consciência do ilícito advirá da «persistência do agente, apesar do erro da sua consciência ética, de uma atitude geral de fidelidade ao direito. (...) Indispensável será que a solução dada pelo agente à questão sobre o lícito ou o ilícito se adeque ainda a um *ponto de vista de valor juridicamente aceitável* e que uma tal adequação se manifeste no facto. O que supõe que se trate de uma atitude consciente do agente ou, pelo menos, produto de um esforço continuado de correspondência às exigências do direito. (...) A censurabilidade da falta de consciência do ilícito arrasta sempre consigo um pedaço de *culpa na condução da vida.*». Perante tais formulações, parece-nos que só em situações limite, de quase isolamento da comunidade circundante – hipótese que nos nossos dias, se apresenta cada vez mais remota[335] – se poderá admitir que um agente haja

---

[330] PEREIRA, Rui Carlos, *Justificação do facto e erro em direito penal, in* Casos e Materiais de Direito Penal, Coimbra: Almedina, 2000, p. 152, admite, por exemplo, que o agente que pratique o crime de homicídio contra o seu cônjuge, na sequência de o encontrar em adultério, julgando actuar em legítima defesa da sua honra, «estará em erro sobre os limites de uma causa de exclusão da ilicitude».

[331] Sobre os critérios gerais da censurabilidade do erro sobre a ilicitude, *vide* FIGUEIREDO DIAS, *ob. cit.*, p. 304 e ss, e Idem, *O problema da consciência da ilicitude em direito penal*, 2ª edição, 1978, p. 287 e ss.

[332] *Ob. cit.*, p. 157.

[333] PEREIRA, Rui Carlos, *ob. cit.*, p. 157.

[334] *Temas Básicos da Doutrina Penal*, p. 306-307.

[335] PALMA, M. Fernanda, *A teoria do crime como teoria da decisão penal (Reflexão sobre o método e o ensino do Direito Penal)*, RPCC, ano 9, fasc. 4.º, 1999, p. 575 e ss, revela a este respeito uma posição interessante, em certa medida mais permissiva, no que concerne à consideração do erro sobre a ilicitude não censurável. Em discordância com o critério da *concordância da consciência errónea*, proposto por FIGUEIREDO DIAS, a autora

praticado o crime de maus tratos a cônjuge, incorrendo em erro sobre a ilicitude não censurável. Na esmagadora maioria dos casos, não podemos deixar de atribuir ao cônjuge agressor, erroneamente convencido da licitude das condutas por si praticadas, um maior ou menor grau de culpa na condução da sua vida[336].

II.3.1.1.4. *O problema da prova no crime de maus tratos a cônjuge*

A obtenção de uma condenação pela prática de um crime de maus tratos a cônjuge é mais difícil do que poderia parecer à primeira vista. A prova do cometimento dos factos revela-se difícil, atentas as circunstâncias normais em que o crime é perpetrado: ele ocorre na intimidade do lar, tendo, quase sempre, como única testemunha a própria vítima[337] e, por vezes, os filhos. Os outros meios de prova, ou não existem, ou são menosprezados pelo juiz da causa. O nosso sistema processual penal, desig-

---

questiona «Se o processo pessoal de desenvolvimento e socialização do agente foi condicionado inelutavelmente por uma deficiente ou heterodoxa absorção de valores, produto de uma certa responsabilidade colectiva, não deverá a falta de consciência da ilicitude assumir alguma relevância, apesar da inexistência de rectitude da consciência errónea?» e vai mais longe, ao afirmar que «uma consciência da ilicitude não meramente formal (...) é inexoravelmente um problema de educação e de integração social.». Com esta reflexão, a autora remete-nos para uma hipotética admissibilidade, de maior amplitude, da não censurabilidade do erro sobre a ilicitude, também no que concerne ao crime de maus tratos, uma vez que, em alguns casos, as actuações do agente são motivadas pela forma como este foi socializado desde criança e pelo contexto sócio-cultural e valorativo em que o mesmo se insere, factores que o impedem de realizar uma correcta absorção dos valores jurídico-penais em vigor, a esse respeito.

[336] Na expressão de FIGUEIREDO DIAS, *ob. cit.*, p. 304.

[337] Cfr. a este respeito o Acórdão da Relação de Lisboa, de 6 de Junho de 2001, disponível na Internet em http://www.dgsi.pt, em 21 de Novembro de 2002, pioneiro, neste domínio, ao reconhecer que «A criminalização das condutas inseridas na chamada "violência doméstica" e consequente responsabilização penal dos seus agentes, resulta da progressiva consciencialização da sua gravidade individual e social, sendo imperioso prevenir as condutas de quem, a coberto de uma pretensa impunidade resultante da ausência de testemunhas presenciais, inflige ao cônjuge, ou a quem com ele convive em condições análogas às do cônjuge, maus tratos físicos ou psíquicos. Assim, neste tipo de criminalidade, as declarações das vítimas merecem uma ponderada valorização, uma vez que maus tratos físicos ou psíquicos infligidos ocorrem normalmente dentro do domicílio conjugal, sem testemunhas, a coberto da sensação de impunidade dada pelo espaço fechado e, por isso, preservado da observação alheia, acrescendo a tudo isso o generalizado pudor que terceiros têm em se imiscuir na vida privada dum casal.».

nadamente no que concerne ao crime de maus tratos, assenta demasiado na prova testemunhal, atentas, sobretudo, a proibição do artigo 129.º do CPP[338] e a faculdade prevista no artigo 134.º do mesmo diploma legal.

II.3.1.1.4.1. *A possibilidade de recusa de testemunho do cônjuge vítima*

Pese embora o crime de maus tratos a cônjuge se tenha tornado público, inviabilizando a desistência de queixa do cônjuge ofendido e consequente arquivamento dos autos, é possível, na prática, atingir o mesmo objectivo, pelo recurso à faculdade prevista no artigo 134.º do CPP, que permite a recusa de testemunho por parte de parentes e afins – no caso concreto, o cônjuge – do arguido. A *ratio* subjacente a este preceito deriva do entendimento da lei de que, nesta situação, o interesse público da prossecução penal deve ceder, em face do interesse da testemunha em não se ver constrangida a prestar declarações, num processo em que é arguido um seu familiar[339] (aqui, o próprio cônjuge). Assim, o cônjuge vítima só testemunha se quiser, sendo que, muitas vezes, por diversos motivos[340], acaba por

---

[338] Tal dispositivo legal proíbe o testemunho indirecto, exceccionando apenas os casos de morte, anomalia psíquica superveniente ou impossibilidade da pessoa cuja audição se revelava importante ser encontrada.

[339] SEIÇA, A. Medina de, *Prova Testemunhal: recusa de depoimento de familiar de um dos arguidos em caso de co-arguição*, RPCC, ano 6, fasc. 3.º, 1996, p. 492-493. Este autor adianta que «a eventual perda de prova com possível relevância para a descoberta da verdade será de aceitar nos casos em que a sua aquisição se traduza na lesão de um bem mais valioso. É o que sucede com o privilégio constante do artigo 134.º, n.º 1 do CPP.». Esta faculdade, como salienta SEIÇA, A. Medina, visou evitar o conflito de consciência de que poderia padecer a testemunha, caso fosse obrigada a responder, com verdade, sobre factos imputados a um seu familiar, mas sobretudo o legislador terá querido salvaguardar as relações de confiança familiares.

[340] A recusa do cônjuge vítima pode ocorrer por diversas razões: desde logo, pelo medo que possa ter, em face da ameaça de novos actos de violência contra si, caso testemunhe, ou, simplesmente pelo medo de futuras retaliações (de facto, o testemunho da vítima contra o agressor cria uma relação de antagonismo entre ambos, o que poderá despoletar futuros comportamentos violentos por parte deste último); pelo receio de vir a perder a sua fonte de rendimentos, para prover o seu sustento e o do seu agregado familiar, *maxime*, dos filhos, caso o agressor seja preso. Noutros casos, a vítima vai perdendo a vontade de continuar, devido aos atrasos processuais e à falta de apoio e protecção que lhe deveriam ser proporcionados enquanto testemunha; ou então, receia testemunhar, pelo constrangimento que o próprio interrogatório lhe trará, ao ter que revelar pormenores da sua vida íntima, colocando-se eventualmente em causa o seu carácter; não raro, também, a vítima convence-se de que o processo penal já foi um «ensinamento» para o seu cônjuge

não o fazer. O crime de maus tratos é, todavia, um crime que, geralmente, se verifica dentro de portas, longe dos olhares e dos ouvidos alheios, razão pela qual, a recusa da vítima em prestar declarações implica, quase sempre, a insuficiência, ou mesmo a inexistência de prova que suporte a condenação do infractor[341]. Acresce que, no nosso sistema processual penal, encontra-se consagrada a regra da proibição do comummente designado "testemunho de ouvir dizer"[342], ao contrário do que sucede noutros ordenamentos jurídicos[343-344], o que impede que outrem, que não a vítima, venha a tribunal narrar factos por ela experienciados.

---

e que, de futuro, tudo vai ficar bem, recusando-se, por isso, a testemunhar, de maneira a evitar a produção de prova suficiente para sustentar uma condenação. Curiosamente, esta é uma das razões mais frequentes.

[341] Por sua vez, o arguido, nos termos do artigo 61.º, n.º 1, al. c) do CPP, goza do direito ao silêncio e, caso entenda prestar declarações, não está obrigado a responder com verdade às questões que lhe sejam colocadas sobre os factos que lhe são imputados. Na prática, o cônjuge agressor, em audiência de julgamento, poderá, pura e simplesmente, não se pronunciar sobre os factos de que vem acusado, ou negar peremptoriamente que os haja praticado.

[342] Cfr. o artigo 129.º do CPP.

[343] Sobre a admissibilidade do testemunho de *ouvir dizer* em outros ordenamentos jurídicos, designadamente nos EUA e na Alemanha, *vide* COSTA ANDRADE, M., *Sobre as proibições de prova em processo penal*, Coimbra: Coimbra Editora, 1992, p. 159 e ss. Sobre o estado desta questão no Reino Unido, *vide* LOCKTON, Deborah, e WARD, Richard, *Domestic Violence*, Londres, Sidney: Cavendish Publishing Limited, 1997, p. 154 e ss. Neste domínio, o Reino Unido consagra importantes excepções à *hear say rule*, das quais destacamos uma em particular: a consagração, no artigo 23.º do Criminal Justice Act, da possibilidade de serem admitidas como prova declarações feitas por uma pessoa em documento, sempre que fosse admissível depoimento oral da mesma sobre tais factos, desde que «the person who made it does not give oral evidence *through fear* or because he is kept out of the way.» (itálico nosso). Esta possibilidade reveste-se de suma importância no domínio da violência conjugal.

[344] No nosso ordenamento jurídico, com tal proibição, de acordo com o entendimento do STJ, no Acórdão proferido em 6 de Maio de 1999, no âmbito do processo n.º 96/99 – 3ª, *apud* MAIA GONÇALVES, M., *Código de Processo Penal Anotado e Comentado*, 11ª edição, Coimbra: Almedina, 1999, p. 330, «o que se pretende (...) é que o tribunal não colha como prova um depoimento que se limita a reproduzir o que se ouviu a outra pessoa que é possível ouvir directamente.». No caso do crime de maus tratos, se a vítima, usando da faculdade que a lei lhe confere, se recusa a testemunhar, não nos parece de admitir que terceiros possam vir ao processo "testemunhar em vez da vítima". Independentemente de outras considerações de natureza processual penal, a admissibilidade do testemunho de *ouvir dizer*, nestes casos, redundaria na inutilização prática da faculdade prevista no artigo 134.º do CPP. COSTA ANDRADE, M., *Parecer*, CJ, ano VI, tomo I, 1981, p. 6 e ss, a propósito do CPP de 1929 (mas com inteira validade perante o actual CPP), considera a utili-

Nos EUA, no sentido de fazer face a estes obstáculos, tem-se discutido a supressão do denominado *«spousal privilege»*, quando esteja em causa procedimento criminal contra um cônjuge, por actos por ele perpetrados contra a pessoa ou a propriedade do outro cônjuge[345].

Entende uma parte da doutrina que, nos casos de violência conjugal, a liberdade da vítima deve ceder ante o interesse público na condenação do infractor, uma vez que a violência conjugal envolve grandes custos para a sociedade e para o Estado, mesmo no domínio económico[346]. Por outro lado, argumenta-se com a libertação da vítima do fardo de ter que optar entre colaborar, ou não, com a administração da justiça, porquanto tal deixa de ser uma opção, para se tornar uma obrigação, resolvendo o problema da eventual coacção do cônjuge agressor sobre o cônjuge vítima, no sentido de este invocar o *«spousal privilege»*, para não se ver forçado a testemunhar.

Esta é, porém, uma hipótese extrema. Não vemos com bons olhos a possibilidade de introdução no nosso sistema processual penal desta solução, que muitos Estados americanos já adoptaram, no sentido de excepcionar a possibilidade de recusa de testemunho do cônjuge, nos casos em que este é a vítima[347].

---

zação e valoração dos testemunhos de *ouvir dizer* incompatível com a estrutura acusatória do processo (que constitui imperativo constitucional, consagrado no artigo 32.º, n.º 5 da CRP, pelo que os testemunhos de *ouvir dizer* se reputariam, assim, como inconstitucionais), por contrária aos princípios da imediação e do contra interrogatório, na fase de julgamento. Contrária ao princípio do acusatório, na sua vertente de princípio da imediação é também a tomada de declarações para memória futura, que o actual CPP admite, nos termos do artigo 271.º, nos casos de doença grave ou deslocação ao estrangeiro de testemunha que, previsivelmente, a impeça de ser ouvida em julgamento, ou nos casos de crimes sexuais. Pese embora este obstáculo de peso, fundado nos princípios basilares do nosso sistema processual penal, o alargamento da possibilidade de serem tomadas declarações para memória futura às vítimas de crime de maus tratos a cônjuge facilitaria a produção de prova, no caso de recusa de testemunho da vítima em sede de audiência de julgamento. Todavia, também este expediente inutilizaria, na prática, a faculdade prevista no artigo 134.º. Temos para nós que esta não será a melhor solução para o problema da prova no crime de maus tratos a cônjuge.

[345] Vide a propósito ROLD, Renée L., *All States Should Adopt Spousal Privilege Exception Statutes*, disponível na Internet em http://www.mobar.org, em 1 de Abril de 2002.

[346] ROLD, Renée L., *ob. cit.*, fala, por exemplo, de custos para as polícias, que são constantemente chamadas a intervir em casos de violência doméstica; refere também os custos para os tribunais, sobrecarregados com este tipo de processos, os custos para a sociedade em geral, com o crescimento da população sem abrigo (ao qual não é alheia a violência doméstica) e o decréscimo da produtividade nas empresas, entre outros.

[347] Segundo ROLD, Renée L., *ob. cit.*, um estudo sobre a «no-drop policy» levado a cabo pelo San Diego Attorney's Office, concluiu que, entre 1988 e 1993, *apenas* foram

Ainda assim, defendemos a colaboração da vítima na administração da justiça e, designadamente, na perseguição e punição do infractor, não pela via coerciva, mas antes pela sensibilização da vítima para a importância da sua colaboração e, bem assim, pela criação de mecanismos eficazes de apoio a esta[348] que, como supra se referiu, se recusa a testemunhar, muitas vezes, por receio de futuras retaliações[349].

Em Portugal, foi criada, em 1999, a Lei de Protecção de Testemunhas em Processo Penal[350]. Esta lei tem com objectivo primordial conferir

---

emitidos oito mandados de detenção, por desobediência do cônjuge vítima que se haja recusado a testemunhar. Em nosso entendimento, foram oito mandados a mais, porquanto, com o escopo de punir o agressor, a vítima acaba por ser revitimizada. Como defende MILLS, Linda G., *Killing her softly*..., p. 610, é preciso reorientar a relação entre as vítimas de violência conjugal e os interventores estaduais, a partir do que ela denomina «Survivor – Centered Model», ou seja, «If the survivor desired to arrest and prossecut, especially after advocates had the oportunity to inform her of the effectiveness of these actions, then, prossecutors could proceed with legal mesures. If, on the other hand, the battered woman sought alternative responses, including counseling for herself or the batterer, state actors would respect those desires instead.».

[348] Neste sentido, cfr. ONU, *Violence in the family*.

[349] HART, Barbara J., *Victim issues*, disponível em http://www.mincava.umn.edu, em Dezembro de 2001, cita um estudo do National Crime Survey, segundo o qual, nos EUA, entre 1978 e 1982, cerca de 32% das mulheres vítimas de violência pelos seus cônjuges ou companheiros, eram novamente vítimas de agressões pelos mesmos, no espaço de 6 meses, após a agressão que havia dado azo à intervenção penal. Neste país, surgiu em 1987, no Estado de Massachusetts, um programa inovador de protecção a vítimas de violência doméstica, denominado *Quincy Court Model Domestic Abuse Program* (cfr. a respeito, a informação disponível em http://www.ksg.harvard.edu). Este programa, vencedor, em 1992, do prémio *Innovations in American Government Program*, protege mulheres e crianças vítimas de violência doméstica, através de serviços que operam a partir do tribunal, encorajando as vítimas a obter justiça. Este programa dirige-se, simultaneamente, à vítima e ao agressor. Defende, entre outras medidas, a realização dos julgamentos rapidamente, a apreensão das armas utilizadas para ameaçar as vítimas, o estabelecimento de uma vigilância apertada para os agressores, defendendo, de igual modo, o seu tratamento, submetendo-os, obrigatoriamente, a testes de consumo de álcool e estupefacientes. Por outro lado, as vítimas são informadas dos direitos que lhes assistem, favorecendo-se o seu contacto com grupos de apoio e abrigos. À medida que a reputação do programa tem crescido, cada vez mais mulheres têm procurado ajuda junto do tribunal de Quincy, levam os seus processos até ao fim e testemunham. Coincidência ou não, em 1991, Quincy não registou qualquer homicídio doméstico.

[350] Cfr. a Lei n.º 93/99, de 14 de Julho. Esta lei surge no cumprimento da Resolução do Conselho da União Europeia, de 23 de Novembro de 1995, e é claramente inspirada na Recomendação n.º R (97) 13, do Comité de Ministros do Conselho da Europa, de 10 de Setembro de 1997. Esta Recomendação, na sua parte IV, deu atenção especial às medidas

«protecção a testemunhas[351] em processo penal, quando a sua vida, integridade física ou psíquica, liberdade ou bens patrimoniais de valor consideravelmente elevado, sejam postos em perigo, por causa do seu contributo, para a prova dos factos que constituem objecto do processo.»[352]. Mesmo que não se verifique este perigo, a lei confere também determinada protecção a «pessoas especialmente vulneráveis»[353], conceito dentro do qual poderemos inserir a vítima do crime de maus tratos conjugais, desde que apresente, de facto, uma especial vulnerabilidade[354]. A protecção conferida a esta categoria de testemunhas prende-se com o interesse da justiça penal em reconstituir a verdade dos factos, por vezes difícil de alcançar, quando estão em causa testemunhas que receiam intervir num processo penal, contra pessoas que lhe são muito próximas. Pretende-se com isto que a testemunha dê um contributo o mais útil, espontâneo e verdadeiro possível, o que deverá passar pela eliminação, também o mais ampla possível, dos efeitos perniciosos da intervenção para a própria testemunha[355].

---

a tomar em relação às testemunhas vulneráveis, em especial no domínio da criminalidade no seio da família, com destaque para a situação das crianças e das mulheres. «A Recomendação dá especial ênfase a medidas não penais, abrangendo a assistência jurídica, psicológica, social e financeira às vítimas e às testemunhas, o afastamento do meio familiar e medidas psico-sociais dirigidas ao acusado, destinadas a evitar a repetição de crimes e das situações intimidatórias.» (LOPES DA MOTA, José Luís, *Protecção das Testemunhas em Processo Penal*, in Estudos em Homenagem a Cunha Rodrigues, vol. I, Coimbra: Coimbra Editora, 2001, p. 676). Por seu turno, já a Recomendação n.º R (85) 4, sobre violência familiar, do Comité de Ministros do Conselho da Europa, estabelecia um conjunto de princípios relativos à prevenção e denúncia de actos de violência no seio da família. Recomendava-se «a institucionalização da intervenção administrativa célere e multidisciplinar com a finalidade de proporcionar cuidados às vítimas de violência doméstica, assegurar a sua protecção e prevenir outros actos de violência.» (*Idem, Ibidem*, p. 665).

[351] Entendendo-se como testemunha, para efeitos desta lei, qualquer pessoa que, independentemente do seu estatuto processual, disponha de informação ou de conhecimento necessários à revelação, percepção ou apreciação de factos que constituam objecto do processo, de cuja utilização resulte um perigo para si ou para outrem – cfr. o artigo 2.º, al. a) da Lei n.º 93/99, de 14 de Julho.

[352] Cfr. o artigo 1.º, n.º 1 da Lei n.º 93/99, de 14 de Julho.

[353] Cfr. o artigo 1.º, n.º 2 da Lei n.º 93/99, de 14 de Julho, e os artigos 26.º e ss do mesmo diploma legal.

[354] Segundo o artigo 26.º, n.º 2 da Lei de Protecção de Testemunhas, a especial vulnerabilidade da testemunha pode resultar «da sua diminuta ou avançada idade, do seu estado de saúde ou do facto de ter que depor ou prestar declarações contra pessoa da própria família ou de grupo social fechado em que esteja inserida, numa condição de subordinação ou dependência.».

[355] LOPES DA MOTA, José Luís, *ob. cit*, p. 679.

As medidas concebidas para a protecção deste tipo de pessoas são de carácter judicial e administrativo: as judiciais referem-se às condições de prestação de declarações e depoimentos no processo, sendo aplicadas pelas autoridades judiciárias; as administrativas destinam-se a proteger fisicamente a testemunha, os seus familiares e as pessoas que lhe sejam próximas, bem como o seu património, sendo asseguradas pela Administração[356]. Em suma, estas medidas prendem-se, sobretudo, com a possibilidade de acompanhamento da testemunha por técnico de serviço social e, caso seja necessário, por técnico que lhe proporcione apoio psicológico[357]. A protecção pode também traduzir-se em evitar o contacto da pessoa especialmente vulnerável com o arguido e, eventualmente, no seu afastamento temporário da família[358-359]. A protecção das testemunhas especialmente vulneráveis, além de procurar evitar uma maior vitimação das mesmas, encontra como fundamento específico a garantia da espontanei-

---

[356] Cfr. LOPES DA MOTA, José Luís, *ob. cit.*, p. 680.
[357] Cfr. o artigo 27.º da Lei de Protecção de Testemunhas.
[358] Cfr. o artigo 31.º da Lei de Protecção de Testemunhas.
[359] Esta medida terá que ser entendida habilmente, sob pena de entrar em conflito com o disposto no artigo 16.º da Lei n.º 61/91, de 13 de Agosto, (que prevê a medida de coacção de afastamento da residência da vítima, no caso do arguido ser «pessoa com quem a vítima resida em economia comum», quando houver perigo de continuação da actividade criminosa), ou com a alínea a) do número 1 do artigo 200.º do CPP, na redacção conferida pela Lei n.º 59/98, de 25 de Agosto, (que determina, para o arguido, a obrigação de «Não permanecer (...) Na residência onde o crime tenha sido cometido ou onde habitem os ofendidos seus familiares ou outras pessoas sobre as quais possam ser cometidos novos crimes.», para quem entenda que a entrada em vigor desta lei constitui revogação implícita do artigo 16.º da Lei n.º 61/91). Parece não fazer sentido que, por um lado, esteja prevista para o arguido uma medida de coacção de afastamento deste da residência da vítima – que, *in casu*, será, em princípio, a testemunha vulnerável a proteger – e, por outro, que a Lei de protecção de Testemunhas preveja a possibilidade de afastamento temporário da testemunha especialmente vulnerável (a nossa vítima) «da família ou do grupo social fechado em que se encontra inserida», o que, estando em causa cônjuges, corresponderá ao afastamento da vítima da residência do agressor. Temos pois que admitir a prioridade da solução do afastamento do agressor, em virtude do decretamento da medida de coacção respectiva, desde que se encontrem verificados os pressupostos de que este depende. Só quando não haja lugar a esta solução, porque não se verificam os pressupostos, ou quando não é o arguido no processo o familiar (ou familiares) responsável (responsáveis) pela intimidação da testemunha (ou quando a testemunha não seja a vítima do crime) é que lançaremos mão do mecanismo previsto no artigo 31.º da Lei de Protecção de Testemunhas. Não faz sentido remover a vítima/testemunha do seu ambiente familiar, se for possível lograr a sua protecção pelo afastamento do agressor.

dade e sinceridade das respostas.[360] A execução de grande parte destas medidas, todavia, como chama à atenção TERESA ALMEIDA[361], necessitava de regulamentação, que só surgiu muito recentemente, mediante o Decreto-Lei n.° 190/2003, de 22 de Agosto.

Por outro lado, parece-nos que outras medidas que a presente lei consagra apenas para os crimes a julgar pelo tribunal colectivo ou de júri (o que exclui a esmagadora maioria dos casos de maus tratos, uma vez que a pena base vai até aos cinco anos de prisão, ainda dentro da competência do tribunal singular) deveriam ser expressamente previstas também para os casos de maus tratos. Referimo-nos concretamente ao disposto na alínea a) do artigo 20.° da Lei de Protecção de Testemunhas, que prevê que, «sempre que ponderosas razões de segurança o justifiquem, (...) a testemunha poderá beneficiar de medidas pontuais de segurança, nomeadamente as seguintes: a) indicação, no processo, de residência diferente da residência habitual, ou que não coincida com os lugares de domicílio previstos na lei civil.».

Não pretendemos que tais medidas tenham carácter geral, aliás, porque a própria epígrafe do artigo se refere a medidas *pontuais*[362] de segurança e porque a aplicação destas medidas se encontra sujeita aos princípios da adequação e da proporcionalidade[363]. Contudo, essas razões ponderosas de segurança a que alude o mesmo artigo podem, justificadamente, fazer-se sentir, quando esteja em causa um crime de maus tratos a cônjuge cuja competência para julgamento caiba ao tribunal singular. Caso o agressor permaneça em liberdade, o que tenderá a verificar-se na maior parte dos casos, e a vítima haja abandonado o seu anterior domicílio, a possibilidade de lançar mão da medida prevista na alínea a) do artigo 20.° revela-se, para nós, adequada à defesa da vítima quanto a futuras ameaças ou retaliações por parte do agressor[364]. O mesmo escopo poderá atingir-se pelo decretamento da prisão preventiva deste, mas em casos limite, parece-nos menos gravoso para o arguido, e mais eficaz para a pro-

---

[360] ALMEIDA, Maria Teresa Féria de, *A Lei de Protecção de Testemunhas*, in Do crime de Maus Tratos, cadernos Hipátia, n.° 1, Lisboa: APMJ, 2001, p. 50.
[361] *Ob. cit., loc. cit.*.
[362] Itálico nosso.
[363] Cfr. LOPES DA MOTA, José Luís, *ob. cit.*, p. 681.
[364] Cfr. a propósito HART, Barbara J., *ob. cit.*, que defende que a vítima deve poder manter a confidencialidade do seu domicílio: «the office should very carefully safeguard any contact information and delete any reference to an address on materials that are disclosed to the court and defense counsel.».

tecção da vítima, sobretudo a médio e longo prazo, a adopção da medida a que vimos aludindo, porquanto, havendo cessado a prisão preventiva, ou, uma vez cumprida a pena de prisão, a posse da informação do domicílio da vítima poderá facilitar a continuação dos abusos por parte do agressor.

A colaboração da vítima na prossecução penal é útil e necessária. Defendemos, por isso, a necessidade de estimular – mas não forçar – a vítima a testemunhar, designadamente através de medidas de informação e protecção. Parece-nos, todavia, negativo que o objectivo da condenação do infractor, no nosso sistema processual penal, dependa, quase exclusivamente, da prova testemunhal. É importante que o nosso sistema comece a valorizar também outros meios de prova.

II.3.1.1.4.2. Outros meios de prova

Como acima referimos, no que concerne ao crime de maus tratos, a prova é essencialmente testemunhal. Existem, contudo, outros meios de prova, que poderão ser utilizados, no sentido da obtenção da condenação do agressor, designadamente, um em especial: referimo-nos à prova pericial[365]. Neste domínio, inserem-se, por exemplo, as perícias médico-legais levadas a cabo pelos institutos de medicina legal e hospitais, quando a vítima apresenta queixa da agressão, bem como as perícias psiquiátricas e as perícias sobre a personalidade do arguido. Estes meios de prova têm a vantagem de fazer assentar a condenação do cônjuge agressor em dados de cariz mais objectivo, mercê dos contributos das ciências médicas e psiquiátricas, fazendo-a depender menos da boa ou má prestação da vítima em tribunal.

As perícias relativas às lesões sofridas pela vítima, aquando da agressão, são hoje já um procedimento tido como normal[366], mas elas não ates-

---

[365] Sobre o valor probatório da prova pericial, *vide* SANTIAGO, Rodrigo, *Sobre a prova pericial no Código de Processo Penal de 1987*, RPCC, ano 11, Fasc. 3.º, 2001, p. 379 e ss. O cerne da importância deste meio de prova reside no disposto no artigo 163.º do CPP: «1 – O juízo técnico, científico ou artístico inerente à prova pericial presume-se subtraído à livre apreciação do julgador. 2 – Sempre que a convicção do julgador divergir do juízo contido no parecer dos peritos, deve aquele fundamentar a divergência.», ou seja, nas palavras de SANTIAGO, Rodrigo, *ob. cit.*, p. 407, «o julgador encontra-se "amarrado" ao juízo pericial (...), sendo certo que sempre que dele venha a divergir, deve fundamentar esse afastamento», o que implica nesta sede uma certa limitação ao princípio da livre convicção do juiz.

[366] Cfr. a propósito o artigo 43.º do DL n.º 11/98, de 24 de Janeiro, segundo o qual,

tam mais do que o tipo, extensão e gravidade das mesmas, sem que, designadamente, logrem fazer prova quanto à identidade do agressor. É comum que os relatórios emitidos por estes serviços terminem com conclusões do género «Tendo em conta os factos expostos, os peritos são do parecer que a examinada é vítima de violência doméstica.» e «É de prever a repetição dos maus tratos que a examinada tem sofrido.», mas o julgador não se encontra vinculado a estas conclusões, que extravasam o teor do «juízo técnico, científico ou artístico»[367] legitimamente subtraído à livre convicção do juiz. Assim, uma perícia deste tipo é insuficiente para, de per si, permitir a condenação do cônjuge agressor pelo crime de maus tratos. Primeiro, porque elas não permitem, sequer, a identificação do agente e depois, porque, salvo tratando-se de agressões muito graves, a consumação de uma só agressão é insuficiente para se subsumir tal facto ao tipo legal do crime de maus tratos, razão que determina, muitas vezes, em sede de audiência de julgamento (na falta de outra prova que o julgador considere credível) a convolação do crime de maus tratos em crime de ofensas à integridade física simples.

Por seu turno, as perícias psiquiátricas são utilizadas mais raramente, as mais das vezes, a requerimento do arguido, quando se suscitam dúvidas sobre a sua imputabilidade. Esta utilização da perícia psiquiátrica é importante, mas pensamos que deveria aplicar-se também à vítima, no sentido de se averiguar do sofrimento, por parte desta, de violência psicológica. Da leitura que fazemos da lei processual existente e, *maxime*, do disposto no artigo 43.º do DL n.º 11/98, de 24 de Janeiro, nada impede[368] (e de alguma forma, até impõe) que este tipo de perícias se realize. O relatório do perito nesta matéria, assim como a possibilidade de este comparecer em audiência de julgamento, para prestar esclarecimentos adicio-

---

«1 – Ninguém pode eximir-se a ser submetido a qualquer exame médico-legal quando este for necessário ao inquérito ou à instrução de qualquer processo e desde que seja ordenado pela autoridade judiciária competente, nos termos da lei de processo.».

[367] Cfr. o artigo 163.º do CPP.

[368] Segundo o artigo 159.º, n.º 3 do CPP, «A perícia psiquiátrica pode ser efectuada a requerimento do representante legal do arguido, do cônjuge não separado judicialmente de pessoas e bens ou dos descendentes, ou na falta deles, dos ascendentes, adoptantes, adoptados ou a pessoa que viva com o arguido em condições análogas às dos cônjuges.». Daqui se extrai que este tipo de perícia tem como alvo preferencial o arguido. Ainda assim, parece-nos que o juiz poderá, oficiosamente, ordenar a submissão da própria vítima a uma perícia psiquiátrica, no sentido de apurar do seu estado mental, quando haja indícios de que esta haja sofrido de violência conjugal psicológica.

nais[369], pode ser muito útil para o julgador melhor compreender a dinâmica da relação conjugal violenta, mormente, o comportamento da vítima que, por exemplo, se recusa a testemunhar, ou que nunca denunciou os abusos que sofria[370], bem como para aferir da real gravidade dos comportamentos violentos do agressor e suas repercussões na integridade psicológica do cônjuge vítima. Porém, tal como as perícias médico-legais, também as perícias psiquiátricas não permitem, por si só, obter a condenação do agressor, ainda que, diferentemente das anteriores, permitam já estabelecer, pelo menos com alto grau de probabilidade, o carácter duradouro ou não da situação abusiva, facilitando, ou excluindo, de todo, a subsunção da situação ao crime de maus tratos.

Por último, no que concerne às perícias sobre a personalidade[371], elas referem-se exclusivamente ao arguido. Destinam-se a avaliar a personalidade e a perigosidade do arguido, relevando para a tomada de decisão sobre a revogação da prisão preventiva, a determinação da culpa do agente e a determinação da sanção[372-373].

Por último, cumpre aludir ainda à importância da intervenção policial na recolha de prova, neste tipo de crimes, sobretudo, quando os agentes da autoridade são chamados a intervir em situações de conflito. A recolha, *in loco*, de indícios, poderá reforçar a prova produzida por outros meios. Pequenos pormenores como a desarrumação da residência, objectos partidos, cheiro a álcool, ou o choro de crianças, poderão indicar a existência de violência.

Em conclusão, a prova da prática de um crime de maus tratos não é fácil, dependendo, necessariamente, da intervenção de testemunhas e, quase sempre, da colaboração da própria vítima. Todavia, o recurso a outros meios de prova é também importante para a formação da convicção do julgador, quanto à certeza da ocorrência dos factos e quanto à determinação da sanção a aplicar.

---

[369] Cfr. o artigo 350.º do CPP.
[370] Neste sentido, *vide* HANNA, Cheryl, *No right to choose...*, p. 1904.
[371] Cfr. o artigo 160.º do CPP.
[372] Cfr. o artigo 160.º, n.º 1, parte final, do CPP.
[373] Em nosso entendimento, a realização deste tipo de perícias, no que concerne ao agente de um crime de maus tratos a cônjuge, terá toda a relevância para o decretamento da pena acessória de afastamento do agressor da residência do cônjuge vítima, ainda que a realização de tal perícia não se nos afigure como *conditio sine qua non* da opção por tal pena acessória. Todavia, em caso de dúvida, o recurso a este mecanismo poderá determinar uma opção mais acertada do julgador.

II.3.1.1.5. *Conclusões*

Num futuro a curto e médio prazo, julgamos que a opção pela natureza pública do crime de maus tratos será de manter.

Por outro lado, a aposta no instituto da suspensão provisória do processo, sobretudo por via do n.° 6 do artigo 281.° do CPP, potencia-se como um grande trunfo no combate à violência conjugal. Faltará ainda uma certa precisão de conceitos e de definição de modos de actuação, como oportunamente referimos, tal como o desenvolvimento de acções de esclarecimento da vítima, no sentido da consciencialização desta, de todos os mecanismos que legalmente lhe assistem, para fazer prevalecer os seus direitos e pôr termo à sua condição de vítima, de forma pacífica e eficaz. Faltará também uma maior sensibilização da Magistratura do Ministério Público, para a utilização mais frequente do instituto da suspensão provisória do processo, fazendo-o depender de rigorosas medidas de acompanhamento social e psicológico do agressor, passando, inclusive, pelo tratamento, quando se justifique.

Quando não haja lugar à suspensão provisória do processo, parece-nos dever optar-se, sempre que tal se revele compatível com as necessidades de prevenção geral e especial e com as necessidades de protecção da vítima, por medidas alternativas à prisão efectiva[374], *maxime*, pela suspensão da execução da pena de prisão, subordinada, igualmente, ao cumprimento de deveres e regras de conduta, semelhantes aos aplicáveis no caso da suspensão provisória do processo, mormente, o tratamento do agressor.

No que concerne à protecção dos interesses da vítima e da sua própria integridade física e psicológica, vislumbra-se, como positiva, a adopção como regime regra da medida de coacção de afastamento do agressor da residência da vítima. Igualmente positiva é a determinação da pena acessória de proibição de contacto com a vítima, incluindo a de afastamento da residência desta, sempre que a gravidade dos factos e o juízo de prognose emitido pelo juiz acerca do agressor o justifiquem.

No sentido de obter a participação e colaboração da vítima com a administração da justiça penal, quase indispensável, na esmagadora maioria dos casos, à prossecução dos objectivos de condenação do agressor, urge

---

[374] Sobre as sanções alternativas à pena de prisão, *vide* TOLMAN, Richard M., *Las Sanciones que se aplican a los golpeadores*, *in* EDLESON, J., EISIKOVITS, Z., Violencia Domestica: la mujer golpeada y la familia, p. 245 e ss.

reforçar os mecanismos de protecção à vítima durante o processo penal, mas também após este ter terminado.

Por último, julgamos necessário reequacionar o sistema de prova, no que concerne ao crime de maus tratos, no sentido de minimizar a impunidade, que tantas vezes se verifica, por força das aberturas que a lei processual penal propicia, fazendo-o depender menos da prova testemunhal (por vezes inexistente neste tipo de situações) e mais da prova pericial e documental. Aliás, é o II Plano Nacional contra a Violência Doméstica que reconhece expressamente essa necessidade imediata de revisão do sistema de obtenção da prova no contexto da violência doméstica, pese embora não indicie quais os hipotéticos caminhos a seguir.

II.3.1.2. *O crime de violação (breve referência)*

Faremos agora uma breve alusão ao crime de violação entre cônjuges. Trata-se de um crime mais frequente no domínio conjugal, do que se poderia à primeira vista supor, mas que dificilmente chega aos tribunais[375]. É talvez o crime em que mais rara será a ocorrência de queixa

---

[375] Na investigação por nós desenvolvida, ainda assim, lográmos encontrar na jurisprudência portuguesa um caso em que o cônjuge marido foi condenado pelo cometimento de um crime de violação sobre a sua mulher. Cfr. a este respeito o Acórdão do STJ, de 7 de Novembro de 2002, disponível na Internet em http://www.dgsi.pt, em 21 de Novembro de 2002. Em Inglaterra e nos EUA, tal situação não é inédita, tendo já ocorrido diversas condenações de maridos por violação das respectivas mulheres. RUMNEY, Philip N. S.,*When Rape Isn't Rape: Court of Appeal Sentencing Practice in Cases of Marital and Relationship Rape*, Oxford Journal of Legal Studies, vol. 19, n.º 2, 1999, p. 245 e ss, refere a evolução britânica a este respeito. Vigorou, *ab initio*, a imunidade do marido face a acusações de violação da sua própria mulher, com base na ideia de que o contrato de casamento pressupunha o consentimento da mulher para a prática de relações sexuais, consentimento este que, *a posteriori*, não poderia ser revogado. Mais tarde, a exclusão da violação dentro da relação matrimonial do âmbito criminal prendia-se com a ideia da preservação do casamento e da manutenção da privacidade dentro do mesmo e, bem assim, com a ideia de incentivar a reconciliação dos cônjuges e evitar que mulheres vingativas pudessem, falsamente, alegar a violação por parte dos seus maridos. O autor, *ob. cit.*, p. 243, refere a decisão pioneira na abolição da imunidade do marido face a acusações de violação da respectiva mulher: a decisão do caso R vs R, em 1991, através da qual se passava a considerar crime tanto a violação perpetrada fora, como dentro do casamento. Todavia, segundo este autor, os tribunais continuam a fazer uma diferenciação entre violações ocorridas no âmbito da relação conjugal, ou fora dela, designadamente, ao condenarem os agentes maridos em penas muito inferiores aos agentes completamente estranhos à vítima (a média das

e onde mais difícil se torna a produção de prova suficiente para se produzir uma condenação do infractor. Se a vítima reluta na exposição da situação, por sentimentos de pudor e vergonha[376], quando ocorre um crime de violação em geral, já no caso do violador ser o próprio cônjuge, a exposição do problema torna-se ainda mais difícil[377], desde logo, porque a vítima não tem, ela própria, consciência de que haja sido violada[378], por-

---

penas atribuídas ao cônjuge violador ronda os 5 anos de prisão, enquanto que para os violadores estranhos à vítima, a média ronda os 9,7 anos de prisão – cfr. RUMNEY, Philip N. S., *ob. cit.*, p. 258). Os tribunais têm entendido que o trauma emocional proveniente da violação é muito mais grave quando o violador é um total desconhecido. MACKINNON, Catherine A., *Toward a Feminist theory of the state*, p. 177, discorda, afirmando precisamente o contrário: «Women often feel as more traumatized from being raped by someone known or trusted, someone with whom at least an illusion of mutuality has been shared, than by someone stranger.». Tendemos a concordar com a autora ou, pelo menos, a conceder um certo paralelismo de gravidade entre ambas as situações que, em nosso entendimento, não justificariam uma discriminação positiva a favor do violador marido, como tem ocorrido nos EUA. Mesmo neste país, afirma MACKINNON, Catherine A., p. 176, «Although the rape law not now always assume that the woman consented simply because the parties are legally one, indices of closeness (...) still contraindicate rape. In marital rape cases, courts look for even greatest atrocities than usual to undermine their assumption that if sex happened, she wanted it.». No mesmo sentido, HEARN, Marcellene Elizabeth, *A Thirteenth Amendment Defense of the Violence Against Women Act*, University of Pennsylvania Law Review, vol. 146, 1998, p. 1105, afirma que, apesar de quase todos os Estados norte-americanos terem já abolido a denominada «marital rape exemption», muitos ainda tratam a violação dentro do casamento de forma diferente da que ocorre fora do casamento. Em alguns Estados, só é deduzida acusação se os cônjuges se encontram separados de facto ou se estão já a divorciar-se, ou então, só é deduzida acusação se a violação tiver implicado recurso à força.

[376] Cfr. ALMEIDA, Maria Rosa Crucho de, *Inquérito de Vitimação 1992*, p. 85: das 6.348 mulheres inquiridas, representativas da população feminina, com mais de 16 anos, residentes no Continente, nem uma admitiu ter sido vítima de violação. As vítimas destes crimes têm uma natural dificuldade em falar destas questões, sobretudo perante homens, que era o caso, em mais de metade dos entrevistadores neste inquérito.

[377] PIRES, António Pedro, *Mulheres Violentadas*, Lisboa: A Regra do Jogo Edições, Comissão da Condição Feminina, 1985, p. 75-76, relata que, das 1.100 cartas dirigidas à Comissão da Condição Feminina, lidas e classificadas para a elaboração desta obra, apenas 14 se referiam à violência sexual, o que, continua o autor, indicia que, ainda na sociedade de hoje, a sexualidade é um assunto tabu: «Algumas cartas falam de problemas sexuais entre o casal (...) Mas tudo é dito com rapidez, não aparece o pormenor, como nas cartas que relatam a violência física.».

[378] Cfr. MACKINNON, Catherine A., *Reflexions on Sex Equality Under Law*, Yale Law Journal, vol. 100, n.º 5, 1991, p. 1300: «Most of the sexual assaults women experience do not fit the legal model of the violation. Most rapes are by familiars not strangers, (...) at home, not on the street.».

quanto, na nossa sociedade, ainda se encontra inculcada a ideia de que a mulher se deve submeter ao marido, satisfazendo o seu prazer, sempre que ele o deseje[379], mesmo contra a sua própria vontade[380]. Não espanta, por isso, que no Projecto[381] do Código Penal de 1982, não se admitisse a violação entre cônjuges[382], ao ressalvar-se expressamente, no artigo 243.° do Projecto, *a contrario sensu*, como conduta não punível a cópula com mulher dentro do casamento[383], mesmo que obtida por meio de violência ou grave ameaça.

A versão final do Código Penal de 1982 procedeu à abolição da distinção entre conduta praticada dentro e fora do casamento[384] o que, nas palavras de TERESA BELEZA, torna «teoricamente possível a violação entre

---

[379] Como chama à atenção MACKINNON, Catherine A., *Toward a Feminist theory of the state*, p. 112-113, «Rape in marriage expresses the male sense to access to women they anex.». A autora afirma ainda que, para muitos, a violação no casamento é uma contradição de termos: «"If you can't rape your wife, who can you rape"?» (*ob. cit.*, p. 146). Para MACKINNON, *ob. cit.*, p. 177, o grande problema reside na forma como as mulheres são socializadas: elas podem não ter ou julgar não ter outra alternativa que não seja o *consentimento*: «may prefer it to the escalated risk of injury and the humiliation of a lost fight; submit to survive.».

[380] Recordamos aqui o Ac. do STJ, de Abril de 2001, a propósito da Revista n.° 4068/00, da 7ª secção, que ainda afirma a existência do *débito conjugal*, parecendo ignorar, em nosso entender, o direito de cada um dos cônjuges à sua liberdade e auto-determinação sexual. Parece-nos pertinente trazer aqui à colação a afirmação de MACKINNON, Catherine A., *Reflexions on Sex Equality Under Law...*, p. 1302: «Rape is an act of dominance over women that works systemically to maintain a gender-stratified society in which women occupy a disadvantaged status as the appropriate victims and targets of sexual aggression.».

[381] Cfr. MINISTÉRIO DA JUSTIÇA, *Actas das sessões da comissão revisora do Código Penal, parte especial*, p. 191.

[382] Não percamos de vista que «Violação pode ser também o marido obrigar a mulher a ter relações sexuais quando ela não se sente bem, física ou psicologicamente, quando não existe um mínimo de afectividade, ou quando a comunicação deu lugar ao ódio e até ao terror.» (PIRES, António Pedro, *ob. cit.*, p. 77).

[383] «Um marido não pode ser acusado de violar a mulher – «consentimento irrevogável» é a ficção legal no contrato de casamento.» – cfr. BELEZA, Teresa Pizarro, *A mulher no Direito Penal*, p. 37. Todavia, como bem reconhece CAPELO DE SOUSA, R. V. A., *O direito geral de personalidade*, Coimbra, 1995, p. 265, os cônjuges mantêm nas relações entre ambos um direito de liberdade sexual negativa. Por outro lado, «a cópula, face à sua importância pessoal e social e ao seu carácter transcendental exige a liberdade das determinações de ambos os parceiros».

[384] Cfr. o artigo 201.° do CP de 1982.

casados[385] – e digo teoricamente, porque, dificuldades de prova, que seguramente serão muitas, à parte, me parece que esta aparente cedência à já antiga reivindicação feminista só muito dificilmente vencerá a relutância dos juízes em condenar em tais situações[386]. Mas fica-lhe o valor simbólico, que nisto de leis é um valor fundamental.»[387].

Actualmente, o crime de violação está consagrado no artigo 164.° do Código Penal, estando prevista uma pena de 3 a 10 anos de prisão. Nos termos do artigo 178.° do mesmo diploma legal, o procedimento criminal depende de queixa. Pese embora o valor simbólico importante inerente à criminalização da violação entre cônjuges, garantindo, designadamente, à mulher casada o seu direito inalienável à liberdade e autodeterminação sexual, do ponto de vista prático, o procedimento criminal neste domínio afigura-se-nos praticamente inútil, atentas as enormes dificuldades que se deparam à prossecução penal, a começar pelo problema da prova e a terminar na especial renitência da vítima em colaborar com a administração

---

[385] Mas note-se que a existência de casamento poderia configurar uma *especial ligação* da vítima *com o agente,* passível de originar a atenuação especial da pena, desde que se entendesse que a vítima tivesse contribuído, de forma sensível, para o facto, nos termos do n.° 3 do artigo 201.° do CP de 1982.

[386] Esta relutância será mais compreensível se tivermos em atenção a *ratio* inicial da criminalização da violação: VICENTE, Ana, *As mulheres em Portugal na Transição do Milénio – Valores – Vivências – Poderes nas Relações Sociais entre os Dois Sexos,* Lisboa: Multinova, 1998, p. 152, afirma que «o facto da violação ser considerado o acto mais violento não será apenas pelo que representa de danos psíquicos e físicos para a vítima, mas também porque é vista como afectando a honra dos homens que se relacionam mais proximamente com essa vítima, nomeadamente pai, irmãos, namorado, marido, filho. Foi, aliás, até muito recentemente, essa a base que justificava a criminalização da violação. Estava atingida a honra da mulher e por isso *a honra dos seus homens.*» (itálico nosso). Assim se tornará mais inteligível a hesitação do legislador em admitir a violação dentro do casamento como crime e, bem assim, a "natural" relutância do juiz em condenar um violador nestas condições. Nesta linha de pensamento, *vide* FIGUEIREDO DIAS, *Comentário do artigo 164.° do CP, in* Comentário Conimbricense do Código Penal – Parte Especial, Tomo 1, p. 466 e ss, que entende que, «segundo as representações comuns de moralidade sexual – a cópula forçada representaria para a mulher (nomeadamente para a mulher virgem, ou para a mulher casada quando praticada por alguém que não o marido) um ataque particularmente e incomparavelmente grave ao seu pudor». A este respeito, sempre se dirá, como o próprio autor refere, a respeito de posições doutrinais contrárias à sua, que «também a pessoa (nomeadamente a mulher) casada tem um direito intacto à liberdade de determinação sexual, nos termos gerais.».

[387] BELEZA, Teresa Pizarro, *A mulher no Direito Penal,* p. 25.

da justiça[388], o que, dadas as circunstâncias, é perfeitamente compreensível. As motivações que supra referimos, quanto à recusa da vítima de maus tratos em colaborar, adquirem aqui particular relevância, *maxime*, quanto às perspectivas de revitimação. A resposta adequada à problemática deste tipo de vítimas passará mais, em nosso entendimento, por vias alternativas, como o apoio psicológico e social à vítima e o tratamento do agressor e não tanto pela punição do mesmo.

II.3.1.3. O crime de homicídio

Nesta secção, não pretendemos fazer um estudo exaustivo do crime de homicídio, à semelhança do realizado para o crime de maus tratos, mas apenas abordar algumas questões essenciais que se colocam acerca do mesmo, no âmbito da violência conjugal, designadamente, quanto ao homicídio perpetrado pela vítima e seu tratamento jurídico-penal.

«Por homicídio conjugal entendeu-se, na linha do que a jurisprudência designa de "conjugicídio", a morte por homicídio de um cônjuge ou companheiro por outro, de um ex-cônjuge/ex-companheiro, do/a amante, no caso dos triângulos amorosos, ou então de um homem na figura de outro homem, quando ambos disputavam o mesmo objecto amado.»[389-390]. Circunscreveremos a nossa análise às hipóteses de morte por homicídio de um cônjuge por outro, o que poderíamos designar por homicídio conjugal,

---

[388] Não já assim, no processo que culminou no proferimento do Acórdão da Relação de Lisboa, de 2 de Maio de 1995, CJ, tomo III, p. 153 e ss. *In casu*, o cônjuge vítima deu início ao procedimento criminal relativamente a factos praticados pelo cônjuge marido, que o Ministério Público subsumiu ao crime de atentado ao pudor, p. e p. pelo artigo 205.º do CP de 1982, mas que, à luz do actual Código Penal, seriam subsumíveis ao crime de violação, porquanto, em causa, estava a prática de coito anal contra a vontade do cônjuge mulher, contra quem foi exercida violência para o cometimento do acto. Este terá sido dos raros casos em que o cônjuge vítima denunciou o abuso de que foi vítima e deu azo à instauração, prosseguimento e subsequente condenação do cônjuge agressor, tendo--se inclusive constituído assistente e deduzido o pedido de indemnização civil a que tinha direito.

[389] PAIS, Elza, *Tipologia do homicídio conjugal em Portugal: contextos e especificidades*, Revista de Psicologia: Teoria, Investigação e Prática, 1999, vol. 2, p. 324.

[390] Segundo números das Estatísticas da Justiça, *apud* PAIS, Elza, *ob. cit.*, p. 326, o homicídio conjugal representa em Portugal 15,1% do homicídio em geral. Mais de metade das mulheres homicidas (58,1%) a cumprir pena de prisão cometeram o crime no âmbito conjugal.

stricto sensu. Seguindo a classificação de ELZA PAIS[391], a propósito das espécies de homicídio conjugal, abordaremos nesta sede o homicídio maus-tratos, fazendo uma breve referência ao homicídio violência-conflito. Deixaremos de fora da nossa abordagem as outras duas espécies de homicídio, porquanto, surgindo no âmbito da relação conjugal, reportam-se, sobretudo, à dimensão emocional/passional do casamento, que consideramos um domínio muito específico, dentro da violência conjugal, merecedor de um olhar mais atento que, no entanto, extravasaria os objectivos a que nos propomos nesta secção.

Segundo ELZA PAIS[392], no homicídio violência-conflito, o homem é agressor sem nunca ter sido vítima, ao passo que no homicídio maus-tratos – que a mesma autora considera ser um crime «exclusivamente cometido por mulheres sobre os seus maridos ou companheiros, depois de terem sido vítimas prolongadas de maus tratos, por parte deles, durante muito tempo»[393] – a mulher torna-se agressora, para deixar de ser vítima, isto é, mata, antes que seja morta[394].

Quanto ao perfil das homicidas conjugais, são mulheres geralmente pertencentes a estratos sociais inferiores, que viveram uma única relação, tendo, desde muito cedo, experienciado os maus tratos que, em regra, se intensificaram nos últimos dois anos anteriores ao homicídio, ou então, cresceu neste período a intolerabilidade da vítima à violência de que era alvo[395]. São mulheres de todas as idades. As mais velhas afirmam nunca terem pensado no divórcio como solução. As mais novas encontraram obstáculos à saída na falta de apoio de familiares e amigos e na própria resistência do cônjuge violento[396].

---

[391] PAIS, Elza M. H. D., *Homicídio Conjugal em Portugal*, Lisboa: Hugin, 1998, p. 155 e ss, refere quatro tipos de homicídio conjugal: o homicídio maus-tratos, o homicídio violência-conflito, o homicídio abandono-paixão e o homicídio posse-paixão.
[392] *Ob. cit.*, p. 162.
[393] *Ob. cit.*, p. 155.
[394] Na Alemanha, segundo um estudo realizado por ORBELIES, Dagmar, *Homicidio entre hombres y mujeres*, disponível na Internet em http://themis.matriz.net, em 30 de Março de 2002, em quase 60% dos casos em que as mulheres cometeram o crime de homicídio contra os seus cônjuges, constatou-se que estas eram vítimas de maus tratos pelos mesmos e cerca de 50% delas estavam a ser maltratadas, na altura em que ocorreu o crime. Em 85% dos casos de condenação por homicídio, as mulheres não têm antecedentes criminais, contra apenas 61% dos homens na mesma situação.
[395] PAIS, Elza M. H. D., *ob. cit.*, p. 156.
[396] PAIS, Elza M. H. D., *ob. cit., loc. cit.*.

No que concerne ao tratamento jurídico-penal do homicídio perpetrado pela vítima de maus tratos, várias hipóteses são configuráveis[397]: a condenação por homicídio simples, qualificado, ou privilegiado; a absolvição em consequência da justificação da conduta, por se entender praticada em legítima defesa, ou em consequência da desculpação, por falta de controlo momentânea; e a admissão de uma situação de defesa imperfeita susceptível de diminuir, mas não afastar, a ilicitude do facto[398].

Nestas situações, dificilmente conseguimos enquadrar os factos no conceito de legítima defesa[399], desde logo, porque a vítima de maus tratos

---

[397] BELEZA, Teresa, *Legítima defesa e género feminino*, RCCS, n.º 31, 1991, p. 152, refere que a tentativa de argumentar em favor de mulheres acusadas de homicídio dos maridos, que as haviam maltratado durante anos, surgiu na década de 70, nos EUA, dando lugar ao designado «battered woman's defense». Segundo os advogados de defesa americanos dessa altura, o homicídio da vítima de prolongados maus tratos, cometido sobre o seu agressor, constituiria verdadeira situação de legítima defesa ou, em algumas situações, corresponderia à figura que, no direito penal português, designamos por erro sobre os pressupostos de facto da legítima defesa, ou legítima defesa putativa (artigo 16.º, n.º 2 do CP), o que, neste último caso, levaria à exclusão da responsabilidade penal pelo homicídio doloso. Para outros autores, «a prova do "battered wife's syndrome" deve levar a considerar o homicídio não justificado, mas desculpável, (...) dado que apenas funciona uma percepção razoável, mas errada, dos pressupostos da legítima defesa que, objectivamente, de facto, se não verifica.». O síndroma da mulher maltratada consiste num conjunto de traços comuns às mulheres vítimas de agressões conjugais continuadas, que se traduz na incapacidade destas abandonarem a relação violenta, por dificuldades financeiras, medo ou/e por interiorização de bloqueios psico-sociais, acompanhada, geralmente, da noção de inexistência de alternativas ou ajudas externas (*Idem, Ibidem*, p. 153).

[398] Cfr. *Ibidem*, p. 150.

[399] *Vide* a este propósito o Acórdão da Relação de Évora, CJ, II, 2, 1977, p. 367, e respectiva crítica de BELEZA, Teresa, *Legítima defesa e género feminino...*, p. 154 e ss. *In casu*, a homicida havia sido vítima de maus tratos e sevícias sexuais durante largos anos de casamento. Pouco antes do homicídio, a vítima havia fechado a porta do quarto onde ela e a homicida se encontravam, «e exigiu à Ré que tivesse de novo relações de coito anal consigo (...) ao que ela recusou (...) como a Ré não acedesse aos desejos do marido, este, que ainda se encontrava embriagado, pegou num machado (...) sem contudo fazer gestos contra ela. Mas esta, receosa do comportamento agressivo do marido, (...) ficou um tanto perturbada, deu a volta à cama, aproximando-se do marido, empurrou-o pelas costas e acto contínuo tirou-lhe o machado das mãos (...) logo de seguida (...) vibrou ao marido duas violentas machadadas, dirigidas à cabeça.» (cfr. CJ, II, 2, 1977, p. 368). O Tribunal da Relação de Évora excluiu a legítima defesa, argumentando que «muito embora se encontrasse num quarto fechado, estando a ré na posse do machado, tem de concluir-se que a sua integridade física e o seu pudor deixaram de estar em perigo iminente de lesão, não sendo justificável como defesa própria a agressão que veio a cometer.». BELEZA, Teresa, *ob. cit.*, p. 155, discorda da solução oferecida pela Relação de Évora, por entender que «seria pen-

pratica o homicídio geralmente *a posteriori*, isto é, após ter sido agredida[400], falhando o pressuposto da agressão actual ou iminente[401-402].

---

sável que se a mulher tivesse esperado que ele se levantasse e lhe tentasse tirar o machado da mão à força, facilmente o conseguiria e ela não teria possibilidades de defesa. Assim sendo, o seu gesto homicida era de facto o único meio de que ela dispunha para impedir a agressão ameaçada de se consumar. Nem a fuga lhe era possível, dado que o marido fechara a porta à chave. Os filhos, diz o Acórdão, tinham saído – nada lhe adiantaria gritar por socorro.». Concordamos parcialmente com a argumentação da autora, ainda que neste caso concreto, tenhamos dúvidas sobre se a agressão estaria ou não iminente. A dar-se como assente a iminência da agressão, o que parece decorrer da letra do Acórdão supra mencionado, parece-nos ajustado o entendimento da autora em dar como verificados os restantes pressupostos da legítima defesa, *maxime*, o da necessidade do meio. A termos dúvidas quanto à iminência objectiva da agressão, sempre poderíamos concluir pela convicção da homicida de que estaria para ser agredida, o que nos levaria para a aplicação da legítima defesa putativa e consequente exclusão do dolo, quanto à morte do marido.

[400] Já quando o homicídio tem lugar durante o episódio violento, será mais fácil enquadrar a situação na legítima defesa, ou pelo menos, no excesso de legítima defesa, o que resultará, em princípio, neste último caso, numa exclusão da sua responsabilidade penal, por força da exclusão da culpa, se tivermos preenchidos todos os pressupostos de que depende a aplicação da figura.

[401] *Vide* neste sentido TOFFEL, Hope, *Crazy Women, Unharmed Men, and Evil Children: Confronting the Myths About Battered People Who Kill Their Abusers, And the Argument for Extending Battering Syndrome Self-Defenses to all Victims of Domestic Violence*, Southern California Law Review, vol. 70, n.º 1, Nov. 1996, p. 359, «Women are also more likely to kill their male abusers when the abusers are off guard, such as when they are asleep, because women are more likely to be killed themselves when their abusers are directly confronting them. (...) The traditional view of imminent danger, however, does not make allowances for these realities.». WALKER, Lenore, *The Battered Woman*, p. 221, afirma, também, que «Under the laws of self-defense, therefore, unless the woman truly believes that her batterer will kill imminently, she does not have the right to kill him.». Por sua vez, escreve AIKEN, Jane Harris, *ob. cit.*, p. 626, que «When such killing appears premeditated and not a response to immediate assault, claims of self defense frequently go unheard because courts conclude that a woman should leave an intolerable domestic situation rather than killing her abuser. When an abused spouse kills her abuser, it raises two significant questions: "Why did she stay?" and "Why did she kill?"». Entre nós, *vide*, no mesmo sentido TAIPA DE CARVALHO, Américo, *A Legítima Defesa: da fundamentação teorético-normativa e preventivo-geral e especial à redefinição dogmática*, Coimbra: Coimbra Editora, 1995, p. 281. Por esta razão, como bem referem LOCKTON e WARD, *ob. cit.*, p. 165, o conceito de legítima defesa, na maioria dos casos de violência conjugal, tem um valor muito limitado.

[402] Independentemente desta dificuldade, no preenchimento dos pressupostos, autores há que, pura e simplesmente, recusam a possibilidade de legítima defesa entre cônjuges. A este propósito, *vide* TAIPA DE CARVALHO, *Legítima Defesa*, p. 443 e ss. Este autor entende que, nesta situação, embora estejamos perante uma agressão ilícita, dolosa, culposa

Tentando superar este problema, alguns autores procuraram ficcionar a actualidade da agressão, no sentido de tais comportamentos da vítima poderem ainda encontrar abrigo no conceito de legítima defesa[403].

---

e actual, que constitui a legitimação ético-jurídica do direito de legítima defesa, não se poderá deixar de exigir uma certa proporcionalidade na defesa. TAIPA DE CARVALHO afirma (*ob. cit.*, p. 448) que «Se a duradoura e institucional relação de estreita convivência pressupõe e implica doação e especial solidariedade, também é verdade que ela coenvolve o risco natural do abuso, da agressividade (dentro de certos limites, claro).». Nesta situação, «torna-se patente uma *tensão ou conflito* entre o direito de legítima defesa (que renuncia à proporcionalidade dos bens) e o dever de solidariedade para com a pessoa do agressor. A equilibrada resolução deste conflito passa por uma neutralização parcial do direito de defesa, ou seja pela negação do direito de acção de legítima defesa, mas com a afirmação do direito de necessidade defensiva.» (*ob. cit.*, p. 451). Este autor, *ob. cit*, p. 490, propõe uma alteração legislativa, no sentido da inclusão de um n.º 2, no actual artigo 32.º do CP, com o seguinte teor: «São, ainda, condições da legítima defesa a inexistência de provocação e de uma estável e duradoura comunidade de coabitação.». Por sua vez, faz intervir a figura do direito de necessidade defensiva como causa de justificação, desde que não se encontrem verificados os pressupostos por si avançados para falarmos de Legítima Defesa, desde que o agredido não possa evitar a agressão, considerando-se justificada a «conduta praticada como meio necessário para a repelir, desde que o bem lesado pela acção de legítima defesa não seja muito superior ao bem defendido.». É, em suma, a ideia de que o facto repressivo da agressão só se encontrará justificado, no que concerne aos cônjuges, quando o agressor se mantiver dentro dos limites de uma certa proporcionalidade; esta ideia não nos repugna por completo, porquanto a figura do direito de necessidade defensiva ainda torna justificado o comportamento da vítima, salvo nas situações de manifesta desproporcionalidade, em que, todavia, poderemos ainda excluir a responsabilidade penal da vítima homicida, por via da exclusão da culpa, resultado que ainda se nos afigura satisfatório.

[403] Vide a este respeito a «teoria da defesa mais eficaz» a que TAIPA DE CARVALHO, *ob. cit.,* p. 277 e ss, faz referência. Esta teoria exigia a verificação de dois pressupostos: «a existência de uma *situação de perigo actual de uma agressão próxima* (embora não iminente); que o *adiantamento da acção de legítima defesa* para o momento da (iminência da) concretização da agressão *torne impossível ou mais difícil e arriscada a acção de legítima defesa.*» (*ob. cit.* p. 281). A adopção desta teoria resolveria o problema da não iminência da agressão, para efeitos de considerarmos preenchidos os pressupostos da legítima defesa. Todavia, a generalidade da doutrina recusa esta teoria, no essencial, por contradizer o teor literal e a ratio da legítima defesa (ROXIN, *Angriff gegenwärtig*, 1985, p. 139--140, apud TAIPA DE CARVALHO, *Legítima Defesa*, p. 282). Em sentido próximo da «teoria da defesa mais eficaz», a jurisprudência, em alguns Estados Americanos, tem feito interpretações relativamente amplas do conceito de iminência da agressão, admitindo produção de prova no sentido de que a vítima padece do «battered woman syndrome» e que esse seu estado psicológico a leva a crer (mesmo quando, objectivamente, não está para ser agredida) que se encontra efectivamente em risco, despoletando a conduta homicida. MACDOWELL, Richard A., *Battered Spouse Syndrome: Testing the Traditional Limits of South*

TAIPA DE CARVALHO[404] propõe a figura do direito de necessidade defensiva, que assenta nos seguintes pressupostos: «inexistência, na situação concreta, de alternativa à reacção defensiva preventiva, o que, nesta causa de justificação, pressupõe, além da impossibilidade de recurso à força pública, também a impossibilidade da fuga; possibilidade de o bem a defender ser inferior ao bem a afectar pela reacção preventiva, embora – diferentemente da legítima defesa e, portanto, da hipótese de a agressão ilícita dolosa já ser actual (ou iminente) – não possa ser muito inferior.». Ainda assim, o autor conclui pela não verificação cumulativa dos dois pressupostos, uma vez que, no entendimento do autor, não poderá afirmar-se que a vítima de maus tratos não tinha «a alternativa da fuga da casa onde vivia»[405]. Não poderemos acolher inteiramente tal entendimento do autor. A vítima de violência doméstica desenvolve um determinado estado afectivo e psicológico em que, não raro, a alternativa do abandono do lar conjugal não constitui, de facto, uma alternativa. Outras vezes, a inexistência de alternativa prende-se com a dependência económica da vítima face ao agressor, que pode mesmo impedir a saída da vítima por meio de ameaças contra si, ou contra outrem, sobretudo os filhos, quando existem[406].

Carolina Law, Carolina Law Review, vol. 48, n.º 3, 1997, p. 677, refere-se ao caso *Robinson V. State*, no Estado da Carolina do Sul, em que o tribunal afirmou que «"the first element of self defense may be satisfied even though the batterer is not physically abusing her". The court relaxed the imminent danger requirement by stating that "battered women can experience a heightened sense of imminent danger arising from the perpetual terror of physical and mental abuse" that often "does not wane, even when the batterer is absent or asleep.». PAIS, Elza, *ob. cit.*, p. 159, das entrevistas realizadas a várias homicidas conjugais, conclui que as mesmas mataram «em momentos de "cólera", sem pedir ajuda a ninguém, depois de grandes discussões e agressões e porque tinham ao seu alcance objectos contundentes, muitas vezes as armas de fogo com que os seus maridos ameaçaram matá--las – "não havia alternativa era ele ou era eu"». BELEZA, Teresa, *Legítima defesa e género feminino...*, p. 152, considera também que «Uma mulher vítima de violência continuada por parte do seu marido ou companheiro pode dizer-se estar sempre em perigo iminente de dano na sua integridade física ou até na sua vida.».

[404] *Ob. cit.*, p. 293 e ss.
[405] *Ibidem*, p. 298.
[406] *Vide* neste sentido WALKER, Lenore, *ob. cit.*, p. 221. A autora afirma que o tribunal tem normalmente dificuldade em perceber o porquê da vítima homicida ter permanecido na relação abusiva. Todavia, continua a mesma, há que compreender a conexão psicológica que se estabelece dentro da relação abusiva entre a vítima e o agressor, semelhante à existência de coacção. A vítima entende o seu agressor como um ser omnipotente: «The women felt they had no place to hide. No matter where they went, the batterer would follow.». Neste quadro, a morte torna-se uma alternativa mais viável do que a separação.

Não entraremos na discussão sobre se o conceito de legítima defesa deveria ou não ser alargado, de modo a abarcar as situações a que supra se fez referência, pois que tal reflexão seria tema para outro estudo aprofundado. Todavia, não poderemos deixar de assinalar que, mesmo excluindo--se a legítima defesa como causa de justificação, pelas dificuldades que a lei, *de iure constituto,* apresenta ao enquadramento de tais acções como praticadas ao abrigo desta causa de justificação, e entendendo-se dever a vítima homicida ser punida criminalmente pelos seus actos, deveria, na maioria dos casos, aplicar-se a figura do homicídio privilegiado[407], o que, geralmente, não acontece[408].

Determina o artigo 133.º do Código Penal que «Quem matar outra pessoa dominado por compreensível emoção violenta, compaixão, desespero ou motivo de relevante valor social ou moral, que diminuam sensivelmente a sua culpa, é punido com pena de prisão de 1 a 5 anos.». No caso do homicídio ser praticado pela vítima de maus tratos conjugais, é de admitir que a situação seja subsumível à hipótese de emoção violenta, ou de desespero. No que concerne à primeira hipótese, para se dar por verificada, exige-se de tal emoção violenta que esta seja compreensível. A emoção violenta corresponderá a situações de facto em que o agente se encontra numa situação de descontrolo emocional[409]: o agente encontra-se num estado psicológico que não corresponde ao normal, encontrando-se afectadas a sua vontade, inteligência e a sua capacidade para se conformar com a norma[410]. Por outro lado, o agente agirá motivado por desespero[411],

---

Da mesma forma, o agressor preferiria morrer ou matar a sua vítima, a abandonar ou libertar a mesma.

[407] Para um estudo aprofundado desta figura no direito português, *vide* FERREIRA, Amadeu, *Homicídio privilegiado,* 3ª reimpressão da edição de 1991, Coimbra: Almedina, 2000.

[408] PAIS, Elza M. H. D., *ob. cit.,* p. 160, refere um estudo, segundo o qual, apenas em 1,3% dos homicídios conjugais foi aplicada a figura do homicídio privilegiado.

[409] COSTA PINTO, *Crime de homicídio privilegiado – Acórdão da Relação de Évora de 4 de Fevereiro de 1997,* RPCC, 1998, p. 288.

[410] FERREIRA, Amadeu, *ob. cit.,* p. 63.

[411] FERREIRA, Amadeu, *ob. cit.,* p. 68-69, distingue as situações de emoção violenta das de desespero, considerando que, embora muito próximas, estas últimas se prendem com situações que se arrastam no tempo, «fruto de pequenos ou grandes conflitos que acabam por levar o agente a considerar-se numa situação sem saída, deixando de acreditar, de ter esperança. Nada impede que o acto do desesperado seja longamente reflectido, mas trata-se de uma reflexão viciada, transtornada devido à pressão intolerável que a situação exerce sobre ele e ao estado em que se encontra.». Este critério de distinção parece enquadrar a vítima de maus tratos homicida na motivação do desespero e não tanto na moti-

quando se encontre numa situação de pressão psicológica em que o homicídio se lhe apresente como a única saída possível para a situação em que se encontra[412]. COSTA PINTO[413] entende que «estas cláusulas são, em si mesmas, referências materiais a um estado de menor culpa do agente, pelo que a parte final do preceito (culpa sensivelmente diminuída) não se lhes aplica, posição nada pacífica entre nós»[414].

A jurisprudência portuguesa tem relutado em aplicar a figura do homicídio privilegiado aos casos das vítimas homicidas[415]. Prendendo-se a aplicação deste tipo legal de crime com considerações ligadas ao menor grau de culpa destes agentes, não poderemos defender, em termos gerais e abstractos, a aplicação, sem mais, do homicídio privilegiado, pois que, será imprescindível a avaliação da situação concreta, o contexto específico em que o homicídio haja ocorrido e a própria personalidade da vítima homicida. Mas, em nosso entendimento, impõe-se a sensibilização do aplicador da lei para a condição psico-emocional em que se encontra a vítima de maus tratos conjugais[416]. Só uma compreensão profunda destes estados

---

vação da emoção violenta. Este autor refere expressamente os casos de humilhação prolongada, considerando situação paradigmática a constante do supra mencionado Acórdão da Relação de Évora, de 28 de Abril de 1977. FERREIRA, Amadeu, *ob. cit.*, p. 70, refere que estas vítimas de maus tratos prolongados chegam a um ponto em que a única saída que se lhes prefigura é o suicídio, ou o homicídio do seu cônjuge, uma vez que todo o resto falhou: «as queixas na polícia nada resolveram, os tratamentos no hospital já não passam por quedas, já não é possível esconder as nódoas negras no emprego e na vizinhança. O grau de humilhação atingido pelo autor é tão forte que mata para dele se libertar. E não se diga que não há aqui um motivo que vai ao encontro da própria salvaguarda da dignidade humana, positiva e objectivamente valorado pela ordem jurídica.».

[412] COSTA PINTO, *ob. cit.*, p. 288.

[413] *Ob. cit.*, p. 289.

[414] Cfr. o Acórdão do STJ, de 7 de Julho de 1994, proferido no âmbito do processo n.º 42.887/3.ª, *apud* MAIA GONÇALVES, M., *Código Penal Português anotado...*, p. 471: «I – Qualquer das circunstâncias previstas no CP (homicídio privilegiado) não têm significado e valor, só por si, sendo necessário que exerçam uma acção directa sobre a culpa do agente, diminuindo-a consideravelmente.» e FERREIRA, Amadeu, *ob. cit.*, p. 68 e ss.

[415] E mesmo em termos gerais. Neste sentido, *vide* FERREIRA, Amadeu, *ob. cit.*, p. 146: «A interpretação restritiva que é feita pela jurisprudência funciona como uma rejeição da aplicação do artigo 133.º, na prática.».

[416] A este propósito, *vide* a situação constante do Acórdão do STJ, de 5 de Fevereiro de 1992, *apud* LÍBANO MONTEIRO, Cristina, *Qualificação e privilegiamento do tipo legal de homicídio. Acórdão do Supremo Tribunal de Justiça de 5 de Fevereiro de 1992*, RPCC, ano 6.º, fasc. 1.º, 1996, p. 113. Em primeira instância a homicida foi condenada pelo homicídio qualificado do seu cônjuge na pena de 15 anos de prisão, tendo-se, todavia, dado como provado que a arguida fora vítima de maus tratos físicos e morais perpetrados pelo

psicológicos e afectivos da vítima homicida permitirá ao juiz fazer uma averiguação correcta da culpa da mesma na prática do crime e, em consequência, optar, devidamente, com mais frequência, pela figura do homicídio privilegiado[417]. Uma avaliação pouco cuidadosa destes elementos, grave em quaisquer circunstâncias, adquire especial acuidade neste domínio da violência conjugal, em que a vítima se torna agressora para se salvar a si própria, ou mesmo aos seus filhos e acaba revitimizada, ao encontrar a censura da comunidade em geral, tal como a probabilidade séria de enfrentar uma pena de prisão severa. Com tal afirmação, não é nosso propósito legitimar o homicídio da vítima sobre o seu agressor, mas chamar a atenção para a condição particular da vítima de maus tratos e para a eventual desnecessidade, em muitos destes casos, da opção pela pena de prisão,

---

marido ao longo dos 33 anos que durou o casamento. O Supremo Tribunal de Justiça veio a considerar que «Os factos descritos são claramente denunciadores de uma péssima vivência do casal, mantida durannte 33 anos, com a criação de situações altamente frustrantes e humilhantes para ambos os cônjuges, o que, de acordo com os dados da experiência comum, implica o avolumar de estados de sobretensão emocional acumulada, originadores, em dado momento, de uma explosão extremamente violenta que se apresenta aos olhos das outras pessoas como exagerada e em total desconformidade com o estímulo que se lhes apresenta como a causa directa e imediata daquela.». Assim, o Supremo considerou que a arguida praticou o crime num estado de tensão emocional que conduz a um estado de semi-imputabilidade que determina a aplicação de pena especialmente atenuada, que fixou em três anos de prisão. Como bem refere LÍBANO MONTEIRO, Cristina, ob. cit., p. 121, este acórdão levanta vários problemas. Pese embora concordemos, de alguma forma, com o resultado final atingido pelo Supremo, designadamente, quanto à medida da pena, discordamos já do meio utilizado para o atingir. Sem entrar em pormenor nos diversos e interessantes problemas jurídicos aqui propostos, sempre se dirá que os factos dados como provados, bem como a supra citada argumentação do Supremo quanto à tensão emocional em que se encontrava a arguida, parecem enquadrar-se melhor na figura do homicídio privilegiado do que na figura da imputabilidade diminuída. Seja como for, é de louvar a sensibilidade do Supremo para este estado psicológico da homicida vítima de maus tratos, face à brutal indiferença do colectivo de juízes que julgou a arguida em primeira instância.

[417] Bem andou o STJ, no âmbito do processo n.º 48.375 da 3.ª secção, em Acórdão de 25 de Janeiro de 1996, ao considerar que «Age em desespero quem durante vinte anos sofreu, contínua e diariamente, por parte da vítima, agressões à sua integridade física, à sua honra e integridade moral, ao seu sossego e bem-estar e aos seus bens.» (sumário do Acórdão disponível na Internet em http://www.cidadevirtual.pt, em Março de 2002). Efectivamente, como adiantam LOCKTON e WARD, ob. cit., p. 167, «sometimes the instant act (...) that gives rise to the unlawful killing is itself merely "the last straw", perhaps in it self a relatively trivial act (...) but is one which in the context of what has gone before, perhaps over a period of years, which is sufficient to cause the woman to lose self control and kill.».

como forma de atingir as finalidades da punição: a prevenção geral e especial. Medidas alternativas de acompanhamento social e psicológico, trabalho a favor da comunidade, suspensão da execução da pena de prisão, mediante a imposição de determinadas regras de conduta seriam, por exemplo, algumas das opções.

II.3.1.4. A (in)adequação e/ou (in)suficiência da reacção criminal

Até agora, temos vindo a explorar alguns dos mecanismos de natureza penal, através dos quais o Estado responde ao problema da violência conjugal. Aqui chegados, cumpre reflectir se a reacção criminal do Estado nesta matéria se revela adequada e suficiente para uma resposta eficaz. Seguindo de perto FAGAN, Jeffrey[418], sempre se dirá que a criminalização de condutas conjugalmente violentas deriva de duas ordens de razões: por um lado, da necessidade de prevenção, geral e especial, de futuras agressões e, por outro, da necessidade de protecção das vítimas deste tipo de condutas. De certa maneira, a criminalização atinge o primeiro objectivo, se entendermos que a criminalização transmite a mensagem de que o Estado e a sociedade em geral desaprovam condutas conjugalmente violentas, estando dispostos a reagir contra elas[419]. Não nos parece, contudo, que o segundo objectivo esteja a ser eficazmente conseguido através da reacção penal. A ideia de desaprovação social da violência conjugal, a transmitir por via da ameaça e da execução penais poderá, frequentemente, conflituar com os interesses da vítima, talvez mais adequadamente acautelados por outras alternativas, que não a reacção penal[420]. Está em causa a eterna dis-

---

[418] FAGAN, Jeffrey, *The Criminalization of Domestic Violence: Promises and Limits*, disponível na Internet em http://www.ncjrs.org, em 1 de Março de 2002.

[419] FAGAN, Jeffrey, *ob. cit.*, afirma que a criação de normas penais trouxe consigo a «societal rejection of domestic violence and communicated important cultural messages rejecting norms supporting battering.» e, acrescentamos nós, desempenhou (e desempenha) uma certa função conformadora da comunidade em geral, no sentido de romper com a tradição de tolerância para com este tipo de fenómenos.

[420] VIRGILIO, Maria, *Ley e Derecho Penal sobre Violencia contra las Mujeres: una premissa de método*, disponível na Internet, em http://themis.matriz.net, em 26 de Março de 2001, chama precisamente a atenção para a dificuldade manifestada pelo direito penal em captar e responder adequadamente ao problema da violência continuada, porquanto a lógica penal tende a não considerar a integridade das relações intersubjectivas, segmentando as condutas individuais e as respectivas acções, de forma isolada, dificilmente as reconhecendo no contexto da relação. A autora refere, por exemplo, o problema da violência

tinção entre o direito penal e o direito civil, ou indo ainda mais longe, a distinção entre direito público e direito privado, que aqui está bem presente.

Com a tutela penal, visa-se salvaguardar, sobretudo, o interesse público, a tutela da paz social e a confiança da comunidade nos mecanismos repressivos do Estado[421]. No caso da violência conjugal, a criminalização dos maus tratos e bem assim a criminalização e punição das condutas desviantes, em tese geral, derivam de necessidades de prevenção geral e especial, negativa e positiva, mas falham, em nosso entendimento, o escopo da protecção da vítima. Na prática, para a vítima, a condenação do agressor poderá significar o seu afastamento, durante um determinado período de tempo e a atribuição à mesma de uma certa quantia pecuniária, como indemnização resultante de pedido de indemnização cível por si deduzido em sede de processo penal[422] e pouco mais. O problema de fundo permanece. A condenação, nestes casos específicos de violência conjugal (e fazendo aqui apelo aos elementos avançados supra quanto à compreensão deste fenómeno), não garante, em boa parte das situações, a não repetição do comportamento violento, antes, em muitos casos, potencia-a[423]. Assim, quando os cônjuges coabitam, o regresso do agressor ao lar conjugal significa, muitas vezes, a continuação dos maus tratos, já para não falar dos muitos casos em que o agressor não chega a ser afastado do lar conjugal, ou porque o processo penal não resulta em condenação, ou porque nem sequer chega a desenrolar-se um processo penal, por inexistência de queixa do cônjuge vítima, ou por falta de denúncia da situação por quem dela tenha efectivo conhecimento[424].

---

económica, onde, mais que a reacção penal, serão os instrumentos civis os mais adequados a solucionar a questão.

[421] «The principal function of the criminal law is, after all, the punishment of the offender in the interests of society as a whole; and the interests of family members individually are subordinate. (...) The criminal law had only limited relevance and provided little real protection to the battered wife.» – CRETNEY, Stephen M., *Family Law,* London, Sweet & Maxwell, 3ª edição, 1997, p. 99.

[422] Cfr. os artigos 71.° e ss, do CPP.

[423] Nesse sentido, *vide* CRETNEY, Stephen M., *ob. cit., loc. cit.*: «Imprisonment of the aggressor may well lead to unemployment and consequent financial hardship for the victim and the children, and may even exacerbate the problem by provoking further violence.»

[424] *Vide* COSTA, Maria Emília, e DUARTE, Cidália, *Violência Familiar,* Porto: Ambar, 2000, p. 75, a propósito da decisão dos psicoterapeutas denunciarem, ou não, os casos de violência familiar de que têm conhecimento por via do exercício das suas funções: «A

A via penal não resolve, por exemplo, as necessidades de realojamento da vítima, as suas carências económicas, ou os problemas comportamentais do agressor. Por essa razão, poderemos afirmar que a resposta penal do Estado ao problema da violência conjugal, se é, entre nós, a forma de reacção mais visível e, talvez, a que se encontra mais desenvolvida, não é suficiente para minorar/eliminar este grave problema social[425].

Este tipo de resposta resulta sobretudo inadequada na perspectiva da protecção da vítima e do tratamento do agressor. Uma resposta eficaz a este problema passa por uma concertação de reacções de diverso nível: jurídico-penal, jurídico-civil, e jurídico-administrativo, mas também médico, psicológico e social[426-427].

---

decisão de participação legal implica a existência de condições de protecção, de segurança e apoio psicoterapêutico para as vítimas e, quando a situação implica a prisão do abusador, que este seja também sujeito a programas de intervenção específicos no sentido de evitar recidivas. Sabemos que as estratégias coercivas, só por si, não resultam para a mudança de comportamentos de violência/mau trato.».

[425] Neste sentido, *vide* a intervenção da Deputada Odete Santos na Assembleia da República, DAR n.º 86, 04/V, 1ª série, de 4 de Junho de 1991, p. 2812, a propósito da discussão daquela que viria a ser a Lei n.º 61/91, de 13 de Agosto, que afirma, citando recomendações internacionais: «em muitos casos, a intervenção apenas do sistema de justiça não chega para reparar o prejuízo e a perturbação causadas pela infracção; é preciso organizar outros tipos de intervenção, programas e estruturas de assistência às vítimas, protecção contra a vingança do delinquente, uma ajuda médica, assistência no decurso do processo penal,...».

[426] COSTA, Maria Emília, e DUARTE, Cidália, *ob. cit.*, p. 80-82, acentuam a importância da existência de uma intervenção social mais alargada, a par da criação de sistemas de apoio formais e informais, no sentido de «alterar estereótipos culturais que funcionam como mantenedores destes padrões de interacção familiar.». As autoras defendem que, considerando-se a violência/mau trato familiar numa perspectiva ecológica, ou seja, como resultado de múltiplos factores, qualquer estratégia de intervenção tem que partir da tentativa de conhecimento, para cada caso, do peso relativo de cada um desses factores. No mesmo sentido, *vide* ONU, *Violence in the family*: «Family violence has to be seen as a dynamic process involving all the relationships among the members of the family, and should not therefore be viewed as a problem which can be solved exclusively by criminal law and criminal justice.».

[427] O Plano Nacional contra a Violência Doméstica, aprovado pela Resolução do Conselho de Ministros n.º 55/99, de 15 de Junho, está precisamente orientado nesse sentido, ao defender a urgência no aprofundamento dos «métodos de cooperação entre todos (as) os (as) implicados (as) pessoal ou institucionalmente nos processos de resposta aos problemas da violência doméstica».

II.3.2. As sanções civis

Como se conclui do que acabámos de referir, a opção pelo recurso aos mecanismos de protecção consagrados na lei civil poderá parecer preferível para o cônjuge vítima de violência. Enquanto que a via penal visa, sobretudo, a protecção do interesse público, já a via civil destina-se, por excelência, à protecção dos interesses privados.

A WOMEN'S AID FEDERATION OF ENGLAND, *apud* LOCKTON e WARD[428] refere, a este propósito, três razões pelas quais o cônjuge vítima poderá preferir o recurso à via civil, duas delas inteiramente válidas para a realidade jurídico-processual portuguesa: em primeiro lugar, esta opção poderá prender-se com a maior possibilidade de controlo do processo (é a mulher que toma a iniciativa de recorrer ao tribunal, instruindo o seu mandatário no sentido de agir, de acordo com os seus interesses, o que não acontece no processo penal actual); em segundo lugar, o recurso ao processo civil evitará para o agressor a marca no registo criminal, o que comprometeria seriamente as perspectivas de emprego para este e, consequentemente, em muitos casos, a situação económica da vítima e dos seus filhos, caso existam.

II.3.2.1. A responsabilidade civil

II.3.2.1.1. Generalidades

Os comportamentos conjugalmente violentos constituem factos geradores de responsabilidade civil. Assim, a par da reacção criminal, o cônjuge vítima tem também ao seu dispor, como forma de ver ressarcidos os seus danos, a acção de indemnização, que pode ter para o agressor um efeito dissuasor, ao forçá-lo a entregar à vítima determinada quantia em dinheiro[429]. Ao contrário de outros ordenamentos jurídicos, em Portugal

---

[428] LOCKTON, Deborah, e WARD, Richard, *ob. cit.*, p. 33.
[429] Neste sentido, *vide* TOLMAN, Richard M., *Las Sanciones que se aplican a los golpeadores*, in EDLESON, J., EISIKOVITS, Z., Violencia Domestica: la mujer golpeada y la familia, p. 258 e ss: «La indemnización exige acciones que puedan reparar los daños emocionales y materiales causados a la víctima. En la práctica, la mayoría de las disposiciones se concentran en el pago de dinero por daños resultantes del delito (facturas médicas, daños a la propiedad, salarios). La reparación material como sanción para golpeadores, puede tener beneficios positivos. Proporciona recursos necesarios a la mujer golpeada. Deja un

nunca foi consagrada a regra da imunidade interconjugal[430]: ambos os cônjuges mantêm entre si a capacidade judiciária, nada impedindo que pleiteiem entre si.

No âmbito matrimonial, poderemos encontrar três espécies de ilícitos: os ilícitos comuns, isto é, ilícitos que podem ser praticados em qualquer circunstância, fora do âmbito matrimonial e que são sempre fundamento de responsabilidade civil; os ilícitos mistos[431], «pense-se por exemplo nas agressões físicas cometidas entre cônjuges, que para além de constituírem um ilícito matrimonial, não deixam de se traduzir numa violação de um dever que existe entre todas as pessoas»[432], ou seja, há comportamentos que violam, por um lado, os deveres conjugais e, por outro, os direitos de personalidade do outro cônjuge; finalmente, temos os ilícitos matrimoniais, em que se verifica apenas a violação de deveres conjugais, isto é, o comportamento não se traduz na verificação de um ilícito civil, gerador de uma obrigação de indemnizar. Os actos de violência conjugal correspondem, geralmente, à segunda espécie de ilícito (ilícito misto). Mas são também configuráveis hipóteses em que actos conjugalmente violentos correspondam a um ilícito do terceiro tipo: vejamos, a título de exemplo, a violação do dever de assistência, em que o cônjuge agressor se recusa a prover ao sustento do outro cônjuge, que não tem outros meios de subsistência, ou o caso citado por HÖRSTER[433], daquele cônjuge que tece observações depreciativas, quanto ao aspecto físico ou à carreira mal sucedida do outro. Tais comportamentos, acrescenta o autor, podem causar danos morais de tal gravidade que se impõe a sua reparação. Temos para nós que, este último comportamento, ao afectar a integridade psicológica do outro cônjuge, já constituirá ilícito de natureza mista, pois que também violador do direito à integridade psicológica do cônjuge ofendido.

---

mensaje claro para el golpeador de que su acción es invocada y debe ser corregida. La pérdida de ingresos puede tener un efecto disuasivo en futuros comportamientos. Hay quienes afirman que la indemnización también tiene una función rehabilitadora, porque fuerza al ofensor a reparar los daños causados por sus acciones. (Roy, 1990)».

[430] Sobre a regra da imunidade interconjugal, vide CERDEIRA, Ângela Cristina da Silva, *Da responsabilidade civil dos cônjuges entre si*, Coimbra: Coimbra Editora, 2000, p. 17 e ss.

[431] Vide a propósito NERSON, M. Roger, *De l'application de l'article 1382 du Code civil dans les rapports entre époux*, Revue Trimestrielle de Droit Civil, 1966, p. 515.

[432] CERDEIRA, Ângela Cristina da Silva, *ob. cit.*, p. 112.

[433] HÖRSTER, Heinrich Ewald, *A Respeito da Responsabilidade Civil dos Cônjuges entre si (ou: a Doutrina da "Fragilidade da Garantia" será válida?)*, Scientia Iuridica, 1995, n.ºs 253/255, p. 117.

A distinção que temos vindo a fazer assume grande relevo, uma vez que, enquanto para os ilícitos comuns e para os ilícitos de natureza mista, a doutrina é unânime em admitir a obrigação do cônjuge prevaricador indemnizar o cônjuge lesado, com fundamento na responsabilidade civil extracontratual, já no que concerne aos ilícitos matrimoniais, a doutrina tradicional[434] entende não haver lugar à obrigação de indemnização, mas apenas ao direito do cônjuge ofendido pedir o divórcio ou a separação judicial de pessoas e bens[435].

Deixaremos de lado esta questão e concentrar-nos-emos, em seguida, nas situações em que os comportamentos conjugalmente violentos constituem violação de direitos de personalidade do cônjuge vítima, constituindo, enquanto tal, fundamento de responsabilidade civil extracontratual.

II.3.2.1.2. *Pressupostos e modalidades da obrigação de indemnização*

A lei reconhece a todo o cidadão uma tutela geral da personalidade[436], no artigo 70.º do Código Civil. Este artigo «refere-se ao direito

---

[434] Cfr. ANTUNES VARELA, J., *Das obrigações em geral*, vol. I, 8ª edição, Coimbra: Almedina, 1994, p. 206 e 207, e CAMPOS, Diogo Leite de, *Lições de Direito da Família e das Sucessões*, p. 142. Em sentido contrário, *vide* BRAVO, Adolfo, *Carácter da pensão alimentar, e perdas e danos, em caso de divórcio*, Gazeta da Relação de Lisboa, n.º 48, 1935, p. 305 e ss, ainda a propósito do Código de Seabra, HÖRSTER, Heinrich Ewald, *A Respeito da Responsabilidade Civil dos Cônjuges entre si...*, p. 113 e ss, e PEREIRA COELHO, apud HÖRSTER, Heinrich Ewald, *ob. cit.*, p. 122: «Os actos culposos que servem de fundamento ao divórcio, enquanto violam ou ofendem os direitos familiares pessoais do outro cônjuge, constituirão o seu autor em uma *obrigação de indemnizar* por todos os prejuízos causados. Nesta obrigação de indemnizar é que estará, verdadeiramente, a *sanção* para o não cumprimento dos deveres matrimoniais, pois essa sanção não é o divórcio.».

[435] Na generalidade dos casos de violência conjugal, ocorre a violação de direitos de personalidade do cônjuge ofendido, pelo que, mesmo perfilhando a doutrina tradicional, raramente nos encontraremos perante uma hipotética exclusão da responsabilidade civil, mas mesmo nas restantes situações a rejeição da doutrina tradicional assume importância prática, porquanto, adoptando o entendimento de CERDEIRA, A., *ob. cit.*, p. 70, quanto à natureza contratual da responsabilidade civil por violação de deveres conjugais, o reconhecimento da existência de uma obrigação de indemnizar nesta sede implica a possibilidade de recurso ao regime da responsabilidade contratual, mais favorável ao cônjuge vítima, do ponto de vista do ónus da prova.

[436] No sentido da recusa do direito geral da personalidade, *vide*, pela Escola de Lisboa, OLIVEIRA ASCENSÃO, José, *Direito Civil – Teoria Geral*, vol. I, Coimbra: Coimbra Editora, 1997, p. 78 e ss. Este autor defende, diversamente, «o reconhecimento, em regime de *numerus apertus*, de direitos especiais de personalidade.».

à vida, ou seja, o direito de não ser privado da vida contra a sua vontade, à liberdade e integridade de consciência, à integridade física e psíquica (!), à liberdade, à honra, à imagem social e de carácter, à saúde e ao repouso,...»[437]. Por sua vez, os artigos seguintes consagram os denominados direitos especiais da personalidade.

A violação dos direitos de personalidade dá lugar às providências adequadas às circunstâncias do caso e, na hipótese de se encontrarem verificados os seus pressupostos, à responsabilidade civil.

Classicamente, definem-se cinco pressupostos gerais do direito à indemnização, que passamos a enunciar: (1) a ocorrência de um facto voluntário, (2) a ilicitude desse mesmo facto, (3) o nexo de imputação do facto ao lesante (desdobrando-se este, por sua vez, em dois elementos: a imputabilidade[438] e a

---

[437] HÖRSTER, Heinrich Ewald, *A parte geral do código civil português*, Coimbra: Almedina, 1992, p. 259-260. Mais desenvolvidamente, sobre a estrutura e conteúdo do bem da personalidade, vide CAPELO DE SOUSA, R. V. A., *O direito geral de personalidade*, p. 198 e ss.

[438] Quanto ao problema da imputabilidade, determina o artigo 488.°, n.° 1 do CC que «Não responde pelas consequências do facto danoso quem, no momento em que o facto ocorreu, estava, por qualquer causa, incapacitado de entender ou querer, salvo se o agente se colocou culposamente nesse estado, sendo este transitório.». A última parte deste n.° 1 resolve, logo à partida, um dos problemas que se poderia levantar no domínio específico da violência conjugal (porquanto, em alguns casos, os comportamentos violentos ocorrem quando o agressor se encontra num estado de inimputabilidade auto-provocada), relativamente a uma possível exclusão da responsabilidade civil do cônjuge agressor que, sob o efeito do álcool ou de substâncias estupefacientes, por si culposamente ingeridas, causa danos ao outro cônjuge. Nestas situações, a lei é clara ao não excluir a responsabilidade do agente. Situação diferente e mais rara será a do cônjuge agressor que, apesar de não se encontrar interdito por anomalia psíquica, padece de distúrbios de comportamento ou da personalidade, que lhe conferem determinadas características psíquicas inibidoras da sua capacidade de entender e/ou querer, que o levam à prática de comportamentos conjugalmente violentos. Neste caso, uma vez verificada a inimputabilidade do cônjuge agressor para aquela categoria específica de factos, parece-nos que o cônjuge vítima poderá não ficar totalmente desprotegido, pois o artigo 489.° admite a condenação do inimputável na indemnização do lesado, quando tal se justifique, por razões de equidade, tais como a boa situação económica do inimputável, a gravidade da sua conduta, a difícil situação económica em que haja ficado o lesado, em consequência da conduta do agente, etc., o que poderá justificar, em casos limite, a concessão ao cônjuge vítima de uma indemnização. Sobre os requisitos da obrigação de indemnização do inimputável, vide ANTUNES VARELA, *Das obrigações em geral...*, p. 573-575, e CAPELO DE SOUSA, R. V. A., *O direito geral de personalidade*, p. 371, nota 926.

culpa), (4) a verificação de um dano[439] e (5) a afirmação de um nexo de causalidade entre o facto e o dano[440].

A obrigação de indemnização em sede de violência conjugal pode ser satisfeita, como acontece nos termos gerais, por força da restauração natural e/ou pela indemnização em dinheiro[441]. A restauração natural, quando esteja em causa a reparação de um dano da personalidade, poderá consistir, por exemplo, em caso de violação da integridade física, na prestação de socorro ao lesado, no provimento do seu tratamento e no custeio das di-

---

[439] Os comportamentos conjugalmente violentos são susceptíveis de produzir danos patrimoniais e não patrimoniais. Em matéria de violação de direitos de personalidade, considerar-se-ão danos patrimoniais, entre outros, «a perda de salários, (...) as despesas de tratamento emergentes de uma ofensa corporal causadora de doença e incapacidade para o trabalho» (cfr. CAPELO DE SOUSA, R. V. A., *ob. cit.*, p. 459). No domínio da violência conjugal, assumem especial relevância os danos não patrimoniais, onde se inscrevem a perda da vida e da saúde, as dores e incomodidades físicas (sofridas ou a suportar no futuro) os sofrimentos, constrangimentos e desgostos morais e afectivos, os complexos e frustrações de ordem estética e psicológica, os vexames e humilhações, a privação ou redução da liberdade, a perda ou diminuição do bom nome e consideração social, a perda ou diminuição das faculdades, mesmo sem incidência de carácter económico, a perda da «alegria de viver» (cfr. *Idem, Ibidem*, p. 458, e SINDE MONTEIRO, Jorge, *Dano corporal (Um roteiro do direito português)*, RDE, 15, 1989, p. 370). Os danos não patrimoniais, por força do artigo 496.°, n.° 1 do CC, só são indemnizáveis quando, pela sua gravidade, mereçam a tutela do direito e, diversamente do que sucede com os danos patrimoniais, o montante da indemnização (em rigor, da compensação, uma vez que a doutrina prefere a utilização deste termo a respeito dos danos não patrimoniais) é fixado por referência à equidade, o que, pela experiência jurisprudencial portuguesa, se traduz, normalmente, na atribuição de montantes compensatórios baixos, que, em rigor e pese embora a máxima de que «não se pode atribuir um preço para a dor», ficam muito aquém do que seria adequado a uma compensação justa pelos sofrimentos causados ao lesado. Não podemos perder de vista a ideia de que a responsabilidade civil, a par de uma finalidade essencialmente reparadora, mantém ainda, a título subsidiário, no domínio da responsabilidade civil por factos ilícitos, como é o caso, uma finalidade preventiva. A atribuição ao lesado e, em particular, ao cônjuge vítima, de montantes compensatórios elevados (desde que justificados, bem entendido, pela gravidade dos danos e da conduta do agente) poderia desempenhar uma função preventiva interessante, porquanto esta sanção se reflecte directamente no bolso do lesante e poderia, também, encorajar o recurso a esta via, quase esquecida, de reacção à violência conjugal.

[440] Sobre o conteúdo e alcance destes pressupostos em termos gerais, *vide*, entre outros, PESSOA JORGE, Fernando, *Ensaio Sobre os pressupostos da Responsabilidade Civil*, (Reimpressão), Coimbra: Almedina, 1999, ANTUNES VARELA, *Das obrigações em geral...*, p. 532 e ss ; no domínio específico da violação de direitos de personalidade, *vide* CAPELO DE SOUSA, R. V. A., *ob. cit.*, p. 455 e ss.

[441] Cfr. a este respeito o disposto nos artigos 562.° e ss do CC.

versas despesas, que sejam necessárias ao restabelecimento do lesado[442]. Poderá, no entanto, suceder que as medidas tendentes à reconstituição natural não reparem os danos, na sua totalidade. No exemplo em apreço, o auxílio e o custeio das despesas com o tratamento do lesado não ressarcem a perda de vencimento, as dores físicas, as hipotéticas incapacidades de que venha a tornar-se portador. Nesta situação, que consideramos típica no domínio da violência conjugal, serão cumuláveis as duas modalidades indemnizatórias.

II.3.2.1.3. Via processual de exercício do direito à indemnização

O cônjuge lesado, para exercer o seu direito a ser indemnizado pelos danos provocados pelo outro cônjuge, terá que recorrer à via judicial, através da competente acção declarativa de condenação[443], que revestirá a forma ordinária, sumária ou sumaríssima, consoante o valor da causa[444] e, subsequentemente, caso não se verifique o cumprimento voluntário da sentença condenatória, à respectiva acção executiva[445].

Quer o cônjuge opte pela indemnização em dinheiro, ou pela reconstituição natural, quando esta possa ter lugar, o pedido, que em regra deverá corresponder a uma prestação determinada, pode ser genérico, desde que à data da interposição da acção não seja ainda possível determinar, definitivamente, as consequências do facto ilícito, nos termos do artigo 471.º, n.º 1, al. b) do CPC. Por outro lado, o pedido poderá ser alterado[446], «reclamando-se uma quantia mais elevada quando o processo vier a revelar danos superiores aos que foram inicialmente previstos.»[447].

Todavia, a situação mais corrente em casos de violência conjugal é a da verificação de concurso entre responsabilidade civil e penal. Nestas situações, quando esteja em curso um processo penal, pela prática de determinado facto criminalmente ilícito, mas também civilmente ilícito, a indemnização a que o cônjuge lesado tenha direito deverá ser deduzida no próprio processo penal, a não ser que o procedimento criminal pela prática

---

[442] Vide a propósito CAPELO DE SOUSA, R. V. A., ob. cit., p. 463.
[443] Cfr. os artigos 4.º, n.º 1 e n.º 2, al. b) e 467.º e ss do CPC.
[444] Cfr. os artigos 462.º e 306.º, n.º 1 do CPC.
[445] Cfr. o artigo 4.º, n.º 1 e 3, e os artigos 801.º e ss do CPC.
[446] Ex vi da aplicação conjugada dos preceitos contidos nos artigos 471.º, n.º 1, al. b), 2ª parte, 569.º, n.º 1, al. b) e 273.º, n.º 2, 2ª parte, do CPC.
[447] Vide CAPELO DE SOUSA, R. V. A., ob. cit., p. 469.

do crime em causa esteja dependente de queixa ou de acusação particular. Neste caso, o pedido de indemnização civil poderá ser deduzido em separado[448-449], sendo que «a prévia dedução do pedido perante o tribunal civil pelas pessoas com direito de queixa ou de acusação vale como renúncia a este direito.»[450]. O nosso Código de Processo Penal consagra o denominado Princípio da Adesão, estabelecendo que «O pedido de indemnização fundado na prática de um crime é deduzido no processo penal respectivo,

---

[448] Cfr. o artigo 72.°, n.° 1, al. c) do CPP.

[449] Discordamos da presunção inilidível estabelecida pelo nosso legislador. Fazendo apelo à distinção entre direito civil e direito penal e aos diferentes escopos visados por um e outro ramo de direito, parece-nos excessivo considerar a interposição de uma acção civil, com vista ao ressarcimento de danos privados lesados com a prática do facto criminoso, como renúncia ao direito de queixa, desde logo porque o recurso à via civil poderá não representar uma opção consciente, nem tão pouco uma intenção clara de abdicar da perseguição penal, pese embora, não nos repugne admitir que essa será a intenção do lesado, na maioria dos casos. Seria, em nosso entendimento, preferível admitir a possibilidade de queixa e remeter a apreciação do pedido de indemnização para o processo penal, ou inviabilizar a dedução de pedido de indemnização no processo penal. Por outro lado, no que respeita aos crimes públicos, como é presentemente o caso do crime de maus tratos, o pedido de indemnização civil tem que ser deduzido no próprio processo penal, ressalva feita para a verificação das circunstâncias do artigo 72.° do CPP. No entanto, será interessante reflectir sobre dois cenários para os quais a lei não parece apresentar solução directa. Na primeira hipótese, temos o caso da vítima que, devidamente informada, não deduz pedido de indemnização civil no próprio processo penal, intentando, em seguida, a competente acção civil, não se verificando qualquer dos pressupostos do artigo 72.° do CPP. Na segunda hipótese, temos a situação da vítima que intenta uma acção de indemnização, com fundamento em maus tratos, não tendo denunciado o caso às autoridades públicas, por não pretender perseguição penal do cônjuge agressor, mas tão só o ressarcimento dos danos morais por si sofridos. *Quid iuris*, quando o juiz toma conhecimento destes pedidos? Na primeira hipótese, entendemos que se verifica a caducidade do direito de acção do cônjuge vítima, o que constitui excepção peremptória de conhecimento oficioso do juiz, que deverá fundamentar a absolvição do réu do pedido (cfr. os artigos 493.°, n.° 1 e 3, e 496.° do CPC). Na segunda hipótese, afigura-se-nos como caminho a seguir a denúncia ao Ministério Público dos factos indiciadores da prática do respectivo crime – denúncia que para os juízes, nos termos do artigo 242.° do CPP, é obrigatória – e consequente suspensão da instância, ao abrigo da segunda parte do n.° 1 do artigo 279.° do CPC, até que seja proferida sentença que se pronuncie sobre o pedido de indemnização civil, ou até que se verifique uma das circunstâncias elencadas no artigo 72.° do CPP, que fundamentem a dedução do pedido de indemnização em separado. No primeiro caso, a acção civil terminará com a absolvição da instância, por força da verificação da excepção dilatória do caso julgado (cfr. o artigo 494.° al. i) do CPC) e, no segundo, a acção civil seguirá os trâmites ulteriores ao decretamento da suspensão da instância até final.

[450] Cfr. o artigo 72.°, n.° 2 do CPP.

só o podendo ser em separado, nos casos previstos na lei[451].»[452], determinação que encontra o seu fundamento em razões de economia processual[453]. Como bem refere CAPELO DE SOUSA[454], a decisão proferida em processo penal, que haja conhecido do pedido de indemnização civil formulado, quer tenha condenado ou absolvido o demandado do pedido, constitui caso julgado para efeitos civis, o que implica para o cônjuge lesado a impossibilidade de intentar acção civil, baseada na mesma causa de pedir. Da mesma forma, se o cônjuge lesado podia ter formulado o respectivo pedido de indemnização, e não o formulou, não poderá, mais tarde, vir lançar mão da acção de condenação, para se ver ressarcido dos danos sofridos. Já se o tribunal não se pronunciou sobre o pedido de indemnização deduzido, o cônjuge lesado poderá recorrer aos tribunais civis[455].

II.3.2.1.4. Momento em que deve ser exercido o direito à indemnização

O momento em que deve ser exercido o direito à indemnização varia em função da via processual seguida para o efeito. Nos casos em que o pedido de indemnização civil tem que ser deduzido no próprio processo penal, o momento próprio tem lugar nos vinte dias subsequentes à notificação do despacho de acusação, ou nos dez dias subsequentes à notificação ao arguido do despacho de acusação ou, se não o houver, do despacho de pronúncia[456], consoante o lesado haja ou não manifestado em sede de Inquérito o propósito de deduzir pedido de indemnização civil. Quando

---

[451] As excepções ao princípio da adesão encontram-se previstas no artigo 72.º do CPP.

[452] Cfr. o artigo 71.º do CPP. Sobre o Princípio da Adesão, e mais precisamente, sobre os diversos problemas jurídicos que a indemnização por perdas e danos fixada no processo penal levanta, vide RIBEIRO DE FARIA, Jorge, *Indemnização por Perdas e Danos arbitrada em Processo Penal – O chamado Processo de Adesão*, Coimbra: Almedina, 1978, e Idem, *O processo de adesão segundo o novo Código de Processo Penal, reflexões muito breves*, Coimbra, 1991. Nada mais, além do supra mencionado, adiantaremos aqui sobre esta matéria.

[453] Nesse sentido, vide RIBEIRO DE FARIA, Jorge, *O processo de adesão segundo o novo Código de Processo Penal, reflexões muito breves*, p. 14.

[454] CAPELO DE SOUSA, R. V. A., *ob. cit.*, p. 470.

[455] Cfr. o artigo 72.º, n.º 1, al. e) do CPP.

[456] Cfr. respectivamente os n.ºs 2 e 3 do artigo 77.º do CPP.

está em causa o exercício do direito à indemnização em acção civil autónoma, a doutrina diverge quanto ao momento próprio para intentar esta acção.

BRAGA DA CRUZ[457], ainda nos trabalhos preparatórios do Código Civil, a respeito das compensações devidas pelo pagamento de dívidas do casal, afirmava ser de toda a vantagem adiar «para o momento da partilha do casal (...) a exigibilidade das dívidas entre os cônjuges», pois que, a ser admitida tal exigibilidade antes disso, poderiam ocorrer «desentendimentos conjugais». Na mesma linha de pensamento, HÖRSTER[458] defende também o diferimento das indemnizações «para depois de ter finda a comunhão de vida entre os cônjuges», num escopo claro de protecção da intimidade da vida familiar. Em sentido contrário, LOPES CARDOSO[459] admite a dedução do pedido de indemnização devida pelo outro cônjuge ainda na constância do matrimónio, até porque «não há nada na lei que possa levar hoje a concluir que a acção não haja de ser proposta antes da separação ou dissolução. Pelo contrário, as regras da capacidade judiciária deixam, neste campo processual, lugar a uma solução afirmativa».

Como bem reconhece este autor, o problema – designadamente no domínio da violência conjugal, acrescentamos nós – tem uma importância prática muito limitada, uma vez que, quando um cônjuge decide intentar contra o outro uma acção de responsabilidade civil, não estará muito longe de pedir o divórcio. Acresce ainda que as alterações recentes, em matéria de divórcio, facilitaram, em grande medida, a concessão do mesmo, pelo menos no que referente ao mútuo consentimento, podendo o divórcio ser requerido pelos cônjuges a todo o tempo[460]. Assim, a dissolução do casamento, em face da actual legislação, é de obtenção relativamente fácil e rápida, pelo menos quando ambos os cônjuges se encontram de acordo, quanto ao fim da relação conjugal.

Todavia, casos há, em que a situação real da vida se não inviabiliza a dissolução do casamento, pelo menos dificulta-a, em larga medida. Vejamos, a título de exemplo, a situação do cônjuge vítima que não pode lançar mão do divórcio por mútuo consentimento, nem invocar a causa ob-

---

[457] BRAGA DA CRUZ, *Capacidade patrimonial dos cônjuges*, BMJ, n.° 69, p. 413.
[458] HÖRSTER, Heinrich Ewald, *A Respeito da Responsabilidade Civil dos Cônjuges entre si...*, p. 123.
[459] LOPES CARDOSO, Augusto, *A Administração dos bens do casal*, Coimbra: Almedina, 1973, p. 298.
[460] Cfr. o artigo 1775.° do CC, na redacção que lhe foi conferida pelo DL n.° 272/2001, de 13 de Outubro.

jectiva separação de facto, como fundamento de divórcio litigioso, porque permanece no domicílio conjugal, na companhia do cônjuge agressor, sem que logre provar a efectiva ruptura da vida em comum que, na prática, já não se verifica. Nestas hipóteses, parece adiado para o cônjuge vítima o exercício do seu direito à indemnização, até que consiga obter a dissolução do seu vínculo conjugal.

Outra situação vislumbrável é a do cônjuge vítima casado catolicamente que, em virtude das suas convicções religiosas, não pretende divorciar-se ou mesmo separar-se de pessoas e bens. Deverá este cônjuge ver-se privado do seu direito a ser ressarcido pelos danos sofridos, ou, em ordem à satisfação deste seu interesse, deverá abdicar das suas convicções religiosas?

Partilhamos da opinião de CERDEIRA, Ângela[461], no sentido de que o cônjuge pode obter, na constância do casamento, a fixação do seu direito à indemnização e, inclusive, intentar a consequente acção executiva, caso seja necessário[462].

Ainda que discordemos da autora[463], quanto à não perturbação da paz familiar, na sequência de uma acção de indemnização intentada por um cônjuge contra o outro, no que especificamente se reporta à violência conjugal, a paz familiar já terá sido perturbada pelo comportamento conjugalmente violento, pelo que a acção de indemnização surgirá já num momento de ruptura familiar, se não *de iure*, pelo menos, *de facto*.

---

[461] *Ob. cit.*, p. 170.

[462] LOPES CARDOSO, *ob. cit.*, p. 298 e ss, a propósito da responsabilidade civil do cônjuge administrador, distinguia entre a possibilidade de o cônjuge ver fixado o seu direito à indemnização e a possibilidade de intentar a correspondente acção executiva. Quanto a esta última, o autor defendia que ela não poderia ter lugar «enquanto não chegar o momento da partilha dos bens comuns». Entre outros argumentos, o autor invocava o regime da moratória previsto no artigo 1696.º do Código Civil até 1995, quando, mediante o DL n.º 329-A/95, de 12 de Dezembro, tal regime foi abolido. Mesmo este regime não obstava à exequibilidade do direito à indemnização previamente fixada pelo tribunal, porquanto, nos termos do artigo 1696.º, n.º 3, não havia lugar à moratória, quando estivesse em causa o pagamento de indemnizações devidas por factos imputáveis a cada um dos cônjuges.

[463] *Ob. cit.*, p. 170.

II.3.2.1.5. *Dificuldades práticas no recurso à acção de indemnização*

Os comportamentos abrangidos pelo conceito de violência conjugal, quase sempre, constituem violação clara da integridade física ou psicológica do cônjuge, fundamentando um dever de indemnizar para o cônjuge agressor. Mas o recurso à acção de indemnização não se nos afigura como um dos mecanismos de reacção colocados ao dispor do cônjuge vítima mais utilizados. Se este já reluta em apresentar queixa, quando as fases ulteriores do processo penal se desenrolam por impulso do Ministério Público, responsável pela acusação penal, também não nos parece que o cônjuge vítima se mostre muito disposto a ir ao tribunal civil, deduzir pedido de indemnização. Recordemos que o processo civil é um processo de partes, no qual toda a iniciativa processual depende destas (neste caso da vítima) e assim, o confronto com o cônjuge agressor, potencialmente perigoso[464], é muito mais directo do que no processo penal. As considerações que tecemos supra, acerca da relutância do cônjuge vítima em apresentar queixa, constantes do ponto II.3.1.1.2.1 desta dissertação, valem aqui, *mutatis mutandis*, designadamente quanto ao medo de represálias e ao estado psicológico frágil, como obstáculos à reacção da vítima.

Outro óbice ao recurso à via indemnizatória civil reside nas regras gerais sobre o ónus da prova[465] e consequente dificuldade (por vezes impossibilidade) de lograr produzir prova cabal dos factos alegados e que fundamentam o direito à indemnização por parte da vítima. No domínio da responsabilidade civil extracontratual, como é sabido, o ónus da prova recai sobre o lesado. Sucede que os problemas que, oportunamente, referimos, a propósito do processo penal, valem também aqui, até com maior acuidade, se atendermos ao facto de que o cônjuge vítima não constituído assistente poderá desempenhar um papel decisivo no sucesso da acusação penal, ao poder ser testemunha, ao invés do que sucede no processo civil em que, necessariamente, o autor, na sua condição de parte, não poderá desempenhar o papel de testemunha. Esta impossibilidade, inteiramente justificada do ponto de vista material e processual, levanta sérias dificuldades de prova, porquanto, o fenómeno da violência conjugal, como por

---

[464] Cfr. DALTON, Claire, *Domestic Violence, Domestic Torts and Divorce: constraints and possibilities*, in LEMON, Nancy K. D., Domestic Violence Law, St. Paul, Minn., 2001, p. 233.
[465] Cfr. os artigos 341.° e ss do CC.

diversas vezes já afirmámos, ocorre, muitas vezes, dentro de portas, sem que transpareçam para o exterior quaisquer indícios de tal situação.

Como afirma DALTON, Claire[466], por vezes é difícil encontrar membros da família, vizinhos, amigos, colegas de trabalho, ou outras pessoas, que hajam testemunhado as agressões, ou que, pelo menos, tenham visto as suas consequências, como arranhões ou hematomas, ou a quem a vítima tenha relatado o seu sofrimento. No caso da violência psicológica, a dificuldade de prova é ainda maior.

Por último, uma breve referência para o argumento económico: a opção pela responsabilização civil do cônjuge agressor poderá nem sempre ser uma boa opção, uma vez que o resultado almejado com a condenação civil será, normalmente, a entrega pelo agressor de determinada quantia pecuniária a título de compensação pelos danos sofridos pelo cônjuge vítima. Não poderemos deixar de levantar a hipótese de o agressor não dispor de quaisquer meios económicos que lhe permitam satisfazer a indemnização em que foi condenado, razão que dissuadirá a vítima do recurso ao tribunal[467], para, após um longo e penoso processo, não se ver ressarcida dos danos que sofreu.

II.3.2.2. *Outras providências adequadas às circunstâncias do caso – o artigo 70.º, n.º 2, 2ª parte, do Código Civil*

Se, como vimos, a acção de responsabilidade civil, muitas vezes, não se apresenta "apetecível" aos olhos do cônjuge vítima, há que considerar outra alternativa, não pecuniária, que deriva da tutela geral do artigo 70.º, n.º 2[468] : em face de lesão ou ameaça de lesão dos direitos de personalidade, o ofendido, ou ameaçado, pode requerer as providências adequadas às circunstâncias do caso. Pergunta-se: que providências adequadas ao caso poderá o cônjuge vítima requerer? E em que termos?

---

[466] *Ob. cit.*, p. 241.

[467] Pese embora a sentença condenatória possa vir a ser executada mais tarde, quando o agressor dispuser de bens que lhe permitam satisfazer tal dívida.

[468] O artigo 70.º do Código Civil corresponde ao artigo 6.º do anteprojecto e retoma o artigo 2383.º do Código de Seabra, mas em termos mais latos e «com uma sistematização que transcende a (mera) responsabilidade civil» (cfr. MENESES CORDEIRO, António, *Os Direitos de Personalidade na civilística portuguesa*, ROA, ano 61, Lisboa, Dez. 2001, p. 1242).

II.3.2.2.1. *Providências preventivas e providências atenuantes*

As providências adequadas às circunstâncias do caso previstas na 2ª parte do artigo 70.°, n.° 2 do Código Civil podem destinar-se a evitar a consumação da ameaça ao direito, ou direitos, de personalidade em causa, ou a atenuar os efeitos da ofensa já cometida. Às providências com o primeiro objectivo chamaremos[469] providências preventivas e às segundas providências atenuantes. Em determinadas situações, a mesma providência poderá ter um escopo simultaneamente atenuante e preventivo. Veja-se o caso do cônjuge vítima que, sistematicamente maltratado, se dirige ao tribunal, com base no artigo 70.°, n.° 2, 2ª parte, do Código Civil, pedindo o afastamento do agressor da sua residência e a não aproximação da sua pessoa; neste caso, a ofensa à integridade física e/ou psicológica do requerente já se verificou, mas a situação em que ele se encontra faz prever a repetição de tais condutas. A ser decretada a medida requerida, ela visará, em nosso entendimento, atenuar os efeitos das agressões já sofridas (designadamente pelo pretendido restabelecimento da paz de espírito e segurança para o cônjuge vítima, pelo afastamento do agressor) e, bem assim, obstar a futuros comportamentos agressivos, susceptíveis de violar os direitos de personalidade do requerente. O quadro que temos descrito afigura-se como quadro tipo, em matéria de violência conjugal.

O recurso às providências adequadas é possível, sempre que esteja em causa a violação ou ameaça de violação de um qualquer direito de personalidade e não apenas para certos e determinados direitos de personalidade – têm por isso âmbito geral[470]. As providências decretadas devem ser adequadas às circunstâncias do caso, o que significa que caberá ao julgador a tarefa de, avaliando a situação concreta da vida, optar pela providência mais conveniente, detendo ele, neste domínio, uma larga margem de ponderação de interesses[471-472].

As providências preventivas só poderão ser decretadas em face de uma ameaça de ofensa ilícita, em que o mal cominado seja significativo e

---

[469] Seguindo a terminologia adoptada por CAPELO DE SOUSA, R. V. A., *ob. cit.*, p. 472.

[470] CAPELO DE SOUSA, R. V. A., *ob. cit.*, p. 474.

[471] *Idem, Ibidem*, p. 474.

[472] Aliás, «A jurisprudência tem, no domínio do Direito da personalidade, um papel fundamental. Os textos legais relativos à tutela da pessoa têm, pela própria natureza da matéria em jogo, um grau acentuado de vaguidade.» – MENESES CORDEIRO, António, *ob. cit.*, p. 1245.

ponderável o receio pela sua cominação[473]. No caso de ameaças à vida, à liberdade ou à integridade física, que preencham estes requisitos, poderá decretar-se, por exemplo, a apreensão de armas de fogo, que o ameaçante possa deter, ainda que licenciadas, ou a proibição de aproximação[474]. Por sua vez, o decretamento de providências atenuantes pressupõe «uma certa durabilidade no tempo da comissão ofensiva em si mesma ou dos seus efeitos ontológicos ou existenciais»[475]. Este requisito encontra-se geralmente verificado, nos casos de violência conjugal.

II.3.2.2.2. Do processo tendente ao decretamento das providências adequadas às circunstâncias do caso

O requerimento das «providências adequadas às circunstâncias do caso», a que faz alusão a 2ª parte do n.° 2 do artigo 70.°, tem que ser feito através de um processo especial denominado de processo de tutela da personalidade, regulado nos artigos 1474.° e 1475.° do Código de Processo Civil. Trata-se de um processo de jurisdição voluntária, razão pela qual lhe são também aplicáveis, por força do artigo 463.°, n.° 1, 1ª parte, as normas gerais reguladoras deste tipo de processos, designadamente as previstas nos artigos 1409.° a 1411.° do mesmo diploma legal e as constantes nos artigos 302.° a 304.°, *ex vi* destas últimas.

O processo especial de declaração da tutela da personalidade é marcado por objectivos de celeridade e simplicidade processual[476], que vão repercutir-se na tramitação processual adoptada para este procedimento[477],

---

[473] CAPELO DE SOUSA, R. V. A., *ob. cit.*, p. 475.

[474] Sobre os requisitos da ameaça e o alcance das medidas preventivas, *vide Idem, Ibidem*, p. 474-476.

[475] CAPELO DE SOUSA, R. V. A., *ob. cit.*, p. 476.

[476] CAPELO DE SOUSA, R. V. A., *ob. cit.*, p. 480.

[477] Ainda que se pretenda que este processo seja célere, poderá, não obstante, verificar-se o caso de o procedimento não ser suficientemente rápido, para acautelar devidamente os direitos de personalidade em risco de lesão, ou já violados. Assim, também ao nível das acções especiais de tutela da personalidade, previstas nos artigos 1474.° e ss do CPC, é possível o recurso às providências cautelares, previstas nos artigos 381.° e ss do CPC (cfr. CAPELO DE SOUSA, R. V. A., *ob. cit.*, p. 486). No domínio das violações de direitos de personalidade, que geralmente ocorrem entre cônjuges, terão maior cabimento as providências cautelares não especificadas ou inominadas, cujo conteúdo, não se encontrando previamente fixado na lei, é variável, podendo satisfazer as necessidades próprias de cada situação.

designadamente, na exigência de o requerente, em conjunto com o requerimento inicial, ter que apresentar logo o rol de testemunhas e oferecer ou requerer outros meios de prova. No que concerne ao requerido, ele dispõe de um prazo de apenas dez dias para contestar, querendo, impondo-se também para ele a obrigatoriedade de apresentação do rol de testemunhas com o articulado, assim como o oferecimento ou requerimento de outras provas[478]. Oferecidos os articulados, haverá lugar à produção de prova, posto o que se decidirá pela procedência ou não do requerimento e, em caso de procedência, serão decretadas as medidas que o julgador considere adequadas às circunstâncias do caso[479]. Uma nota importante a este respeito reside no facto de o juiz não estar, a este nível, sujeito a critérios de legalidade estrita, devendo adoptar, em cada caso, a solução que julgue mais conveniente e oportuna[480]. Em matéria de recursos, vigoram as regras gerais. Haverá apenas que fazer referência ao disposto no artigo 1411.º, n.º 2, que determina que «Das resoluções proferidas segundo critérios de conveniência ou oportunidade não é admissível recurso para o Supremo Tribunal de Justiça.».

Por último, há que chamar a atenção para o que CAPELO DE SOUSA[481] designa por característica singular deste tipo de processos e que se traduz numa considerável entorse às regras do caso julgado[482]. É que as resoluções – estabelece o artigo 1411.º, n.º 1 do Código de Processo Civil – podem ser alteradas com fundamento em circunstâncias supervenientes. Em nada repugna, para nós, esta solução, aliás, inteiramente consentânea com os objectivos a atingir com a consagração da figura das providências adequadas às circunstâncias do caso a que alude o artigo 70.º, n.º 2. No

---

[478] Cfr. o artigo 303.º, n.ºs 1 e 2 do CPC, *ex vi* do artigo 1409.º, por remissão do artigo 463.º, n.º 1 do mesmo diploma legal.

[479] No domínio específico da violência conjugal, são configuráveis providências de conteúdos muito diversos. Deixamos aqui alguns exemplos, transpostos da experiência americana a este respeito, mas que consideramos inteiramente admissíveis no caso português, tais como: a concessão ao cônjuge vítima da posse exclusiva da casa de morada da família, o afastamento do cônjuge agressor da residência da vítima, a determinação de que o cônjuge agressor pague a renda do alojamento da vítima (caso ela não possa permanecer na residência em que se encontrava), a proibição do uso e porte de arma ao cônjuge agressor, etc (cfr. KLEIN, Catherine, e ORLOFF, Lesley, *Protecting Battered Women: Latest Trends in Civil Legal Relief*, in FEDER, Lynette, Women and Domestic Violence – An Interdisciplinary Aproach, New York – London: The Haworth Press, 1999, p. 36).

[480] Cfr. o artigo 1410.º do CPC.

[481] *Ob. cit.*, p. 481.

[482] Cfr. os artigos 671.º e ss do CPC.

caso específico da violência conjugal, tal disposição não poderia ser mais adequada. O decretamento de determinada medida pode justificar-se, durante um determinado período e, depois, chegar-se à conclusão que essa medida excede o necessário, para salvaguardar a integridade física e psicológica da vítima, ou, pelo contrário, entender-se que peca por defeito, havendo necessidade de tornar a medida mais gravosa para o agressor; isto significa que a possibilidade de alteração das resoluções permite fazer um acompanhamento do evoluir da situação da vítima e adaptar a forma de resposta, em função dessa evolução.

II.3.2.2.3. *Da coercibilidade das providências adequadas decretadas*

Uma vez decretada em relação ao cônjuge agressor determinada medida que o juiz reporte como adequada às circunstâncias do caso (imaginemos, a título de exemplo, que é decretada a proibição de aproximação do cônjuge vítima, em conjunto com a ordem de afastamento da residência desta) *quid iuris*, se o obrigado ao cumprimento desta decisão judicial a não cumpre?

Em nosso entendimento, são viáveis duas hipóteses: a primeira resulta do disposto no n.º 1 do artigo 829.º-A do Código Civil, uma vez que a prestação a que o cônjuge agressor se encontra obrigado é uma prestação de facto infungível. Poderá, por isso, o cônjuge vítima requerer na acção que o tribunal condene o cônjuge agressor ao pagamento de determinada quantia pecuniária, por cada dia que se atrasar no cumprimento da obrigação (no exemplo vertente, por cada dia que tardar em abandonar a residência do cônjuge vítima), ou por cada infracção (sempre que o obrigado violar a imposição de não aproximação do cônjuge vítima). Tal entendimento revela CAPELO DE SOUSA[483], a propósito da condenação do violador do direito de personalidade «a não se aproximar a menos de dez metros do ameaçado». O autor considera que estas prestações de facto, judicialmente impostas, quando infungíveis (o que no domínio conjugal é uma certeza, uma vez que, só o cônjuge agressor pode abster-se de praticar as condutas descritas na sentença judicial) podem ser seguramente garantidas com a sanção pecuniária compulsória do n.º 1 do artigo 829.º-A do Código Civil.

---

[483] *Ob. cit.*, p. 490.

A outra hipótese traduz-se no facto de a violação da obrigação de *facere* ou *non facere* judicialmente imposta, por meio de uma sentença cível, poder constituir o cônjuge agressor em responsabilidade criminal pela prática de um crime de desobediência[484].

Entre nós, discute-se se constitui ou não crime de desobediência o não acatamento de uma sentença cível. A jurisprudência tem-se pronunciado largamente sobre esta questão[485].

LÍBANO MONTEIRO[486] refere que, excepcionando as providências cautelares, as restantes sentenças não integram propriamente ordens, «mas sim declarações ou constituições de estados de sujeição, resultantes da composição de conflitos de interesses (...) que vêem assegurada a sua efectivação através dos meios executivos próprios desse tipo de processos.». Parece-nos que a autora não terá considerado o teor das sentenças que estamos a abordar, uma vez que em relação a estas suscitam-se as maiores dúvidas, quanto ao procedimento a adoptar em ordem à sua execução. Refere CAPELO DE SOUSA[487] a este propósito que, quando nos artigos 70.º, n.º 2 do Código Civil e 1474.º, n.º 1 do CPC se fala em «providências judicialmente requeridas, já está ínsita uma ideia de execução», isto é, poderemos, neste domínio, considerar tais sentenças como verdadeiras ordens, cujo não acatamento fundamenta o preenchimento do tipo legal do crime de desobediência. De facto, na generalidade das providências decretáveis, es-

---

[484] Cfr. o artigo 348.º do CP.

[485] Cfr., entre outros, o Acórdão da Relação de Coimbra, de 28 de Março de 1984, CJ, ano IX, tomo 2, p. 70: «II – A desobediência a uma decisão cível não reúne os requisitos necessários para poder integrar esse tipo de crime. III – Só quando a decisão cível tem clara a ordem que quer ver cumprida e implícito, o reconhecimento de que não existem outros meios de forçar o seu cumprimento, de modo a ser posta em cheque a autoridade que deu a ordem, é que se poderá verificar o crime de desobediência.» e o Acórdão do STJ, de 18 de Outubro de 1989, CJ, XIV, tomo 4, p. 20, segundo o qual, «O não acatamento de decisão cível, nomeadamente a proferida em processo cautelar, salvo no caso de embargo de obra nova do artigo 420.º, n.º 2 do CPC, não faz incorrer o agente no crime de desobediência». Em sentido contrário, *vide* o Acórdão da Relação do Porto, de 17 de Junho de 1998, CJ, XXIII, tomo 3, p. 239, que considera que «Apesar de o não cumprimento de decisões judiciais poder constituir crime de desobediência como se prevê no artigo 348.º, n.º 1 do CP, é necessário, para que o mesmo se verifique, que o arguido tivesse sido advertido de que o não cumprimento dessa decisão o faria incorrer na prática do crime de desobediência».

[486] LÍBANO MONTEIRO, Cristina, in *Comentário do artigo 348.º do CP*, Comentário Conimbricense do Código Penal – Parte Especial, Tomo 3, dirigido por FIGUEIREDO DIAS, Jorge, Coimbra: Coimbra Editora, 2001, p. 355.

[487] *Ob. cit.*, p. 482.

tará em causa o cumprimento de prestações de facto negativo ou positivo de natureza infungível, cujo não cumprimento, de outra forma, parece ficar sem sanção, quando se nos afiguram inteiramente preenchidos os requisitos para a aplicação do tipo legal do crime de desobediência. Desde que a sentença contenha expressamente a *cominação* de que, em caso de não cumprimento, tal facto constituirá crime de desobediência, não nos parece que se levantem obstáculos à admissibilidade do preenchimento deste tipo legal de crime,[488] uma vez que, pelo supra exposto, teremos que considerar tal sentença na acepção de uma verdadeira *ordem*, emanada por uma *autoridade competente* – o juiz – cuja não observância, desde que a ordem haja sido *regularmente comunicada*, constitui o infractor em responsabilidade criminal.

Convém também recordar aqui que a outra forma de compelir o agressor a cumprir a providência decretada – a sanção pecuniária compulsória – terá que ser requerida pelo cônjuge vítima, que poderá não o ter requerido, ou, tendo-o feito, de nada tenha servido, por força da carência económica do agressor. Acresce que a sanção pecuniária compulsória apenas poderá proporcionar à vítima alguma satisfação pecuniária e nunca o cumprimento efectivo da providência decretada. Por seu turno, a ameaça de procedimento criminal, com a perspectiva da correspondente condenação e inscrição desse facto no registo criminal do agressor, poderão ter junto deste um efeito positivo, no sentido de o compelir ao cumprimento da providência decretada. Deste modo, o recurso à responsabilização criminal, em nosso entender, inteiramente justificado no plano do direito penal substantivo, é imprescindível para uma garantia eficaz do cumprimento deste tipo de medidas, que, no futuro, poderão vir a dar bons frutos, na resposta ao problema da violência conjugal.

II.3.2.2.4. *Algumas considerações sobre a aplicabilidade prática das providências adequadas às circunstâncias do caso*

Em nosso entendimento, as providências adequadas às circunstâncias do caso, como forma de resposta à violência conjugal, apresentam muitas possibilidades.

---

[488] Cfr. o artigo 348.º do CP: «Quem faltar à obediência devida a ordem ou mandado legítimo, regularmente comunicados e emanados de autoridade ou funcionário competente, é punido com pena de prisão até 1 ano ou com pena de multa até 120 dias se: a) Uma disposição legal cominar, no caso, a punição da desobediência simples; ou b) Na ausência de disposição legal, a autoridade ou o funcionário fizerem a correspondente cominação.».

Nos EUA, os mecanismos de resposta estadual à violência conjugal e doméstica, começaram, precisamente, pela criação das denominadas *civil protection orders*. Uma «civil protection order is a legal binding court order that prohibits an individual who has committed an act of domestic violence from further abusing the victim.»[489]. No Reino Unido, o Family Law Act de 1996, na sua parte IV, prevê também medidas de teor idêntico: as *non-molestation orders* que visam impedir «any form of serious pestering or harassment»[490] (ou seja, pretende dar resposta aos problemas das vítimas de violência doméstica, por forma a evitar a revitimação) e as *ocupation orders*, que se destinam a atribuir a utilização da habitação do casal a apenas um dos seus membros, quando o requerente ou criança ao seu cuidado estiverem em risco de sofrer um mal significativo, atribuível à conduta do requerido[491]. O tribunal não decretará, todavia, tal providência, quando o requerido ou criança que se encontre ao seu cuidado esteja em risco de sofrer um mal maior[492].

Mais recentemente, na Alemanha, foi promulgada, em Dezembro de 2001, a *Gewaltschutzgesetz*, que se destina à melhoria da protecção proporcionada pelo direito civil às vítimas de violência e perseguição, bem como à facilitação da atribuição da casa de morada do casal em caso de separação. Em síntese, a *Gewaltschutzgesetz* estabelece um conjunto de medidas de protecção à vítima de violência conjugal, a serem decretadas pelo tribunal, a requerimento da vítima; elas podem passar pela proibição de entrada do agressor no domicílio da vítima, pela obrigação deste manter uma determinada distância, pela obrigação de não se deslocar a locais habitualmente frequentados pela vítima, pela proibição de estabelecer contactos com a vítima, inclusive por meios de telecomunicação, e ainda pela obrigação de não provocar o encontro com a vítima, entre outras medidas[493]. Por outro lado, o tribunal pode, também a requerimento da vítima, atribuir à mesma a utilização exclusiva da habitação comum, ainda que esta seja propriedade do agressor, pese embora, neste último caso, tal atribuição se encontre temporalmente limitada a um período máximo de seis

---

[489] DEVELOPMENTS IN THE LAW – LEGAL RESPONSES TO DOMESTIC VIOLENCE, Harvard Law Review, vol. 106, n.º 7, 1993, p. 1501-1620, p. 1509.

[490] *Vide* a propósito CRETNEY, Stephen M., *Family Law*, p. 102.

[491] *Vide Idem, Ibidem*, p. 111.

[492] Esta ponderação a que procede o tribunal é o denominado «Balance of harm test» (cfr. CRETNEY, Stephen M., *ob. cit.*, p. 111).

[493] Cfr. o artigo 1.º, § 1 da *Gewaltschutzgesetz*, disponível na Internet em http://www.bmfsfj.de, em 10 de Outubro de 2002.

meses[494]. A *Gewaltschutzgesetz* procura sobretudo criar para a vítima a possibilidade de permanecer na habitação até ali utilizada comummente pelo casal, sem ter que a partilhar com o agressor. O fundamento para o decretamento destas providências funda-se no cometimento pelo agressor de qualquer ofensa intencional e ilícita ao corpo, à saúde ou à liberdade do outro cônjuge, estando também compreendida a violência psicológica[495]. O tribunal competente para o decretamento das medidas constantes da *Gewaltschutzgesetz* é o tribunal de família, desde que a vítima e o agressor sejam coabitantes, ou hajam sido, no período até seis meses antes do requerimento inicial, caso contrário, a competência cabe aos tribunais civis.

Entre nós, como tivemos oportunidade de referir, estas medidas têm carácter geral, destinando-se à salvaguarda de qualquer direito de personalidade, de qualquer pessoa, ao passo que as denominadas *civil protection orders*, as *non-molestation orders* e as *ocupation orders* surgem no âmbito específico da violência doméstica[496]. Temos para nós que a solução portuguesa, ao consagrar uma forma de protecção geral, é um primeiro passo rumo à consagração de uma efectiva protecção de direito civil contra a violência doméstica, mas longe de ser satisfatória.

Depositamos alguma confiança num futuro esquema de protecção civil, como forma de combate à violência conjugal. Ao contrário das sanções aplicadas por via do direito penal, que oferecem sempre uma dimensão punitiva, a protecção do direito civil, traduzida em providências adequadas às circunstâncias do caso, próximas das previstas na *Gewaltschutzgesetz*, procura regular e melhorar a situação para futuro. Neste domínio, a vítima está no centro das atenções: ela assume o papel principal, como sujeito impulsionador do processo[497], podendo influenciar a decisão do juiz ao su-

---

[494] Cfr. o artigo 1.º, § 2 da *Gewaltschutzgesetz*.

[495] *Vide*, a este respeito, BUNDESMINISTERIUM FÜR FAMILIE, SENIOREN, FRAUEN UND JUGEND/BUNDESMINISTERIUM DER JUSTIZ, *Mehr Schutz bei häuslicher Gewalt*, disponível na Internet em http://www.bmfsfj.de, em 10 de Outubro de 2002.

[496] As *civil protection orders* podem ser decretadas entre cônjuges, ex-cônjuges e membros da família – cfr. KLEIN, Catherine, e ORLOFF, Lesley, *Protecting Battered Women: Latest Trends in Civil Legal Relief*, *in* FEDER, Lynette, *ob. cit.*, p. 30. Por sua vez, as *non-molestation orders* dirigem-se «to those who had a family relationship.» (CRETNEY, *ob. cit.*, p. 102).

[497] Cfr. CHIU, Elaine, *ob. cit.*, p. 1233, a respeito das *civil protection orders* americanas: «the entire framework of the civil restraining order is built around the choices of battered women.». De acordo com a legislação portuguesa, o grau de liberdade do cônjuge vítima não é ilimitado. Uma vez iniciado o procedimento tendente ao decretamento da providência, a vítima pode, livremente, desistir do pedido, de acordo com as regras cons-

gerir, pelo mecanismo processual próprio, a providência a decretar, que o juiz poderá considerar adequada às circunstâncias do caso.

Do ponto de vista do seu funcionamento, também vislumbramos vantagens, por contraposição à via penal, designadamente, se concebida (ao exemplo do que acontece com as providências do artigo 70.°, n.° 2) a possibilidade de, uma vez decretada a providência, ela ser alterada, consoante a evolução do caso o justifique[498]. Por outro lado, a sujeição do agressor ao cumprimento da providência decretada não se faz acompanhar do estigma em que se traduz a condenação penal, nomeadamente quando é decretada pena privativa da liberdade. Neste último caso, os efeitos são ainda mais nocivos, implicando a perda de rendimentos do agressor e, em consequência, em muitos casos, a perda de rendimentos da vítima.

Em termos práticos, o calcanhar de Aquiles desta figura poderá situar-se no plano da coercibilidade[499].

---

tantes dos artigos 293.° e 295.° do CPC. Porém, a sua iniciativa processual poderá ter um efeito lateral a que já tivemos oportunidade de nos referir (ainda que indirectamente), a respeito da dedução do pedido de indemnização civil em separado: os factos constantes da causa de pedir, que justificam o decretamento da providência adequada às circunstâncias do caso, poderão indiciar a prática, pelo requerido, de um crime de maus tratos. Nos termos do artigo 242.° do CPP, a denúncia é obrigatória para os juízes, razão pela qual esta atitude da vítima pode dar, indirectamente, origem à instauração do competente procedimento criminal. Este efeito poderá dissuadir o cônjuge vítima do recurso à figura das providências adequadas às circunstâncias do caso, em virtude da sempre possível denúncia penal da sua situação, que, em consciência, a vítima pode não pretender. Todavia, embora tal efeito, face à legislação vigente, nos pareça incontornável, mercê da natureza pública do crime de maus tratos, não se nos afigura fortemente dissuasor, pois que, na prática, a denúncia, embora obrigatória, não nos parece que venha a ocorrer em muitos casos e, ainda que isso se verifique, a instauração de procedimento criminal não é sinónimo automático de condenação. Aliás, atentas as válvulas de escape que a legislação processual penal consagra, a inviabilização da condenação pela recusa de colaboração do cônjuge vítima é uma séria possibilidade. Por outro lado, a criação de legislação especial sobre esta matéria da protecção civil permitiria solucionar esta dificuldade.

[498] Cfr. o artigo 1411.°, n.° 1 do CPC.

[499] À semelhança do que acontece com as *civil protection orders* americanas e das *non-molestation orders* do Reino Unido, poderá temer-se que, também em Portugal, as providências venham a ser frequentemente violadas e falhem o objectivo de prevenir a violência conjugal. Na Alemanha, a *Gewaltschutzgesetz* estabelece como sanção para o incumprimento das medidas decretadas pelo tribunal pena de prisão até um ano, ou pena de multa (cfr. a GewSchG). Por seu turno, quer nos EUA, quer no Reino Unido, a desobediência a uma ordem do tribunal constitui «contempt of court», punível com prisão. Nos EUA, presentemente, a violação de uma *civil protection order* constitui crime, que pode dar origem a procedimento criminal, em quase todos os Estados (KLEIN, Catherine,

Enquanto não chega a legislação especial, consideramos importante o desenvolvimento de algumas iniciativas, para informar as vítimas de violência conjugal de que têm ao seu alcance uma outra forma de resposta aos seus problemas enquanto vítimas. As providências adequadas do artigo 70.°, n.° 2, 2.° parte, do Código Civil, em aplicação a esta temática são praticamente desconhecidas. Seria importante a divulgação desta possibilidade junto dos profissionais da advocacia e dos profissionais que trabalham no apoio às vítimas de violência doméstica, em geral[500], porquanto, sendo uma figura regulada no Código Civil de 1966 desde o início, ela é, ainda assim, quase letra morta neste domínio. Entre nós, como oportunamente referimos, a resposta à violência conjugal assenta quase exclusivamente na via penal, razão pela qual o primeiro conselho do profissional que apoia a vítima é, geralmente, a apresentação de queixa, junto das autoridades competentes. Parece-nos ser conveniente alterar este automatismo e apostar, também, nesta solução. A sua utilização prática poderá suscitar discussões e levantar problemas[501], cuja resolução passa pela intervenção legislativa, no sentido da adaptação da figura às exigências específicas do problema da violência conjugal.

A criação de uma lei especial de conteúdo próximo da *Gewaltschutzgesetz* alemã é, em nosso entendimento, uma questão a ponderar.

II.3.3. *A dissolução e modificação do vínculo conjugal*

II.3.3.1. *Generalidades*

Outra forma de reacção à violência conjugal é a extinção e modificação do vínculo conjugal, respectivamente através do divórcio e da separa-

---

e ORLOFF, Leslye, *Protecting Battered Women*..., p. 40 e ss). As violações das ordens do tribunal, contudo, traduzem-se num baixo número de prisões. Ainda assim, um estudo citado por KINPORTS, Kit, e FISHER, Karla, *Orders of Protection in Domestic Violence Cases: an empirical assessment of the impact of the reforme statutes*, in LEMON, Nancy K. D., *ob. cit.*, p. 310, a taxa de insucesso das *civil protection orders* ronda os 10%, o que, em nosso entendimento, é bastante positivo.

[500] KINPORTS, Kit, e FISHER, Karla, *ob. cit.*, p. 285, a propósito das *civil protection orders* americanas, defendem a necessidade de educação do público, no sentido de fazer saber aos potenciais utlizadores deste recurso que as *civil protection orders* são mesmo uma verdadeira alternativa.

[501] Desde logo, quanto ao regime da denúncia obrigatória, mas problema que de alguma forma poderá encontrar solução através da figura da suspensão provisória do processo a pedido da vítima.

ção de pessoas e bens[502]. Em ambas as hipóteses, cessam os deveres de coabitação e de assistência[503] e há lugar à partilha do património comum do casal. Esta situação tem, em regra, como consequência para o cônjuge vítima a possibilidade de abandonar a residência do agressor (de quem, não raro, é economicamente dependente[504]) e seguir em frente, rumo a uma nova vida. Por outro lado, a vítima, ao intentar a competente acção judicial de divórcio litigioso ou de separação de pessoas e bens, poderá requerer, com base no artigo 1793.° do Código Civil, que o tribunal lhe dê de arrendamento a casa de morada da família, quer ela seja bem comum, quer bem próprio do outro cônjuge, atentas as suas necessidades habitacionais e o interesse dos filhos, se os houver. Tal possibilidade reveste-se de particular importância na protecção dos interesses da vítima de violência conjugal, cujo grande obstáculo à resolução do problema passa pela carência habitacional.

II.3.3.2. O Divórcio

II.3.3.2.1. *Divórcio por Mútuo Consentimento e Divórcio Litigioso; Fundamentos do Divórcio Litigioso*

A dissolução do vínculo conjugal pode ter lugar por via do divórcio por mútuo consentimento, ou por via do divórcio litigioso. No domínio da violência conjugal, será mais comum o recurso ao divórcio litigioso, uma vez que o cônjuge agressor reluta, as mais das vezes, em libertar a sua vítima da relação matrimonial. Ainda assim, sempre se dirá que, quando possível, a opção pelo divórcio por mútuo consentimento será preferível[505], não só na

---

[502] Cfr. os artigos 1773.° e ss e 1794.° e ss do CC.

[503] Cfr. o artigo 1788.° do CC, para o caso do divórcio, e 1795.°-A, para o caso da separação de pessoas e bens.

[504] O disposto no artigo 1790.° do CC, segundo o qual o cônjuge declarado único ou principal culpado não pode na partilha receber mais do que receberia, se o casamento tivesse sido celebrado segundo o regime da comunhão de adquiridos, constitui uma ajuda preciosa, no caso do casamento ter sido celebrado sob o regime da comunhão geral de bens.

[505] De acordo com as estatísticas demográficas do INE de 1999, *apud* CANÇO, Dina, e CASTRO, Isabel, *Portugal – Situação das Mulheres 2001*, Lisboa: CIDM, 2001, p. 86, em 1999, a esmagadora maioria dos divórcios teve lugar por mútuo consentimento (86,9%) sendo que, apenas 12,9% do total de divórcios resultaram de processos litigiosos. Por seu turno, dos 12,9% de divórcios litigiosos, 9,3% tiveram como fundamento a violação culposa dos deveres conjugais (artigo 1779.° do Código Civil). Nas acções de divórcio liti-

perspectiva das relações humanas, que saem menos desgastadas, mas também na perspectiva jurídico-processual, porquanto, desde Janeiro de 2002, pela introdução do DL n.º 272/2001, de 13 de Outubro, o decretamento do divórcio e da separação por mútuo consentimento são actos da competência exclusiva do conservador do registo civil[506] (é o denominado divórcio *administrativo*[507]) tornando todo o processo mais simples e menos moroso[508]. Além disso, o divórcio por mútuo consentimento pode ser requerido a todo o tempo e os cônjuges não têm que revelar a causa do divórcio[509], tendo apenas que acordar sobre a prestação de alimentos ao cônjuge que deles careça, sobre o exercício do poder paternal relativamente aos filhos menores e sobre o destino da casa de morada da família[510].

Por sua vez, o divórcio litigioso tem como fundamentos, por um lado, a violação culposa dos deveres conjugais[511] e, por outro, a ruptura da vida em comum, designadamente: a separação de facto por três anos consecutivos (ou por um ano, caso o divórcio seja requerido por um dos cônjuges sem oposição do outro); a alteração das faculdades mentais do outro cônjuge, (quando dure há mais de três anos e que, pela sua gravidade, comprometa a possibilidade de vida em comum) e a ausência, sem que do ausente haja notícias, por tempo não inferior a dois anos[512].

---

gioso, 62% dos autores eram mulheres. Dado curioso, mas em nada surpreendente, é o facto de 74% das mulheres que se divorciaram se encontrarem empregadas.

[506] Cfr. o artigo 12.º, n.º 1, al. b) do DL n.º 272/2001, de 13 de Outubro.

[507] O divórcio administrativo, como referem PEREIRA COELHO, Francisco, e OLIVEIRA, Guilherme, *Curso de Direito da Família*, vol. I, Introdução, Direito Matrimonial, 2ª edição, Coimbra Editora, Coimbra, 2001, p. 592, é uma raridade nas legislações, pelo menos nas da nossa matriz cultural. Talvez demonstre uma atitude demasiado facilitista do legislador português face à concessão do divórcio.

[508] Sobre o regime processual do divórcio e da separação por mútuo consentimento, vide RAMIÃO, Tomé d'Almeida, *Divórcio por Mútuo Acordo (DL. n.º 272/2001) Anotado e Comentado – Legislação Complementar*, 2ª edição (revista e ampliada), (reimpressão), Lisboa: Quid Juris?, 2002.

[509] Parece, inclusive, decorrer da alteração legislativa de 2001 que o divórcio por mútuo consentimento é um divórcio ao qual não tem que estar subjacente uma causa, ou pelo menos, um motivo forte. Ao abrigo da lei em vigor, parece razoável que os cônjuges, de comum acordo, possam decidir pôr termo ao casamento, simplesmente por se haverem enfadado do estado de casados, sem que outro motivo exista, para quererem ver dissolvido o vínculo conjugal.

[510] Cfr. o artigo 1775.º do CC.

[511] Cfr. o artigo 1779.º do CC.

[512] Cfr. o artigo 1781.º do CC.

No domínio da violência conjugal, a causa objectiva mais invocável é a da separação de facto. Quanto às causas subjectivas, o comportamento violento de um cônjuge em relação ao outro constitui, em princípio, fundamento do pedido de divórcio litigioso, desde que caiba na cláusula geral[513] do artigo 1779.° do Código Civil, ou seja, desde que tal constitua violação culposa[514] dos deveres conjugais[515] e que a viola-

---

[513] Esta técnica legislativa apresenta, em nosso entendimento, alguns inconvenientes. Durante muito tempo, os fundamentos do divórcio constaram de um elenco taxativo, de tal forma que, uma vez verificados, não deixariam ao juiz, pelo menos teoricamente, grande margem de manobra, na concessão ou não do divórcio. Presentemente, as causas subjectivas do divórcio constam da cláusula geral do artigo 1779.°, o que tem sido objecto de algumas críticas. Temos para nós que a harmonização dos dois extremos seria preferível: o legislador, além da cláusula geral do número 1, deveria inserir um segundo número, no qual figurassem algumas causas de divórcio, a título meramente exemplificativo, mas que, uma vez verificadas, pudessem motivar, sem mais, o divórcio. No que concerne ao nosso objecto de estudo, não seria de rejeitar a introdução de alíneas exemplificativas das quais constasse a violação, grave ou reiterada, da integridade física ou moral do outro cônjuge e a condenação penal do cônjuge por crime contra a pessoa ou contra o património do outro cônjuge. Tais formulações permitiriam reduzir a sempre possível arbitrariedade e o subjectivismo decorrentes do esforço de preenchimento da presente cláusula geral, o que pode conduzir ao tratamento desigual de situações virtualmente idênticas e que coloca, em última análise, nas mãos do julgador, o poder de decretar, ou não, o divórcio, com todos os inconvenientes que tal solução acarreta.

[514] Os factos integradores da culpa, quando o pedido de divórcio se funda na violação culposa dos deveres conjugais, parecem revestir a natureza de factos constitutivos do direito do autor à concessão do divórcio, razão pela qual caberá a este o ónus da sua alegação e prova. Este é o entendimento de MATIAS, Carlos, *Casamento e Família no Direito Português*, in Temas de Direito da Família..., p. 77. Tal entendimento não é, todavia, unânime. Em sentido diverso, *vide* o Acórdão do STJ, de 17 de Fevereiro de 1983, BMJ, n.° 324, p. 584 e ss, ao considerar aplicável a presunção de culpa constante do artigo 799.° do Código Civil. Não cabe aqui tomar posição sobre a querela, mas sempre se dirá que, no tocante à posição do cônjuge requerente vítima de violência, ela sairá facilitada se se entender aplicável a supra mencionada presunção de culpa.

[515] Os comportamentos violentos de um cônjuge em relação ao outro constituem, pelo menos, violação do dever de respeito. «Como dever negativo, ele é, em primeiro lugar, o dever que incumbe a cada um dos cônjuges de não ofender a integridade física ou moral do outro, compreendendo-se na "integridade moral" (...) a honra, a consideração social, o amor próprio, a sensibilidade e ainda a susceptibilidade pessoal. Infringe o dever de respeito o cônjuge que maltrata ou injuria o outro; (...) O dever de respeito é ainda um dever positivo. (...) O cônjuge que não fala ao outro, que não mostra o mínimo interesse pela família que constituiu, que não mantém com o outro qualquer comunhão espiritual, não respeita a personalidade do outro cônjuge e infringe o correspondente dever.» – PEREIRA COELHO, Francisco, e OLIVEIRA, Guilherme, *Curso de Direito da Família*, p. 354.

ção, pela sua gravidade ou reiteração, comprometa a possibilidade de vida em comum[516].

Entre nós, vigora, pois, um modelo próximo da concepção do divórcio como constatação de ruptura do casamento[517], mas não na sua forma pura[518], ao não se admitir, no nosso ordenamento jurídico, que o divórcio seja requerido, independentemente de quaisquer condicionamentos, ou limitações de prazo ou de outra índole. Além disso, mesmo quando estamos perante a causa objectiva separação de facto, há lugar, sempre que possível, à determinação do cônjuge culpado[519]. Aliás, a determinação do cônjuge culpado ou principal culpado desempenha um importante papel, para efeitos da aplicação do disposto nos artigos 1790.° e 1791.°, n.° 1 do Código Civil.

II.3.3.2.2. *Da natureza sancionatória do Divórcio*

O carácter sancionatório do divórcio reside precisamente no disposto nos artigos 1790.° e 1791.°, n.° 1 do Código Civil. Estão em causa autên-

---

[516] A fim de determinar se é ou não exigível, no caso concreto, a continuação da vida em comum, terá que ter-se em consideração a «realidade da vivência conjugal e as razões da sua crise, tendo em conta o material probatório recolhido pelo tribunal» (cfr. MATIAS, Carlos, *ob. cit.*, p. 83-85). Para este autor, deverá proceder-se à análise concreta dos factos e da sua gravidade, da personalidade e sensibilidade dos cônjuges, da sua ambivalência social, económica e cultural, e da interacção entre os cônjuges e a respectiva família, em ordem a determinar se é ou não exigível a continuação da vida em comum. Essa questão terá que ser resolvida em concreto, «num compromisso atento e cauteloso entre o interesse na manutenção da sociedade conjugal e o respeito pela liberdade individual dos cônjuges que pode ser intoleravelmente coarctada pela imposição de um sacrifício injustificado.» – este será frequentemente o caso, no domínio da violência conjugal.

[517] Como é sabido, existem acerca do divórcio três concepções: a concepção do *divórcio-sanção*, a concepção do *divórcio-remédio* e a concepção do *divórcio-constatação de ruptura*. Sobre este tema *vide* PEREIRA COELHO, Francisco, *Curso de Direito da Família*, Coimbra, 1986, p. 548-552, PEREIRA COELHO, Francisco, e OLIVEIRA, Guilherme, *ob. cit.*, p. 583-586, e DELGADO, Abel, *O divórcio*, 2ª Edição, Lisboa: Livraria Petrony, Lda., 1994, p. 20-21.

[518] Cfr. PEREIRA COELHO, Francisco, e OLIVEIRA, Guilherme, *ob. cit.*, p. 584. Segundo estes autores, este modelo puro não é acolhido por nenhuma legislação. Vide, a título de exemplo, o caso inglês, onde, apesar de se encontrar consagrado o princípio do *no-fault divorce*, subsistem os designados *fault based "facts"* (cfr. BAINHAM, Andrew, *Men and Women Behaving Badly: Is Fault Dead in English Family Law?*, Oxford Journal of Legal Studies, vol. 21, n.° 2, 2001, p. 221-223).

[519] Cfr. o artigo 1782.°, n.° 2 do CC.

ticas "penas civis"[520]. A declaração de culpa de um dos cônjuges acarreta para esse cônjuge o efeito de, em sede de partilha, só poder receber aquilo que receberia, se estivesse casado segundo o regime da comunhão de adquiridos[521].

Duas observações parecem-nos pertinentes: por um lado, a sanção só advirá para o cônjuge culpado, quando este se encontre casado segundo o regime da comunhão geral de bens, o que, presentemente, não constituirá a maioria dos casos, se tivermos em atenção que, desde a entrada em vigor do Código Civil de 1966, figura entre nós, como regime supletivo, o regime da comunhão de adquiridos[522]. Por outro lado, nem sempre será possível determinar o culpado (ou principal culpado) do divórcio, nos casos de ele ter lugar por mútuo consentimento, onde, como tivemos oportunidade de ver, não é necessária a invocação de causa, para os cônjuges poderem requerer o divórcio. Nestes casos, ainda que o casamento haja sido celebrado no regime da comunhão geral de bens, é impossível aplicar o disposto no artigo 1790.º[523]. Inviável resultará também, nesta última hipótese, a aplicação do n.º 1 do artigo 1791.º, que determina que «O cônjuge declarado único ou principal culpado perde todos os benefícios recebidos ou que haja de receber do outro cônjuge ou de terceiro, em vista do casamento ou em consideração do estado de casado, quer a estipulação seja anterior quer posterior à celebração do casamento.».

As normas a que acabámos de nos referir são tributárias da concepção do divórcio como sanção. Esta concepção adquire especial relevância no domínio da violência conjugal. Temos para nós que, em sede de divór-

---

[520] Cfr. MIZARELA, Fernando, A «Sanção Civil» do artigo 1790.º do C.C. ou o Cônjuge Declarado Culpado e os Efeitos Patrimoniais do Divórcio, Revista do Conselho Distrital do Porto da O.A., n.º 20, Dez. 2001, p. 85. No mesmo sentido, vide PIRES DE LIMA e ANTUNES VARELA, Código Civil Anotado, IV, Coimbra: Coimbra Editora, 1992, p. 562: «a perda de benefícios consubstancia uma sanção civil imposta ao cônjuge causador ou culpado do divórcio. Tal sanção encontra plena justificação na conduta indigna e censurável do consorte culpado» e LOPES CARDOSO, João, Partilhas Judiciais (Teoria e Prática), vol. 3, 4ª edição, Coimbra: Almedina, 1991, p. 382.

[521] Terá que averiguar-se, pois, na linha do defendido pela Relação de Lisboa, no âmbito do Acórdão de 6 de Março de 1981 apud MIZARELA, Fernando, ob. cit., p. 85, qual o resultado menos favorável para o cônjuge culpado: se o que advém do regime matrimonial, se o proveniente do regime da comunhão de adquiridos. No mesmo sentido, cfr. PIRES DE LIMA e ANTUNES VARELA, ob. cit., p. 564.

[522] Cfr. o artigo 1717.º do CC.

[523] Sobre o mecanismo de aplicação da regra contida neste artigo, vide LOPES CARDOSO, ob. cit., p. 378 e ss.

cio, além de se procurar pôr termo ao problema da violência, interessa também a produção de um determinado efeito sancionatório, dissuasor de futuros comportamentos violentos. Além disso, partilhamos da visão de ROUAST[524], quando afirma que seria injusto «deixar o cônjuge culpado aproveitar das vantagens dum casamento que ele próprio violou», mormente, acrescentamos nós, quando essa violação se traduz em actos lesivos da integridade física e/ou psicológica do outro cônjuge.

II.3.3.3. *A Separação de Pessoas e Bens (breve referência)*

A separação de pessoas e bens[525], no nosso Código Civil, é regulada por remissão para as disposições relativas ao divórcio. O nosso legislador dá preferência à solução definitiva que é o divórcio, em detrimento da separação de pessoas e bens, que não põe termo ao matrimónio, mas apenas modifica o vínculo conjugal.

Actualmente, esta alternativa tem uma aplicação residual, ao contrário do que aconteceu entre 1940 e 1975, por força da vigência do sistema concordatário, que, como oportunamente referimos no ponto I.2.4 e I.2.5 da presente dissertação, forçava os catolicamente casados a recorrerem à separação de pessoas e bens, como forma de, na prática, porem fim ao matrimónio. Presentemente, não encontramos na lei civil qualquer obstáculo ao divórcio dos catolicamente casados, razão pela qual o recurso a esta via só se justificará, em nosso entendimento, quando as convicções religiosas do cônjuge vítima o impedirem de lançar mão do divórcio.

II.3.3.4. *Algumas considerações sobre a eficácia do divórcio e da separação de pessoas e bens como reacção à violência conjugal*

O divórcio e a separação de pessoas e bens, como oportunamente referimos, fazem cessar entre os cônjuges o dever de coabitação. Cada cônjuge é agora juridicamente "livre" para viver separadamente do outro, o que, em princípio, poderá reduzir as probabilidades de repetição de episó-

---

[524] *Apud* LOPES CARDOSO, *ob. cit.*, p. 381.
[525] Desde a entrada em vigor do DL n.º 272/2001, de 13 de Outubro, a separação por mútuo consentimento passou a ser da competência exclusiva das conservatórias do registo civil, nos termos do artigo 12.º, n.º 1, al.b) do supra mencionado diploma legal.

dios violentos. Mas não é forçoso que assim aconteça. Mesmo depois do divórcio, muitos ex-cônjuges continuam a perseguição às suas vítimas[526]. Acresce que, estas, uma vez divorciadas, não dispõem, muitas vezes, de meios de subsistência, pese embora o que supra referimos quanto à aplicabilidade do artigo 1790.º do Código Civil. Nesta situação, encontramos com maior frequência as mulheres que, por via de regra, auferem salários mais baixos e, não raro, abandonaram de todo o mercado de trabalho, para se dedicarem exclusivamente ao casamento, tendo entretanto perdido competitividade e, por vezes, qualificações, não sendo para estas mulheres tarefa fácil encontrar emprego após o divórcio[527]. Por outro lado, as pensões de alimentos dependem da capacidade de prestação do obrigado[528], sendo normalmente fixadas em montantes baixos, que não asseguram a sobrevivência do ex-cônjuge que delas dependa, sendo bastante difícil obter a sua cobrança[529]. A este quadro negro, junta-se o fraco apoio pres-

---

[526] Segundo a COMISSÃO DE PERITOS PARA O ACOMPANHAMENTO DA EXECUÇÃO DO PLANO NACIONAL CONTRA A VIOLÊNCIA DOMÉSTICA, *Relatório de Acompanhamento do Plano Nacional contra a Violência Doméstica*, «Estudos indicam que as mulheres separadas de facto, ou em vias de separação ou recém divorciadas se encontram em maior perigo face a uma agressão que as mulheres que continuam a coabitar com os potenciais agressores.».

[527] Neste sentido, *vide* TOMÉ, Maria João, *O Direito da Segurança Social e a Mulher Divorciada em Portugal, in* Direito da Família e Política Social, Porto: Publicações Universidade Católica, 2001, p. 123. Para esta autora, a mulher que se divorcia após um casamento de longa duração tem escassas oportunidades de emprego e, consequentemente, de obter um direito próprio à pensão de reforma adequado. *Idem, O direito à pensão de reforma enquanto bem comum do casal*, Coimbra: Coimbra Editora, 1997, p. 52, refere que é necessário melhorar a segurança social da mulher divorciada. Esta, no direito português, «não é titular de qualquer direito próprio às prestações da Segurança Social.». Mesmo quando, depois do divórcio, ela reinicia uma actividade profissional, faltam-lhe, por via de regra, os anos de casamento para a formação do direito à pensão de reforma.

[528] Cfr. o artigo 2004.º do CC.

[529] *Vide*, neste sentido, BRAGA DA CRUZ, Ana Maria, *Cobrança da Pensão de Alimentos, in* Direito da Família e Política Social, p. 108-110. Os números citados pela autora neste trabalho levam-na à conclusão de que as mulheres autoras das acções de alimentos precisam deste tipo de pensão, para «não caírem ou para não transporem a fronteira da exclusão social», mas reconhece a dificuldade que as mesmas têm em cobrar essas mesmas pensões. «Uma solução seria conferir ao Ministério Público e àqueles a quem a pensão de alimentos devia ser entregue legitimidade para requerer nos próprios autos em que é suscitado o incumprimento da pensão de alimentos o pagamento desta por parte do Estado (à semelhança do que acontece com o denominado "Regime Jurídico de Protecção às Vítimas de Crimes Violentos"). (...) Ao Estado seria garantido o direito de sub-rogação relativamente ao devedor.». No sentido da dificuldade na execução do direito a alimentos, *vide*, também, TOMÉ, M.ª João, *ob. cit.*, p. 52.

tado pela Segurança Social[530-531]. Esta síntese de factores favorece a revitimação pós-divórcio[532]. Poderá, por isso, concluir-se que o contributo do divórcio, de per si, para a resolução do problema da violência conjugal é limitado. Impõe-se, assim, a combinação de diversos tipos de respostas.

II.3.4. *Outras espécies de intervenção estadual*

Derivam dos diversos diplomas legais avulsos e disposições de vária ordem, que vão surgindo, paulatinamente, no sentido de tentar assegurar uma protecção, mais eficaz, às vítimas da violência conjugal e doméstica. Os seus alvos primordiais são as mulheres, numa preocupação, para nós, justificada pela constatação empírica de que são estas, na sua esmagadora maioria, os sujeitos passivos deste tipo de violência.

Elencaremos, em seguida, por ordem cronológica, os documentos mais significativos, neste domínio, passando depois à enunciação, em tra-

---

[530] Pese embora as recomendações da CONFERÊNCIA MUNDIAL SOBRE DIREITOS HUMANOS – VIENA 1993, Secção B.VI.22, que determinam que «where a victim of violence was previously financially dependent on the violent person, financial assistance should be made available if needed to enable the victim and children to become independent. This measure should not discharge the perpetrator from his financial responsibilities.».

[531] Tributária da concepção do «Estado Bem-Estar» (na expressão utilizada por TOMÉ, M.ª João, *Segurança Social (Direito da)*, Separata do 1.º Suplemento do Dicionário Jurídico da Administração Pública, p. 452, que aqui seguimos de muito perto), a Segurança Social Portuguesa hodierna, através do Regime Geral Não Contributivo, consagra um modelo de Segurança Social de tipo «assistencial ou de solidariedade social», ultrapassando a fronteira da solidariedade profissional e apoiando-se na solidariedade de toda a colectividade. A razão desta protecção funda-se na necessidade de garantir rendimentos mínimos ou de subsistência, perante a ocorrência de qualquer eventualidade. TOMÉ, M.ª João, *Child Support as an Effect of Divorce in Portugal and Europe*, in NAGEL, Stuart S., Handbook of Global Legal Policy, Nova Iorque, 2000, p. 254, refere que, após o divórcio, se verifica, sistematicamente, um empobrecimento da mulher e dos filhos a seu cargo. Em 1996, mediante a Lei n.º 19-A/96, de 29 de Junho, foi criado o Rendimento Mínimo Garantido, que veio suavizar, um pouco, as graves carências económicas da população mais desfavorecida, da qual fazem parte muitas mulheres vítimas de violência conjugal e seus filhos. Este apoio, fundamental para estas vítimas, é ainda insuficiente face as necessidades sentidas, mas é, sem dúvida, uma medida francamente positiva.

[532] Com o decretamento do divórcio, abandonamos o problema da violência *conjugal*, em sentido rigoroso, uma vez que deixamos de nos encontrar em presença de *cônjuges*, na acepção jurídica da palavra, razão pela qual, quanto a este ponto, nada mais adiantaremos, porquanto tal análise extravasaria o objecto de estudo a que nos propusemos à partida.

ços largos, do seu conteúdo e objectivos, não deixando de se tecer, sempre que se reputar oportuno, a devida crítica.

II.3.4.1. *Generalidades*

O primeiro diploma a merecer referência é a Lei n.º 61/91, de 13 de Agosto[533], que *garante protecção adequada às mulheres vítimas de crimes de violência*. Esta lei representa, a nosso ver, um marco no direito português, ao estabelecer um conjunto de mecanismos específicos de protecção legal para esta categoria de mulheres, com incidência clara na temática da violência conjugal[534]. O prazo previsto para a regulamentação deste diploma era de 90 dias, tendo-se, todavia, prolongado por oito anos. O atraso na regulamentação deste normativo motivou, inclusive, a adopção da Resolução da Assembleia da República n.º 31/99, de 14 de Abril; esta defendia a necessidade de regulamentação, urgente e prioritária, das medidas previstas na supra citada lei. A resposta a este "apelo" surge da própria Assembleia da República, em 3 e 20 de Agosto de 1999, respectivamente, com a *criação da rede pública de casas de apoio a mulheres vítimas de violência*, mediante a Lei n.º 107/99, e a *aprovação do regime aplicável ao adiantamento pelo Estado da indemnização devida às vítimas de violência conjugal*, através da Lei n.º 129/99.

No que concerne à Lei n.º 107/99 (que cria a rede pública de casas de apoio a mulheres vítimas de violência), a sua regulamentação só surgiria em Dezembro de 2000 (a despeito dos 90 dias de prazo originariamente fixados pela própria lei), mediante o Decreto-Lei n.º 323/2000, de 19 de Dezembro. Antes, porém, havia já dado azo à emanação de mais uma Resolução da Assembleia da República[535], desta feita, pugnando pela publicação, no prazo máximo de 90 dias, dos diplomas necessários à regulamentação da referida lei. A narração destas vicissitudes não é acidental: pretende indicar a falta de vontade política do Estado em garantir uma resposta efectiva à problemática da violência conjugal.

---

[533] Esta lei teve origem no projecto de lei n.º 362/V, apresentado pelo PCP em 1989 e aprovado por unanimidade em 11 de Junho de 1991 (DAR n.º 91, 04/V, 1ª série, de 12 de Junho de 1991, p. 3057).

[534] Cfr. a este respeito o n.º 2 do artigo 1.º deste diploma legal, que refere expressamente a sua aplicabilidade aos crimes de maus tratos a cônjuge.

[535] A Resolução da Assembleia da República n.º 7/2000, de 26 de Janeiro.

Também com interesse, no domínio da protecção às vítimas de violência doméstica, encontramos o Decreto-Lei n.° 423/91, de 30 de Outubro, que *estabelece o regime jurídico de protecção às vítimas de crimes violentos*, regulamentado em 1993, mediante o Decreto Regulamentar n.° 4/93, de 22 de Fevereiro, *que regula as condições em que o Estado indemniza as vítimas de crimes violentos.*

Por último, mas não menos importante, a referência às Resoluções do Conselho de Ministros n.° 55/99, de 15 de Junho (que *estabelece o Plano Nacional contra a Violência Doméstica*, do qual, mais à frente nos ocuparemos em detalhe) e n.° 88/2003, de 7 de Julho (que aprova o *II Plano Nacional contra a Violência Doméstica).*

II.3.4.2. *A Lei n.° 61/91, de 13 de Agosto – garante protecção adequada às mulheres vítimas de violência*

O objecto desta lei é o reforço dos mecanismos de protecção legal devida às mulheres vítimas de crimes de violência[536], aplicando-se o disposto neste diploma, sempre que a motivação do crime resulte de atitude discriminatória, relativamente à mulher, estando nomeadamente abrangidos os casos de crimes sexuais e de maus tratos a cônjuge, bem como de rapto, sequestro ou ofensas corporais[537].

Consagra as seguintes medidas: o estabelecimento de um sistema de prevenção e de apoio às mulheres vítimas de crimes de violência[538]; a instituição do gabinete SOS para atendimento telefónico às mulheres vítimas de crimes de violência[539]; a criação, junto dos órgãos de polícia criminal, de secções de atendimento directo às mulheres vítimas de crimes de violência[540-541]; um regime de incentivo à criação e funcionamento de asso-

---

[536] Cfr. o artigo 1.°, n.° 1 do mencionado diploma legal.
[537] Cfr. o n.° 2 do artigo 1.° da Lei n.° 61/91.
[538] Cfr. os artigos 1.°, n.° 1, al. a) e 2.° a 5.° da Lei n.° 61/91, de 13 de Agosto.
[539] Cfr. os artigos 1.°, n.° 1, al. b) e 6.° da Lei n.° 61/91, de 13 de Agosto.
[540] Cfr. os artigos 1.°, n.° 1, al. c) e 7.° a 10.° da Lei n.° 61/91, de 13 de Agosto.
[541] Vindo de encontro às preocupações plasmadas na consagração deste mecanismo de protecção às mulheres vítimas de crimes de violência, foi criado, pela resolução do Conselho de Ministros n.° 6/99, em 8 de Fevereiro de 1999, o Projecto INOVAR do Ministério da Administração Interna. De acordo com o exposto no *Relatório de Segurança Interna ano 2000*, disponível na Internet em http://www.mai.gov.pt, em 16 de Fevereiro de 2002, «O Projecto INOVAR foi criado com os objectivos específicos de qualificar e especializar, no quadro do policiamento da proximidade, os serviços que a GNR e a PSP prestam às ví-

ciações de mulheres com fins de defesa e protecção das vítimas de crimes[542]; um sistema de garantias adequadas à cessação da violência e à reparação dos danos ocorridos[543].

Estas últimas, referentes à reparação de danos, prendem-se com a possibilidade de adiantamento pelo Estado da indemnização devida às mulheres vítimas de crimes violentos, cuja regulação só surgiu através da Lei n.º 129/99, de 20 de Agosto, ou seja, oito anos mais tarde. Por sua vez, as garantias relativas à cessação da violência dizem respeito a medidas de protecção da vítima em sede de processo penal. Estabelece-se, como já tivemos oportunidade de referir, o afastamento da residência da vítima, cumulável com a prestação de caução, como medida de coacção típica para o tipo de crimes em causa, designadamente para o crime de maus tratos. Impõe também como condição para uma eventual suspensão da execução da pena a aplicar ao arguido, que o mesmo não maltrate física e psiquicamente a mulher. Por outro lado, faz depender o decretamento da suspensão provisória do processo da concordância da ofendida, impondo, como medida de injunção, nos casos em que o arguido e a vítima vivam em economia comum (que será a regra, entre cônjuges), o afastamento da residência. Este quadro garantístico, no que concerne ao crime de maus tratos,

---

timas de crime. Propôs-se, por um lado, aumentar a confiança das vítimas de crime nas Polícias, através de um atendimento focado na empatia e na informação. Por outro, posicionar as polícias como pólo dinamizador da criação de uma consciência nacional de apoio às vítimas, em particular as vítimas de violência doméstica.». O Projecto tinha a duração prevista de dois anos, mas estendeu-se por mais um, por nova Resolução do Conselho de Ministros n.º 10/2001, de 30 de Janeiro. Ao abrigo do Projecto INOVAR foram definidas 5 áreas de trabalho: formação específica, instalação de salas de atendimento à vítima, distribuição de bases de dados de informações úteis, divulgação de conselhos de segurança aos cidadãos e articulação com instituições sociais. Nos dois primeiros anos, segundo este *Relatório*, foram realizadas diversas acções, com interesse para a problemática da violência conjugal, a saber: a criação de 45 salas de atendimento à vítima, a edição do Guia do Novo Rumo/Plano de Segurança Pessoal, a criação do 1.º Indicador Estatístico Nacional sobre Violência Doméstica, a criação de unidades de Atendimento a Vítimas de Violência Doméstica e a criação do site da Internet http://www.inovar.online.pt, onde as vítimas de violência conjugal podem obter uma série de informações úteis sobre como proceder em caso de agressão, entre outras. O *Relatório* não adianta, todavia, o impacto que este Projecto tem tido na prática, pelo que se desconhece a eficácia das medidas adoptadas, tanto quanto à diminuição da vitimação, como ao acréscimo da exposição deste tipo de situações. O aumento do número de casos conhecidos de violência doméstica de 10.080, em 1999, para 11.765, em 2000, poderá indiciar um impacto positivo do Projecto.

[542] Cfr. os artigos 1.º, n.º 1, al. d) e 11.º a 13.º da Lei n.º 61/91, de 13 de Agosto.
[543] Cfr. os artigos 1.º, n.º 1, al. e) e 14.º a 16.º da Lei n.º 61/91, de 13 de Agosto.

sairia reforçado pela entrada em vigor da Lei n.º 7/2000, de 27 de Maio, ao permitir o decretamento da suspensão provisória do processo a pedido da vítima, bem como pela criação da pena acessória de proibição de contacto com a vítima, incluindo a de afastamento da residência desta.

II.3.4.2.1. Da (in)constitucionalidade da Lei n.º 61/91, de 13 de Agosto

Estabelece o n.º 1 do artigo 13.º da CRP que: «Todos os cidadãos têm a mesma dignidade social e são iguais perante a lei.» e o n.º 2 que «Ninguém pode ser privilegiado, beneficiado, prejudicado, privado de qualquer direito ou isento de qualquer dever em razão de ascendência, sexo, raça, língua (...)». A Lei n.º 61/91 estabelece um conjunto de mecanismos de protecção legal às mulheres vítimas de violência, nomeadamente, entre outras, às vítimas de violência conjugal. Esta Lei constitui, como já vimos, a enunciação de um quadro geral de protecção, carecido de ulterior concretização e pormenorização, legislativa e regulamentar.

O n.º 2 do artigo 1.º desta lei determina que o seu sistema de protecção se aplica, quando a motivação do crime resulte de atitude discriminatória, relativamente à mulher, estando nomeadamente abrangidos os casos de crimes sexuais e de maus tratos a cônjuge, bem como de rapto, sequestro ou ofensas corporais. O teor desta disposição suscita-nos dúvidas, em particular, quanto à sua conformidade com o normativo constitucional supra mencionado, em virtude da delimitação do âmbito de protecção adoptado por esta lei. Não estará aqui em causa a enunciação de um quadro geral, em certa medida discriminatório, ao sustentar-se a criação de certos mecanismos de protecção, exclusivamente para as mulheres vítimas de crimes de violência, cuja motivação resulte de atitude discriminatória em relação à mulher?

O princípio da igualdade apresenta uma dimensão formal e uma dimensão material[544], segundo a qual deveremos tratar, igualmente, o que é igual e tratar, desigualmente, o que é desigual[545]. «Intui-se com facilidade,

---

[544] «O princípio da igualdade, enquanto princípio material, é um parâmetro de Justiça exterior à vontade, mesmo legal, que não permite privilégios ou ónus que firam o homem, ou seja, que violem a dignidade da pessoa humana.» (PEREIRA VAZ, Manuel A., *Lei e Reserva da Lei...*, p. 207).

[545] *Vide* a este respeito a formulação de CLARO, João Martins, *O princípio da igualdade*, Nos dez anos da Constituição, Lisboa: Imprensa Nacional Casa da Moeda, 1987, p. 33: «O princípio da igualdade jurídica esclarece-se no tratamento igual do que é essencialmente igual e no tratamento diferente do que é essencialmente diferente.».

não ser no sentido da igualdade formal que se consagra no artigo 13.º, n.º 1 o princípio da igualdade»[546]. Assim se justifica, como reconhece PEREIRA VAZ[547], que a exigência de igualdade de tratamento seja compatível com diferenciações, materialmente justificadas, que permitam, ou mesmo imponham, no plano legislativo, a assunção dessas ou dessa diferença. «Igualdade perante a lei não é igualdade exterior à lei. É antes de tudo igualdade *na* lei. Tem por destinatários, desde logo, os próprios órgãos de criação do Direito»[548]. Estaremos ou não, no caso *sub judice*, perante um tratamento desigual de situações idênticas?

Esta determinação da Lei n.º 61/91, no que respeita ao caso específico da violência conjugal, poderá, em nosso entender, significar uma de duas coisas: ou que a aplicação das medidas previstas no diploma dependerão da emissão, caso a caso, por parte do aplicador do direito, de um juízo sobre a existência ou não, em concreto, de uma atitude discriminatória em relação à mulher e, concluindo-se pela negativa, ter-se-á que excluir a aplicação de tais medidas; ou então, que o legislador fez associar aos crimes elencados na parte final do n.º 2 do artigo 1.º (*maxime*, para o que aqui nos interessa, ao crime de maus tratos a cônjuge), a presunção de que a sua prática resulta sempre de uma atitude discriminatória.

Qualquer destas interpretações levanta problemas: a primeira cria uma situação claramente discriminatória, em nosso entendimento, violadora do princípio da igualdade na sua vertente de proibição geral do arbítrio[549]. Qual a diferença, de facto, entre a situação da mulher vítima de maus tratos, motivados por uma atitude discriminatória em relação à mulher e a daquela outra vítima do mesmo crime, em que o agente é "apenas" agressivo por natureza, ou dependente de álcool ou estupefacientes? Não deverão umas e outras beneficiar da aplicação do mesmo tipo de medidas? A segunda hipótese é, a nosso ver, ainda mais problemática, uma vez que é um dado adquirido que o crime de maus tratos também é praticado por mulheres, razão pela qual não poderemos associar, incindivelmente, os maus tratos conjugais a uma atitude discriminatória, em relação à mulher.

---

[546] GOMES CANOTILHO, *ob. cit.*, p. 425.
[547] PEREIRA VAZ, Manuel A., *ob. cit*, p. 357.
[548] MIRANDA, Jorge, *Manual de Direito Constitucional*, tomo IV, Coimbra: Coimbra Editora, 1988, p. 242.
[549] Vide, a este propósito, GOMES CANOTILHO, J. J., *Direito Constitucional e Teoria da Constituição...*, p. 426.

Para aferir da constitucionalidade de uma qualquer norma, Müller[550] propõe a realização de um teste que consiste na formulação e resposta a três questões: 1 – Existe *uma igualdade de situações?* Segundo CLARO[551], «Duas ou mais pessoas, objectos ou situações são iguais desde que tenham características importantes que permitam a sua inclusão numa classe de equivalência.». Julgamos ser este o caso, pelo menos no que especificamente se refere à questão da violência conjugal: não encontramos diferença substancial entre a situação da mulher, vítima de comportamentos violentos por parte do outro cônjuge, em virtude de atitude discriminatória e a das outras vítimas de comportamentos conjugais violentos, sejam elas homens ou mulheres. 2 – *Estas situações iguais foram tratadas de forma desigual do ponto de vista jurídico-constitucional?* Sim: por via da exclusão destas outras vítimas, do âmbito de aplicação do diploma, estamos a proteger, desigualmente, umas e outras, favorecendo as vítimas mulheres de maus tratos, motivados por atitude discriminatória. 3 – *Existe para o tratamento desigual uma razão material suficiente?* A esta questão já não poderemos dar uma resposta tão linear[552]. Haverá uma razão material coerente para esta diversidade de tratamento? Se atendermos à situação empírica, talvez possamos concluir que sim. Facto é que, a maioria das vítimas de violência conjugal são mulheres e os comportamentos violentos fundam-se, muitas vezes, em atitudes de discriminação, em razão do sexo. Mas será que a estrita realidade dos números é justificativa, por si só, da protecção exclusiva a esta categoria de vítimas? Tendemos a considerar que não, parecendo-nos antes um defeito de concepção da lei, até porque, em outras ocasiões, como na Resolução do Conselho de Ministros n.º 55/99, que estabelece um Plano Nacional contra a Violência Doméstica, a formulação utilizada é mais abrangente e, a nosso ver, não discriminatória, referindo-se a todas as vítimas de violência doméstica. Esta é uma questão difícil, porquanto, se entendermos que não existe uma razão material que justifique o tratamento desigual, teremos que concluir pela inconstitucionalidade deste diploma, na medida em que trata, de forma diferente, sem justificação material, diferentes vítimas de violência conju-

---

[550] MÜLLER, *Juristische Methodik,* p. 284, *apud* GOMES CANOTILHO, J. J., *Direito Constitucional,* 6ª edição, Coimbra: Livraria Almedina, 1993, p. 571.
[551] CLARO, João Martins, *ob. cit,* p. 32.
[552] Para GOMES CANOTILHO, *Direito Constitucional e Teoria da Constituição...,* p. 426, existirá uma violação arbitrária da igualdade jurídica, quando a disciplina jurídica não se basear num fundamento sério, não tiver um sentido legítimo e estabelecer uma diferenciação jurídica sem um fundamento razoável.

gal, consoante a motivação da violência se funde ou não numa atitude discriminatória em relação à mulher, excluindo, por essa via, logo à partida, a protecção às vítimas masculinas deste tipo de violência.

O problema da constitucionalidade da Lei n.º 61/91, na perspectiva das interpretações que vimos desenvolvendo, sempre poderá resolver-se, por referência a uma solução próxima da propugnada por JORGE MIRANDA[553]: «se a lei originariamente estabelecer diferenciação de situações ou de pessoas, aplicar-se-á a todas as situações e pessoas a disposição mais favorável ou a que melhor se integrar no espírito do sistema jurídico-constitucional», ou seja, quando uma mulher for vítima de crime de maus tratos não provocados por atitude discriminatória (ou mesmo quando um homem se encontrar nessas circunstâncias), deverá beneficiar da aplicação das medidas previstas na lei apenas para as mulheres vítimas de maus tratos provocados por atitude discriminatória.

Podemos, todavia, entender a Lei n.º 61/91 num outro sentido: o de que o legislador terá querido referir-se apenas às mulheres, vítimas de violência, em consequência de atitude discriminatória em relação à sua pessoa, reservando-se para momento oportuno a regulação da problemática específica das vítimas de violência doméstica. Este entendimento, contudo, não parece aderir à intenção do legislador, aquando da emanação da Lei n.º 61/91, uma vez que o ponto de referência e de partida para a produção normativa subsequente, relativa à problemática da violência doméstica, assenta nesta lei e, a este nível, a preocupação do legislador centrou-se sempre na vítima mulher (excepção feita ao Plano Nacional contra a Violência Doméstica), independentemente da motivação dos crimes de que esta seja vítima. Assim, parece-nos que a regulação desta matéria pelo legislador parte de um equívoco: o de que toda a violência doméstica é masculina e, consequentemente, é a mulher quem carece de protecção.

Ainda que assim não se entendesse e admitindo que o legislador tenha reconhecido a dupla face da vitimação, seremos levados a considerar que o legislador se encontra "em mora", uma vez que nenhuma regulação emanou, que atenda às necessidades das vítimas masculinas da violência doméstica, o que poderá, também, constituir uma inconstitucionalidade, desta feita por omissão[554].

---

[553] MIRANDA, Jorge, *Manual de Direito Constitucional*, ob. cit., p. 243.

[554] Sobre o problema da inconstitucionalidade por omissão, *vide* MIRANDA, Jorge, *Manual de Direito Constitucional*, tomo II, Coimbra: Coimbra Editora, 1991, p. 507 e ss, e PEREIRA VAZ, Manuel A., *ob. cit.*, p. 377 e ss.

Não afirmamos aqui a inconstitucionalidade da Lei n.° 61/91, de 13 de Agosto. Pretendemos apenas levantar o problema, derivado da formulação duvidosa do n.° 2 do artigo 1.°. Em qualquer caso, o recurso à aplicação analógica das medidas constantes da Lei n.° 61/91, aos casos de vítimas de maus tratos não compreendidas no âmbito subjectivo da mesma, sobretudo aos homens (os mais esquecidos por esta lei) permitiria salvaguardar a constitucionalidade do diploma em causa. Sempre se dirá, porém, que esta formulação é problemática, indiciando, desde logo, uma mentalidade algo retrógrada do legislador que, na sua procura pela protecção da mulher, discrimina o homem e consagra, implicitamente, a fragilidade e incapacidade da primeira para se auto-defender. Estaremos a partir da dicotomia sexo fraco/sexo forte? Será que os homens, quando são vítimas, não carecem de protecção? O enfoque exclusivo no problema da vítima mulher deixa enfraquecida a protecção da outra potencial vítima da violência conjugal: o homem[555].

Não obstante as dificuldades atrás avançadas, não se nos afigura necessária a criação de uma lei autónoma, que vise o tratamento da problemática da violência conjugal contra os homens. Temos para nós como suficiente a alteração dos termos da Lei n.° 61/91, no sentido da formulação neutra ou pelo menos, a consagração de uma norma residual, que preveja a aplicação das suas disposições às vítimas masculinas, porquanto o recurso à analogia é um caminho de incerteza e subjectivismo.

II.3.4.3. *A Lei n.° 107/99, de 3 de Agosto – criação da rede pública de casas de apoio a mulheres vítimas de violência e respectiva regulamentação mediante o Decreto-Lei n.° 323/2000, de 19 de Dezembro*

Esta lei enuncia um quadro geral, relativo à rede pública de casas de apoio às mulheres vítimas de violência, que passamos a resumir: estabelece como tarefa do Estado, através do Governo, a criação, instalação, funcionamento e manutenção da rede pública de casas de apoio às mulheres

---

[555] Veja-se, por exemplo, a situação dos deficientes físicos, mentais, ou por qualquer razão fortemente dependentes do cônjuge mulher para sobreviverem. Não seria de prever, também para os homens, formas de atendimento telefónico SOS? Não deveriam estes ter a possibilidade de ingressarem em casas de abrigo, bem como de usufruírem de outros mecanismos de protecção, previstos para as mulheres, por força da Lei n.° 61/91?

vítimas de violência[556]; estabelece também que as casas de apoio sejam constituídas por uma casa de abrigo e um ou mais centros de atendimento, tratamento e reencaminhamento de mulheres vítimas de violência, devendo também possuir pessoal especializado[557]. Consagra-se, ainda, o princípio da gratuitidade da prestação deste tipo de apoio[558].

Por sua vez, o DL n.º 323/2000, de 19 de Dezembro, veio proceder à regulamentação desta lei. Estabelece como objectivos das casas de abrigo[559] o acolhimento, temporário, de mulheres vítimas de violência doméstica[560], acompanhadas ou não de filhos menores; preconiza também, nos casos em que se justifique, a promoção, durante a permanência na casa de abrigo, de aptidões pessoais, profissionais e sociais da utente, susceptíveis de evitar eventuais situações de exclusão social, tendo em vista a sua efectiva (re)inserção social[561]. O ingresso numa destas casas de abrigo dependerá da indicação da equipa técnica dos centros de atendimento[562], ou dos técnicos que asseguram o serviço de atendimento telefónico da linha verde, a pedido da vítima. O acolhimento deverá ser assegurado, sempre que possível, pela instituição mais próxima da residência da utente, a não ser que a análise da equipa técnica justifique outra solução. A permanência da mulher vítima na casa de abrigo é de curta duração, devendo a mesma reintegrar-se na sua comunidade de origem, em prazo não superior a seis meses, sendo que a permanência por mais de seis meses só será au-

---

[556] Cfr. o disposto no artigo 2.º deste diploma legal.
[557] Cfr. o artigo 3.º da Lei n.º 107/99, de 3 de Agosto.
[558] Cfr. o artigo 5.º da Lei n.º 107/99, de 3 de Agosto.
[559] *Casas de abrigo*, para efeitos do disposto neste diploma, são «unidades residenciais destinadas a proporcionar acolhimento temporário a mulheres vítimas de violência acompanhadas ou não de filhos menores» (cfr. o artigo 1.º, alínea b)).
[560] São *mulheres vítimas de violência*, para os efeitos deste dispositivo legal, aquelas que «sejam vítimas do crime previsto no n.º 2 do artigo 152.º do Código Penal, praticado em território português ou praticado no estrangeiro, desde que, neste caso, a vítima tenha nacionalidade portuguesa e se verifique alguma das seguintes condições: 1) Não estejam disponíveis, no Estado em cujo território foram praticados os factos, casas de abrigo similares às previstas no presente diploma; 2) Não possam as vítimas, por questões de segurança, permanecer nas suas residências habituais; 3) A permanência das vítimas no Estado em cujo território foram praticados os factos seja transitória.» (cfr. o artigo 1.º, alínea e)).
[561] Cfr. as alíneas a) e b) do artigo 4.º do DL n.º 323/2000, de 19 de Dezembro.
[562] Entendendo-se como *centros de atendimento* as «unidades constituídas por uma ou mais equipas técnicas, pluridisciplinares, de entidades públicas dependentes da administração central ou local, bem como outras entidades que com aquelas tenham celebrado protocolos de cooperação, que assegurarão o atendimento, apoio, e reencaminhamento das mulheres vítimas de violência, tendo em vista a protecção destas.» (cfr. o artigo 1.º, alínea c)).

torizada, a título excepcional, mediante parecer fundamentado da equipa técnica, acompanhado do relatório de avaliação da situação da utente[563].

A criação das casas de abrigo para mulheres vítimas de violência doméstica constitui um passo importante no combate à violência conjugal, se tivermos presente o facto de que muitas mulheres relutam em abandonar a situação conjugalmente violenta em que se encontram, por não terem refúgio ulterior a tal abandono. A possibilidade de acolhimento nestas casas permite à mulher adquirir maior confiança, no sentido de pôr termo à relação abusiva, criando-lhe melhores expectativas de futuro, fornecendo-lhe um refúgio, longe do agressor, onde poderá recuperar a sua estabilidade física, psicológica e repensar a sua atitude perante a vida. A existência de casas de abrigo representa a concessão de uma segunda oportunidade à vítima de violência conjugal, podendo significar o recomeçar de toda uma vida. Estas casas, porém, são ainda em número muito insuficiente, face às necessidades sentidas. Em 2001, o total de vagas em casas de acolhimento específicas para vítimas de violência doméstica era de apenas 155, estando disponíveis mais 434 vagas em casas de acolhimento não específicas[564].

As casas de abrigo, todavia, como tivemos oportunidade de ver, proporcionam, em regra, um acolhimento temporalmente limitado, transitório, que não resolve um grave problema de fundo, que afecta estas mulheres[565]: o problema do alojamento definitivo. Ocupar-nos-emos desta questão na parte III desta dissertação.

---

[563] Cfr. o disposto no artigo 6.º do DL n.º 323/2000, de 19 de Dezembro.

[564] Cfr. o *Relatório de Acompanhamento do Plano Nacional contra a Violência Doméstica*, de Dezembro de 2001, p. 16-17.

[565] O tema que estamos a abordar não respeita exclusivamente à vítima mulher, pese embora seja esta quem mais se debate com este problema. Ainda assim, convirá ter aqui presente o que supra se referiu, a propósito da Lei n.º 61/91, isto é, da eventualidade do nosso legislador estar a esquecer a vítima homem, que merece idêntica protecção, desde que se encontre em igualdade de condições com a vítima mulher. Não nos repugna, por exemplo, a possibilidade de acolhimento de um cônjuge vítima do sexo masculino numa casa de abrigo, antes, impõe-no o princípio da igualdade. Por outro lado, as propostas que avançamos por referência ao caso do cônjuge vítima mulher deverão aplicar-se independentemente do sexo do cônjuge vítima, desde que as circunstâncias do caso o justifiquem.

II.3.4.4. *O Decreto-Lei n.° 423/91, de 30 de Outubro* – *estabelece o regime jurídico de protecção às vítimas de crimes violentos*

Este diploma legal vem permitir que as vítimas de lesões corporais graves[566], directamente resultantes de actos intencionais de violência, possam requerer ao Estado a concessão de uma indemnização, desde que não tenham obtido a reparação efectiva do dano sofrido, em execução de sentença condenatória, relativa ao pedido cível deduzido na acção penal, ou, se for razoável prever que o agressor não irá proceder à reparação do dano, sem que seja possível obter de outra fonte uma reparação efectiva e suficiente[567]. São ainda pressupostos da concessão da indemnização: por um lado, a incapacidade permanente, ou a incapacidade temporária e absoluta para o trabalho de, pelo menos, 30 dias, ou a morte, resultante da lesão e, por outro, que o prejuízo tenha provocado uma perturbação considerável do nível de vida da vítima ou das pessoas com direito a alimentos.

A concessão da indemnização é da competência do Ministro da Justiça[568], sendo a mesma restrita aos danos patrimoniais resultantes da lesão e fixada segundo a equidade. Os limites máximos correspondem ao dobro da alçada da relação, para os casos de morte ou lesão corporal grave[569].

«Questão problemática» era a de «saber se a lei deve fazer expressa referência às agressões no seio de um agregado familiar (...) prevenindo

---

[566] É questionável esta opção do legislador. Como chama à atenção o deputado HENRIQUE CHAVES, em intervenção na Assembleia da República, em 25 de Novembro de 1999, «a incapacidade e perturbação do nível de vida, podem também ser provocados por uma lesão psicológica originada por um crime violento, sendo certo que, no regime vigente, se a vítima não registar lesão corporal considerada grave, não pode beneficiar da ajuda do Estado, assim se verificando inaceitável desigualdade por comparação com casos análogos em que a ajuda é concedida apenas por ter existido lesão corporal.» (cfr. CHAVES, Henrique, DAR n.° 12, 01/VIII, 1ª série, de 26 de Novembro de 1999, p. 0434). Isto significa, no domínio da violência conjugal, que está excluída a possibilidade de indemnização, nos casos de violência meramente psicológica, onde, pelo menos, à primeira vista, não encontramos *lesão corporal grave*.

[567] Cfr. o artigo 1.° do Decreto-Lei n.° 423/91, de 30 de Outubro.

[568] Competindo a instrução do pedido a uma comissão constituída por um magistrado judicial designado pelo Conselho Superior da Magistratura (que preside), por um advogado ou advogado estagiário designado pela Ordem dos Advogados e por um funcionário superior do Ministério da Justiça, designado pelo Ministro (cfr. o n.° 2 do artigo 6.° do Decreto-Lei n.° 423/91, de 30 de Outubro).

[569] Cfr. o artigo 2.° do DL n.° 423/91, de 30 de Outubro, na redacção que lhe foi conferida pelo DL n.° 62/2004, de 22 de Março.

conluios ou que o agressor venha a aproveitar indirectamente da agressão»[570]. O legislador português tendeu para a afirmativa, tendo determinado, no n.º 2 do artigo 3.º, que «Não será concedida a indemnização quando a vítima for um membro do agregado familiar do autor ou pessoa que com ele coabite em condições análogas, *salvo concorrendo circunstâncias excepcionais*[571].». Tal significa que, regra geral, se encontrava vedado o recurso a esta via indemnizatória às vítimas de violência conjugal. Por outro lado, a excepção introduzida pela lei conferia poderes discricionários à Comissão, para proceder à averiguação de tais circunstâncias excepcionais, com todos os inconvenientes que tal solução acarreta[572].

Em nosso entendimento, mal andou o legislador ao aderir a tal solução, como, aliás, acabou por reconhecer, alguns anos mais tarde, mediante a Lei n.º 136/99, de 28 de Agosto, que procedeu à revogação expressa do supra mencionado preceito.

«Não vemos razão para a circunstância de não ter direito à reparação do dano, numa intervenção supletiva do Estado, uma vítima, só porque o acto violento, grave, foi cometido no seio do agregado familiar.», afirmava MATOS FERNANDES, Secretário de Estado Adjunto do Ministro da Justiça, aquando da discussão, na Assembleia da República, da proposta de lei n.º 256/VII[573], que veio a dar origem à Lei n.º 136/99, de 28 de Agosto[574], posição com a qual concordamos inteiramente. «O risco de conluios, previsto no preâmbulo do diploma, era já evitável, salvo melhor opinião, pelo próprio n.º 1 do artigo 3.º que, fora das vítimas do contexto familiar, diz que a indemnização não será concedida quando, durante ou após a prática dos factos, face às relações da vítima com o autor ou o seu meio, a atribuição de uma indemnização se mostrar contrária ao sentimento de justiça e ordem pública.»[575]. Este seria, por exemplo, o caso, quando o cônjuge

---

[570] Cfr. o preâmbulo do Decreto-Lei n.º 423/91, de 30 de Outubro.

[571] Itálico nosso.

[572] Nesse sentido, vide SANTOS, Odete, em intervenção na Assembleia da República, DAR n.º 81, 04/VII, 1ª série, de 6 de Maio de 1999, p. 2930.

[573] Esta proposta de lei, na sua exposição de motivos, declarava que o regime decorrente do n.º 2 do artigo 3.º do DL n.º 423/91 «não se coaduna com a protecção especial que, nos termos da Lei n.º 61/91, de 13 de Agosto, se concede às mulheres vítimas de violência, particularmente nos casos de violência doméstica, que são as situações mais frequentes.» (cfr. a proposta de lei n.º 256/VII, disponível na Internet em http://www.assembleiadarepublica.pt, em 26 de Setembro de 2002).

[574] Cfr. DAR n.º 81, de 6 de Maio de 1999, p. 2929.

[575] Cfr. MATOS FERNANDES, DAR n.º 81, 04/VII, 1ª série, de 6 de Maio de 1999, p. 2933.

vítima e o cônjuge agressor continuassem a viver em economia comum. Por outro lado, pese embora o risco de conluio seja uma possibilidade, não nos parece tão concretizável, ou tantas vezes verificável na prática, que justifique o afastamento, puro e simples, da concessão de indemnização, quando o agressor pertença ao agregado familiar da vítima. Seguindo de perto BROCHADO PEDRAS[576], parece-nos que, no seio de uma família, não será muito concebível que, por exemplo, dois cônjuges combinem entre si que um atacará o outro, violentamente, de modo a provocar-lhe gravíssimos danos físicos, por forma a que ambos beneficiem da indemnização.

Sucede pois que, até à entrada em vigor da Lei n.º 136/99, o interesse do diploma a que nos vimos referindo era diminuto, uma vez que a vítima de violência conjugal só poderia beneficiar da indemnização legalmente prevista, caso se verificassem circunstâncias excepcionais, que a própria lei não procurou sequer exemplificar, remetendo para o arbítrio do aplicador da lei essa tarefa. Seja como for, desconhece-se que algum cônjuge vítima haja, alguma vez, recorrido ao expediente previsto no Decreto-Lei n.º 423/91, de 30 de Outubro, ainda que, expressamente, não lhe estivesse vedado o recurso a tal mecanismo legal[577]. Não deixa de ser curioso como é que o legislador só veio reparar um erro crasso, no âmbito subjectivo de aplicação do diploma, seis anos após a sua entrada em vigor[578] (cerca de nove anos volvidos sobre a sua publicação em Diário da República), quando as vítimas mais carecidas de apoio são, não raro, aquelas cujo agressor é seu familiar próximo, *in casu*, cônjuge, uma vez que as outras vítimas contam, muitas vezes, com o apoio familiar, que falha, frequentemente, nos casos de violência conjugal.

A reparação deste erro pecou pois por ser tardia e praticamente desnecessária, pelo menos no plano de facto, ainda que não no plano do direito, porquanto, em breve, viria a entrar em vigor a Lei n.º 129/99, de 20 de Agosto, que aprovou um regime especial, aplicável ao adiantamento pelo Estado da indemnização devida apenas às vítimas de violência conjugal.

---

[576] *Apud* SANTOS, Odete, em intervenção na Assembleia da República, DAR n.º 81, 04/VII, 1ª série, de 6 de Maio de 1999, p. 2930.

[577] No que respeita ao recurso a este mecanismo indemnizatório, por parte dos seus destinatários "comuns", sabe-se que, em 1993, deram entrada 62 pedidos; em 1994, 62; em 1995, 42 pedidos; em 1996, 59 pedidos; em 1997, 118 pedidos, conforme os números avançados por MATOS FERNANDES, Secretário de Estado Adjunto do Ministro da Justiça, aquando da discussão na Assembleia da República da proposta de lei n.º 256/VII (DAR n.º 81, 04/VII, 1ª série, de 6 de Maio de 1999, p. 2929).

[578] Cfr. o artigo 19.º do Decreto-Lei n.º 423/91, de 30 de Outubro.

II.3.4.5. *A Lei n.º 129/99, de 20 de Agosto* – *aprova o regime aplicável ao adiantamento pelo Estado da indemnização devida às vítimas de violência conjugal*

A Lei n.º 129/99, de 20 de Agosto vem aprovar o regime aplicável ao adiantamento pelo Estado da indemnização devida às vítimas de violência conjugal. Os beneficiários deste adiantamento são os cônjuges vítimas de maus tratos. São três os pressupostos de que depende a concessão do adiantamento: a) que estejam em causa *pessoas*[579] que hajam sido vítimas do crime de maus tratos a cônjuge, previsto e punido pelo artigo 152.º, n.º 2 do Código Penal[580], b) que em consequência de tal crime se

---

[579] Ao adoptar a designação *pessoas* na letra da lei deste diploma, o legislador português prevê expressamente a possibilidade do adiantamento da indemnização a ambos os cônjuges, mulher ou marido, desde que preencham os diversos pressupostos de que depende a aplicação da lei. Não poderemos deixar de louvar esta posição do legislador português. Importará, porém, chamar aqui a atenção para o facto de tal representar uma atitude hesitante e, em nosso entendimento, pouco coerente, do mesmo, que ora cria diplomas em que confere protecção exclusiva à mulher (como é o caso da Lei n.º 61/91, de 13 de Agosto, e da Lei n.º 107/99, de 3 de Agosto), ora resolve estender essa protecção a ambos os cônjuges. Poderemos perguntar-nos se esta não será uma atitude deliberada e inteiramente justificada do nosso legislador. Não é o que nos parece. Vejamos o disposto no artigo 1.º da Lei n.º 129/99, que estamos a analisar: «O presente diploma aprova o regime aplicável ao adiantamento pelo Estado das indemnizações devidas às *vítimas* de violência conjugal, nomeadamente nas situações previstas no artigo 14.º da Lei n.º 61/91, de 13 de Agosto». Ora, o mencionado artigo 14.º dispõe que «Lei especial regulará o adiantamento pelo Estado da indemnização devida às *mulheres vítimas* de crimes de violência, suas condições e pressupostos...». Assim, o legislador português parece partir do equívoco de que falar de *vítimas* e *mulheres vítimas* é o mesmo, ou então, a Lei n.º 129/99 vem estender o âmbito de aplicação do artigo 14.º da Lei n.º 61/91 aos cônjuges maridos vítimas de violência. Qualquer que seja a interpretação, afigura-se-nos incorrecta. Por um lado, porque vítimas são tanto os cônjuges mulheres, como os cônjuges maridos; por outro, porque discordamos que só no respeitante ao adiantamento da indemnização pelo Estado é que o cônjuge marido deva beneficiar de protecção igual à do cônjuge mulher. Quer as medidas previstas na Lei n.º 61/91, quer na Lei n.º 107/99, devem ser susceptíveis de aplicação aos cônjuges maridos vítimas de violência.

[580] Afigura-se-nos duvidosa a determinação do âmbito subjectivo de aplicação deste diploma legal, por referência expressa ao normativo do artigo 152.º, n.º 2 do CP. Como aferir se o requerente é ou não vítima do crime de maus tratos previsto e punido pelo artigo 152.º, n.º 2 do CP? Será por referência ao descrito na queixa ou auto de notícia, cuja cópia deverá acompanhar o pedido deduzido? E será que só o cônjuge vítima de maus tratos subsumíveis a tal normativo legal deve beneficiar deste adiantamento? Não seria também de conceder adiantamento ao cônjuge que, por exemplo, foi vítima de uma única ofensa à integridade física, grave (para o caso de não se entender tal ofensa como maus

encontrem em situação de grave carência económica[581], c) que exista probabilidade séria da verificação dos pressupostos da indemnização[582]. Poderá requerer o adiantamento da indemnização a própria vítima, as associações de protecção à vítima, por sua solicitação (e em sua representação) e o Ministério Público[583]. A decisão de adiantar ou não a indemnização, bem como a fixação do respectivo montante, é determinada segundo juízos de equidade, sendo que o Estado não poderá adiantar à vítima de violência conjugal valor superior ao equivalente mensal ao salário mínimo nacional[584], durante o período de três meses, prorrogável por igual período e, em situações excepcionais de especial carência, por mais de 6 meses[585].

---

tratos, o que, entre nós, como tivemos oportunidade de constatar, não é unânime), que o remete para uma cama, durante meses, impedindo-o de trabalhar e assim prover ao seu próprio sustento? E no caso de crime de violação do qual resulte um trauma psicológico profundo que incapacite a vítima para o trabalho? Não seria de rejeitar a possibilidade de reformulação deste pressuposto subjectivo da concessão do adiantamento da indemnização, no sentido de abranger um maior número de casos de violência conjugal que, como sabemos, não se reduz à amplitude do crime de maus tratos a cônjuge, antes, transcendendo-a.

[581] Cfr. as alíneas a) e b) do artigo 2.° da Lei n.° 129/99, de 20 de Agosto.

[582] Cfr. o artigo 7.°, n.° 2, do supra mencionado diploma legal.

[583] Cfr. o artigo 3.° da Lei n.° 129/99, de 20 de Agosto.

[584] Este limite indemnizatório parece-nos reduzido, sobretudo se tivermos presente que o limite indemnizatório aplicável por força do DL n.° 423/91 corresponde ao dobro da alçada da Relação. Ao requerer o adiantamento da indemnização, com base na Lei n.° 129/99, o montante máximo que o cônjuge vítima poderá vir a receber, por força do artigo 7.°, n.° 2, deste diploma, será de 12 vezes o valor do salário mínimo nacional (e isto apenas em situações de especial carência). Quando se tenham verificado danos muito graves, o montante recebido pela vítima ficará bastante aquém do ressarcimento adequado dos danos efectivamente sofridos. A situação torna-se particularmente difícil quando, em consequência dos maus tratos, a vítima se encontre incapacitada para o trabalho, durante longo período de tempo e possua dependentes a cargo. Ainda assim, pese embora estes valores indemnizatórios estejam longe de serem os ideais, não podemos perder de vista a ideia de que o Estado, a este nível, desenvolve uma intervenção de carácter subsidiário, no sentido de garantir um *mínimo de existência* às vítimas deste tipo de crimes, e não pretende substituir-se ao lesante, demitindo-o das suas responsabilidades. O ideal seria que o Estado dispusesse de meios que permitissem operar o pleno ressarcimento dos danos sofridos por estas vítimas (não sem que pudesse ficar sub-rogado no crédito da vítima sobre o responsável, claro está), mas ante o sem número de tarefas a que o Estado tem que dar resposta, nos nossos dias, o cumprimento de tal objectivo é impraticável.

[585] Cfr. o artigo 7.°, n.° 3 desta lei.

II.3.4.5.1. Regime aplicável ao adiantamento pelo Estado da indemnização devida às vítimas de violência conjugal versus regime jurídico de protecção às vítimas de crimes violentos

Descrito que está, em traços muito gerais, o regime contido no Decreto-Lei n.º 423/91, de 30 de Outubro (que estabelece o regime jurídico de protecção às vítimas de crimes violentos), e na Lei n.º 129/99, de 20 de Agosto (que aprova o regime aplicável ao adiantamento pelo Estado da indemnização devida às vítimas de violência conjugal), importa agora verificar em que medida convergem e divergem estes dois regimes, designadamente no sentido de averiguarmos se ambos continuam aplicáveis a estas vítimas e em que condições.

Os dois normativos regulam a atribuição pelo Estado de montantes indemnizatórios a vítimas de determinados crimes: no caso do Decreto-Lei n.º 423/91, a *vítimas* de crimes violentos; no caso da Lei n.º 129/99, a vítimas do crime de maus tratos a *cônjuge*, ou *convivente* em situação análoga à dos cônjuges[586]. Este diverso âmbito de aplicação, para o nosso objecto de estudo, não releva.

Já não assim, no que concerne aos pressupostos da concessão da indemnização: o regime de protecção às vítimas de crimes violentos exige a verificação de lesões corporais graves, directamente decorrentes da prática de um acto intencional de violência, ao passo que a Lei n.º 129/99 exige apenas a ocorrência de crime de maus tratos[587]. Assim, neste último caso, e fazendo apelo aos elementos que supra referenciámos, no ponto II. 3.2.1 da presente dissertação, constituirá fundamento do adiantamento da indemnização a verificação de lesão da integridade psicológica, desde que subsumível ao tipo legal do artigo 152.º, n.º 2 do Código Penal[588].

---

[586] Cfr. o artigo 1.º, n.º 1 do DL n.º 423/91, de 30 de Outubro, e o artigo 2.º, alínea a) da Lei n.º 129/99, de 20 de Agosto.

[587] Cfr. *Idem, loc. cit.*.

[588] Esta diferença torna-se extremamente importante, porquanto motivará o recurso a um ou outro dos regimes, consoante o caso concreto: é configurável a hipótese da ocorrência de lesão corporal grave não subsumível ao artigo 152.º, n.º 2 do CP e, bem assim, a verificação de crime de maus tratos do qual não resulte lesão corporal grave, designadamente quando a lesão se inscreva no domínio psicológico. Julgamos, por isso, que é este ponto de afastamento que justifica, *de iure* e *de facto*, a alteração da Lei n.º 136/99, de 28 de Agosto, que elimina o n.º 2 do artigo 3.º, que excluía a indemnização, quando a vítima fosse um membro do agregado familiar do autor, ou pessoa que com ele coabitasse, em condições análogas, salvo se concorressem circunstâncias excepcionais. Verifica-se, por

Outro elemento diferenciador respeita à finalidade da atribuição da indemnização. No DL n.º 423/91, a atribuição da indemnização parece ser tendencialmente definitiva, isto é, verificada a impossibilidade prática da vítima obter do agressor e/ou responsável civil o ressarcimento dos seus danos, o Estado, suprindo essa impossibilidade, atribui à vítima esse «mínimo a que qualquer cidadão tem direito»[589]. Diferente é a proposta da Lei n.º 129/99, cuja epígrafe refere expressamente a ideia de adiantamento, ou seja, o Estado entregará à vítima o montante indemnizatório na expectativa, pelo menos, *de iure*, de que o agressor venha ainda a ressarcir a vítima[590], o que justifica a obrigação da vítima restituir as importâncias que houver recebido, até ao limite do que lhe tenha sido adiantado, quando obtenha a reparação total ou parcial do dano sofrido[591-592].

Outra diferença de regimes situa-se ao nível dos montantes indemnizatórios máximos. O artigo 2.º do DL n.º 423/91 estabelece como tecto máximo, para os casos de morte e lesão corporal grave quando haja apenas um lesado, o dobro da alçada da relação, ou, quando a indemnização for fixada sob a forma de renda anual, um quarto da alçada da mesma[593]. Por sua vez, a Lei n.º 129/99, no seu artigo 7.º, n.º 3, manda que o montante adiantado não exceda o equivalente mensal ao salário mínimo nacional, durante o período de três meses, prorrogável por igual período e, em situações excepcionais de especial carência, por mais seis meses; a indemnização poderá, portanto, atingir, no máximo, o valor anual do salário mínimo nacional. Esta divergência substancial nos valores máximos atribuíveis poderá determinar a opção do requerente por um ou outro dos regimes, admitindo que se encontram verificados os pressupostos de que depende a aplicação de ambos.

---

isso, que há algumas situações não cobertas pela Lei n.º 129/99, que cabem na previsão legal do DL n.º 423/91.

[589] Cfr. o preâmbulo do DL n.º 423/91, de 30 de Outubro.

[590] Este entendimento é, a nosso ver, razoável, uma vez que o pagamento de indemnizações entre cônjuges, como já vimos, não é uma questão linear, podendo, inclusive, mediar algum tempo, até que o agressor proceda à liquidação da quantia em dívida.

[591] Cfr. o artigo 9.º da Lei n.º 129/99.

[592] De referir que também o regime de protecção às vítimas de crimes violentos prevê, no seu artigo 10.º, a obrigação de restituição da indemnização em caso de ulterior reparação do dano, pelo responsável, mas a lei já não se refere aqui a quantias adiantadas, mas a quantias recebidas.

[593] Cfr. o artigo 2.º do DL n.º 423/91, de 30 de Outubro, na redacção que lhe foi conferida pelo DL n.º 62/2004, de 22 de Março.

Efectivamente, assalta-nos uma dúvida que se prende precisamente com as situações em que o cônjuge vítima possa lançar mão de qualquer dos mecanismos legais que temos vindo a referir. Será o caso do cônjuge vítima de crime de maus tratos de que haja resultado lesão corporal grave, que o tenha incapacitado temporária e absolutamente para o trabalho por, pelo menos 30 dias, que se encontre em situação de grave carência económica, em consequência de tal facto e que não possa esperar ser ressarcido pelo seu cônjuge, que não dispõe de quaisquer meios económicos que lhe permitam satisfazer uma indemnização. *Quid iuris* nesta situação? Poderá o requerente pedir a atribuição de indemnização, indistintamente, ao abrigo de um ou outro diploma? Deverá optar pelo regime especial previsto para os cônjuges vítimas de violência conjugal? Parece-nos que o legislador não terá pensado nesta questão. Uma opção de resposta reside em atentar na possibilidade de obtenção, ou não, de ulterior ressarcimento pelo agressor. Consoante seja ou não previsível tal ressarcimento, o cônjuge vítima deverá seguir, respectivamente, o regime especial, em que funciona a lógica do adiantamento, ou o regime geral, em que funciona a lógica "substitutiva", ou de ressarcimento de danos, tendencialmente definitiva. Mas não é líquido que tenha que ser assim.

Outra dúvida, que o legislador parece não esclarecer, diz respeito ao tipo de danos indemnizáveis, por via do regime consagrado na Lei n.º 129/99. A este propósito, a lei só refere como requisito a probabilidade séria de verificação dos pressupostos da indemnização, nada esclarecendo quanto aos danos indemnizáveis: designadamente se só são indemnizáveis os danos patrimoniais (à semelhança do que se verifica com o regime previsto no DL n.º 423/91), ou se são também ressarcíveis os danos não patrimoniais. Se tivermos em consideração que, neste regime, a concessão da indemnização, funciona como adiantamento, ou antecipação da indemnização que a vítima virá a receber do lesante e, uma vez que este responderá nos termos da lei geral, por todos os danos causados, poderemos admitir, no âmbito deste diploma, a ressarcibilidade tanto dos danos patrimoniais como não patrimoniais. Este normativo estabelece, todavia, como legislação subsidiária aplicável, a contida no DL n.º 423/91, o que poderá indiciar entendimento diverso. Acresce que, como pressuposto comum à aplicação de ambos os regimes, temos a ocorrência de graves dificuldades económicas para a vítima em consequência da prática do crime, o que nos remete, com maior propriedade, para a necessidade de ressarcimento dos danos patrimoniais e, em especial, dos lucros cessantes advenientes da perda de rendimentos do trabalho, em consequência da incapacidade para o mesmo, durante um período de tempo, mais ou menos prolongado.

II.3.4.6. *A Resolução n.º 55/99, de 15 de Junho* – estabelece o Plano Nacional contra a Violência Doméstica

Deixámos para o fim a análise do I Plano Nacional contra a Violência Doméstica, em virtude da sua natureza jurídica normativa duvidosa[594] e, bem assim, devido à sua vigência temporal auto-limitada[595-596]. Não deixaremos de fazer também uma breve referência, em jeito de comparação, ao II Plano Nacional contra a Violência Doméstica.

Aproveitaremos o ensejo para descrever, em traços largos, as preocupações do Executivo Português[597], em matéria de violência doméstica, no

---

[594] O Plano Nacional contra a Violência Doméstica foi aprovado por Resolução do Conselho de Ministros (a Resolução n.º 55/99), em 27 de Maio de 1999 e publicada em Diário da República, em 15 de Junho de 1999. As Resoluções enquadram-se, segundo a classificação adoptada por GOMES CANOTILHO, J. J., *ob. cit.*, p. 930 e ss., na categoria dos actos normativos atípicos: «O termo *resolução* é utilizado frequentemente para caracterizar certas deliberações dos órgãos colegiais (...) constituem um acto puramente interno do órgão de soberania que as adopta.». A natureza jurídica das resoluções é matéria ainda hoje controvertida, que deixaremos de lado, o que não impedirá de nos determos sobre as previsões constantes do Plano, que não deixam de constituir objectivos a atingir, enunciados pelo Governo, enquanto órgão de soberania do Estado Português, no combate à violência conjugal, tema que constitui o objecto da presente dissertação.

[595] «O plano nacional contra a violência doméstica terá uma vigência de três anos, a contar da data da sua aprovação, por resolução do Conselho de Ministros.».

[596] Este Plano Nacional contra a Violência Doméstica já cessou, por isso, a sua vigência, mas o Governo aprovou entretanto um *II Plano Nacional contra a Violência Doméstica*, através da já referenciada Resolução do Conselho de Ministros n.º 88/2003, de 7 de Julho, para vigorar entre os anos de 2003 e 2006.

[597] As preocupações sentidas pelo Executivo Português são comuns às de outros Estados-Membros. Em Espanha, por exemplo, o *Consejo de Ministros* aprovou o *Plan de Acción contra la Violencia Doméstica*, em 30 de Abril de 1998 (sobre o conteúdo do *Plan*, vide FLORES CERDÁN, Dolores, *La Mujer víctima de malos tratos: políticas integradas de actuación*, in AA. VV., La Violencia sobre la mujer en el grupo familiar, Madrid: Editorial Colex, 1999, p. 86-87). Na Alemanha, em 1999, o BundesKabinett emanou o *Aktionsplan zur Bekämpfung von Gewalt gegen Frauen*, definindo sete áreas de intervenção prioritária, em grande medida coincidentes com o teor dos objectivos propostos pelo Governo Português, a saber: a prevenção, a produção legislativa, a cooperação entre instituições e projectos, a criação, a nível nacional, de uma rede de serviços de assistência às vítimas, o trabalho com o agressor, a sensibilização do público e a cooperação internacional. Toda-

especificamente respeitante à violência conjugal, traduzidas nos diversos objectivos a atingir pelo Plano. Procuraremos, ainda, a cada passo (e em jeito de balanço, dado que o I Plano Nacional contra a Violência Doméstica já cessou os seus efeitos, por decurso do período de tempo de vigência por si próprio estabelecido), averiguar da concretização que foi dada a esses objectivos.

O I Plano Nacional contra a Violência Doméstica (que, de ora em diante, passaremos a designar, abreviadamente, como Plano) consagra três objectivos fundamentais: o objectivo I – Sensibilizar e prevenir; o objectivo II – Intervir para proteger a vítima de violência doméstica; e o objectivo III – Investigar/estudar. Por sua vez, o II Plano define sete 7 áreas prioritárias de intervenção: 1. Informação, sensibilização e prevenção; 2. Formação; 3. Legislação e sua aplicação; 4. Protecção da vítima e integração social; 5. Investigação; 6. Mulheres imigrantes; 7. Avaliação.

Enunciaremos, em seguida, o teor das medidas propostas pelo I Plano, ao abrigo de cada objectivo, tentando averiguar do grau de concretização já atingido por cada uma.

II.3.4.6.1. *Plano Nacional contra a Violência Doméstica: Objectivo I – Sensibilizar e prevenir*

As medidas constantes do objectivo I destinam-se a dois públicos--alvo diferenciados. As medidas 1.1 e 1.2 dirigem o seu enfoque à população escolar. Em síntese, defendem que, desde a educação pré-escolar, deve ser incluída, nos planos curriculares e nas práticas pedagógicas, a aborda-

---

via, enquanto o nosso Plano Nacional contra a Violência Doméstica, como o próprio nome indica, prevê um conjunto de objectivos e medidas destinados a combater somente a violência doméstica, o *Aktionsplan zur Bekämpfung von Gewalt gegen Frauen* propõe-se travar a violência contra a mulher, dentro e fora do seio familiar. A diferença salta, por isso, à vista, também porque o *Aktionsplan* alemão se destina exclusivamente ao combate da violência contra a mulher, o que não decorre, pelo menos expressamente, do nosso Plano, que se dirige à intervenção junto de todas as vítimas de violência doméstica, ainda que se destine, prioritariamente, à mulher. Nos trabalhos preparatórios do II Plano discutiu-se a adopção de um modelo próximo do alemão, isto é, dirigido ao combate mais amplo da violência contra a mulher. BRAGA DA CRUZ, Ana Maria, ex-presidente da CIDM, *in Não podemos ignorar*, disponível na Internet em http://www.pagina-da-educacao.pt, em 29 de Setembro de 2002, defendia precisamente essa linha de evolução, no sentido da implementação de um plano de violência de género. Todavia, tal entendimento acabou por ser abandonado, constituindo o II Plano num desenvolvimento do primeiro.

gem de temas relacionados com os direitos humanos na família e o princípio da regulação negociada de conflitos. Estas medidas inserem-se no domínio de intervenção estadual que supra denominámos prevenção primária. Correspondem às medidas 1.5, 1.6 e 1.7 do II Plano.

No que concerne à concretização prática destas medidas, aqui fazemos remissão expressa para o que tivemos oportunidade de referir no ponto II. 2. 2. da presente dissertação. Acrescentaremos os resultados a que chegou o *Relatório de Acompanhamento do Plano Nacional contra a Violência Doméstica* de Dezembro de 2001[598], no que respeita à concretização destas medidas: «As medidas relativas a práticas pedagógicas (...) obtiveram razoáveis níveis de execução, quer por parte de entidades da administração central e local, quer por parte das ONG»[599].

Ainda na área da prevenção/sensibilização, visava-se a sensibilização dos *media*[600] (no sentido de encorajar tais entidades a promover uma cultura de respeito pelos direitos e deveres de cada um dos membros da família, evitando a transmissão de imagens e estereótipos que impliquem superioridade de um dos sexos, podendo assim fomentar a violência doméstica), a realização de campanhas de sensibilização da opinião pública (que visem contribuir para a promoção de uma cultura de não violência, baseada no respeito pelos direitos e deveres de cada um dos membros da família), a elaboração de material informativo sobre a prevenção, a identificação e os factores da violência doméstica[601] e, finalmente, a concepção e execução de «uma estratégia coordenada e multidisciplinar entre os diversos serviços da administração central, regional e local e os parceiros sociais, nomeadamente nas áreas da educação, da justiça, da saúde, da cultura, da solidariedade e da administração interna, tendo em consideração quer a prevenção, quer o apoio, quer a reparação de situações

---

[598] Disponível na Internet em http://www.cidm.pt, em 10 de Maio de 2002.
[599] Relativamente à validade das conclusões apresentadas por este Relatório, convirá fazer uma advertência, quanto à metodologia adoptada para a sua elaboração. Tais conclusões resultam da consideração das respostas dadas ao inquérito enviado pela comissão de acompanhamento da execução do Plano a entidades, cujos objectivos e áreas de actuação se relacionavam com os objectivos do Plano, pertencentes à administração central, local e a ONG's. Assim, os resultados obtidos têm por base a opinião das entidades consultadas, que poderão não corresponder à realidade dos factos, tanto mais que, dos 117 inquéritos enviados, apenas 40 chegaram a ser efectivamente respondidos, o que perfaz uma percentagem de 34,2%.
[600] Cfr. as medidas 1.3 e 1.4 do Plano.
[601] Cfr., respectivamente, as medidas 1.3 a 1.7 do Plano.

de vítimas de violência doméstica»[602]. Este é o conteúdo que encontramos presentemente nas medidas 1.1 a 1.4 e 1.8 a 1.11 do II Plano.

Fazendo, mais uma vez, apelo às conclusões do *Relatório de Acompanhamento do Plano Nacional contra a Violência Doméstica*, dir-se-á que tanto as entidades da administração central como as ONG consideram terem dado cumprimento a 100% à medida relativa à sensibilização dos *media*. Com efeito, nos últimos tempos, a Comunicação Social, em Portugal, tem desempenhado um papel fundamental, chamando a atenção para este problema e promovendo o debate sobre a violência conjugal e doméstica. No que respeita à elaboração de material formativo, informativo e à dinamização de campanhas de informação, foi também considerado existir um razoável nível de execução, pese embora a inexistência de estudos disponíveis sobre o impacto das mesmas.

Ainda assim, no âmbito da sensibilização e informação, a COMISSÃO DE PERITOS[603] recomendava: a) a intensificação da concepção, articulação e lançamento de campanhas de sensibilização; b) a intensificação da criação e acesso a estruturas de informação; c) a articulação com os *media* e a sua formação/sensibilização.

II.3.4.6.2. *Plano Nacional contra a Violência Doméstica: Objectivo II – Intervir para proteger a vítima de violência doméstica*

A medida 2.1 do Plano carece de ser efectivada: prevê a criação de uma base de dados organizada, em rede, sobre serviços, equipamentos e medidas legislativas, de gestão conjunta de vários ministérios e parceiros sociais, à qual possam aceder serviços da administração central, regional e local e organizações/associações particulares, para resolução imediata de situações de risco ou de violência.

Destino diferente coube à medida 2.2 do Plano, que obteve plena execução: previa o alargamento, para vinte e quatro horas por dia, do horário de funcionamento dos serviços telefónicos de emergência existentes, para informação e encaminhamento permanente das vítimas de violência doméstica. O Número Verde da responsabilidade da CIDM iniciou a sua actividade em 12 de Novembro de 1998, funcionando das 9 às 17,30 horas,

---

[602] Cfr. a medida 1.8 do Plano.
[603] No *Relatório de Acompanhamento do Plano Nacional contra a Violência Doméstica*, p. 21.

de segunda a sexta-feira, mas graças ao protocolo estabelecido com a APAV em Maio de 2000, o Serviço de Informação às Vítimas de Violência Doméstica passou a funcionar vinte e quatro horas por dia, todos os dias da semana, cabendo à APAV a responsabilidade dos horários de fim de tarde, noites e fins de semana[604]. Entretanto, o II Plano prevê no seu ponto 4.1., a reestruturação deste serviço, defendendo-se a prestação de um serviço eficaz, todos os dias da semana, 24 horas por dia.

O Serviço de Informação às Vítimas de Violência Doméstica, no ano 2001, atingiu um total de 4028[605] processos de apoio[606], o que corresponde a 42,5% do total de processos de apoio prestado pela APAV[607]. Com base nestes números, podemos inferir da importância deste tipo de serviços no combate à violência doméstica[608], sobretudo ao nível da prevenção secundária e do apoio à vítima.

A medida 2.3 do Plano logrou também concretização prática, designadamente através da criação do Projecto INOVAR. Este projecto criou espaços de atendimento mais dignos e tem permitido maior privacidade na apresentação de queixa. As mulheres vítimas de violência podem agora ser atendidas por uma agente policial. No âmbito deste projecto, foram instaladas 45 salas de atendimento à vítima e foram criadas Unidades de Atendimento a Violência Doméstica[609].

---

[604] Cfr. a nota n.º 2 do *Relatório de Acompanhamento do Plano Nacional contra a Violência Doméstica*.

[605] Este número traduz-se na média mensal aproximada de 336 processos: mais de 10 por dia. Cfr. a este respeito as *Estatísticas 2001 do Serviço de Informação às Vítimas de Violência Doméstica*, disponíveis na Internet em http://www.apav.pt, em 10 de Outubro de 2002.

[606] A maioria dos processos desencadeados está, efectivamente, ligada à violência doméstica: em 55,6% das situações, o crime foi praticado na residência da vítima; em 51,3% dos casos verificados estava em causa o crime de maus tratos a cônjuge ou companheiro.

[607] Cfr. APAV, *Estatísticas 2001*.

[608] Dentro da violência doméstica, a maior incidência de procura deste serviço localiza-se no sector da violência conjugal e para-conjugal: 54,6% das vítimas são casadas e 9,3% conviventes em união de facto, segundo as *Estatísticas 2001 do Serviço de Informação às Vítimas de Violência Doméstica*. A vitimação experienciada é maioritariamente continuada – 65% dos casos registados – sendo que, em pelo menos 26,6% das situações denunciadas, a vitimação se fazia sentir há mais de dois anos. Curiosamente, este serviço tem conhecimento de 699 queixas formalizadas junto das autoridades competentes, o que corresponde a 17,4% do total. Há uma margem de incerteza de 22,4%, referente ao número de casos em que o serviço ignora a existência ou não de queixa. Ainda assim, a percentagem de não apresentação de queixa é, em nosso entendimento, preocupante e justificativa da opção do legislador pela consagração do crime de maus tratos como público.

[609] De acordo com MINISTÉRIO DA ADMINISTRAÇÃO INTERNA, *Relatório de Segurança Interna do ano de 2000*.

No que concerne à aposta na formação especializada dos profissionais[610] que lidam com a questão da violência doméstica, ao nível da saúde, da justiça[611], da educação, dos serviços sociais e outros, a evolução não parece ter sido muito significativa, o que justifica, aliás, a recomendação da COMISSÃO DE PERITOS, no seu *Relatório*, no sentido da intensificação da formação de públicos/operadores especiais (operadores judiciais, pessoal de saúde, professores, polícias, etc.). Ainda assim, podemos identificar algum trabalho nesta área: a realização esporádica de cursos e de acções de formação, destinadas a diversos operadores, ao nível da Administração Central[612]; a realização de acções de formação, junto dos agentes policiais, no âmbito do Projecto INOVAR; o desenvolvimento, por parte da CIDM e da APAV, de acções de formação junto das escolas e de outras instituições, em escolas de serviço social e junto da magistratura; o desenvolvimento, pela APAV, do Projecto SOPHIA (formação em atendimento às mulheres, crianças e jovens vítimas de violência, co-financiado pela Iniciativa DAPHNE 1999), assim como de diversos módulos de formação interna e externa[613].

O II Plano Nacional contra a Violência Doméstica consagra a este domínio um capítulo autónomo, nos seus pontos 2.1 a 2.6.

O objectivo 2.5, que consistia na elaboração e distribuição de guias destinados às vítimas de violência doméstica e aos técnicos que com ela lidam, obteve elevado índice de concretização, quer por parte da Administração Central, quer por parte de organizações não governamentais[614]. Igualmente concretizados foram os objectivos 2.7 e 2.8 do Plano. Previam, respectivamente, a criação, no âmbito da lei penal, de uma pena acessória que consistisse na proibição de o agressor se aproximar da vítima e a criação de medidas processuais, para protecção de testemunhas, fossem elas

---

[610] Cfr. o objectivo 2.4 do Plano.

[611] Dando execução a este objectivo, foi realizado em Junho de 2000 um seminário para Magistrados – cfr. o *Relatório de Acompanhamento do Plano Nacional contra a Violência Doméstica*, p. 13.

[612] Cfr. o *Relatório de Acompanhamento do Plano Nacional contra a Violência Doméstica*.

[613] Cfr. COMISSÃO DE PERITOS PARA O ACOMPANHAMENTO DO PLANO NACIONAL CONTRA A VIOLÊNCIA DOMÉSTICA, *I Relatório Intercalar de Acompanhamento do Plano Nacional contra a Violência Doméstica*, p. 20-21.

[614] No âmbito do projecto INOVAR, por exemplo, foi editado o Guia do Novo Rumo/Plano de Segurança Social. Por sua vez, a CIDM editou um prospecto com o título «Violência contra as Mulheres na Família», onde consta um conjunto de conselhos úteis a este tipo de vítimas, bem como uma referência à legislação em vigor nesta matéria.

as vítimas, ou pessoas com informação e conhecimento sobre factos constitutivos do objecto do processo. O primeiro destes objectivos logrou plena execução, com a entrada em vigor da Lei n.º 7/2000, de 27 de Maio, a que já nos referimos, largamente, no ponto II. 3.1.1.2.3 da presente dissertação. Foi criado um novo número 6 para o artigo 152.º do Código Penal que determina que «Nos casos de maus tratos previstos nos n.ºs 2 e 3 do presente artigo, ao arguido pode ser aplicada a pena acessória de proibição de contacto com a vítima, incluíndo a de afastamento da residência desta, pelo período máximo de dois anos.». A concretização do segundo objectivo deriva da nova Lei de Protecção de Testemunhas em processo penal (a Lei n.º 93/99, de 14 de Julho) que carecia, todavia, de regulamentação, surgida quatro anos depois, mediante o Decreto-Lei n.º 190/2003, de 22 de Agosto.

O Plano propunha ainda que se sugerisse, junto da Procuradoria-Geral da República, a inclusão no seu Relatório Anual, de um capítulo específico dedicado à violência doméstica[615], sendo que tal sugestão foi aceite, logo no Relatório Anual de 1999, que consagrava, no ponto 8 dos Indicadores Gerais, uma rúbrica consagrada à violência doméstica, que viria a ser abandonada no ano imediatamente seguinte.

Particularmente interessante era o objectivo, não concretizado, constante do ponto 2.11 do Plano[616]: «Propor, entre outros, a celebração de um protocolo entre a Ordem dos Advogados, o Ministério da Justiça e o Gabinete do Alto-Comissário para as Questões da Promoção da Igualdade e da Família, *com o objectivo de dotar os advogados com formação específica na área da violência doméstica para assistência às vítimas em todas as fases do processo.*»[617]. Com efeito, temos para nós de extrema importância a aposta na formação específica dos advogados[618], *maxime*, daque-

---

[615] Cfr. o ponto 2.10 do Plano.

[616] Mas que o II Plano, através do seu 2.º capítulo, dedicado à Formação, de alguma maneira, retoma.

[617] Itálico nosso.

[618] Em sentido idêntico, *vide* COMISSÃO DE PERITOS PARA O ACOMPANHAMENTO DO PLANO NACIONAL CONTRA A VIOLÊNCIA DOMÉSTICA, *I Relatório Intercalar de Acompanhamento...*, p. 56: «A formação dos juristas e dos advogados pode ser muito oportuna, na medida em que estes profissionais podem, em diversos contextos, vir a atender e a aconselhar mulheres vítimas de violência doméstica e também a defender os seus interesses (os advogados) em processos cíveis e/ou processos-crime. O desempenho das competências não dispensa a compreensão integral do problema com que lidam e, nomeadamente, da vulnerabilidade emocional em que, de uma forma geral, se encontram as vítimas e as dificuldades que enfrentam, daí que seja importante que a formação que devem receber assente tanto

les a quem, por via de regra, incumbe o patrocínio oficioso – advogados estagiários e jovens advogados – não só em termos técnico-jurídicos, mas também em termos humanos. A democratização do acesso ao direito e aos tribunais é um factor importante no combate à violência conjugal, pois permite a consciencialização das vítimas sobre quais são os seus direitos, bem como facilita o exercício efectivo dos mesmos. O advogado desempenha um papel importante, como elo de ligação entre a vítima e o tribunal. Ele pode tornar o recurso ao tribunal menos difícil e penoso, se estiver consciente das particulares necessidades da vítima de violência conjugal, por um lado, e das diversas soluções técnico-jurídicas existentes ao dispor, por outro. Seria recomendável que fossem desenvolvidos pequenos cursos e seminários, integrados na formação do período de estágio, sobre esta temática, que já se desenvolvem noutras áreas do direito, extensivos também a advogados, no sentido de proporcionar às vítimas de violência conjugal um patrocínio de qualidade[619].

O objectivo 2.12 do Plano dizia respeito à possibilidade das organizações e associações de apoio às vítimas se constituírem assistentes em processo penal, salvo oposição da vítima ou de quem legalmente a represente. Neste ponto, não detectamos também qualquer alteração: a possibilidade de constituição de assistente, em processo penal, continua restrita às associações de mulheres que prossigam fins de defesa e protecção das mulheres vítimas de crimes, em representação da vítima no processo penal, mediante a apresentação de declaração subscrita por aquela, nesse sentido, quando estejam em causa crimes sexuais, de maus tratos a cônjuge, crimes de rapto, sequestro ou ofensas corporais, conforme o disposto no artigo 12.º da Lei n.º 61/91, de 13 de Agosto.

No que respeita ao desenvolvimento de uma rede de refúgios para vítimas de violência[620], constatamos uma evolução positiva. Recordamos aqui que, através da Lei n.º 107/99, de 3 de Agosto, foi criada a rede pública de casas de apoio a mulheres vítimas de violência, regulamentada

---

numa *abordagem compreensiva da vítima*, mas também numa *abordagem de procedimentos* a ter com a mulher vítima, durante as diversas diligências da relação profissional.».

[619] A COMISSÃO DE PERITOS, *ob. cit.*, p. 56, defende dois níveis de formação: inicial – a ter lugar nas faculdades de direito, pela inclusão da temática da violência doméstica no plano de estudos – e complementar – através da organização de módulos de formação profissional, a ter lugar no âmbito da Ordem dos Advogados, durante ou depois do período de estágio e da organização, pelas Universidades, de cursos de pós-graduação sobre violência doméstica. O II Plano defende idêntica orientação.

[620] Cfr. o ponto 2.13 do Plano.

pelo DL n.º 323/2000, de 19 de Dezembro. ANA LUZIA REIS[621] explica que estas casas têm sido criadas, ao abrigo de protocolos específicos com a segurança social e que o próprio quadro comunitário vem apoiar, financeiramente, a criação de casas de abrigo, no âmbito do Programa Operacional de Emprego, Formação e Desenvolvimento Social (FEDER), tendo sido anunciada a abertura de mais dez centros de abrigo para mulheres vítimas de violência[622].

No que concerne aos restantes pontos previstos no objectivo II do Plano, dispomos apenas das conclusões constantes do *Relatório de Acompanhamento do Plano Nacional contra a Violência Doméstica*. Estas conclusões referem ter sido cumprido tal objectivo, no que diz respeito à criação de equipas multidisciplinares, junto dos centros de saúde[623], mas também quanto ao reforço dos poderes das forças de segurança, no sentido da protecção das vítimas[624] e quanto ao acesso destas últimas a cursos de

---

[621] Vice-presidente da CIDM, in ALMEIDA, São José, *Reforçar o Combate e o Apoio às Vítimas*, Jornal PÚBLICO (19 de Outubro de 2002).
[622] Cfr. Jornal PÚBLICO, 19 de Outubro de 2002, p. 4 e ss.
[623] Cfr. o ponto 2.15 do Plano.
[624] Cfr. o ponto 2.7 do Plano. A este respeito, a COMISSÃO DE PERITOS, no *I Relatório Intercalar de Acompanhamento do Plano Nacional contra a Violência Doméstica* e no *Relatório de Acompanhamento do Plano Nacional contra a Violência Doméstica de 2001*, defendia a necessidade de aprofundar e clarificar, à luz da nossa Constituição, a actuação das polícias, relativamente à entrada no domicílio sem mandato judicial, em situações de perigo actual/iminente, designadamente se o disposto no artigo 34.º, n.º 2 da CRP («A entrada no domicílio dos cidadãos contra a sua vontade só pode ser ordenada pela autoridade judicial competente, nos casos e segundo as formas previstos na lei.») constitui obstáculo a tal intervenção policial não consentida, ou sem ordem judicial. O direito à inviolabilidade do domicílio constitui um direito fundamental pessoal, consagrado constitucionalmente, no Capítulo dos Direitos, Liberdades e Garantias, sendo que, nos termos do artigo 18.º, n.º 2 da CRP, as restrições a este direito deverão limitar-se ao necessário, para salvaguardar outros direitos, constitucionalmente protegidos. No caso do crime de maus tratos a cônjuge, está em causa a protecção da vida humana, da integridade pessoal, da liberdade e da segurança (cfr. o *I Relatório Intercalar de Acompanhamento do Plano Nacional contra a Violência Doméstica*, p. 39-40), que merecem a mesma tutela constitucional que a inviolabilidade do domicílio. A resolução deste conflito de direitos fundamentais passará pelo princípio da harmonização ou da concordância prática. Por outro lado, a COMISSÃO DE PERITOS, no mesmo documento, defende ainda que «O dirimir de um conflito desta natureza em função da eventual prática de um crime deve ainda receber a força do disposto no Código Penal relativamente ao direito de necessidade e ao estado de necessidade desculpante – artigos 34.º e 35.º – que afastam a ilicitude e a culpa de acções que sacrificam interesses juridicamente protegidos, mas são tendentes a remover um perigo de um tipo e natureza como os criados pela prática de um crime de maus tratos.». Temos, para nós, que o texto

formação profissional[625], tendo-se logrado envolver entidades governamentais e Organizações Não Governamentais.

II.3.4.6.3. Plano Nacional contra a Violência Doméstica: Objectivo III – Investigar/estudar

«O Objectivo III Investigar/estudar foi referido e acentuado pelas entidades da Administração Central. Alude-se à recolha e tratamento de dados e ao desenvolvimento de projectos de investigação. As ONG mencionam a recolha de dados.»[626]. De referir que, no âmbito do projecto INOVAR, da responsabilidade do Ministério da Administração Interna, foi criado o 1.º Indicador Estatístico Nacional sobre Violência Doméstica[627].

Por outro lado, «a APAV tem publicado anualmente os dados estatísticos relativos aos processos de apoio iniciados a nível nacional, nos quais distingue os das vítimas de violência doméstica. Estes dados são integrados nas estatísticas oficiais da Justiça (Gabinete de Estudos e Planeamento do Ministério da Justiça) e são divulgados pela Internet»[628].

A respeito da concretização deste objectivo, a COMISSÃO DE PERITOS recomendava que as Universidades e Centros de Investigação se dedicassem ao estudo dos dados já existentes em Portugal sobre a Violência Familiar. Defendia ainda que o Instituto Nacional de Estatística considerasse

---

constitucional não permite a entrada no domicílio dos cidadãos contra a sua vontade, sem ser ordenada pela autoridade judicial competente, mas como salienta a COMISSÃO DE PERITOS, quando tal entrada possa constituir a prática de um crime, os mecanismos de exclusão da ilicitude, ou de exclusão da culpa, previstos no Código Penal, deverão funcionar. Note-se que é o próprio *II Plano*, no seu ponto 3.4, que chama a atenção para a necessidade de identificar e estabelecer medidas legítimas de intervenção policial.

[625] Cfr. o ponto 2.14 do Plano.

[626] Cfr. *Relatório de Acompanhamento do Plano Nacional contra a Violência Doméstica*, p. 13.

[627] Este indicador resulta da uniformização e consolidação dos dados relativos a ocorrências criminais registadas pela GNR e pela PSP no contexto da violência doméstica. Tal indicador, na perspectiva de ROSMANINHO, Teresa, *Violência Doméstica em Portugal*, p. 30, deve constituir uma base de trabalho que sirva, de facto, para conhecer e combater a violência doméstica, tal como permitir a criação de melhores condições no auxílio às vítimas destes crimes.

[628] COMISSÃO DE PERITOS PARA O ACOMPANHAMENTO DO PLANO NACIONAL CONTRA A VIOLÊNCIA DOMÉSTICA, *I Relatório Intercalar de Acompanhamento do Plano Nacional contra a Violência Doméstica*, Lisboa, p. 24.

os dados oficiais da violência doméstica como indicador de desenvolvimento social. A plena concretização deste objectivo tem importantes implicações no combate eficaz à violência doméstica. O conhecimento dos números, factores, consequências e custos da violência doméstica representam o primeiro passo para o desenvolvimento de medidas mais adequadas e eficazes.

O II Plano Nacional contra a Violência Doméstica também aposta muito no domínio da investigação, consagrando-lhe todo o seu capítulo quinto. Na respectiva introdução podemos ler que: «É positiva a crescente visibilidade pública que tem merecido a problemática da violência doméstica, nomeadamente nos órgãos de comunicação social. Mas o Governo só poderá combater com máxima eficácia o que conhecer em profundidade. É ainda difícil entender toda a dimensão social e económica deste flagelo, pelo que é forçoso colmatar esta lacuna. O Governo promoverá estudos sectoriais, estabelecerá elos privilegiados com as universidades e com os organismos públicos e privados que financiam a investigação. É forçoso obter dados concretos, que permitam tirar conclusões e fazer projecções objectivas.».

PARTE III
**APRECIAÇÃO DA INTERVENÇÃO ESTADUAL
EM SEDE DE VIOLÊNCIA CONJUGAL**

III.1. Generalidades

Na parte III da presente dissertação, procederemos à avaliação da intervenção do Estado Português em prol da resolução do problema da violência conjugal. Ao longo da parte II, à medida que fomos descrevendo os vários instrumentos de intervenção, actualmente disponíveis, tivemos oportunidade de referir os aspectos que consideramos mais positivos e negativos de cada um, razão pela qual aqui fazemos remissão expressa para tudo quanto foi dito nos pontos II.3.1.4., II.3.2.1.5., II.3.2.2.4. e II.3.4., abstendo-nos aqui de reproduzir o que então referenciámos. Para esta parte III, reservámos a explicitação de uma ou outra crítica à intervenção estadual vigente e, bem assim, o apontamento, em traços muito gerais, de possíveis rumos complementares a seguir na cruzada contra a violência conjugal.

A primeira ideia a reter, acerca da intervenção estadual, em sede de violência conjugal, é a de que «Portugal é, do ponto de vista da lei, um dos países mais avançados»[629-630]. O quadro normativo nacional é francamente positivo, sendo de destacar: a consagração do crime de maus tratos a cônjuge, com natureza pública; a criação da medida de coacção de afastamento do agressor da residência da vítima e da pena acessória de idên-

---

[629] Cfr. MANSO, Ana, in ALMEIDA, São José, *Reforçar o Combate e o Apoio às Vítimas*, Jornal PÚBLICO (19 de Outubro de 2002).

[630] O programa de Governo do XV Governo Constitucional, na sua parte IV – *Reforçar a Justiça Social/Garantir a Igualdade de Oportunidades*, no ponto n.º 4, define como área prioritária de Intervenção «o combate à violência, particularmente a violência doméstica, (...) incluindo medidas de prevenção da violência, de apoio às vítimas e reabilitação dos agressores.» (cfr. GOVERNO DA REPÚBLICA PORTUGUESA, *Programa do XV Governo Constitucional*, disponível na Internet em www.portugal.gov.pt, em 10 de Outubro de 2002). A ideia chave, neste domínio, resume-se na expressão de MULLENDER, Audrey, *Rethinking Domestic Violence, The Social Work and Probation Response*, 2ª Reimpressão, Londres e Nova Iorque, 2002, Prefácio: «women living with abuse are not hopeless victims and men inflicting it are not individual monsters for whom the only solution is to be locked up for ever and the key thrown away.».

tico conteúdo; a previsão legal de indemnização da vítima de violência conjugal pelo Estado; a criação e regulamentação da instituição de casas de abrigo para as mulheres vítimas de violência. O problema reside, as mais das vezes, na deficiente aplicação prática que se faz da lei, o que não exclui a possibilidade (e até a necessidade) de serem retocados alguns aspectos legislativos, aliás, na linha do entendimento preconizado pela COMISSÃO DE PERITOS para o Acompanhamento da Execução do Plano Nacional contra a Violência Doméstica: «Alguma legislação carece ainda de aperfeiçoamentos.»[631]. Referimos, oportunamente, algumas correcções que consideramos pertinentes. Retomaríamos aqui tão somente a questão do género dos destinatários das medidas estaduais: ora do género feminino, ora sem diferenciação de género. O Plano Nacional Contra a Violência Doméstica, aprovado pela Resolução n.º 55/99, do Conselho de Ministros, por exemplo, reconhece a mulher como aquela que mais necessita de medidas de protecção, mas não exclui as outras potenciais vítimas. O Código Penal utiliza uma formulação neutra: maus tratos a cônjuge. Em pleno século XXI, o mundo é ainda, em certa medida, um pouco hostil à mulher, mas a protecção tem que ser garantida para todas as vítimas de violência conjugal, por uma de duas formas: independentemente do género, ou tomando-o em consideração, pela concepção e adopção de medidas específicas para cada género. A tendência hodierna vai no sentido da consagração da segunda alternativa.

III.2. Da competência dos tribunais em matéria de violência conjugal

Na parte II da presente dissertação referimos quatro formas de intervenção estadual, no domínio da violência conjugal, em que se encontra patente a presença do tribunal, nas secções II.3.1., II.3.2.1., II.3.2.2. e II.3.3.. Assim, quando falámos da intervenção penal, vimos que a prossecução do processo penal e consequente punição dos cônjuges agressores se encontra a cargo dos tribunais. Da mesma forma, a obtenção de uma indemnização civil, em virtude dos danos sofridos pelo cônjuge vítima, em consequência do comportamento ilícito do seu agressor e o requerimento de providências adequadas às circunstâncias do caso, derivadas da tutela geral do

---

[631] Cfr. o *Relatório de Acompanhamento do Plano Nacional contra a Violência Doméstica*, p. 21.

artigo 70.°, n.° 2, do Código Civil, pelo cônjuge ofendido ou ameaçado de lesão dos seus direitos de personalidade implicam, também, o recurso aos tribunais. Finalmente, quando o cônjuge pretenda divorciar-se ou separar--se de pessoas e bens, o recurso à via judicial só resulta obrigatório nos casos litigiosos, o que, no âmbito da violência conjugal, parece ser a regra.

No que concerne às três primeiras formas de intervenção, o tribunal materialmente competente será, em regra, o tribunal de competência genérica, a quem compete preparar e julgar os processos relativos a causas não atribuídas a outro tribunal[632], sem prejuízo da existência de juízos de competência especializada cível e criminal[633] e de tribunais de competência específica[634]. Só nos casos do divórcio e da separação de pessoas e bens, o tribunal competente é, em princípio, um tribunal de competência especializada: o tribunal de família[635-636]. A dúvida que nos assalta é a seguinte: não se justificaria a criação de tribunais especializados aos quais fossem submetidas as questões de violência familiar ou, pelo menos, a inclusão das outras três matérias, a que supra aludimos, no âmbito de competência dos tribunais de família?

Presentemente, tem-se debatido o problema da criação de tribunais especializados na temática da violência familiar. Com efeito, uma das críticas mais frequentes à intervenção judicial, neste domínio, prende-se com a fraca sensibilidade dos magistrados para o problema da violência familiar, bem como com a sua formação deficitária neste campo. Será questionável que magistrados de formação generalista, colocados em tribunais de competência genérica, possam dar uma resposta adequada aos problemas que lhes são colocados. O problema inscreve-se também no domínio técnico e logístico: as pessoas envolvidas neste tipo de processos (e em especial as vítimas) apresentam necessidades especiais, designadamente ao

---

[632] Cfr. o artigo 77.°, n.° 1, al. a) da Lei de Organização e Funcionamento dos Tribunais Judiciais (Lei n.° 3/99, de 13 de Janeiro).
[633] Cfr. os artigos 93.° a 95.° da LOFTJ.
[634] Cfr. os artigos 96.° e ss da LOFTJ.
[635] Cfr. os artigos 78.° e ss da LOFTJ.
[636] Segundo o artigo 81.° da LOFTJ, «Compete aos Tribunais de Família preparar e julgar: a) Processos de jurisdição voluntária relativos a cônjuges; b) Acções de separação de pessoas e bens e de divórcio, sem prejuízo do disposto no artigo 1773.° do Código Civil; c) Inventários requeridos na sequência de acções de separação de pessoas e bens e de divórcio, bem como os procedimentos cautelares com aqueles relacionados; d) Acções de declaração de inexistência ou de anulação do casamento civil; e) Acções intentadas, com base no artigo 1647.° e no n.° 2 do artigo 1648.° do Código Civil; f) Acções e execuções por alimentos entre cônjuges e entre ex-cônjuges.

nível do apoio psicológico e assistencial, bem como a necessidade de uma menor exposição pública e de maior celeridade processual. Os tribunais "comuns"[637] não permitem acautelar, devidamente, este tipo de exigências, quer por não possuírem, as mais das vezes, espaços físicos adequados, quer por não possuírem pessoal especializado no acompanhamento deste tipo de situações, quer ainda por se encontrarem superlotados de processos, que inviabilizam um desfecho rápido para os processos ligados à violência familiar. A consequência deste quadro é, muitas vezes, a perda de confiança da vítima no sistema judicial e a diversão desta opção, ou a sua revitimação, por força de um longo e penoso processo, num tribunal frio e desumano.

A ideia dos tribunais especializados, neste domínio, não é nova. No Canadá, em Winnipeg (Manitoba – Quebeque), foi criado em 1990 o *Tribunal de la violence familiale*[638]. Aos *procureurs de la Couronne* e juízes recrutados para trabalhar nesse tribunal foi ministrada formação especializada sobre as particularidades de que se reveste a intervenção judiciária junto das pessoas (cônjuges, idosos e crianças) que têm «un lien de confiance, de dépendance ou de parenté avec l'accusé»[639].

Pese embora as vantagens claras existentes na criação de tribunais especializados em violência familiar, não devemos ignorar alguns argumentos em sentido contrário. O primeiro (que, quer queiramos, quer não, determina, em larga medida, muitas das opções do Estado) é o argumento económico: a criação de tribunais especializados em violência familiar implicaria um largo investimento em novas instalações, ou a adaptação de instalações já existentes, equipamento e formação especializada. Poderia também implicar um aumento da despesa pública, fruto da previsível necessidade de contratação de mais funcionários, sobretudo de técnicos de apoio psicológico e social. Por outro lado, coloca-se o problema da disseminação territorial destes tribunais. Seria impraticável a sua criação em todas as comarcas e instalá-los, por exemplo, com a frequência com que são instalados os tribunais de família, também apresenta desvantagens: um maior distanciamento entre as pessoas e o tribunal, o que representaria um aumento dos custos para a vítima, factor eventualmente dissuasor do recurso aos tribunais.

---

[637] A expressão "comuns" encontra-se aqui empregue, em sentido não jurídico.
[638] *Vide*, a este respeito, GAUTHIER, Sonia, *La violence conjugale devant la justice, Conditions et contraintes de l'application de la loi*, Montréal: L'Harmattan, 2001, p. 44.
[639] URSEL (1994), p. 4, *apud* GAUTHIER, Sónia, *ob. cit.*, p. 44.

No que especificamente se refere ao nosso objecto de estudo – a violência conjugal – uma solução que apresenta, inclusive, menores custos, consistiria no alargamento da competência dos tribunais de família[640] à prossecução penal dos crimes praticados entre cônjuges, à concessão de indemnização, fundada em responsabilidade civil extracontratual (e contratual) e ao decretamento de providências adequadas às circunstâncias do caso, derivadas da tutela geral do artigo 70.°, n.° 2, por um cônjuge contra o outro[641]. A ideia base que aqui defendemos é a de que os litígios entre cônjuges assumem especificidades e uma complexidade que implicam respostas diferenciadas, não necessariamente coincidentes com aquelas a que estamos habituados.

Não defendemos, inequivocamente, a criação de tribunais especializados, para dirimir litígios entre cônjuges, ou, necessariamente, a opção pelo alargamento da competência atribuída aos tribunais de família. Pretendemos apenas lançar a questão, que merecerá, em nosso entendimento, alguma reflexão. A qualidade da intervenção judicial é um factor decisivo no combate à violência conjugal.

III.3. A mediação como resposta à violência conjugal

A COMISSÃO DE PERITOS PARA O ACOMPANHAMENTO DO PLANO NACIONAL CONTRA A VIOLÊNCIA DOMÉSTICA defendia no *I Relatório Intercalar de Acompanhamento do Plano Nacional contra a Violência Doméstica*, no capítulo relativo às medidas legais existentes e a ponderar, a importância da mediação que «não sendo uma medida legal, é considerada como um importante meio alternativo de resolução de conflitos e de articulação com a intervenção judiciária». Assim, no ponto 1.5 do *Relatório*, a COMISSÃO DE PERITOS recomendava a adopção de medidas legislativas, que favorecessem a resolução de conflitos, no âmbito da violência doméstica,

---

[640] O argumento negativo do distanciamento entre as pessoas e o tribunal permanece, neste caso, intocado.

[641] Na Alemanha, o tribunal competente para a aplicação das medidas decorrentes da *Gewaltschutzgesetz* é precisamente o tribunal de família, desde que o requerente e o requerido vivessem juntos, à data da interposição do requerimento inicial, ou se não vivessem separados, há mais de 6 meses. Só fora destas hipóteses é que são competentes os tribunais civis. (Cfr. a este respeito BUNDESMINISTERIUM FÜR FAMILIE, SENIOREN, FRAUEN UND JUGEND/BUNDESMINISTERIUM DER JUSTIZ, *Mehr Schutz bei häuslicher Gewalt...*).

nomeadamente com recurso à mediação e acautelando os interesses específicos das vítimas.

É sobre o papel da mediação, como forma de resposta à violência conjugal, que nos debruçaremos, em seguida.

Internacionalmente, o interesse pela mediação tem crescido. Sintomática deste interesse, é a adopção pelo Comité de Ministros do Conselho da Europa da Recomendação N.° R (98) 1, subordinada ao tema *Mediação na Família*, em Janeiro de 1998. Em Outubro do mesmo ano, teve lugar a 4ª Conferência Europeia de Direito da Família, sobre o tema *A mediação familiar na Europa*[642]. De acordo com a Recomendação N.° R (98) 1, entende-se por mediação familiar o processo em que um terceiro, o mediador, imparcial e neutro, assiste, pessoalmente, as partes na negociação das questões que constituem o objecto de um litígio, com vista à obtenção de acordos comuns.

Entre nós, a aposta na mediação familiar surge integrada no domínio do divórcio e da separação, inserindo-se «na evolução mais recente na nossa legislação no sentido do reforço da protecção da família e do interesse da criança»[643], circunscrevendo-se às situações de conflito parental relativas à regulação do exercício do poder paternal.

A COMISSÃO DE PERITOS defende a mediação, numa perspectiva mais alargada, enquanto forma de prevenção ou de resolução de conflitos, porquanto evita o recurso à via judicial, facilita soluções de consenso e representa uma forma de «assegurar a protecção dos interesses, nomeadamente da mulher, da criança, da pessoa idosa (...) e de reduzir os conflitos, no interesse de todos os membros da família, *em situações decorrentes da violência doméstica*»[644-645].

Não poderemos, de facto, deixar de reconhecer as características especiais das disputas familiares, porquanto estão em causa pessoas que, por

---

[642] As principais conclusões desta Conferência encontram-se reunidas em *Family mediation in Europe – Proceedings, 4th European Conference on Family Law, Strasbourg, 1-2 October 1998*, Council of Europe, 2000.

[643] Cfr. Despacho n.° 12.368/97 (2ª série), publicado no DR, II série, de 9 de Dezembro de 1997, que cria o Gabinete de mediação familiar em conflito parental. Este gabinete surge no seguimento da celebração de um protocolo de colaboração entre o Ministério da Justiça e a Ordem dos Advogados, no sentido da implantação de um serviço de mediação familiar, em matéria de regulação do exercício do poder paternal.

[644] COMISSÃO DE PERITOS PARA O ACOMPANHAMENTO DO PLANO NACIONAL CONTRA A VIOLÊNCIA DOMÉSTICA, *I Relatório Intercalar de Acompanhamento do Plano Nacional contra a Violência Doméstica*, p. 41.

[645] Itálico nosso.

definição, mantêm entre si relações continuadas de interdependência[646].

Por outro lado, a aposta na mediação deriva também do reconhecimento da fraca coercibilidade das decisões judiciais, em matéria de família[647] e das vantagens geralmente reconhecidas à mediação, a saber: «a criação e a manutenção de relações de colaboração entre os membros da família em ruptura; maior observância das decisões tomadas por acordo; redução dos custos financeiros e das despesas ligadas aos processos judiciais; a redução dos custos sociais e psicológicos ligados à violência doméstica.»[648].

Por todas estas razões, a COMISSÃO DE PERITOS entende a mediação como forma alternativa e/ou complementar de resolução de conflitos, designadamente «entre a mulher vítima e o seu ofensor, podendo ser, para muitos casos, um rumo adequado para a prevenção de novas vitimações»[649].

Não depositamos na mediação tanta confiança como a COMISSÃO DE PERITOS, sobretudo no que respeita ao seu carácter alternativo, na resolução de conflitos. Não nos parece que a mediação, pela sua natureza e características[650], permita, de per si, solucionar um problema de violência conjugal. Atingir o consenso, ainda que pela intervenção de um terceiro imparcial, é extremamente difícil, sobretudo nos casos de vitimação prolongada e de comportamentos violentos graves. Sobretudo nestas situações, não nos parece possível a substituição de outras formas de intervenção, *maxime*, a judicial[651].

---

[646] Cfr. o ponto 5. da Recomendação do Comité de Ministros do Conselho da Europa N.º R (98) 1, disponível na Internet em http://cm.coe.int, em 1 de Novembro de 2002.

[647] Cfr. COMISSÃO DE PERITOS PARA O ACOMPANHAMENTO DO PLANO NACIONAL CONTRA A VIOLÊNCIA DOMÉSTICA, *I Relatório Intercalar...*, p. 42.

[648] Cfr. *Idem, Ibidem*, p. 43.

[649] Cfr. COMISSÃO DE PERITOS PARA O ACOMPANHAMENTO DO PLANO NACIONAL CONTRA A VIOLÊNCIA DOMÉSTICA, *I Relatório Intercalar de Acompanhamento do Plano Nacional contra a Violência Doméstica*, p. 44.

[650] *Vide*, por exemplo, que a Recomendação do Comité de Ministros do Conselho da Europa N.º R (98) 1, no seu princípio II, a., defende que a mediação não deve, por princípio, ser compulsória.

[651] É a própria Recomendação do Comité de Ministros do Conselho da Europa N.º R (98) 1 que, no seu princípio III, ix., determina que o mediador preste particular atenção ao facto de, entre as partes, ter ocorrido violência no passado, ou de esta poder vir a ocorrer no futuro e o efeito que tal pode ter nas posições das partes, e reflectir se, nessas circunstâncias, o processo de mediação é o mais adequado. No mesmo sentido, *vide* LEUZE--MOHR, Marion, *Häusliche Gewalt gegen Frauen – eine straffreie Zone? Warum Frauen als Opfer männlicher Gewalt in der Partnerschaft auf Strafverfolgung der Täter verzichten – Ursachen, Motivationen, Auswirkungen*, Baden-Baden: Nomos Verlagsgesellschaft, 2001,

Não pretendemos com isto, negar, por completo, um lugar à mediação, no edifício do combate à violência conjugal. Antes pelo contrário, entendemos que a mediação poderá desempenhar um papel complementar, em todo este processo, em articulação com outras formas de intervenção. Recorde-se, por exemplo, que a Recomendação N.º R (98)1 prevê a possibilidade da mediação intervir antes, durante, ou depois dos procedimentos legais[652]. Um momento em que admitimos o recurso bem sucedido à mediação é aquando da suspensão provisória do processo penal, especialmente se houver sido decretada a pedido da vítima. Outro momento em que vislumbramos a possibilidade de intervenção dos mecanismos da mediação é durante o período de suspensão da execução da pena de prisão a que possa haver lugar[653].

Em suma, parece-nos importante reflectir sobre o lugar que a mediação pode e deve ocupar no combate à violência conjugal, mas sempre na perspectiva de uma intervenção articulada com outro tipo de respostas. Uma delas consiste na intervenção junto do agressor.

III.4. A política de habitação como factor de não revitimação

Sem perspectivas de emprego, ou com fracos recursos económicos, não resta, por vezes, outra alternativa à vítima de violência conjugal, sobretudo à mulher, que não seja o regresso ao lar conjugal abusivo[654].

---

p. 372. Para a autora, a mediação não é um substituto do processo judicial, mas antes um complemento das formas de resolução de conflitos. A mediação apresenta, por exemplo, o perigo de instrumentalização da vítima pelo agressor e da ocorrência, para esta, de novo trauma, por força do confronto com o agressor. Neste sentido, vide, também, SOTTOMAYOR, Maria Clara, *Regulação do Exercício do Poder Paternal nos Casos de Divórcio*, 3ª edição – revista, aumentada e actualizada, Coimbra: Almedina, 2000, p. 20 e ss, que, a propósito da regulação do poder paternal em caso de divórcio, defende a exclusão do recurso à mediação familiar, quando se verificam situações de desequilíbrio de poder entre as partes, como é o caso da violência doméstica. «A mediação deve ser voluntária, e reconhecida como um processo que deve ser usado cautelosamente e de forma pensada (cfr. GRILLO, Tina, *apud* SOTTOMAYOR, Maria Clara, *ob. cit.*, p. 25).

[652] Cfr. princípio V, a., da Recomendação N.º R (98) 1.

[653] Em relação a este último momento, no entanto, temos algum cepticismo, quanto à produção de resultados muito positivos, uma vez que já existe entre os cônjuges uma posição de conflito mais extremada, traduzida na "vitória simbólica" de um sobre o outro, em virtude da condenação penal, que poderá dificultar o entendimento entre as partes.

[654] Nesse sentido, vide MORLEY, Rebecca, *Is law reform a solution to domestic violence? A look at recent family law reform on protection from domestic violence*, in TOMÉ,

Outras vezes, o abandono da situação abusiva projecta-a para a condição de sem abrigo[655]. Assim, parece-nos fulcral, como medida complementar de combate à revitimação conjugal, a aposta na criação de condições habitacionais condignas para as vítimas de violência conjugal[656].

Nos últimos anos, o Estado Português tem-se preocupado com o problema da habitação. «A política de habitação social consubstancia-se no apoio financeiro do Estado por forma a permitir a qualquer agregado familiar o acesso a habitação condigna.»[657], designadamente pela promoção da construção de habitações de custos controlados, também designadas por habitações sociais[658], destinadas, geralmente, à venda, ou ao arrendamento.

Na sequência do Programa Nacional de Luta contra a Pobreza, lançado pelo Governo em 1991, foi criado em 1993, o Programa Especial de Realojamento nas Áreas Metropolitanas de Lisboa e Porto (P.E.R.)[659], com o objectivo de erradicar definitivamente as barracas existentes nestes municípios, através do realojamento, em habitações condignas, das famí-

---

M.J./SOTTOMAYOR, M.C., Direito da Família e Política Social, p. 213. Para a autora, não surpreende que algumas mulheres vítimas de violência prefiram permanecer junto do agressor, a enfrentar uma vida de pobreza e exclusão social.

[655] Segundo CORREIA, Amy, e RUBIN, Jen, *Housing and Battered Women*, disponível na Internet em http://www.vaw.umn.edu, em 21 de Abril de 2002, nos EUA, as diversas investigações efectuadas neste domínio têm chegado à conclusão de que a violência doméstica é a causa mais frequente da "perda de tecto". Em 2000, 56% das cidades objecto de pesquisa pela *U.S. Conference of Mayors* identificaram a violência doméstica como principal factor de crescimento da população sem abrigo. No mesmo sentido, em 1999, a *National Colligation for the Homeless* afirmava que o maior crescimento da população sem abrigo se verificava entre as famílias e, dentro destas, nas famílias monoparentais, chefiadas pela mulher.

[656] *Vide*, inversamente, o exemplo do Reino Unido, onde, com frequência, as mulheres vítimas de violência conjugal que se candidatam à habitação social como "sem abrigo", devido à violência de que são vítimas, «may be told to get an occupation order and go back home, even though they may have good reason to fear that an injunction will not protect them from a determined abuser.» (MORLEY, Rebecca, *ob. cit.*, p. 212).

[657] Cfr. o preâmbulo do DL n.º 162/93, de 7 de Maio.

[658] Por definição, as habitações sociais são habitações cuja construção ou aquisição é promovida pelas Câmaras Municipais, Instituições Particulares de Solidariedade Social, Cooperativas de Habitação, ou Empresas Privadas, com o apoio financeiro do Estado que, para o efeito, concede benefícios fiscais, para-fiscais e financiamento bonificado, tanto para a aquisição e infra-estruturação dos terrenos, como para a construção. A concessão deste financiamento tem como pressuposto a construção de qualidade, a custos controlados, inserida dentro de certos parâmetros, em termos de áreas por tipologia e a que corresponde um valor máximo de venda (cfr. o DL n.º 162/93, de 7 de Maio).

[659] Mediante o DL n.º 163/93, de 7 de Maio.

lias que nelas residam[660]. Fora destas áreas, os restantes municípios do país podem, igualmente, proceder a acções de realojamento em habitações sociais construídas ou adquiridas com o apoio financeiro da administração central ou de instituições bancárias.

O acesso à habitação social é, em larga medida, definido a nível local, pelos órgãos competentes dos Municípios, atendendo aos rendimentos do agregado familiar e demais circunstâncias do caso concreto. As vítimas de violência conjugal podem recorrer a esta solução, desde que preencham todos os requisitos. Esta, contudo, é uma alternativa cujas capacidades são largamente ultrapassadas pela procura. Não percamos de vista que o objectivo primordial destas iniciativas consiste na erradicação da habitação degradada, assumindo, pois, um carácter geral, destinando-se a todas as populações, habitacionalmente mais carenciadas e não especificamente direccionadas para o problema das vítimas de violência conjugal.

Por esta razão e atenta a especial ligação entre a violência conjugal, a pobreza e os sem abrigo, urge que o Estado repense a sua política habitacional, no sentido da facilitação do acesso das vítimas de violência conjugal à habitação social[661] e da criação de subsídios de renda, atribuíveis em função das carências económicas das mesmas, por forma a que estas possam, mais facilmente, aceder ao arrendamento no mercado geral[662], uma vez que a habitação social não chega para satisfazer as necessidades existentes.

---

[660] Cfr. os artigos 1.° e 2.° do DL n.° 163/93, de 7 de Maio.

[661] Considere-se, por exemplo, a proposta do *New Labour's 2000 Housing Green Paper*, no Reino Unido, segundo a qual as pessoas vulneráveis, em razão de vitimação doméstica, deverão ter acesso prioritário ao realojamento (cfr. PASCAL, Gillian, LEE, Sarah-J, MORLEY, Rebecca, PARKER, Susan, *Changing housing policy: women escaping domestic violence*, The Journal of Social Welfare & Family Law, vol. 23, n.° 3, 2001, p. 303).

[662] Nos EUA, em 1999, foi posto em prática um projecto, no sentido de facilitar a transição da mulher vítima de violência para o mercado de trabalho, do qual fazia parte a atribuição das designados *Housing Vouchers*, concedidos pelas autoridades locais responsáveis pelo alojamento, que podiam ser usados pelo requerente, para arrendar uma habitação a seu gosto. Mediante esse *Voucher*, o arrendatário pagava 30% do custo da renda, sendo o restante suportado pelo Estado, até um determinado limite. HAMMEAL-URBAN, Robin, *Housing and Battered Women: Using Housing Vouchers to Assist Battered Women Move from Welfare to Work*, disponível na Internet em http://www.vaw.umn.edu, em 21 de Abril de 2002, afirma que os *housing vouchers* podem trazer consigo a possibilidade de um arrendamento estável, evitando mudanças constantes devidas às dificuldades no pagamento da renda e às fracas condições de habitabilidade dos locados acessíveis.

Com efeito, há quem considere que o acesso à habitação social é a chave para que a mulher consiga viver longe do seu agressor[663]. A investigação norte-americana, nesta área, tem demonstrado a importância da habitação como estratégia de prevenção da revitimação, a par de outras medidas como o emprego e a formação profissional[664-665]. O *II Plano*, no seu ponto 4.7, inserido no capítulo quarto, dedicado à protecção e integração social da vítima, vem, precisamente, defender a facilitação do acesso de mulheres vítimas de violência doméstica a programas de pré-formação e formação profissional, bem como a outras formas de apoio para inserção no mercado de trabalho.

No Reino Unido, outras soluções para a violência doméstica, tais como as *civil protection orders*, ou mesmo as respostas da justiça criminal têm apresentado um sucesso limitado, o que leva PASCAL, LEE, MORLEY e PARKER[666] a admitir que a habitação social é a única forma de atingir a segurança, a longo prazo, para as mulheres vítimas de violência doméstica[667].

Em face destas considerações, parece-nos importante que o Estado Português reflicta sobre esta questão.

---

[663] Nesse sentido, *vide* PASCAL, Gillian, LEE, Sarah-J, MORLEY, Rebecca, PARKER, Susan, *ob. cit.*, p. 293.

[664] *Idem, Ibidem*, p. 297. No mesmo sentido, *vide* PENCE, Ellen, e MCMAHON, Martha, *Duluth: A coordinated community response to domestic violence*, in HARWIN, Nicola, HAGUE, Gill, e MALOS, Ellen, The Multi-Agency Approach to Domestic Violence: New opportunities, old challenges?, Londres: Whiting & Birch, 1999, p. 163: «Coordinated community responses need to make some basic services available to women trying to negotiate a violence-free life for themselves and their children. These include emergency and long-term housing; (...) access to employment».

[665] Segundo WEBSCALE e JOHNSON *apud* PASCAL, Gillian, LEE, Sarah-J, MORLEY, Rebecca, PARKER, Susan, *ob. cit.*, «structural interventions – in particular enabling housing access – are "more powerful than the approach of criminal justice systems", whose interventions do not change the power relationships which underlie violence and whose achievements are often temporary.».

[666] *Ob. cit.*, p. 305.

[667] MORLEY, Rebecca, *ob. cit.*, p. 213, afirma que, para um Estado interessado em controlar a despesa pública, a reforma do sistema judicial se afigura como uma alternativa atractiva. Daí advém a especial aposta da intervenção estadual no domínio da justiça penal e civil, o que implica menores custos para o Estado, do que a aposta nas políticas sociais e assistenciais, mas que não proporciona às mulheres vítimas de violência os recursos materiais de que necessitam, para se libertarem da violência.

III.5. A intervenção junto do agressor

Esta intervenção poderá surgir, como anteriormente tivemos oportunidade de referir, aquando do período de suspensão provisória do processo[668], através da sujeição voluntária do agressor a determinadas injunções e regras de conduta, que poderão passar pelo aconselhamento familiar e psicológico, e mesmo pelo tratamento, por exemplo, face ao consumo de estupefacientes, que possa ocorrer no caso.

Nos EUA[669], os tribunais decretam a sujeição do agressor a programas de tratamento, em 80% dos casos, pese embora os estudiosos desta matéria, nos diversos estudos realizados, não cheguem a conclusões seguras sobre o grau de eficácia do tratamento do agressor. Todavia, tem-se entendido que a frequência deste tipo de programas contribui, a curto prazo, para um aumento da segurança da vítima e, a longo prazo, diminui a proximidade dos ataques, por parte dos agressores que permanecem violentos.

Também no continente europeu se começa a ter em conta este factor: *vide*, a título de exemplo, o caso austríaco, graças à inovação de 1971, no domínio específico do consumo de estupefacientes. Estando em causa a aquisição e posse de pequenas quantidades de estupefacientes, privilegiando-se a solução terapêutica ao cumprimento efectivo da pena pelo consumo dos mesmos (que é legalmente punido), o Ministério Público pode retirar, condicionalmente, a participação e o tribunal proceder ao arquivamento condicional do processo, mediante a aceitação expressa de determinadas condições; estas passam tanto pelo diagnóstico e tratamento médico, como pelo acompanhamento da assistência social[670]. Esta solução austríaca, devidamente adaptada à situação específica do crime de maus tratos, poderia produzir efeitos bastante positivos.

---

[668] MONTERO GÓMEZ, A., *Tratamiento del maltratador*, disponível na Internet em http://www.nodo50.org, em 3 de Março de 2002, defende o tratamento do agressor, já em momento ulterior à condenação, em sede de suspensão da execução da pena privativa de liberdade. Com efeito, o tratamento pode ocorrer em vários momentos do processo penal, entre nós, designadamente aquando da possível suspensão provisória do processo, ou da suspensão da execução da pena de prisão (caso se encontrem preenchidos os seus pressupostos) e sujeita ao cumprimento de deveres e/ou à imposição de regras de conduta, em termos semelhantes aos propostos em sede de suspensão provisória do processo (nos termos dos artigos 50.º e ss do CP).

[669] Segundo uma estimativa citada por TAYLOR, Bruce G., e DAVIS, C. Robert, *Does Batterer Treatment Reduce Violence? A Synthesis of the Literature*, in FEDER, Lynette, *ob. cit.*, p. 71.

[670] Cfr. COSTA ANDRADE, *ob. cit.*, p. 343.

Temos para nós que o problema do agressor não deve ser descurado, pois que ele é a fonte do problema da violência conjugal e, como tal, uma resposta eficaz a esta questão terá forçosamente que passar por ele[671]. Evitar a revitimação passa por obstar a que a violência ocorra, através da intervenção directa, junto do agressor, no sentido de lhe incutir novos padrões de comportamento e, mais do que isso, uma nova forma de encarar a relação conjugal. Entre nós, é o Plano Nacional contra a Violência Doméstica, no seu objectivo 2.16, que defende o desenvolvimento de projectos de iniciativa privada, ou pública, dirigidos aos agressores, no sentido de desenvolverem comportamentos não violentos[672]. No preâmbulo do Plano, defende-se a importância da consideração dos agressores: «Proteger e ajudar as vítimas não é suficiente para pôr cobro à violência e aos maus tratos. Para combater a violência é necessário ocuparmo-nos da pessoa violenta.»[673]. Também o II Plano não perde de vista a importância do agressor no seio desta complexa problemática, prevendo no seu ponto 4.10 a criação de recursos de reabilitação e tratamento clínico dos agressores que, voluntariamente, pretendam mudar o seu comportamento. Não podemos deixar de frisar que esta medida se encontra inserida no capítulo dedicado à protecção da vítima. O que significa, sem dúvida, para nós, que a protecção eficaz da vítima não poderá deixar de passar pela intervenção junto do agressor, no sentido de que este deixe de o ser. Reconhecemos, todavia, que esta será a área mais problemática de todo o edifício de combate à violência conjugal.

---

[671] Cfr. a este propósito MEDEROS, Fernando, *Batterer Intervention Programs, The Past, and Future Prospects*, in SHEPARD, Melanie F., e PENCE, Ellen L., Coordinating Community Responses to Domestic Violence, Lessons from Duluth and Beyond, Sage Publications, Thousand Oaks – London, 1999, p. 145-147, que resume assim o problema do tratamento do agressor «whether it makes sense to simply increase the intensity of all other aspects of coordinated community response – such as (...) maximizing the judicial system's supportive interventions for battered women, more funding for shelters, (...) public education about domestic violence, and so on, – rather than "divert" resources to programs for offenders (?)».

[672] Na Universidade do Minho, está em curso um projecto nesta área, não se encontrando, todavia, disponíveis, ainda, resultados, sobre os quais possamos tecer algum comentário.

[673] No mesmo sentido, *vide* a Recomendação do Conselho da Europa n.º R (97) 13, do Comité de Ministros, adoptada em 10 de Setembro de 1997, a propósito da intimidação de testemunhas e dos direitos de defesa. Esta, na sua parte IV (referente às medidas a desenvolver na protecção às testemunhas vulneráveis, especialmente nos casos de crime ocorrido no seio da família), prevê, como forma complementar desta protecção, a adopção de medidas psicossociais como, por exemplo, o tratamento psiquiátrico, destinadas ao arguido, no sentido de evitar novas agressões (cfr. o ponto 22. da Recomendação).

III.6. O modelo de Duluth: um caminho a seguir?

O modelo de Duluth foi iniciado em 1980 e recebe o seu nome da cidade norte-americana do Estado do Minnesota que o acolheu. A sua designação completa é *Duluth Domestic Abuse Intervention Project* (DAIP). Trata-se de um projecto pioneiro nos EUA, no desenvolvimento de uma resposta comunitária coordenada à violência doméstica[674], já adoptado, em alguns dos seus aspectos, em países como o Reino Unido, a Austrália, ou a Alemanha[675]. O modelo de Duluth defende a concretização de oito objectivos primordiais[676], a saber: 1. A criação de uma abordagem filosófica coerente, centralizada na segurança da vítima; 2. O desenvolvimento de políticas e protocolos de "best practice" para as agências de intervenção; 3. A redução da fragmentação na resposta do sistema; 4. A importação para o sistema de técnicas de monitorização e acompanhamento; 5. A garantia de uma infraestrutura comunitária de apoio; 6. A intervenção directa junto dos agressores, no sentido de travar a violência; 7. A minimização dos efeitos da violência conjugal sobre as crianças; 8. A avaliação da resposta do sistema do ponto de vista da vítima.

Em torno destes oito objectivos desenvolvem-se as diversas actividades a levar a cabo pelos diversos agentes. Dos oito, destacamos um: a redução da fragmentação da resposta do sistema. Aqui parece residir a pedra angular de todo o edifício de combate à violência doméstica.

---

[674] Vide a propósito PENCE, Ellen, e MCMAHON, Martha, *Duluth: A coordinated community response to domestic violence...*, p. 150: «The Duluth Project should be seen as a system of networks, agreements, processes and applied principles created by the local shelter movement, criminal justice agencies, and human service programs. (...) It is still a project in the making.». Sobre o funcionamento, em pormenor, do modelo de Duluth, *vide* SHEPARD, Melanie F., e PENCE, Ellen L., *Coordinating Community Responses to Domestic Violence, Lessons from Duluth and Beyond*, Thousand Oaks – London: Sage Publications, 1999.

[675] Na Alemanha, tributários do modelo de Duluth, surgiram os primeiros projectos de intervenção contra a violência doméstica: os Projectos BIG, KIK e HaIP, (respectivamente *Berliner Interventionsprojekt gegen häusliche Gewalt, Kieler-Interventions--Konzept* e *Hannoversches Interventionsprogramm gegen Männergewalt in der Familie*). Os dois primeiros programas estão em funcionamento desde 1998 e o último desde 1997. O objectivo primordial destes projectos prende-se com a redução da violência familiar, procurando assegurar uma protecção efectiva para as vítimas, não descurando a intervenção, junto dos agressores. Sobre o funcionamento destes projectos, *vide* LEUZE-MOHR, Marion, *Häusliche Gewalt gegen Frauen – eine straffreie Zone?...*, p. 365 e ss.

[676] Cfr. PENCE, Ellen, e MCMAHON, Martha, *Duluth: A coordinated community response to domestic violence...*, p. 155.

Como inicialmente referimos, a presente dissertação centra-se na tentativa de compreensão das diversas formas mediante as quais o Estado Português intervém junto da violência conjugal, no sentido de a minimizar. De que forma intervir na violência doméstica, em geral, e na violência conjugal, em particular, é a grande dúvida que se coloca. Ao longo da parte II deste trabalho, descrevemos de que maneira é que o Estado Português vai combatendo a violência conjugal, enunciando, em traços mais ou menos gerais, as diferentes opções de resposta, detendo-nos um pouco mais, aqui e ali, num ou noutro problema jurídico, que consideramos de particular interesse. Nesta parte III, procurámos levantar uma ou outra pista de um hipotético caminho a seguir. Mas este esforço de síntese não estaria completo sem o necessário afastamento para uma visão de conjunto. Daí a referência ao modelo de Duluth.

Este parece-nos ser um caminho a seguir. Com isto, não defendemos a transposição, *ipsis verbis*, de tal modelo para a realidade portuguesa. Defendemos tão somente a importação do conceito: a ideia da resposta comunitária coordenada, o trabalho concertado dos profissionais da justiça, da saúde, da assistência social, dos media, das instituições particulares, da comunidade em geral. Neste plano de acção concertada, caberá ao Estado o papel fundamental de elemento impulsionador e aglutinador da resposta coordenada, dada a sua posição privilegiada, dotada de poder de *imperium*.

A nós, juristas, caberá a tarefa de tecer a trama normativa de suporte deste projecto ambicioso. Numa altura em que tanto se fala da crise da família e do direito da família, eis que para ele surge uma nova e difícil tarefa a cumprir: pugnar pela manutenção da família, enquanto célula fundamental da nossa sociedade, pois é isso que está em jogo, quando falamos de violência conjugal.

CONCLUSÕES

A violência conjugal é um fenómeno que se insere num quadro mais alargado, que é o domínio da violência doméstica, dentro do qual podemos identificar outras duas espécies características de violência: a violência contra as crianças e a violência contra os idosos. A violência entre conviventes de facto é equiparada, para quase todos os efeitos, à violência entre cônjuges, excepção feita para aquelas situações em que a lei atribui relevância directa, ou indirecta, ao vínculo jurídico do casamento[677].

Poderemos entender como acto de violência conjugal a conduta, activa ou omissiva, intencional, perpetrada por um dos cônjuges contra o outro, ou por ambos, reciprocamente, que se traduza na violação, efectiva ou potencial, da integridade física do cônjuge ofendido ou, pelo menos, na violação efectiva da sua integridade psicológica. A doutrina, nacional e estrangeira, propõe conceitos mais ou menos próximos do que sugerimos.

Historicamente, a violência conjugal começou por ser um fenómeno exclusivamente masculino, não entendido como tal, fruto das concepções dominantes, acerca dos papéis sociais associados ao homem e à mulher, *maxime*, pela convicção generalizada, não *de iure*, mas pelo menos *de facto*, da atribuição ao marido de um direito de correcção doméstica. Em Portugal, nos anos 50 do século XX, o Tribunal da Relação de Lisboa ainda parecia reconhecer ao marido esse direito de moderada correcção doméstica[678]. Deve-se à eclosão e desenvolvimento dos movimentos fe-

---

[677] Vimos, por exemplo, o divórcio e a separação de pessoas e bens, como forma de reacção à violência conjugal. Esta forma de reacção encontra-se, por impossibilidade jurídica, arredada do leque de respostas à violência que tivemos oportunidade de designar como para-conjugal, restando aos conviventes de facto a mera separação *de facto*.

[678] Cfr. a este respeito o já supra mencionado Acórdão de 3 de Maio de 1952, que afirmava que «Desde que haja ofensa física, maus tratos infligidos pelo marido à mulher e uma vez que esses actos excedam os limites de uma moderada correcção doméstica, está-se em presença de sevícias graves, que ninguém é obrigado a tolerar sem reagir pelos meios que a lei lhe faculta.».

ministas da década de 60 e 70, tal como à Revolução de Abril de 1974, um enorme contributo para a melhoria do estatuto social e legal da mulher e para a sensibilização da sociedade, em geral, para este problema.

A violência conjugal é um fenómeno de natureza cíclica acerca do qual se foram formando diversas pseudo-justificações que, dificilmente, encontram adesão à realidade. Factores como os padrões de socialização, as dependências do álcool e de substâncias estupefacientes, as deficiências mentais, os estereótipos sociais dominantes, o stress, entre outros, não podem ser considerados isoladamente, cada um de per si inteiramente justificativo da violência. A explicação da violência conjugal residirá, antes, na consideração interactuante de todos estes elementos componentes do sistema: o agressor, a família, o contexto social em que a mesma se insere e, por último, o tecido cultural subjacente a todos estes elementos[679].

À luz da interpretação conjugada destes elementos, poderemos afirmar que a violência conjugal em Portugal é tendencialmente uma questão de género, mas não se esgota nesta perspectiva simplista. Encontra-se estatisticamente comprovado que este fenómeno tem cada vez mais agressores femininos, o que nos leva a reconhecer que cada vez menos ele derivará predominantemente de uma atitude discriminatória em relação à mulher.

No entanto, sempre que a adopção de comportamentos conjugalmente violentos se funde em atitude discriminatória em relação à mulher, o Estado deve intervir, em cumprimento da tarefa que lhe foi atribuída pela Constituição da República Portuguesa, no sentido da salvaguarda dos princípios fundamentais do Estado de direito democrático (em causa, neste caso, está o princípio da não discriminação e da igualdade) e da promoção da igualdade entre homens e mulheres. Mesmo fora destas situações, o Estado encontra-se constitucionalmente vinculado a intervir no domínio da violência conjugal, porquanto, em causa está a violação dos mais elementares direitos fundamentais da pessoa humana, tais como o direito à vida, o direito à integridade física e psíquica, o direito à liberdade e ao desenvolvimento da personalidade, cuja protecção incumbe ao Estado, por imposição constitucional.

---

[679] A este propósito, falámos oportunamente do modelo de BRONFENBRENNER, adaptado por CORSI à tentativa de compreensão do fenómeno da violência intrafamiliar – o denominado modelo ecológico que, propõe a existência de quatro dimensões interactuantes e explicativas, no seu conjunto, da violência conjugal.

A actuação do Estado Português nesta matéria terá que compreender-se, também, à luz de um enquadramento mais amplo: o enquadramento supra nacional. Desde o final da Segunda Guerra Mundial, Portugal tem aderido aos mais diversos instrumentos de direito internacional, designadamente em matéria de defesa dos direitos humanos e de combate à violência contra as mulheres, o que tem orientado em determinados sentidos a sua intervenção neste domínio.

A abordagem estadual do problema da violência conjugal, em Portugal, reconduz-se a duas espécies essenciais de intervenção: a intervenção preventiva primária, ou intervenção preventiva, em sentido estrito, por um lado, e a intervenção preventiva secundária, ou intervenção pós-conflitual, por outro. A primeira (domínio privilegiado da sensibilização do público em geral, através dos *media* e da população infanto-juvenil, junto dos estabelecimentos de ensino, no sentido do respeito e da defesa dos direitos e liberdades basilares da pessoa humana) encontra-se pouco evoluída no nosso país. Impõe-se um reposicionamento desta forma de intervenção estadual, pois as mudanças das concepções sociais e padrões comportamentais dominantes operam muito lentamente, ao longo de décadas, exigindo um esforço continuado de orientação, por parte do Estado.

No que concerne à intervenção pós-conflitual, claramente preponderante entre nós, podemos identificar quatro grandes sectores de resposta estadual à violência conjugal: as sanções penais, as sanções civis, a modificação e dissolução do vínculo conjugal e outras espécies de intervenção estadual.

As sanções penais traduzem-se na criminalização e punição das condutas conjugalmente violentas, mediante penas privativas, ou não privativas, da liberdade. Particular interesse neste domínio assume o crime de maus tratos a cônjuge, em relação ao qual podemos perceber a hesitação do legislador: por um lado, em consagrá-lo como crime autónomo e, por outro, em atribuir-lhe natureza pública. Quer queiramos, quer não, a «política de não ingerência nos assuntos privados» e «os valores e costumes tradicionais»[680] ocupam ainda um lugar importante na sociedade portuguesa, da qual o Estado é fruto.

Vimos que tais factores foram, por exemplo, obstáculo à criminalização da violação entre cônjuges e que, pese embora actualmente tal criminalização seja uma realidade, as vítimas deste crime ou não o percepcio-

---

[680] Nas palavras do CONSELHO DE MINISTROS, *Introdução* do Plano Nacional contra a Violência doméstica (Resolução n.º 55/99).

nam enquanto tal, ou relutam em proceder, criminalmente, contra o infractor[681]. Além da vergonha e do medo, um forte obstáculo à iniciativa processual penal da vítima (neste e noutros crimes, característicos da violência conjugal) reside na convicção enraizada, na mente da vítima, da impunidade do infractor, o que, de alguma forma, justifica a opção pela natureza pública do crime de maus tratos, mas que não resolve o problema processual penal de base no domínio da violência conjugal: o problema da prova, extremamente difícil de obter, quando estão em causa crimes ocorridos dentro de portas, ao abrigo de olhares indiscretos. Esse sentimento de que o agressor é "protegido" pelo sistema conduz, por vezes, a vítima a uma situação de desespero em que ela própria se torna uma agressora violenta, matando o seu agressor. O homicídio do agressor pela sua vítima levanta problemas jurídicos interessantes, como a delimitação do conceito de legítima defesa e a problematização do conteúdo do tipo legal de homicídio privilegiado.

Encerrámos este capítulo relativo às sanções penais concluindo que, embora a resposta penal seja inevitável, sobretudo nos casos mais graves, ela apresenta-se, muitas vezes, como inadequada, sobretudo se tivermos em atenção os interesses e as necessidades do cônjuge vítima, mas também as do próprio agressor.

No capítulo dedicado às sanções civis, vimos que os factos integrantes do conceito de violência conjugal constituem factos ilícitos, geradores para o lesante de uma obrigação de indemnizar, uma vez verificados todos os pressupostos da responsabilidade civil extracontratual. Concluímos, todavia, que o recurso aos tribunais, para dedução do respectivo pedido de indemnização, com base, pelo menos, na violação dos seus direitos de personalidade, não será a forma mais comum de o cônjuge vítima lidar com a situação conjugalmente violenta. Recorde-se que, no processo civil, um processo de partes, toda a iniciativa processual depende do cônjuge lesado, sendo o confronto com o cônjuge agressor, potencialmente perigoso, muito mais directo do que no processo penal. Outro obstáculo ao recurso à via indemnizatória civil reside nas regras gerais do ónus da prova e consequente dificuldade – por vezes, impossibilidade – de lograr produzir prova cabal dos factos alegados e que fundamentam o direito à indemnização por parte da vítima, uma vez que recai sobre o lesado o ónus da

---

[681] Chamamos aqui, mais uma vez, a atenção para a excepção à regra, constante do Acórdão do STJ, de 7 de Novembro de 2002, em que pudemos constatar a condenação do cônjuge marido pelo cometimento de um crime de violação sobre a sua mulher.

prova. Neste ponto, releva a opção pela subsunção dos factos integrantes da violência conjugal ao instituto da responsabilidade contratual ou extracontratual (em virtude da consequente inversão do ónus da prova), sendo que, no entanto, a maioria da doutrina nega a possibilidade de obtenção de indemnização entre cônjuges, com fundamento no incumprimento de obrigações contratuais.

Outra sanção de natureza civil, resultante da lesão, ou ameaça de lesão, de direitos de personalidade, resulta do mecanismo previsto na 2ª parte do n.º 2 do artigo 70.º do Código Civil. Este prevê, para essas hipóteses, a possibilidade de decretamento de providências adequadas às circunstâncias do caso (que poderão consistir, por exemplo, no afastamento do agressor da residência do lesado ou ameaçado de lesão, na proibição de contacto do lesante com o lesado, ou na proibição do agressor frequentar determinados locais, habitualmente frequentados pela vítima), mecanismo cuja aplicação defendemos também para os casos em que a lesão, ou ameaça de lesão, é perpetrada por um cônjuge. Sucede que o mecanismo do artigo 70.º, n.º 2, 2ª parte, do Código Civil, tem um carácter geral, destinando-se à salvaguarda de um qualquer direito de personalidade de uma qualquer pessoa, enquanto que as *civil protection orders* americanas, as *non-molestation orders* e as *ocupation orders* anglo-saxónicas, e as *Schutzanordungen* e as *Wohnung Uberlassungen* alemãs surgem no âmbito específico da violência doméstica. Levantámos, por isso, o problema da eventual necessidade de ser criada legislação específica, semelhante à existente nestes países, que prevê medidas de direito civil, destinadas à protecção das vítimas de violência conjugal e doméstica.

Referimo-nos também à modificação e dissolução do vínculo conjugal como resposta estadual ao problema da violência conjugal, designadamente ao divórcio e à separação de pessoas e bens, como forma de extinguir ou modificar a relação matrimonial. Vimos que, embora nos dias de hoje o procedimento conducente ao divórcio se encontre facilitado, a opção por esta via nem sempre é fácil, porque, por um lado, deparamo-nos com a resistência do agressor a esta solução, o que determina, em regra, a necessidade de recurso ao divórcio litigioso; por outro lado, devido à frequente dependência económica e afectiva da vítima em relação ao agressor, esta hesita em pôr termo à relação matrimonial. Com o divórcio, abandonamos o domínio da violência conjugal, em sentido estrito, mas o fenómeno da violência continua, geralmente, muito para além deste.

Terminámos a PARTE II com a referência às outras espécies de intervenção estadual, consagradas em diplomas normativos avulsos. Referimos os documentos mais significativos e enunciámos, em traços largos, o seu conteúdo e objectivos.

A Lei n.º 61/91, de 13 de Agosto, que *garante protecção adequada às mulheres vítimas de violência*, constitui um marco na história do combate à violência doméstica em Portugal, ao consagrar, pela primeira vez, um quadro geral de protecção para este tipo de vítimas, designadamente mulheres. Notámos-lhe alguns defeitos de concepção, designadamente no que respeita à aplicabilidade do diploma só às mulheres vítimas de violência e apenas quando esta resulte de atitude discriminatória em relação à mulher. Questionámos, inclusive e tão somente nesta medida, a constitucionalidade deste diploma. Notámos ainda o atraso de oito anos do legislador na regulamentação desta lei, o que motivou a emissão da Resolução n.º 31/99 da Assembleia da República.

Em concretização da Lei n.º 61/91, surgiu a Lei n.º 107/99, de 3 de Agosto, que *cria a rede pública de casas de apoio a mulheres vítimas de violência* e respectiva regulamentação, mediante o Decreto-Lei n.º 323/ /2000, de 19 de Dezembro. A criação destas casas constitui um passo importante no combate à violência conjugal, se tivermos presente que muitas mulheres relutam em abandonar o lar conjugal violento, por não terem perspectivas de acolhimento ulterior. Esta nova possibilidade permite a criação de melhores expectativas de futuro para a mulher vítima, fornecendo-lhe um refúgio, longe do agressor, onde poderá recuperar a sua estabilidade física e psicológica e, consequentemente, repensar a sua atitude perante a vida. Estas casas, no entanto, são ainda em número muito insuficiente, face às necessidades sentidas. Por outro lado, as casas de abrigo proporcionam, em regra, um acolhimento, temporalmente limitado, que não resolve o grave problema de fundo, que afecta estas mulheres: o problema do alojamento definitivo.

O Decreto-Lei n.º 423/91, de 30 de Outubro, que *estabelece o regime jurídico de protecção às vítimas de crimes violentos*, veio permitir que as vítimas de lesões corporais graves, directamente resultantes de actos intencionais de violência, pudessem requerer ao Estado a concessão de uma indemnização, desde que não tivessem obtido a reparação efectiva do dano sofrido, uma vez verificados determinados pressupostos[682], mas excluía, expressamente, a possibilidade de ser concedida indemnização, quando a vítima fosse um membro do agregado familiar do autor, ou pessoa que com ele coabitasse, em condições análogas, salvo se ocorressem circuns-

---

[682] Cfr. supra o ponto II. 3.4.4. da presente dissertação.

tâncias excepcionais, o que, em regra, inviabilizava às vítimas de violência conjugal o recurso a esta via.

Mal andou o legislador ao consagrar tal exclusão, como aliás veio a reconhecer alguns anos mais tarde, mediante a Lei n.º 136/99, de 28 de Agosto. Esta procedeu à revogação expressa do preceito que excluía a possibilidade de indemnização nos casos mencionados. Ainda assim, a alteração do entendimento do legislador veio muito tarde. Entretanto, entrara já em vigor a Lei n.º 129/99, de 20 de Agosto, que *aprova o regime aplicável ao adiantamento pelo Estado da indemnização devida às vítimas de violência conjugal*, regime especialmente criado para estas vítimas, mais concretamente para as vítimas de maus tratos a cônjuge.

Terminámos a análise das diferentes espécies de intervenção estadual, em matéria de violência conjugal, fazendo referência à Resolução n.º 55/99, de 27 de Maio, do Conselho de Ministros, que *estabelece o Plano Nacional contra a Violência Doméstica*, comparando-o com o II Plano, actualmente em vigor. Enunciámos os três objectivos essenciais propostos pelo I Plano (I – Sensibilizar e prevenir; II – Intervir para proteger a vítima de violência doméstica; III – Investigar/estudar) e as medidas que o mesmo definia para a concretização de cada um. Em jeito de balanço, averiguámos do grau de concretização já atingido por cada uma das medidas tendentes à prossecução de tais objectivos. Concluímos que a maior evolução ocorreu no domínio da legislação penal e processual penal e no domínio do apoio à vítima, especialmente através da criação de casas de abrigo. Fica, contudo, patente a sensação de que muito ficou por fazer, sobretudo ao nível da prevenção primária junto dos *media* e dos estabelecimentos de ensino, e da investigação/estudo desta problemática. Outra área praticamente inexplorada no nosso país (e à qual o I Plano fazia referência) é a intervenção junto do agressor. Em última análise, poderemos extrair a seguinte consequência: contrariamente ao que pretendia o I Plano, a intervenção junto da violência conjugal em Portugal está a desenvolver-se de forma sectorial e fragmentada e não de uma forma integral e integrada.

Na PARTE III, procedemos à apreciação global da intervenção do Estado Português no problema da violência conjugal. A primeira ideia a reter, acerca desta questão, é a de que Portugal dispõe de um quadro normativo bastante avançado, destacando-se a natureza pública do crime de maus tratos a cônjuge, a criação da pena acessória de afastamento do agressor da residência da vítima, a previsão legal de indemnização da vítima de violência conjugal pelo Estado e a criação e regulamentação da instituição de casas de abrigo para as mulheres vítimas de violência. O problema reside, as mais das vezes, na *law in action*, ainda que, como defende a COMISSÃO DE PERITOS para o Acompanhamento da Execução do Plano Nacional contra a Violência Doméstica[683], alguma legislação careça ainda de aperfeiçoamentos, que, em seu tempo, fomos referindo. Retomaríamos aqui tão somente a questão do género dos destinatários das medidas estaduais: ora o género feminino, ora as vítimas em geral, sem diferenciação de género. Impõe-se uma reflexão nesta matéria.

Para terminar, lançámos para a discussão quatro questões em particular, sobre as quais consideramos que o Estado deverá proceder a uma reflexão ponderada para futuro: o problema da *competência dos tribunais em matéria de violência conjugal*: atenta a especial natureza dos litígios emergentes da violência conjugal, não deverá o julgamento dessas questões passar por tribunais próprios, designadamente, pelos tribunais de família? Como equacionar *o recurso à mediação* como mecanismo auxiliar de resolução de conflitos no domínio da violência entre cônjuges? Sabendo nós que existe uma ligação estreita entre a violência conjugal e o fenómeno dos sem abrigo, não deveremos apostar num reforço da *política de habitação como factor de não revitimação*, por forma a garantir às vítimas melhores expectativas de futuro? Finalmente, não estaremos a centrar excessivamente o combate à violência conjugal nas medidas de protecção à vítima, descurando *a intervenção junto do agressor*, ele que, em primeira linha, está na génese de todo o fenómeno? Poderemos combater eficazmente a violência conjugal sem pensar no agressor?

Em jeito de conclusão, diremos o seguinte: a violência conjugal, em qualquer sociedade, é um problema assaz complexo e de difícil, se não mesmo impossível, resolução. Todavia, enquanto problema social que, nos dias de hoje, reconhecidamente é, caberá ao Estado intervir, no sentido de minorar os seus efeitos e a sua incidência. Existem múltiplos caminhos para lograr este objectivo, diversas formas, através das quais se pode actuar junto deste problema. Julgamos estar em condições de afirmar que nenhuma delas, de per si, é inteiramente correcta e satisfatória. Cada linha de intervenção apresenta vantagens e inconvenientes.

---

[683] Cfr. o *Relatório de Acompanhamento do Plano Nacional contra a Violência Doméstica*, p. 21.

O segredo para uma intervenção bem sucedida, no combate à violência conjugal, reside na concertação de medidas, de esforços, de entidades, de ramos de saber[684]:

> «A single case involves many actions by many different practitioners. Established work routines, fragmentation of responsibility and poor coordination among practitioners and agencies compromise victims' safety.»[685].

---

[684] O *modelo de Duluth* de intervenção junto da violência doméstica, nos Estados Unidos da América, é disso um bom exemplo.

[685] PENCE, Ellen, e MCMAHON, Martha, *Duluth: A coordinated community response to domestic violence*, ob. cit., p. 160.

ANEXO:
LEGISLAÇÃO E DOCUMENTOS AFINS RELATIVOS À VIOLÊNCIA CONJUGAL*

---

* Anexo elaborado a partir do suporte informático disponível na Internet em http://www.cidm.pt, e http://www.cea.ucp.pt/lei/indem/indlind.htm, que não dispensa a consulta dos respectivos originais publicados em Diário da República.

LEI N.º 61/91,
de 13 Agosto

Garante protecção adequada às mulheres vítimas de violência

A Assembleia da República decreta, nos termos dos artigos 164.º, alínea d), 168.º, n.º 1, alíneas b) e c), e 169.º, n.º 3, da Constituição, o seguinte:

CAPÍTULO I
Disposições gerais

ARTIGO 1.º
Objecto

1 – A presente lei tem como objecto o reforço dos mecanismos de protecção legal às mulheres vítimas de crimes de violência, designadamente os seguintes:

a) O estabelecimento de um sistema de prevenção e de apoio às mulheres vítimas de crimes de violência;

b) A instituição do gabinete SOS para atendimento telefónico às mulheres vítimas de crimes de violência;

c) A criação junto dos órgãos de polícia criminal de secções de atendimento directo às mulheres vítimas de crimes de violência;

d) Um regime de incentivo à criação e funcionamento de associações de mulheres com fins de defesa e protecção das vítimas de crimes;

e) Um sistema de garantias adequadas à cessação da violência e à reparação dos danos ocorridos.

2 – O sistema de protecção previsto no presente diploma aplica-se quando a motivação do crime resulte de atitude discriminatória relativa-

mente à mulher, estando nomeadamente abrangidos os casos de crimes sexuais e de maus tratos a cônjuge, bem como de rapto, sequestro ou ofensas corporais.

CAPÍTULO II
Da prevenção e apoio

ARTIGO 2.º
Campanhas de sensibilização da opinião pública

A Administração Pública desenvolverá campanhas de sensibilização da opinião pública através dos órgãos de comunicação social, tendo em vista a mudança de mentalidade, no que concerne ao papel da mulher na sociedade, com especial incidência nos comportamentos que se traduzam na prática de crimes em que a mulher seja vítima de violência.

ARTIGO 3.º
Guia das mulheres vítimas de violência

O Governo elaborará e fará distribuir, a título gratuito e em todo o território nacional, um guia das mulheres vítimas de violência, no qual serão incluídas de forma sintética e sistemática informações práticas sobre os direitos das mulheres que se encontrem naquela situação e os meios processuais a que devem recorrer para fazer valer os seus direitos e interesses legalmente protegidos.

ARTIGO 4.º
Centros de estudo e investigação

O Estado apoia e estimula a criação de centros de estudo e investigação sobre a mulher e as actividades editoriais privadas e cooperativas no domínio dos direitos da mulher.

ARTIGO 5.º
Centros de atendimento

O Estado apoia e estimula a criação de casas de apoio às mulheres vítimas de crimes de violência, para atendimento, abrigo e encaminhamento das mesmas.

ARTIGO 6.º
Gabinete SOS

1 – É criado junto do Ministério da Justiça um gabinete SOS para atendimento telefónico às mulheres vítimas de violência, com vista a prestar informação sumária sobre as providências adequadas às situações que lhe sejam expostas.
2 – Em caso de emergência, o gabinete pode solicitar a intervenção imediata de qualquer de qualquer órgão de polícia criminal.
3 – O gabinete SOS para atendimento telefónico às mulheres vítimas de violência funcionará ininterruptamente durante vinte e quatro horas por dia, mesmo aos sábados, domingos e feriados.
4 – Os utilizadores do gabinete SOS não são obrigados a revelar a sua identidade.

ARTIGO 7.º
Atendimento directo às vítimas

Serão gradualmente instituídas, junto dos órgãos de polícia criminal competentes para apresentação de denúncias da prática de factos delituosos, secções para atendimento directo às mulheres vítimas de crimes.

ARTIGO 8.º
Competência da secção

São competências da secção, referida no artigo anterior, as seguintes:
a) Ouvir participantes e vítimas antes mesmo de elaborada a participação criminal;
b) Prestar a participantes e vítimas toda a colaboração necessária, nomeadamente informando-os os seus direitos;

c) Providenciar, sempre que tal se revele necessário, para que as vítimas sejam de imediato atendidas por pessoal especializado;

d) Providenciar, em caso de perigo para a estabilidade psíquica e de acordo com a decisão do psicólogo ou psiquiatra, para que a vítima possa continuar a dispor de apoio necessário dos organismos competentes ou para que se proceda ao seu internamento em estabelecimento adequado;

e) Elaborar um relatório sumário da observação efectuada e das providências adoptadas, a anexar à participação criminal;

f) Elaborar quaisquer relatórios que lhe sejam solicitados pelo tribunal no decurso do processo penal;

g) Comunicar a quaisquer associações de mulheres que prossigam fins de defesa e protecção de direitos com protecção penal elementos estatísticos sobre crimes cujo combate se insira no âmbito da associação.

ARTIGO 9.º
Atendimento em hospitais

Em caso de atendimento em estabelecimento hospitalar de mulher que revele ter sido vítima de crime, pode aquele estabelecimento, a solicitação da vítima e no caso de tal se revelar necessário, solicitar a presença da secção especial de atendimento referida no artigo anterior para encaminhamento imediato da queixa.

ARTIGO 10.º
Quadro de funcionários e dependência

1 – A secção para atendimento às vítimas dispõe de quadro próprio de funcionários, actuando nos processos criminais sob a direcção e dependência funcional da autoridade judiciária competente.

2 – O quadro de funcionários da secção será recrutado preferencialmente entre licenciados em Direito, psiquiatras, psicólogos, assistentes sociais e pessoal feminino da Polícia de Segurança Pública, a quem deve ser ministrada preparação adequada.

CAPÍTULO III

Das associações de mulheres

ARTIGO 11.º
Apoio

Lei especial regulará o apoio a conceder pelo Estado às associações de mulheres que prossigam fins de defesa e protecção das mulheres vítimas de crimes.

ARTIGO 12.º
Direito das associações

1 – As associações referidas no artigo anterior podem constituir-se assistentes em representação da vítima no processo penal, mediante a apresentação de declaração subscrita por aquela nesse sentido, quando se trate dos crimes previstos na parte final do n.º 2 do artigo 1.º.

2 – Podem ainda, em representação da vítima, deduzir o pedido indemnizatório e requerer o adiantamento pelo Estado da indemnização, nos termos previstos na legislação aplicável, podendo ainda requerer a fixação de quaisquer pensões provisórias a pagar pelo arguido até à fixação definitiva da indemnização.

3 – A constituição de assistente nos termos do n.º 1 não está sujeita ao pagamento de qualquer taxa de justiça.

4 – O juiz arbitrará a favor das associações existentes procuradoria condigna.

ARTIGO 13.º
Comissão contra as discriminações

Nas acções previstas no capítulo II deverão colaborar a Comissão para a Igualdade e para os Direitos das Mulheres e a Comissão para a Igualdade no Trabalho e no Emprego.

CAPÍTULO IV

Das garantias

ARTIGO 14.º
Adiantamento da indemnização

Lei especial regulará o adiantamento pelo Estado da indemnização devida às mulheres de crime de violência, suas condições e pressupostos, em conformidade com a Resolução n.º 31/77, e as Recomendações n.º 2/80 e 15/84 do Conselho da Europa.

ARTIGO 15.º
Suspensão provisória do processo

1 – Nos crimes previstos na parte final do n.º 2 do artigo 1.º, a suspensão provisória do processo prevista na legislação processual penal só poderá ser decidida com a concordância de arguido e ofendida.

2 – Nos crimes em que seja arguido pessoa com quem a vítima viva em economia comum, a medida de injunção a opor àquele, durante a suspensão do processo, será a do afastamento da residência nos casos em que se afigure necessária tal medida.

ARTIGO 16.º
Medidas de coacção

1 – Sempre que não seja imposta a medida de prisão preventiva, deverá ser aplicada ao arguido a medida de coacção de afastamento da residência, que pode ser cumulada com a obrigação de prestar caução, no caso de aquele ser pessoa com quem a vítima resida em economia comum, quando houver perigo de continuação da actividade criminosa.

2 – Sempre que tal medida de coacção tenha sido imposta, a pena que vier a ser aplicada só poderá ser suspensa com a condição de o arguido não maltratar física ou psiquicamente a mulher.

CAPÍTULO V
Disposição final

ARTIGO 17.º
Regulamentação

O governo regulamentará o presente diploma no prazo de 90 dias.

Aprovada em 11 de Junho de 1991.

O Presidente da Assembleia da República, Vítor Pereira Crespo.

Promulgada em 26 de Junho de 1991.

Publique-se.

O Presidente da República, Mário Soares.

Referendada em 31 de Julho de 1991.

O Primeiro-Ministro, *Aníbal António Cavaco Silva.*

DECRETO-LEI N.º 423/91,
de 30 de Outubro

Estabelece o regime jurídico de protecção às vítimas de crimes violentos

ARTIGO 1.º
Indemnização, por parte do Estado, às vítimas de crimes violentos

1 – As vítimas de lesões corporais graves resultantes directamente de actos intencionais de violência praticados em território português ou a bordo de navios ou aeronaves portugueses, bem como, no caso de morte, as pessoas a quem a lei civil conceda um direito a alimentos, podem requerer a concessão de uma indemnização pelo Estado, ainda que não se tenham constituído ou não possam constituir-se assistentes no processo penal, verificados os seguintes requisitos:
    a) Da lesão ter resultado uma incapacidade permanente, uma incapacidade temporária e absoluta para o trabalho de pelo menos 30 dias ou a morte;
    b) Ter o prejuízo provocado uma perturbação considerável do nível de vida da vítima ou das pessoas com direito a alimentos;
    c) Não terem obtido efectiva reparação do dano em execução de sentença condenatória relativa a pedido deduzido nos termos dos artigos 71.º a 84.º do Código de Processo Penal ou, se for razoavelmente de prever que o delinquente e responsáveis civis não repararão o dano, sem que seja possível obter de outra fonte uma reparação efectiva e suficiente.

2 – O direito de indemnização mantém-se mesmo que não seja conhecida a identidade do autor dos actos intencionais de violência ou, por outra razão, ele não possa ser acusado ou condenado.

3 – Podem igualmente requerer uma indemnização as pessoas que auxiliaram voluntariamente a vítima ou colaboraram com as autoridades na prevenção da infracção, perseguição ou detenção do delinquente, verificados os requisitos constantes das alíneas a) a c) do n.º 1.

4 – A concessão da indemnização às pessoas referidas no número anterior não depende da concessão de indemnização às vítimas de lesão.

5 – Não haverá lugar à aplicação do disposto no presente diploma quando o dano for causado por um veículo terrestre a motor, bem como se forem aplicáveis as regras sobre acidentes de trabalho ou em serviço.

ARTIGO 2.º
Montante da indemnização

1 – A indemnização por parte do Estado é restrita ao dano patrimonial resultante da lesão e será fixada em termos de equidade, tendo como limites máximos, por cada lesado, os estabelecidos nos n.ºs 1 e 2 do artigo 508.º do Código Civil para o caso de morte ou lesão de uma pessoa.

2 – Será tomada em consideração toda a importância recebida de outra fonte, nomeadamente do próprio delinquente ou da segurança social; todavia, com respeito a seguros privados de vida ou acidentes pessoais, só na medida em que a equidade o exija.

3 – Nos casos a que se refere o n.º 3 do artigo 1.º, haverá igualmente lugar a uma indemnização por danos de coisas de considerável valor, dentro dos limites máximos estabelecidos no n.º 1 do artigo 508.º do Código Civil.

ARTIGO 3.º
Exclusão ou redução da indemnização

1 – A indemnização por parte do Estado poderá ser reduzida ou excluída tendo em conta a conduta da vítima ou do requerente antes, durante ou após a prática dos factos, as suas relações com o autor ou o seu meio ou se se mostrar contrária ao sentimento de justiça ou à ordem pública.

2 – Não será concedida uma indemnização quando a vítima for um membro do agregado familiar do autor ou pessoa que com ele coabite em condições análogas, salvo concorrendo circunstâncias excepcionais.

ARTIGO 4.º
Caducidade e concessão de provisão

1 – Sob pena de caducidade, o pedido de concessão da indemnização por parte do Estado deve ser apresentado no prazo de um ano a contar da data do facto.

2 – Se tiver sido instaurado processo criminal, o prazo referido no número anterior pode ser prorrogado e expira após decorrido um ano sobre a decisão que lhe põe termo.

3 – Em qualquer caso, o Ministro da Justiça pode relevar o requerente do efeito da caducidade quando justificadas circunstâncias morais ou materiais tiverem impedido a apresentação do pedido em tempo útil.

4 – Em caso de urgência, pode ser requerida a concessão de uma provisão por conta da indemnização a fixar posteriormente, de montante não superior a um quarto do limite máximo.

ARTIGO 5.º
Requerimento e documentos anexos

1 – A concessão de indemnização por parte do Estado depende de requerimento das pessoas referidas no artigo 1.º ou do Ministério Público.

2 – O requerimento deve ser acompanhado de todos os elementos úteis justificativos, nomeadamente:
 a) Indicação do montante da indemnização pretendida;
 b) Cópia da declaração fiscal de rendimentos relativa ao ano anterior à prática dos factos;
 c) Indicação de qualquer importância já recebida, bem como das pessoas ou entidades públicas ou privadas susceptíveis de, no todo ou em parte, virem a efectuar prestações em relação com o dano.

3 – Se tiver sido deduzido pedido de indemnização no processo penal ou fora dele, nos casos em que a lei o admite, o requerimento deve informar se foi concedida qualquer indemnização e qual o seu montante.

4 – Em caso de falsidade da informação a que se refere o número anterior o Estado tem direito ao reembolso da quantia eventualmente paga aos requerentes, devendo exercê-lo por meio de acção cível no prazo de um ano a contar da data em que tiver conhecimento da falsidade.

ARTIGO 6.º
Competência e instrução do pedido

1 – A concessão da indemnização é da competência do Ministro da Justiça.

2 – A instrução do pedido compete a uma comissão constituída por um magistrado judicial designado pelo Conselho Superior da Magistra-

tura, que preside, por um advogado ou advogado estagiário designado pela Ordem dos Advogados e por um funcionário superior do Ministério da Justiça, designado pelo Ministro.

3 – Não podem constituir a comissão pessoas que tenham intervindo em qualquer processo instaurado pelo facto que der origem ao pedido de indemnização.

ARTIGO 7.º
Poderes da comissão

1 – A comissão a que se refere o artigo anterior procede a todas as diligências úteis para a instrução do pedido e, nomeadamente:

a) Ouve os requerentes e os responsáveis pela indemnização;

b) Requisita cópias de denúncias e participações relativas aos factos criminosos e de quaisquer peças de processo penal instaurado, ainda que pendente de decisão final;

c) Requisita informações sobre a situação profissional, financeira ou social dos responsáveis pela reparação do dano a qualquer pessoa, singular ou colectiva, e a quaisquer serviços públicos.

2 – Mediante autorização do Ministro da Justiça, a comissão pode ainda solicitar as informações que repute necessárias à administração fiscal ou a estabelecimentos de crédito, quando o responsável pela indemnização recuse fornecê-las e existam fundadas razões no sentido de que o mesmo dispõe de bens ou recursos que pretende ocultar.

3 – Às informações solicitadas não é oponível o sigilo profissional ou bancário.

4 – As informações obtidas dos números anteriores não podem ser utilizadas para fins diferentes da instrução do pedido, sendo proibida a sua divulgação.

ARTIGO 8.º
Prazos

1 – A instrução é concluída no prazo de três meses, salvo prorrogação autorizada pelo Ministro da Justiça, por motivos atendíveis e com base em proposta fundamentada da comissão.

2 – Concluída a instrução, o processo é enviado ao Ministro da Justiça, acompanhado de parecer sobre a concessão da indemnização e respectivo montante.

3 – Antes de concluída a instrução, pode a comissão sugerir ao Ministro da Justiça a concessão de uma provisão nos termos do n.º 4 do artigo 4.º.

ARTIGO 9.º
Sub-rogação

O Estado fica sub-rogado nos direitos dos lesados contra o autor dos actos intencionais de violência e pessoas com responsabilidade meramente civil, dentro dos limites da indemnização prestada.

ARTIGO 10.º
Reembolso

1 – Quando a vítima, posteriormente ao pagamento da provisão ou da indemnização, obtiver, a qualquer título, uma reparação ou uma indemnização efectiva do dano sofrido, deve o Ministro da Justiça, mediante parecer da comissão referida no artigo 6.º, exigir o reembolso, total ou parcial, das importâncias recebidas, com ressalva do disposto no n.º 2 do artigo 2.º.

2 – O disposto no número anterior aplica-se ao caso em que, tendo sido entregue a provisão, se averiguar ulteriormente que a indemnização não foi concedida por falta dos requisitos referidos no artigo 1.º.

3 – Das decisões referidas nos números anteriores cabe recurso contencioso, nos termos gerais.

ARTIGO 11.º
Informações falsas

Quem obtiver ou tentar obter uma indemnização nos termos do presente diploma com base em informações que sabe serem falsas ou inexactas é punível com prisão até três anos ou multa, sem prejuízo do disposto no n.º 4 do artigo 5.º.

ARTIGO 12.º
Aplicação no espaço

Se os factos referidos no artigo 1.º tiverem sido praticados no estrangeiro, aplicam-se as disposições do presente diploma quando a pessoa lesada for de nacionalidade portuguesa, desde que não tenha direito a indemnização pelo Estado em cujo território o dano foi produzido.

ARTIGO 13.º
Encargos

1 – Os encargos resultantes da execução do presente diploma serão considerados gastos de justiça e suportados através de uma verba especial inscrita anual mente no orçamento do Ministério da Justiça, capítulo «Gabinetes dos membros do Governo e serviços de apoio».

2 – Enquanto as correspondentes verbas não forem inscritas no Orçamento do Estado, serão as mesmas suportadas pelo Gabinete de Gestão Financeira do Ministério da Justiça.

3 – Em todas as sentenças de condenação em processo criminal, o tribunal condenará o arguido a pagar uma quantia equivalente a 1% da taxa de justiça aplicável, a qual será considerada receita própria do Cofre Geral dos Tribunais.

ARTIGO 14.º
Aplicação no tempo

A caducidade estabelecida no artigo 4.º não pode ser invocada relativamente a factos praticados após 1 de Janeiro de 1991, sob condição de o pedido de indemnização ser apresentado no prazo de seis meses a contar da data da entrada em vigor do presente diploma.

ARTIGO 15.º
Isenção de preparos e custas e gratuitidade de documentos

1 – Os processos para concessão de indemnização por parte do Estado são isentos de preparos e custas.

2 – Os documentos necessários à instrução do pedido são gratuitos e deles deve constar expressamente que são emitidos para execução do disposto no presente diploma.

ARTIGO 16.º
Alteração ao art. 508.º do Código Civil

(omitido)

ARTIGO 17.º
Alteração ao art. 82.º do Código de Processo Penal

(omitido)

ARTIGO 18.º
Regulamentação

O recrutamento do pessoal de apoio da comissão a que se refere o artigo 6.º, a remuneração dos seus membros e, bem assim, a sua instalação e funcionamento serão objecto de decreto regulamentar.

ARTIGO 19.º
Entrada em vigor

O presente diploma, com excepção do disposto no artigo anterior, entra em vigor na data da publicação do decreto regulamentar naquele referido.

Visto e aprovado em Conselho de Ministros de 29 de Agosto de 1991. *Aníbal António Cavaco Silva – Luís Miguel Couceiro Pizarro Beleza – Álvaro José Brilhante Laborinho Lúcio.*

Promulgado em 15 de Outubro de 1991.

Publique-se.

O Presidente da República, MÁRIO SOARES.

Referendado em 18 de Outubro de 1991.

O Primeiro-Ministro, *Aníbal António Cavaco Silva.*

DESPACHO DO PROCURADOR-GERAL DA REPÚBLICA
sobre a Lei n.º 61/91 de 13 de Agosto

Gabinete do Procurador-Geral da República

DESPACHO

1. Suscitaram-se algumas dúvidas quanto à aplicação do artigo 16.º da Lei n.º 61/91, de 13 de Agosto.
As dúvidas fundam-se, para uns, na circunstância de a lei não ter sido regulamentada em conformidade com o disposto no seu artigo 17.º e, para outros, em razões que se prendem com a sua inconstitucionalidade material.
Mas sem razão.

2. O artigo 16.º da Lei n.º 61/91, de 13 de Agosto, é uma norma de direito processual penal que amplia o elenco das medidas de coacção previstas pelo Código de Processo Penal.
E é, em si mesmo, imediatamente exequível.
Por outro lado, o tratamento diferenciado adoptado pelo legislador, visando proteger as mulheres vítimas de crime, não ofende o princípio da igualdade consagrado no artigo 13.º da Constituição da República, apresentando-se aliás como discriminação positiva imposta por aquele princípio na sua dimensão social.

3. Pelo exposto, nos termos do artigo 10.º, n.º 2, alínea b), da Lei n.º 47/86, de 15 de Outubro, determino que os Senhores Magistrados e Agentes do Ministério Público promovam a aplicação da referida medida, sempre que se mostrem preenchidos os pressupostos legais.

Lisboa, 10 de Fevereiro de 1998
O PROCURADOR-GERAL DA REPÚBLICA
José Narciso da Cunha Rodrigues

RESOLUÇÃO DA ASSEMBLEIA DA REPÚBLICA N.º 31/99*

Regulamentação da legislação que garante a protecção às mulheres vítimas de violência

A Assembleia da República resolve, nos termos do n.º 5 do artigo 166.º da Constituição, o seguinte:

1 – Pronunciar-se pela necessidade de serem regulamentadas e executadas, com carácter urgente e prioritário, as seguintes medidas previstas na Lei n.º 61/91, de 13 de Agosto:

a) A criação de uma rede, a nível nacional, de casas de apoio às mulheres vítimas de crimes de maus tratos, para atendimento, abrigo e encaminhamento das mesmas;

b) A elaboração e distribuição, a título gratuito e em todo o território nacional, de um guia da violência doméstica, no qual serão incluídas informações práticas sobre os direitos das mulheres que se encontrem nessa situação, os meios processuais a que devem recorrer para fazer valer os seus direitos e os interesses legalmente protegidos, bem como os centros de apoio aos quais podem acudir;

c) A elaboração de uma lei especial que regule o adiantamento, por parte do Estado, da indemnização devida às mulheres vítimas de crimes de maus tratos, suas condições e pressupostos;

d) A criação, junto dos órgãos de polícia criminal competentes, de secções especializadas para atendimento directo às mulheres vítimas de maus tratos, às quais compete, nomeadamente, ouvir as vítimas, encaminhá-las, prestar a colaboração necessária, providenciar o atendimento das vítimas por técnicos de saúde e pessoal especializado, acorrer aos estabelecimentos hospitalares onde as vítimas se encontrem para encaminha-

---

* Publicada no DR, I série A, n.º 87 de 14 de Abril de 1999.

mento da queixa, bem como elaborar relatórios sobre as situações atendidas e encaminhar dados estatísticos;

e) A criação de um gabinete SOS para atendimento telefónico às mulheres vítimas de violência, que funcionará ininterruptamente durante vinte e quatro horas por dia, incluindo sábados, domingos e feriados;

f) O desenvolvimento de campanhas de sensibilização da opinião pública através dos órgãos de comunicação social, tendo em vista a mudança de mentalidade que faça recuar esta forma de violência, estigmatizando-a como o crime que efectivamente é.

2 – O Governo deve, ainda, ponderar a necessidade de alterar a legislação penal e processual penal, no sentido de:

a) Garantir a criação das condições que se revelem necessárias com vista a assegurar uma aplicação efectiva da medida de coacção de afastamento preventivo do agressor;

b) Prever, como pena acessória, e atendendo à gravidade dos factos e ao perigo que o condenado represente, a proibição de este se aproximar da vítima.

Aprovada em 25 de Março de 1999.

O Presidente da Assembleia da República, *António de Almeida Santos.*

RESOLUÇÃO DO CONSELHO DE MINISTROS N.º 55/99*

A violência doméstica é um flagelo que põe em causa o próprio cerne da vida em sociedade e a dignidade da pessoa humana, razão pela qual essa problemática tem ocupado um lugar central nas preocupações do actual governo.

De facto, no ano em que se comemora o 50.º aniversário da Declaração Universal dos Direitos do Homem, o Conselho de Ministros não poderia deixar de se debruçar sobre a violência doméstica, aprovando um plano integrado e abrangente de combate a este fenómeno.

Recentemente foram aprovadas várias medidas, quer de natureza legislativa, quer outras, de combate contra a violência doméstica. Estas medidas visam, em primeiro lugar, proteger as vítimas, na sua maioria mulheres, permitindo-lhes obter os meios materiais, psicológicos e físicos para se libertarem da situação de submissão em que são colocadas pelo seu agressor. Este aspecto assume particular relevância, visto que todos os tipos de violência, e a violência familiar em especial, assentam em relações de dominação e de força, que colocam a vítima numa situação que a fragiliza, limitando-a na sua capacidade de autodeterminação.

Saliente-se, apenas a título de exemplo, a regulamentação e execução das medidas previstas na Lei n.º 61/91, de 13 de Agosto, tendo chegado agora o momento de definir um conjunto de medidas e objectivos mais ambiciosos.

Portugal fica, assim, dotado de um programa que, de forma integrada e coerente, congrega um conjunto de medidas a adoptar a vários níveis (justiça, administração interna, educação, saúde, entre outras), seguindo a orientação que tem presidido à elaboração dos mais recentes documentos internacionais sobre esta matéria adoptados pela Organização das Na-

---

* Publicada no DR, I série B, n.º 137, de 15 de Junho de 1999.

ções Unidas e pelo Conselho da Europa. Efectivamente, com a aprovação deste plano, o Estado Português acerta o passo com a Europa e os mais recentes desenvolvimentos nesta matéria. Aliás, nas recomendações aprovadas na Conferência de Colónia, em 30 de Março, exortam-se os Estados a aprovar planos globais de combate à violência doméstica, particularmente sobre as mulheres.

Refira-se ainda que o Governo Português irá acentuar a canalização de fundos, quer nacionais, quer europeus, designadamente através do Programa DAPHNE, para a resolução do problema da violência doméstica e para a protecção das suas vítimas, procurando, sempre que possível, envolver organizações não governamentais neste complexo desígnio.

A eliminação da violência doméstica, objectivo primordial da aprovação e desenvolvimento das medidas constantes do plano, é um factor indispensável à construção de uma sociedade verdadeiramente democrática, assente nos princípios da dignidade da pessoa humana, da igualdade e da justiça como pilares fundamentais de um Estado de direito democrático.

Assim:

Nos termos da alínea g) do artigo 199.º da Constituição, o Conselho de Ministros resolve:

1 – Aprovar o plano nacional contra a violência doméstica, em anexo à presente resolução e que dela faz parte integrante.

2 – Atribuir ao Alto-Comissário para as Questões da Promoção da Igualdade e da Família competência para, junto dos ministérios envolvidos, acompanhar a execução das medidas constantes do plano, através da secção interministerial do Conselho Nacional da Família.

3 – O plano nacional contra a violência doméstica tem uma vigência de três anos a partir da data da sua aprovação, devendo o Alto-Comissário para as Questões da Promoção da Igualdade e da Família apresentar ao Conselho de Ministros relatórios anuais relativos à execução das medidas constantes do plano referido no n.º 1 da presente resolução.

4 – Compete a cada um dos ministérios envolvidos na execução das medidas que integram o plano nacional contra a violência doméstica assumir a responsabilidade dos encargos delas resultantes.

Presidência do Conselho de Ministros, 27 de Maio de 1999.

O Primeiro-Ministro, *António Manuel de Oliveira Guterres.*

PLANO NACIONAL CONTRA A VIOLÊNCIA DOMÉSTICA

Introdução

A publicação de um plano nacional contra a violência doméstica enquadra-se no 50.° aniversário da Declaração Universal dos Direitos Humanos. A violência doméstica põe em causa a ideia essencial do edifício dos direitos da pessoa humana, segundo a qual todos os seres humanos têm igual valor e dignidade.

A questão da violência doméstica é de âmbito social e psicológico. Tem as suas raízes no mais profundo dos indivíduos, mas também nas ideias, valores e mitos que estruturam a sociedade. Não se pode ignorar que a violência está presente desde os primórdios da vida humana e que é o seu domínio que torna possível as sociedades. É neste momento que a norma jurídica intervém estabelecendo direitos e valorando factos e comportamentos.

É-se vítima de violência por parte de outrem quando as manifestações agressivas deste, pela sua intensidade, criam no outro uma situação de constrangimento e de submissão de que não consegue sozinho(a) libertar-se, ficando, portanto, numa situação de sofrimento e risco psíquico e ou físico, de que o outro abusa de forma arbitrária e injusta.

Têm-se registado alguns progressos, nomeadamente no âmbito legal, nos últimos tempos, no que se refere à abordagem deste autêntico flagelo social. Mas a lei para nada serve se não for aplicada. O papel do Estado é fundamental: nem a política de não ingerência nos assuntos privados nem os valores e costumes tradicionais podem ser invocados para impedir a luta contra a violência doméstica.

De entre as várias definições de violência contra as mulheres destacamos a do grupo de peritos do Conselho da Europa, segundo a qual «qualquer acto, omissão ou conduta que serve para infligir sofrimentos físicos, sexuais ou mentais, directa ou indirectamente, por meio de enganos, ameaças, coacção ou qualquer outro meio, a qualquer mulher e tendo por objectivo e como efeito intimidá-la, puni-la ou humilhá-la ou mantê-la nos papéis estereotipados ligados ao seu sexo, ou recusar-lhe a dignidade humana, a autonomia sexual, a integridade física, mental e moral ou abalar a sua segurança pessoal, o seu amor-próprio ou a sua personalidade, ou diminuir as suas capacidades físicas ou intelectuais».

A utilização da violência, nomeadamente contra as mulheres, crianças e idosos, constitui uma violação dos direitos fundamentais da pessoa humana: esta afirmação assenta no consenso internacional.

Várias conferências internacionais (Declaração de Viena e programa de acção da Conferência Mundial dos Direitos Humanos, 1993; 4. a Conferência Mundial sobre as Mulheres, Pequim, 1995) se preocuparam com a questão. O Conselho da Europa abordou-a de diversos modos desde há vários anos, tendo o Comité dos Ministros do Conselho da Europa adoptado duas recomendações sobre o assunto: as recomendações da Conferência da Presidência Austríaca da UE, Baden, Viena, Dezembro de 1998, e as da Conferência da Presidência Alemã da UE, Colónia, Março de 1999.

A Declaração de Genebra de 1924 sobre os Direitos da Criança e a Declaração dos Direitos da Criança adoptada pelas Nações Unidas em 1959 reconhecem que «a criança, por motivo da sua falta de maturidade física e intelectual, tem necessidade de uma protecção e cuidados especiais, nomeadamente de protecção jurídica adequada, tanto antes como depois do nascimento».

A Convenção sobre os Direitos da Criança, aprovada pela Assembleia Geral das Nações Unidas em Novembro de 1989, nomeadamente nos artigos 19.º e 20.º, refere a necessidade de protecção por parte do Estado às crianças vítimas de violência na família e o direito à protecção e assistência especiais do Estado quando, no seu superior interesse, são temporária ou definitivamente privadas do seu ambiente familiar.

É assim que o plano internacional de acção de Viena sobre o envelhecimento, publicado na sequência da Assembleia Mundial do Envelhecimento, que teve lugar em Viena em 1982, já aponta, em algumas das suas recomendações, para a necessidade dos países estarem atentos às questões da violência contra as pessoas idosas.

A Organização das Nações Unidas, na sua Recomendação n.º 46/91, alerta os governos para a necessidade de integrarem nos seus programas nacionais os seguintes princípios: dignidade (aos cidadãos mais velhos devem ser garantidas condições dignas de existência, de segurança, de justiça), autonomia, desenvolvimento pessoal, acesso a cuidados e participação.

O Conselho da Europa, na sua Recomendação R (98) 9, de 18 de Setembro de 1998, do Conselho dos Ministros dos Estados membros relativa à dependência, refere que «quando a liberdade de escolha não é possível em razão da incapacidade da pessoa idosa, uma protecção jurídica deve ser assegurada».

Devemos libertar-nos de estereótipos, estudar as atitudes e definir as estratégias para combater o processo de violência doméstica. É altura de agir concretamente e com lucidez: a eliminação da violência doméstica é um elemento indispensável na construção de uma sociedade verdadeiramente democrática, fundada no respeito dos direitos da pessoa e na dignidade humana.

Considera-se fundamental procurar uma aproximação prática e inovadora ao tema, sublinhando o papel dos agressores em todos os aspectos da questão e abordando-o como problema social e não como problema das vítimas. Proteger e ajudar as vítimas não é suficiente para pôr cobro à violência e aos maus tratos. Para combater a violência é necessário ocuparmo-nos da pessoa violenta.

Considera-se urgente aprofundar os métodos de cooperação entre todos (as) os (as) implicados (as) pessoal ou institucionalmente nos processos de resposta aos problemas da violência doméstica. As dificuldades e os obstáculos que se lhes deparam deverão ser debatidos.

É importante continuar a examinar as razões da violência doméstica, estudando os contextos e os mecanismos.

Há dificuldades de apuramento de dados, face à não declaração de inúmeras situações, pelo que o estudo e investigação são essenciais.

A constituição de uma plataforma contra a violência doméstica, visando reforçar a integração dos esforços desenvolvidos pelos poderes públicos e pelos diversos organismos privados, é o caminho escolhido. Como resulta das conclusões de um seminário sobre o tema «Violência contra as mulheres» patrocinado pelo Gabinete do Alto-Comissário, a questão deverá ter uma abordagem integral e integrada. Integral porque o fenómeno se articula com questões tais como a desigualdade entre mulheres e homens e a vulnerabilidade dos idosos e das crianças, a pobreza e a exclusão social. Integrada no sentido de uma intervenção articulada dos mecanismos governamentais e não governamentais.

É sabido que a especial vulnerabilidade de muitas das pessoas com deficiência as torna, também, um alvo privilegiado do exercício da violência doméstica.

A sua não referência expressa no plano resulta do facto de estarem, naturalmente, incluídas nos diversos grupos mencionados, pois em todos eles há pessoas com deficiência.

OBJECTIVO I
Sensibilizar e prevenir. Medidas

1.1 – Integrar nos planos curriculares e desenvolver nas práticas pedagógicas, desde a educação pré-escolar e numa perspectiva de não violência, nos currículos escolares e na prática pedagógica temas relacionados com os direitos humanos na família, designadamente a igualdade de todas as pessoas que a compõem os direitos dos seus membros mais vulneráveis, os aspectos positivos das relações interpessoais, dos valores da cidadania, do afecto e da sexualidade e o princípio da regulação negociada dos conflitos.

1.2 – Desenvolver na prática pedagógica, desde a educação pré-escolar, procedimentos que permitam a vivência concreta destes princípios, reconhecendo-se a necessidade de intensificar a articulação com a família e os serviços existentes, dimensionando-os de acordo com as necessidades e promovendo a adequada super visão.

1.3 – Sensibilizar os diversos agentes do sector da comunicação social (media, profissionais, autoridades de regulação e órgãos de auto-regulação, associações de profissionais e de empresários, escolas de jornalismo, instituições de ensino superior e centros de formação profissional com cursos em áreas da comunicação social), públicos e privados, para os fins da presente resolução.

1.4 – Encorajar as entidades referidas no n.º 1.3 a contribuir para a promoção de uma cultura de respeito pelos direitos e deveres de cada um dos membros da família, em particular dos mais fragilizados (mulheres, crianças e idosos), assente na sensibilização para uma efectiva partilha das responsabilidades domésticas e do cuidado com os filhos no sentido de evitar a transmissão de imagens e estereótipos que impliquem superioridade de um dos sexos, podendo, assim, fomentar a violência doméstica, neste caso no que se refere às mulheres.

1.5 – Realizar campanhas de sensibilização da opinião pública que visem contribuir para a promoção de uma cultura de não violência baseada no respeito pelos direitos e deveres de cada um dos membros da família, em particular dos mais fragilizados (mulheres, crianças e idosos).

1.6 – Integrar, nas diversas campanhas de sensibilização da opinião pública, a consciência de que a violência doméstica é um crime previsto na lei portuguesa, uma violação grave dos direitos humanos e uma responsabilidade de toda a sociedade.

1.7 – Elaborar material informativo e formativo sobre a prevenção, a identificação e os factores da violência doméstica, dando particular atenção ao material destinado aos profissionais, bem como transcrever, publicar e difundir textos internacionais sobre a problemática da violência doméstica.

1.8 – Conceber e executar uma estratégia coordenada e pluridisciplinar entre os diversos serviços da administração central, regional e local e os parceiros sociais, nomeadamente nas áreas da educação, da justiça,» da saúde, da cultura, da solidariedade e da administração interna, tendo em consideração quer a prevenção, quer o apoio, quer a reparação de situações de vítimas de violência doméstica.

OBJECTIVO II
Intervir para proteger a vítima de violência doméstica

2.1 – Criar uma base de dados organizada em rede sobre serviços, equipamentos e medidas legislativas, de gestão conjunta de vários ministérios e parceiros sociais a que possam aceder serviços da administração central, regional e local e organizações/associações particulares, para resolução imediata de situações de risco ou de violência.

2.2 – Alargar o horário de funcionamento dos serviços telefónicos de emergência existentes (vinte e quatro horas/dia) para informação e encaminhamento permanente das vítimas de violência doméstica.

2.3 – Reforçar as secções de atendimento directo às vítimas de violência junto dos órgãos de polícia criminal competentes.

2.4 – Atribuir prioridade a cursos ou módulos de formação profissional adequada que visem potenciar capacidades e promover a consciencialização dos direitos humanos a todos os profissionais envolvidos na resolução de situações de violência a nível policial, judiciário, do Ministério Público, da saúde, da educação e dos serviços sociais, no sentido de um melhor conhecimento da dinâmica da violência doméstica e do seu impacte nas crianças, a fim de minimizar as consequências da agressão e proteger as vítimas, prevenindo futuras agressões.

2.5 – Elaborar e distribuir guias destinados às vítimas de violência doméstica e aos técnicos que com ela lidam.

2.6 – Promover e reforçar o apoio técnico e financeiro adequado às organizações/associações cujo objectivo seja a protecção das vítimas de violência doméstica, dando prioridade a programas que visem o seu apoio e acompanhamento.

2.7 – Estudar a possibilidade da concessão de poderes legais suplementares, quer às forças de segurança, quer às autoridades judiciais, que as legitimem a determinar a expulsão imediata e provisória do agressor da casa de morada da família, quando haja indícios de violência que, razoavelmente, façam prever que os actos de agressão se venham a repetir por forma a criar um perigo para a vida ou para a integridade física da vítima.

2.8 – Criar, no âmbito da lei penal, uma pena acessória que consista na proibição de o agressor se aproximar da vítima.

2.9 – Criar medidas processuais para protecção de testemunhas, sejam elas as vítimas ou pessoas com informação e conhecimento sobre factos constitutivos do objecto do processo.

2.10 – Sugerir a inclusão no relatório anual da Procuradoria-Geral da República de um capítulo específico dedicado à violência doméstica.

2.11 – Propor, entre outros, a celebração de um protocolo entre a Ordem dos Advogados, o Ministério da Justiça e o Gabinete do Alto-Comissário para as Questões da Promoção da Igualdade e da Família, com o objectivo de dotar os advogados com formação específica na área da violência doméstica para assistência às vítimas em todas as fases do processo.

2.12 – Possibilitar às organizações/associações com objectivos de protecção das vítimas de violência constituírem-se assistentes em processo penal, salvo oposição da vítima ou de quem legalmente a represente.

2.13 – Desenvolver uma rede de refúgios para vítimas de violência, em parceria entre o Governo central, o poder local e organizações/associações particulares, com a eventual colaboração, com pessoal especializado, gestão e regulamentação adequadas ao contexto em que estão inseridas, de instituições privadas.

2.14 – Facilitar o acesso das vítimas de violência doméstica a cursos de formação profissional, bem como o acompanhamento e aconselhamento gratuitos, a fim de lhes facilitar um projecto de vida autónoma.

2.15 – Fomentar a criação, junto dos centros de saúde, de equipas multidisciplinares que identifiquem, acompanhem e apoiem as vítimas de violência e consultas especializadas destinadas ao tratamento e acompanhamento dos agressores e das vítimas de violência.

2.16 – Fomentar o desenvolvimento de projectos de iniciativa privada e ou pública dirigidas aos agressores, no sentido de desenvolverem comportamentos não violentos.

OBJECTIVO III
Investigar/estudar

3.1 – Elaborar estudos sobre os custos humanos, sociais e materiais da violência doméstica.

3.2 – Fomentar a recolha, o tratamento e a publicação de dados estatísticos relativos à violência doméstica que permitam a sua comparação a nível nacional, comunitário e internacional.

3.3 – Desenvolver projectos de investigação para a identificação dos factores e valores culturais que perpetuam a manutenção do ciclo da violência na família, bem como para a caracterização dos agressores, projectos que contribuam, de forma eficaz, para a prevenção da violência.

3.4 – Criar um observatório para o acompanhamento do problema da violência doméstica.

3.5 – Procurar o apoio dos órgãos directivos das instituições de ensino superior que realizam cursos nas áreas das ciências médicas, jurídicas e sociais para a realização de colóquios, seminários e conferências, com o objectivo da sensibilização dos alunos para a questão da violência doméstica.

Vigência do plano

O plano nacional contra a violência doméstica terá uma vigência de três anos a contar da data da sua aprovação, por resolução do Conselho de Ministros, devendo ser elaborados relatórios anuais para análise da sua execução que incluam a orçamentação dos meios financeiros adequados à execução das acções decididas.

LEI N.º 107/99,
de 3 de Agosto

Criação da rede pública de casas de apoio a mulheres vítimas de violência

A Assembleia da República decreta, nos termos da alínea c) do artigo 161.º da Constituição, para valer como lei geral da República, o seguinte:

ARTIGO 1.º
Objecto

A presente lei estabelece o quadro geral da rede pública de casas de apoio às mulheres vítimas de violência.

ARTIGO 2.º
Rede pública de casas de apoio às mulheres vítimas de violência

1 – Cabe ao Estado, através do Governo, assegurar a criação, instalação, funcionamento e manutenção da rede pública de casas de apoio às mulheres vítimas de violência.

2 – A rede referida no número anterior deve contemplar, pelo menos, uma casa de apoio em cada distrito no continente e em cada uma das Regiões Autónomas.

3 – No tocante às áreas metropolitanas de Lisboa e do Porto, a rede referida no n.º 1 deve contemplar, pelo menos, duas casas de apoio.

ARTIGO 3.º
Casas de apoio

1 – As casas de apoio são constituídas por uma casa de abrigo e um ou mais centros de atendimento, com vista ao abrigo, atendimento, tratamento e reencaminhamento de mulheres vítimas de violência.

2 – As casas de apoio são dotadas de pessoal especializado que, em conjunto e com a participação directa de conselheiras (os) para a igualdade, promoverão os objectivos da presente lei.

ARTIGO 4.º
Núcleos de atendimento

Complementarmente à criação da rede pública de casas de apoio às mulheres vítimas de violência, e sempre que a incidência geográfica o justifique, incumbe ainda ao Governo, em articulação com as instituições particulares de solidariedade social ou ONG, promover e apoiar a criação de núcleos de atendimento para mulheres vítimas de violência.

ARTIGO 5.º
Gratuitidade

1 – Os serviços prestados através da rede pública de casas de apoio às mulheres vítimas de violência e dos núcleos de atendimento são gratuitos.

2 – Por comprovada insuficiência de meios económicos, o apoio jurídico prestado às mulheres vítimas de violência é gratuito.

ARTIGO 6.º
Financiamento

As verbas necessárias à execução da presente lei são inscritas no Orçamento do Estado do ano subsequente à sua aprovação.

ARTIGO 7.º
Regulamentação

O Governo regulamentará a presente lei no prazo de 90 dias a contar da sua publicação.

ARTIGO 8.º
Entrada em vigor

A presente lei e a respectiva regulamentação entra em vigor com a publicação da Lei do Orçamento do Estado posterior à sua aprovação.

Aprovada em 17 de Junho de 1999.

O Presidente da Assembleia da República, ANTÓNIO DE ALMEIDA SANTOS.

Promulgada em Ponta Delgada, Açores, em 20 de Julho de 1999.

Publique-se.

O Presidente da República, JORGE SAMPAIO.

Referendada em 22 de Julho de 1999.

O Primeiro-Ministro, *António Manuel de Oliveira Guterres*.

LEI N.º 129/99,
de 20 de Agosto

Aprova o regime aplicável ao adiantamento pelo Estado da indemnização devida às vítimas de violência conjugal

A Assembleia da República decreta, nos termos da alínea c) do artigo 161.º da Constituição, para valer como lei geral da República, o seguinte:

ARTIGO 1.º
Objecto

O presente diploma aprova o regime aplicável ao adiantamento pelo Estado das indemnizações devidas às vítimas de violência conjugal, nomeadamente nas situações previstas no artigo 14.º da Lei n.º 61/91, de 13 de Agosto.

ARTIGO 2.º
Âmbito de aplicação

Podem beneficiar do regime previsto no presente diploma as pessoas que, cumulativamente:

a) Sejam vítimas do crime previsto no n.º 2 do artigo 152.º do Código Penal, praticado em território português ou praticado no estrangeiro, desde que, neste caso, a vítima tenha nacionalidade portuguesa e não tenha direito a indemnização pelo Estado em cujo território se verificarem os factos;

b) Incorram em situação de grave carência económica em consequência do crime mencionado na alínea anterior.

ARTIGO 3.º
Legitimidade

Têm legitimidade para requerer o adiantamento da indemnização:
a) A vítima;
b) As associações de protecção à vítima, por solicitação e em representação desta;
c) O Ministério Público.

ARTIGO 4.º
Pedido

1 – O requerimento para a concessão do adiantamento da indemnização é dirigido ao Ministro da Justiça e apresentado à comissão a que se refere o Decreto-Lei n.º 423/91, de 30 de Outubro.

2 – Do requerimento deve constar a indicação dos factos em que se baseia o pedido, o montante do adiantamento pretendido e a menção de qualquer importância recebida a título de reparação do dano.

3 – O requerimento deve ser acompanhado de cópia da queixa apresentada ou do auto de notícia, conforme os casos.

ARTIGO 5.º
Caducidade do pedido

1 – Sob pena de caducidade, o pedido de concessão do adiantamento da indemnização por parte do Estado deve ser apresentado no prazo de seis meses a contar da data dos factos.

2 – O Ministro da Justiça pode relevar o efeito da caducidade, quando existam razões que, justificadamente, tenham obstado à formulação do pedido em tempo útil.

ARTIGO 6.º
Instrução

1 – A instrução do processo compete à comissão a que se refere o n.º 1 do artigo 4.º, seguindo-se os termos do Decreto-Lei n.º 423/91, de 30 de Outubro, e do Decreto Regulamentar n.º 4/93, de 22 de Fevereiro.

2 – A instrução deve estar concluída no prazo de um mês.

3 – Concluída a instrução, a comissão emite parecer, no prazo de 10 dias, sobre a concessão do adiantamento da indemnização, pronunciando-se sobre o respectivo montante.

ARTIGO 7.º
Decisão

1 – A concessão do adiantamento da indemnização compete ao Ministro da Justiça depois de emitido o parecer a que alude o n.º 3 do artigo anterior, devendo a mesma ocorrer no prazo de 10 dias.

2 – O adiantamento e a fixação do seu montante são determinados em juízo de equidade, dependendo da séria probabilidade de verificação dos pressupostos da indemnização.

3 – O montante a que se refere o número anterior não poderá exceder o equivalente mensal ao salário mínimo nacional, durante o período de três meses, prorrogável por igual período e, em situações excepcionais de especial carência, por mais seis meses.

ARTIGO 8.º
Reexame da situação

1 – A vítima deve comunicar à comissão todas as alterações da sua situação sócio-económica ou familiar, bem como quaisquer alterações de outra natureza que sejam susceptíveis de influenciar a decisão proferida.

2 – A violação do dever de informação constantes do número anterior implica o cancelamento imediato do pagamento das quantias concedidas.

3 – O dever de comunicação estabelecido no n.º 1 é aplicável aos requerentes indicados nas alíneas b) e c) do artigo 3.º

ARTIGO 9.º
Reembolso

No caso de a vítima obter reparação, total ou parcial, do dano sofrido, constitui-se na obrigação de restituir as importâncias recebidas nos termos do presente diploma, até ao limite do que lhe fora adiantado.

ARTIGO 10.º
Sub-rogação

Se não tiver havido reparação efectiva do dano nos termos do artigo anterior, o Estado fica sub-rogado no crédito da vítima sobre o responsável, até ao limite das importâncias adiantadas.

ARTIGO 11.º
Responsabilidade criminal

Quem, com intenção de obter uma indemnização nos termos do presente diploma, prestar informações falsas ou inexactas será punido com pena de prisão até três anos ou multa, sem prejuízo da obrigação de restituir as importâncias recebidas e os respectivos juros de mora.

ARTIGO 12.º
Encargos

Os encargos resultantes da execução do presente diploma são considerados gastos de justiça e suportados por verba dos «Gabinetes dos membros do Governo e serviços de apoio» na rubrica «Transferências particulares» do Ministério da Justiça.

ARTIGO 13.º
Legislação subsidiária

Em tudo o que não contrariar o presente diploma, aplicam-se, subsidiariamente, com as necessárias adaptações, as disposições do Decreto-Lei n.º 423/91, de 30 de Outubro, e do Decreto Regulamentar n.º 4/93, de 22 de Fevereiro.

ARTIGO 14.º
Disposição transitória

O regime estabelecido aplica-se aos factos anteriores ao início da vigência da presente lei, desde que não tenha decorrido o prazo de caducidade estabelecido no n.º 1 do artigo 6.º.

ARTIGO 15.º
Entrada em vigor

O presente diploma produz efeitos na data da entrada em vigor da Lei do Orçamento do ano subsequente ao da sua publicação.

Aprovada em 1 de Julho de 1999.

O Presidente da Assembleia da República, ANTÓNIO DE ALMEIDA SANTOS.

Promulgada em 4 de Agosto de 1999.

Publique-se.

O Presidente da República, JORGE SAMPAIO.

Referendada em 12 de Agosto de 1999.

O Primeiro-Ministro, em exercício, *Jaime José Matos da Gama.*

LEI N.º 136/99,
de 28 de Agosto

Primeira alteração ao Decreto-Lei n.º 423/91, de 30 de Outubro, que aprovou o regime jurídico de protecção às vítimas de crimes violentos

A Assembleia da República decreta, nos termos da alínea c) do artigo 161.º da Constituição, para valer como lei geral da República, o seguinte:

ARTIGO ÚNICO

O artigo 3.º do Decreto-Lei n.º 423/91, de 30 de Outubro, passa a ter a seguinte redacção:

«ARTIGO 3.º
(...)

A indemnização por parte do Estado poderá ser reduzida ou excluída tendo em conta a conduta da vítima ou do requerente antes, durante ou após a prática dos factos, as suas relações com o autor ou o seu meio, ou se se mostrar contrária ao sentimento de justiça ou à ordem pública.»

Aprovada em 1 de Julho de 19991.
O Presidente da Assembleia da República, ANTÓNIO DE SLMEIDA SANTOS.
Promulgada em 13 de Agosto de 1999.
Publique-se.
O Presidente da República, JORGE SAMPAIO.
Referendada em 18 de Agosto 1999.
O Primeiro-Ministro, *António Manuel de Oliveira Guterres*.

RESOLUÇÃO DA ASSEMBLEIA DA REPÚBLICA N.º 7/2000*

Concretização de medidas de protecção das vítimas de violência doméstica

A Assembleia da República resolve, nos termos do n.º 5 do artigo 166.º da Constituição, pronunciar-se no sentido de que:

a) No prazo máximo de 90 dias sejam publicados os diplomas necessários à regulamentação da Lei n.º 107/99, de 3 de Agosto, por forma a assegurar a efectiva criação de uma rede pública de casas de apoio a mulheres vítimas de crimes, de acordo com os critérios previstos na lei;

b) Seja assegurado de forma eficaz o serviço de atendimento telefónico permanente às vítimas de violência doméstica, por forma que possa funcionar vinte e quatro horas por dia, incluindo aos sábados, domingos e feriados, através de serviços públicos ou mediante cooperação com entidades do sector social.

Aprovada em 13 de Janeiro de 2000.

O Presidente da Assembleia da República, *António de Almeida Santos*.

---

* Publicada no DR, I série A, n.º 21, de 26 de Janeiro de 2000.

LEI N.º 7/2000,
de 27 de Maio

Quinta alteração ao Decreto-Lei n.º 400/82, de 3 de Setembro (aprova o Código Penal), alterado pela Lei n.º 6/84, de 11 de Maio, pelos Decretos-Leis n.ºs 132/93, de 23 de Abril, e 48/95, de 15 de Março, e pela Lei n.º 65/98, de 2 de Setembro, e nona alteração ao Decreto-Lei n.º 78/87, de 17 de Fevereiro (aprova o Código de Processo Penal), alterado pelo Decreto-Lei n.º 387-E/87, de 29 de Dezembro, pelas Leis n.ºs 17/91, de 10 de Janeiro, e 57/91, de 13 de Agosto, pelos Decretos-Leis n.ºs 343/93, de 1 de Outubro, e 423/91, de 30 de Outubro, pelo Decreto-Lei n.º 317/95, de 28 de Novembro, e pelas Leis n.ºs 59/98, de 25 de Agosto, e 3/99, de 13 de Janeiro (reforça as medidas de protecção a pessoas vítimas de violência).

A Assembleia da República decreta, nos termos da alínea c) do artigo 161.º da Constituição, para valer como lei geral da República, o seguinte:

ARTIGO 1.º

O artigo 152.º do Código Penal passa a ter a seguinte redacção:

«Artigo 152.º
[...]

1 – ....
2 – A mesma pena é aplicável a quem infligir ao cônjuge, ou a quem com ele conviver em condições análogas às dos cônjuges, maus tratos físicos ou psíquicos.

3 – A mesma pena é também aplicável a quem infligir a progenitor de descendente comum em 1.° grau maus tratos físicos ou psíquicos.

4 – A mesma pena é aplicável a quem, não observando disposições legais ou regulamentares, sujeitar trabalhador a perigo para a vida ou perigo de grave ofensa para o corpo ou a saúde.

5 – (Anterior n.° 4.)

6 – Nos casos de maus tratos previstos nos n.°s 2 e 3 do presente artigo, ao arguido pode ser aplicada a pena acessória de proibição de contacto com a vítima, incluindo a de afastamento da residência desta, pelo período máximo de dois anos.»

ARTIGO 2.°

Os artigos 281.° e 282.° do Código de Processo Penal passam a ter a seguinte redacção:

«Artigo 281.°
[...]

1 – ....
2 – ....
3 – ....
4 – ....
5 – ....
6 – Em processos por crime de maus tratos entre cônjuges, entre quem conviva em condições análogas ou seja progenitor de descendente comum em 1.° grau, pode ainda decidir-se, sem prejuízo do disposto no n.° 1, pela suspensão provisória do processo a livre requerimento da vítima, tendo em especial consideração a sua situação e desde que ao arguido não haja sido aplicada medida similar por infracção da mesma natureza.

Artigo 282.°
[...]

1 – A suspensão do processo pode ir até dois anos, com excepção do disposto no n.° 4.

2 – ....

3 – ....

4 – Nos casos previstos no n.º 6 do artigo anterior, a duração da suspensão pode ir até ao limite máximo da respectiva moldura penal.»

Aprovada em 6 de Abril de 2000.

O Presidente da Assembleia da República, ANTÓNIO DE ALMEIDA SANTOS.

Promulgada em 16 de Maio de 2000.

Publique-se.

O Presidente da República, JORGE SAMPAIO.

Referendada em 18 de Maio de 2000.

O Primeiro-Ministro, *António Manuel de Oliveira Guterres.*

DECRETO-LEI N.º 323/2000,
de 19 de Dezembro

A violência contra as mulheres tem sido tema abordado por inúmeros instrumentos internacionais, através dos quais os Estados se comprometeram a prosseguir por todos os meios apropriados uma política no sentido da sua eliminação, reconhecendo-se igualmente a necessidade de prestar assistência às vítimas, através de serviços de natureza vária.

De acordo como estudo sobre violência contra as mulheres, publicado pela Comissão para a Igualdade e para os Direitos das Mulheres em 1997, identificou-se a casa-família como o espaço onde a violência foi mais denunciada e o marido ou companheiro da vítima como o principal agressor.

A especial situação de insegurança vivida pelas mulheres vítimas de violência doméstica na sua coabitação diária com o agressor, detendo ele próprio, na grande maioria dos casos, idêntico direito de uso da casa de morada de família, torna necessário dispor de alternativas, designadamente através da criação progressiva de uma rede pública de casas de abrigo, que permitam às vítimas, em condições de tranquilidade e de paz, desencadear os mecanismos apropriados à reorganização das suas vidas e à sua reintegração social.

Por outro lado, o Plano Nacional contra a Violência Doméstica, aprovado pela Resolução do Conselho de Ministros n.º 55/99, de 15 de Junho, reconhecendo que a violência doméstica é um flagelo que põe em causa o próprio cerne da vida em sociedade e a dignidade da pessoa humana, previu, em sede de Objectivo II, «Intervir para proteger a vítima de violência doméstica», a criação de uma rede de refúgios para vítimas de violência, desiderato a que a Lei n.º 107/99, de 3 de Agosto, veio dar cumprimento.

O quadro jurídico ora definido insere-se num conjunto de diplomas especialmente vocacionados para a protecção das vítimas de violência doméstica e visa a regulamentação da Lei n.º 107/99, de 3 de Agosto, tendo-

-se optado por rentabilizar os equipamentos sociais existentes e disponíveis, a nível dos diferentes distritos, com vista à implementação gradual da cobertura prevista.

A par desta situação será igualmente dada particular atenção à linha verde, a funcionar vinte e quatro horas por dia, incluindo sábados, domingos e feriados, para apoio telefónico às mulheres vítimas de violência.

Na concretização deste objectivo, congregam-se actuações quer de organismos da Administração Pública quer de instituições particulares de solidariedade social (IPSS) e organizações não governamentais (ONG) especialmente vocacionadas para o apoio a mulheres vítimas de violência, afigurando-se necessários todos os esforços, face à gravidade do problema, cuja verdadeira dimensão se desconhece.

Foi ouvida a Associação Nacional dos Municípios Portugueses.

Assim, no desenvolvimento do regime jurídico estabelecido pela Lei n.º 107/99, de 3 de Agosto, e nos termos da alínea c) do n.º 1 do artigo 198.º da Constituição, o Governo decreta, para valer como lei geral da República, o seguinte:

ARTIGO 1.º
Objecto

O presente diploma regulamenta a Lei n.º 107/99, de 3 de Agosto, que estabelece o quadro geral da rede pública de casas de apoio às mulheres vítimas de violência.

ARTIGO 2.º
Conceitos

Para efeitos do disposto no presente diploma, entende-se por:
a) «Rede pública de casas de apoio a mulheres vítimas de violência» – conjunto de casas de abrigo e de centros de atendimento;
b) «Casas de abrigo» – unidades residenciais destinadas a proporcionar acolhimento temporário a mulheres vítimas de violência acompanhadas ou não de filhos menores;
c) «Centros de atendimento» – unidades constituídas por uma ou mais equipas técnicas, pluridisciplinares, de entidades públicas dependentes da administração central ou local, bem como outras entidades que com aquelas tenham celebrado protocolos de cooperação, que assegurarão o

atendimento, apoio e reencaminhamento das mulheres vítimas de violência, tendo em vista a protecção destas;

d) «Núcleos de atendimento» – outros serviços de atendimento de mulheres vítimas de violência, assegurados por organizações não governamentais e instituições particulares de solidariedade social, ou outras entidades de natureza similar, actuando em coordenação com a rede pública de casas de apoio a mulheres vítimas de violência;

e) «Mulheres vítimas de violência» – as que sejam vítimas do crime previsto no n.º 2 do artigo 152.º do Código Penal, praticado em território português ou praticado no estrangeiro, desde que, neste caso, a vítima tenha nacionalidade portuguesa e se verifique alguma das seguintes condições:

1) Não estejam disponíveis, no Estado em cujo território foram praticados os factos, casas de abrigo similares às previstas no presente diploma;
2) Não possam as vítimas, por questões de segurança, permanecer nas suas residências habituais;
3) A permanência das vítimas no Estado em cujo território foram praticados os factos seja transitória.

ARTIGO 3.º
Organização e gestão das casas de abrigo

1 – As casas de abrigo podem funcionar em equipamentos pertencentes a entidades públicas ou particulares sem fins lucrativos.

2 – As casas de abrigo e centros de atendimento a instituir progressivamente nos distritos do continente e das Regiões Autónomas coordenarão entre si as respectivas actividades.

3 – Tratando-se de entidades particulares sem fins lucrativos, o Estado apoiará a sua acção mediante a celebração de acordos de cooperação.

ARTIGO 4.º
Objectivos

São objectivos das casas de abrigo:

a) Acolher temporariamente mulheres vítimas de violência doméstica, acompanhadas ou não de filhos menores;

b) Nos casos em que tal se justifique, promover, durante a permanência na casa de abrigo, aptidões pessoais, profissionais e sociais da utente, susceptíveis de evitarem eventuais situações de exclusão social e tendo em vista a sua efectiva (re) inserção social.

ARTIGO 5.º
Funcionamento das casas de abrigo

1 – As casas de abrigo são organizadas em unidades que favoreçam uma relação afectiva do tipo familiar, uma vida diária personalizada e a integração na comunidade.

2 – Para efeitos do número anterior, as casas de abrigo regem-se pelo presente diploma, pelo seu regulamento interno e pelas normas aplicáveis às entidades que revistam a mesma natureza jurídica com acordos de cooperação celebrados, desde que não contrariem as normas constantes do presente diploma.

3 – O regulamento interno de funcionamento, a aprovar conjuntamente pelos Ministros do Trabalho e da Solidariedade e do membro do Governo responsável pela área da igualdade, ou por quem estes designarem, será obrigatoriamente dado a conhecer às utentes aquando da sua admissão, devendo ser subscrito por estas o correspondente termo de aceitação.

4 – As casas de abrigo disporão, para efeitos de orientação técnica, de, pelo menos, um licenciado nas áreas comportamentais, preferencialmente psicólogo e ou técnico de serviço social, que actuam em articulação com a equipa técnica.

5 – Atendendo à natureza e fins prosseguidos pelas casas de abrigo objecto do presente diploma, as autoridades policiais territorialmente competentes prestarão todo o apoio necessário com vista à protecção dos funcionários e utentes das instituições, assegurando uma vigilância adequada junto das mesmas.

ARTIGO 6.º
Acolhimento

1 – A admissão das vítimas de violência nas casas de abrigo processa-se quer por indicação da equipa técnica dos centros de atendimento, quer através dos técnicos que asseguram o serviço de atendimento telefó-

nico da linha verde, mediante articulação a estabelecer com aquela equipa, na sequência de pedido da vítima.

2 – Preferencialmente o acolhimento será assegurado por instituição localizada na área geográfica mais próxima da residência da utente, sem prejuízo de outra solução vir a ser adoptada em função da análise da equipa técnica.

3 – O acolhimento nas casas de abrigo é de curta duração, o qual pressupõe o retorno da utente à vida na comunidade de origem, ou outro porque tenha optado, em prazo não superior a seis meses.

4 – A permanência por mais de seis meses poderá ser autorizada, a título excepcional, mediante parecer fundamentado da equipa técnica acompanhado do relatório de avaliação da situação da utente.

ARTIGO 7.º
Causas imediatas de cessação do acolhimento

Constituem causas imediatas de cessação de acolhimento, entre outras:
a) O termo do prazo previsto nos n.ºs 3 e 4 do artigo anterior;
b) A manifestação de vontade da utente;
c) O incumprimento das regras de funcionamento da casa de abrigo.

ARTIGO 8.º
Equipa técnica

1 – As casas de abrigo dispõem da assistência de uma equipa técnica a quem cabe o diagnóstico da situação da vítima utente acolhida na instituição e o apoio na definição e execução do seu projecto de promoção e protecção.

2 – A equipa deve ter uma constituição pluridisciplinar, integrando as valências de direito, psicologia e serviço social.

3 – Compete à equipa técnica do centro de atendimento da área de localização da casa de abrigo assegurar o apoio técnico referido no presente diploma.

ARTIGO 9.º
Formação da equipa técnica

O organismo competente em matéria de igualdade de oportunidades assegurará, sem prejuízo da participação de outras entidades, a formação específica ao pessoal técnico dos centros de atendimento e das casas de abrigo.

ARTIGO 10.º
Direitos e deveres da utente e menores em acolhimento

1 – A utente e os menores acolhidos em casas de abrigo têm, em especial, os seguintes direitos:
    a) Alojamento e alimentação em condições de dignidade;
    b) Usufruir de um espaço de privacidade e de um grau de autonomia na condução da sua vida pessoal adequados à sua idade e situação.
2 – Constitui dever especial da utente e dos menores acolhidos em casas de abrigo cumprir as respectivas regras de funcionamento.

ARTIGO 11.º
Domicílio da utente acolhida em casa de abrigo

A utente acolhida em casa de abrigo, instituída nos termos do presente diploma, considera-se domiciliada no centro de atendimento que processou a respectiva admissão.

ARTIGO 12.º
Assistência médica e medicamentosa

Mediante declaração emitida pelo centro de atendimento que providenciou a admissão, os serviços de saúde situados na área da casa de abrigo designada providenciarão toda a assistência necessária à utente aí acolhida e seus filhos.

ARTIGO 13.º
Acesso aos estabelecimentos de ensino

1 – Aos filhos menores das vítimas de violência doméstica acolhidas nas casas de abrigo é garantida a transferência escolar, sem observância do numerus clausus, para estabelecimento escolar mais próximo da respectiva casa de abrigo.

2 – A referida transferência opera-se com base em declaração emitida pelo centro de atendimento que providenciou a admissão da utente.

ARTIGO 14.º
Participação das autarquias locais

1 – No âmbito das suas competências e atribuições, as autarquias locais devem integrar em parceria a rede pública de casas de apoio a mulheres vítimas de violência, colaborando, nomeadamente, na divulgação da existência dos centros de atendimento em funcionamento nas respectivas áreas territoriais.

2 – Nos casos em que a propriedade das casas de abrigo seja das autarquias locais, a manutenção das instalações será assegurada por esta, podendo nos restantes casos, e sempre que possível, contribuir para o bom estado de conservação das mesmas.

ARTIGO 15.º
Financiamento

1 – O apoio financeiro, quer para as despesas de investimento no âmbito do PIDDAC, quer para as despesas de funcionamento, será assegurado por verbas do Orçamento do Estado, mediante o estabelecimento de acordos de cooperação a celebrar com os organismos da segurança social competentes.

2 – O apoio financeiro referido no número anterior poderá ser assegurado por verbas oriundas do Quadro Comunitário de Apoio.

ARTIGO 16.º
Núcleos de atendimento

Mediante a forma que ao caso couber e sempre que a incidência geográfica o justifique, o Governo, em articulação com organizações não governamentais e instituições particulares de solidariedade social, ou outras entidades de natureza similar, promove e apoia a criação de núcleos de atendimento para mulheres vítimas de violência.

ARTIGO 17.º
Colaboração com entidades estrangeiras

A rede pública de casas de apoio a vítimas de violência poderá estabelecer acordos de cooperação com entidades similares estrangeiras para segurança das respectivas utentes, observado o princípio da reciprocidade.

ARTIGO 18.º
Participação ao Ministério Público

Os centros de atendimento deverão participar aos serviços do Ministério Público competentes as situações de vítimas de violência de que tenham conhecimento, para efeitos de instauração do respectivo procedimento criminal.

ARTIGO 19.º
Entrada em vigor

O presente diploma entra em vigor no dia seguinte ao da sua publicação.

Visto e aprovado em Conselho de Ministros de 21 de Setembro de 2000. *António Manuel de Oliveira Guterres – Guilherme d'Oliveira Martins – Henrique Nuno Pires Severiano Teixeira – Joaquim Augusto Nunes Pina Moura – Eduardo Luís Barreto Ferro Rodrigues – António Luís Santos Costa – Augusto Ernesto Santos Silva – Maria Manuela de Brito Arcanjo Marques da Costa.*

Promulgado em 29 de Novembro de 2000.

Publique-se.

O Presidente da República, JORGE SAMPAIO.

Referendado em 6 de Dezembro de 2000.

O Primeiro-Ministro, *António Manuel de Oliveira Guterres.*

II PLANO NACIONAL CONTRA A VIOLÊNCIA DOMÉSTICA
2003-2006

Introdução

A violência doméstica não é, infelizmente, um problema dos nossos dias, assim como não é um problema especialmente nacional. Muito pelo contrário, a sua prática atravessa os tempos, e o fenómeno tem características muito semelhantes em países cultural e geograficamente distintos, mais e menos desenvolvidos.

A violência doméstica é o tipo de violência que ocorre entre membros de uma mesma família ou que partilham o mesmo espaço de habitação.

Estas circunstâncias fazem com que este seja um problema especialmente complexo, com facetas que entram na intimidade das famílias e das pessoas (agravado por não ter, regra geral, testemunhas, e ser exercida em espaços privados). Abordá-lo é delicado, combatê-lo é muito difícil. É verdade, no entanto, que mercê do grande interesse que as principais organizações internacionais têm dedicado a este tema nas últimas décadas, temos actualmente a consciência mais desperta para conhecer o problema e, consequentemente, para o enfrentar.

A violência mais comum é a exercida sobre as mulheres. Segundo o Conselho da Europa, a violência contra as mulheres no espaço doméstico é a maior causa de morte e invalidez entre mulheres dos 16 aos 44 anos, ultrapassando o cancro, acidentes de viação e até a guerra. Este dado internacional, se relacionado com os indicadores disponíveis em Portugal (embora apenas indicativos e ainda a necessitar de confirmação mais rigorosa) que sugerem que semanalmente morrem mais de cinco mulheres por razões directas e indirectamente relacionadas com actos de violência doméstica, dá-nos uma fotografia de uma realidade que nos ofende na nossa dignidade humana enquanto pessoas, e na nossa condição de cidadãos portugueses.

No entanto, somos crescentemente confrontados com o aumento de situações de violência perpetrada, também, contra as crianças, as pessoas idosas e as mais frágeis, como é o caso dos cidadãos portadores de deficiência. Esta violência pode assumir diversas formas, que vão dos maus-tratos e espancamento até ao abuso sexual, violação, incesto, ameaças, intimidação e prisão domiciliária.

Não podemos ignorar, no entanto, que a grande maioria de situações que prefiguram casos de violência doméstica são ainda as exercidas sobre as mulheres pelo seu marido ou companheiro. Este tipo de violência doméstica tem significativas implicações políticas, sociais e até económicas e constituiu uma violação dos direitos humanos com raízes históricas e culturais. Na sua origem está, porém, a persistência de flagrantes desigualdades entre as mulheres e os homens.

A Constituição da República Portuguesa preconiza, no seu artigo 9.° alínea b), entre as tarefas fundamentais do Estado a de «garantir os direitos e liberdades fundamentais e o respeito pelos princípios do Estado de direito democrático», assim como na sua alínea h), a de «promover a igualdade entre homens e mulheres». O princípio da igualdade (artigo 13.°), e o direito à integridade pessoal (artigo 26.°), entre outras disposições constitucionais, reforçam esta tutela que apesar de constitucionalmente protegida é sistematicamente violada.

A nível internacional, várias orientações (normativas e outras), e programas de acção têm sido adoptados no que toca à violência, nomeadamente doméstica. No âmbito das Nações Unidas, a Convenção sobre a Eliminação de Todas as Formas de Discriminação contra as Mulheres, adoptada pela Assembleia Geral em 1979, deu um grande passo ao proibir todas as formas de discriminação contra as mulheres, nelas se incluindo a violência. Na mesma linha vai a Resolução n.° 48/104, de 20 de Dezembro de 1993, contendo a Declaração sobre a Eliminação da Violência contra as Mulheres. Igualmente determinantes foram a 4.ª Conferência Mundial sobre as Mulheres, Pequim, 1995 e Sessão extraordinária da Assembleia Geral das Nações Unidas «Mulher 2000: Igualdade entre os Sexos, Desenvolvimento e Paz no Século XXI.

No entanto, merece um relevo particular a muito recente Resolução da Comissão dos Direitos Humanos, 2002/52, sobre a Eliminação da Violência contra as Mulheres.

Também o Conselho da Europa abordou o assunto de diversos modos e desde há vários anos, tendo o Comité dos Ministros adoptado, a 30 de Abril de 2002, da Recomendação Rec (2000) 5 sobre a Protecção das Mulheres contra a Violência.

Por outro lado, várias presidências da União Europeia mostraram uma particular sensibilidade sobre a violência doméstica tendo sido adoptada várias recomendações nesta área, de que se destaca a Presidência Espanhola em 2002. Também em reunião de Dezembro do mesmo ano, do Conselho de Ministros do Emprego, Política Social, Saúde e Consumidores, realizada no final da Presidência Dinamarquesa, foram aprovados indicadores estatísticos na área da violência doméstica.

Estamos, pois, perante um problema velho para o qual urge encontrar respostas novas.

O II Plano Nacional Contra a Violência Doméstica foi elaborado por um grupo de trabalho integrado por representantes dos vários ministérios mais directamente relacionados com esta área. Trata-se de um Plano ambicioso: tanto pelo número e características das medidas apresentadas que requerem, quase todas, a colaboração transversal entre diversos organismos públicos; como pelo rigoroso calendário que se propõe cumprir.

Está organizado em sete capítulos principais que se desdobram em várias medidas concretas, e tem como principal objecto de intervenção a violência doméstica exercida sobre as mulheres. O XV Governo Constitucional tem presente, como já ficou explícito, que também prefiguram situações de violência doméstica as praticadas sobre os homens, crianças, pessoas idosas e pessoas deficientes.

No entanto, considerando que:

– são as mulheres a grande maioria das vítimas de violência doméstica;

– se conhece muito mal a realidade da violência praticada sobre crianças, pessoas idosas e pessoas deficientes (lacuna que se procurará colmatar, em parte, ao longo do período de vigência deste Plano);

– que é a Comissão para a Igualdade e para os Direitos das Mulheres a dinamizadora deste Plano, sob a tutela do Ministro da Presidência;

– que a CIDM não tem competências directas nas outras áreas que pressupõem situações de violência doméstica (crianças, pessoas idosas e pessoas deficientes);

– que a violência sobre as mulheres radica na persistente desigualdade de condições entre as mulheres e os homens, e que muito embora nela sejam também englobadas outras formas de violência sobre as mulheres (assédio, tráfico, etc.), é a violência doméstica que causa o maior número de mortes de mulheres entre os 16 e os 44 anos.

Por todas estas razões, o Governo apresenta este II Plano Nacional Contra a Violência Doméstica focalizado, principalmente, na violência doméstica exercida sobre as mulheres.

A sociedade, mulheres e homens, partilha representações sociais sobre o género e as relações entre os géneros, em todos os estratos sociais e profissionais. Os testemunhos das mulheres são tidos como pouco credíveis pela sociedade em geral e, por isso, muitas mulheres sentem-se prisioneiras isoladas no seu mundo de violência. Muitas vezes, de vítimas transformam-se em acusadas; poucas acreditam na possibilidade de se libertarem da perseguição dos agressores ou de que estes venham a ser punidos. Suportam o insustentável na convicção de que estão a proteger os seus filhos, ignorando que, ao fazê-lo, estão a alimentar uma espiral de violência que levará a que alguns deles sejam mais tarde, novos agressores.

Não mais poderemos continuar a fechar os olhos a estes factos, sob pena de impedirmos Portugal de se afirmar como um país moderno, onde o respeito pelos direitos humanos esteja garantido, onde homens e mulheres partilhem entre si, em igualdade de circunstâncias, os direitos e deveres de cidadãos e cidadãs.

O II Plano Nacional Contra a Violência Doméstica pretende mudar a situação vigente, marcando uma viragem no combate sem tréguas à violência doméstica sobre mulheres.

1. Informação, sensibilização e prevenção

Uma maior sensibilização das cidadãs e dos cidadãos para o problema da violência doméstica passa por acções de informação e divulgação sobre os seus direitos e deveres. O Governo está empenhado em comprometer toda a sociedade no combate a um crime público que tem proporções inaceitáveis, pois a eficácia deste combate depende de todos os portugueses. Apostar na sensibilização e na prevenção, tanto dos adultos como das gerações mais novas, é um dos caminhos para alterar a actual situação.

1.1. O Governo promoverá, através dos meios de comunicação social, uma campanha nacional sobre a problemática da violência doméstica, com especial relevo para as publicações periódicas, programas de televisão e rádio. Esta campanha inicial será seguida de outras campanhas destinadas a manter sempre presente esta problemática.

PCM/CIDM, MJ, MAI, MSST, MS, ICS, PGR, ANMP
• Campanha inicial: segundo semestre de 2003
• Campanhas anuais: todos os meses de Novembro, celebrando o Dia Internacional de Combate contra a Violência Doméstica – 25 de Novembro.

1.2. Elaboração de material informativo em suportes vários, papel, CD, vídeo, etc, sobre direitos humanos e violência doméstica. O material será simples, de fácil leitura, curto e preciso, de preferência seguindo o modelo de perguntas e respostas e será distribuído em locais de atendimento ao público, quer da Administração Central, quer das autarquias, nomeadamente em Hospitais e Centros de Saúde. O material audiovisual será utilizado em salas de atendimento com vídeo ou computador e em acções de formação e sensibilização.

PCM/CIDM, MJ, MS, MSST, MAI, ANMP
• Os materiais começarão a ser concebidos desde já, promovendo-se a sua divulgação a partir do 2.° semestre de 2003

1.3. Propor às Ordens dos Médicos, dos Enfermeiros e dos Farmacêuticos, o estabelecimento de Protocolos com vista à divulgação regular de material informativo sobre violência doméstica nos consultórios e farmácias. Uma determinação no mesmo sentido será feita ao Infarmed.

PCM/CIDM e MS
• Protocolos a desenvolver durante o ano de 2003 tendo em vista a concretização prática deste projecto a partir de 2004 e, depois, de forma regular durante todos os anos de vigência do Plano.

1.4. Realização de um Seminário nacional interdisciplinar sobre violência doméstica envolvendo a experiência das instituições públicas, das vítimas, de associações que trabalham neste domínio, de agressores recuperados por instituições de reinserção, ONG, IPSS, forças de segurança, ordens profissionais e sindicatos, para além da Provedoria de Justiça, Procuradoria-Geral da República e da comunicação social.

PCM/CIDM (enquanto dinamizadora)
• 1.° semestre de 2004

1.5. Determinar a integração progressiva nos planos curriculares de todos os níveis de ensino, numa perspectiva de não-violência, de temas relacionados com os direitos humanos, a cidadania, a igualdade nas relações entre pessoas dos dois sexos e a protecção das pessoas mais vulneráveis.

ME

1.6. Introdução nas escolas, desde a Educação pré-escolar, aos Ensinos Básico e Secundário (transversalmente e nas áreas de Projecto e Educação Cívica) do tratamento de temas relacionados com a igualdade de direitos entre sexos, com realce para o problema da violência doméstica.

ME e CIDM

• Proposta a apresentar em 2003 para aplicação nos anos lectivos subsequentes

1.7. Elaboração de «Unidades Didácticas» (objectivos, conteúdos, metodologias) para disponibilizar às escolas dos diferentes níveis de escolaridade. Estas U.D. deverão conter módulos mais práticos dirigidos a «Estratégias de promoção de auto-estima, aquisição de competências sociais tais como comunicação, negociação e assertividade», no sentido de desenvolver o respeito e a igualdade nas relações inter-pessoais.

ME e CIDM

• Colaboração a iniciar desde já, tendo em vista a implementação de experiências piloto no ano lectivo 2003/2004

1.8. Sensibilização e apoio a autarquias que tenham, ou desejem ter, projectos contra a violência, nomeadamente espaços de informação sobre a problemática da violência doméstica.

ANMP e MCOTA

• Início imediato com a aprovação do Plano

1.9. Criação de uma página web com informações específicas sobre violência doméstica, que seja continuamente actualizada, garantindo que o maior número possível de portais com relação directa ou indirecta com esta temática estabeleçam uma ligação a esta página, nomeadamente os portais dos ministérios, das forças policiais, do poder judicial, das universidades e de outras instituições e departamentos.

PCM/CIDM, Autarquias e Ministérios.

• Dar-se-á início de imediato ao desenvolvimento da página, prevendo-se a implementação deste projecto ao longo de todo o período de vigência do Plano.

1.10. Sensibilização dos/as promotores de Iniciativas Comunitárias no âmbito do QCA III, para incluírem nos respectivos programas sectoriais a questão da violência doméstica.

PCM/CIDM, MSST, MCOTA- CCDR, MS
- Imediato, através de uma redobrada atenção, coordenada, da transversalidade desta matéria em todos os programas do QCA III.

1.11. Incentivos e apoios aos meios de comunicação social com vista à realização de documentários, debates e programas sobre a violência doméstica, enquanto manifestação de atraso estrutural impeditivo da concretização de uma sociedade democrática.

PCM/CIDM, ICS, AACS
- Imediato e durante todo o período de vigência do Plano.

2. Formação

A abordagem da temática da violência doméstica tem especificidades que exigem uma aproximação cuidada. É preciso lidar com este problema de forma profissional, disponibilizando formação continuada a todos os profissionais das mais diversas áreas e elementos da sociedade civil que, no seu dia a dia, lidam, em primeira linha, com as situações concretas.

Por forma a que os profissionais de hoje e as gerações futuras possam estar adequadamente preparados para lidar de forma tão profissional quanto possível com este fenómeno, a formação deve revestir uma natureza dupla e incidir sobre dois tipos de público-alvo:

a) Formação inicial: sensibilização das entidades competentes, nomeadamente do ensino universitário para a importância da inclusão de módulos sobre violência doméstica em cursos universitários, e de formação profissional para futuros/as profissionais mais directamente envolvidos no atendimento de vítimas deste tipo de violência e na criação de um ambiente propício ao tratamento sério deste problema (jornalistas, ciências políticas, etc);

PCM/CIDM, MCES, MSST, ME, MAI, MJ, Ordens Profissionais
b) Formação contínua e multidisciplinar, dirigida a todos os grupos alvo que, de algum modo, têm contacto ou estejam envolvidos no atendimento e protecção de vítimas de violência doméstica, tais como magistrados, advogados, juristas, agentes das forças policiais, profissionais de saúde, comunicação social, agentes sociais, etc.

PCM/CIDM MCES, ME, MSST, MAI, MJ, MS, OA
c) Os Cursos de Formação serão elaborados acreditados e propostos a entidades formadoras nas áreas que acima são referidas.

PCM/CIDM, MSST
2.1. Realização, com o apoio do programa Foral, acções de formação que abranjam grande parte do território nacional, e que permitam familiarizar os funcionários das autarquias, nomeadamente das juntas de freguesia, com as especificidades da problemática da violência doméstica.

PCM/CIDM, MCOTA, ANMP
• Acções a iniciar no 2.º semestre de 2003, prevendo-se o seu desenvolvimento nos anos subsequentes.
2.2. Inclusão obrigatória, na formação na área da igualdade dirigida aos mais diversos públicos, instituições e autarquias, de um módulo sobre violência doméstica.

PCM/CIDM, CITE
• Acções a iniciar imediatamente e a desenvolver durante todo o tempo de vigência do Plano em estreita sintonia com o Plano Nacional para a Igualdade de Oportunidades entre as Mulheres e os Homens.
2.3. Inclusão da temática «Igualdade entre as mulheres e os homens», com realce para o problema da violência doméstica, nas acções de formação de professores a cargo dos Centros de Formação de Professores. Este ponto do Plano será desenvolvido em estreita sintonia com o Plano Nacional para a Igualdade entre as Mulheres e os Homens.

PCM/CIDM e ME
• Imediatamente à entrada em vigência do Plano e a desenvolver durante todo o triénio.
2.4. Inclusão da temática «Igualdade entre as mulheres e os homens», com realce para o problema da violência doméstica, nos curricula de formação inicial de professores a cargo das Escolas Superiores de Educação que ainda não o façam. De igual modo, colaborar, através da disponibilização de formadores, em iniciativas relacionadas com a formação de professores e outros profissionais de educação em sessões em Escolas do ensino Básico e Secundário, Escolas Superiores de Educação e Politécnicos.

PCM/CIDM e MCES
• A ser trabalhado de imediato tendo em vista a sua aplicação a partir de 2004.

2.5. Dar orientações às escolas, no sentido de detectarem, acompanharem e encaminharem situações de crianças vítimas de violência familiar. Promover programas de detecção de violência familiar nas escolas, prevendo a intervenção de agentes sociais sempre que for caso disso.

PCM/CIDM e ME
• Experiências piloto em 2003 e a desenvolver nos anos lectivos subsequentes.

2.6. Elaboração de material formativo sobre prevenção, identificação e detecção de casos de violência doméstica, nomeadamente, para profissionais de atendimento.

PCM/CIDM, MJ, MSST, MAI, MS.
• A ser trabalhado de imediato tendo em vista a sua aplicação em 2004.

3. Legislação e sua aplicação

Apesar de salvaguardados no nosso ordenamento jurídico desde 1976, a igualdade de direitos entre as mulheres e os homens será objecto de uma continuada atenção que poderá implicar, em determinadas circunstâncias, a revisão da lei. O poder judicial e as forças de segurança são, entre outros, parceiros imprescindíveis do Governo na garantia da aplicação das normas existentes. Trata-se de garantir a integridade física e moral de mulheres, crianças, idosos/ as e outras pessoas vulneráveis que são vítimas de violência doméstica.

3.1. Sensibilização dos magistrados no sentido da aplicação da medida de coacção de afastamento do agressor prevista no artigo 200.º do Código de Processo Penal e da pena acessória de proibição de contacto com a vítima prevista no artigo 152, n.º 6, do Código Penal.

MJ, PGR
• 2.º semestre de 2003 e nos anos subsequentes

3.2. Revisão do sistema de obtenção de prova no contexto da violência doméstica.

*MCES, MJ, PGR, Conselho Superior de Magistratura,
Ordem dos Advogados, Universidades*
- Imediato e durante todo o período de vigência do Plano.

3.3. Determinação da inibição da licença de uso e porte de arma, sempre que seja aplicada a medida de afastamento do agressor ou existam antecedentes reveladores de violência doméstica. Esta medida deve ser aplicada de forma imediata, desde a constituição do arguido.

MJ, MAI

3.4. Identificação e estabelecimento de medidas legítimas de intervenção policial e sua respectiva tipificação quanto à sua natureza, pressupostos e objectivos, em conformidade com os interesses legítimos das vítimas de violência doméstica, no quadro de uma futura regulamentação da função policial.

MAI, MJ

3.5. Avaliação das possibilidades de reforço da segurança de vítimas de violência doméstica que hajam beneficiado da medida de afastamento do agressor. Este reforço não dependerá exclusivamente das forças de segurança, mas encontrar-se-ão para cada caso formas de envolvimento da comunidade, e prever-se-á a possibilidade de uso de meios electrónicos para chamadas de urgência no caso de ameaças iminentes à vítima de violência doméstica.

MAI, MJ

- A partir de 2004

3.6. Assegurar às vítimas de violência doméstica, através do Instituto de Acesso ao Direito, a imediata consulta jurídica, a efectuar por advogados, ou advogados estagiários acompanhados de patrono formador, e a célere e sequente concessão de apoio judiciário, ponderada a insuficiência económica, nos termos legais.

MJ, OA

- A partir do segundo semestre de 2003

3.7. Garantir uma efectiva protecção das vítimas de violência doméstica através do recurso aos diversos instrumentos previstos na Lei n.º 93/99, de 14 de Julho – aplicação de medidas para protecção de testemunhas em processo penal.

MJ

3.8. Revisão da Lei 129/99 de 20 de Agosto, relativa ao adiantamento pelo Estado de indemnização às vítimas de violência conjugal

3.9. Elaboração e publicação de um guia de legislação e jurisprudência sobre violência doméstica.

MJ

- Elaboração – até ao final do 2.º semestre de 2003
- Publicação durante o 1.º semestre de 2004

4. Protecção da vítima e integração social

O combate à violência doméstica, pela complexidade de situações que estão na sua origem, só terá sucesso quando a sociedade assentar num modelo organizativo diferente: é preciso actuar tendo em vista um maior equilíbrio nos papéis desempenhados pelas mulheres e pelos homens na sociedade e na família. Infelizmente, este é um combate para muitos anos que obriga, no imediato, a assegurar uma protecção efectiva das vítimas que contemplará dois momentos diferentes: a assistência em situações de emergência social, que passa por uma crescente implementação da rede de casas de apoio; e garantir que à ocasião difícil da ruptura se perspectiva um novo projecto de vida, o que só se consegue com uma eficaz reintegração social das vítimas e seus descendentes.

4.1. Reestruturação do Serviço de Informação às Vítimas de Violência Doméstica (Linha Verde), garantindo a prestação de um serviço de apoio eficaz, todos os dias da semana, 24 horas por dia.

PCM/CIDM, MSST

- 1.º semestre de 2003

4.2. Incremento da rede nacional de casas de apoio para mulheres vítimas de violência doméstica de acordo com o estabelecido na Lei n.º 107/99, de 3 de Agosto e Decreto-lei n.º 323/2000, de 19 de Dezembro.

CIDM/PCM, MSST

- Ao longo de toda a vigência do Plano

4.3. Elaboração de um regulamento interno das casas de abrigo, acautelando, nomeadamente, a qualidade dos serviços prestados, as condições de abertura, de funcionamento e de fiscalização. (que não evita a obrigatoriedade de existir, também, um regulamento interno de funcionamento de cada casa, como previsto no DL 323/2000).

PCM/CIDM, MSST
- 1.º semestre de 2003

4.4. Criação de uma base de dados a nível nacional integrando todos os recursos públicos e privados que trabalham nesta área. Numa segunda fase, esta base deverá estar acessível na Internet, embora com acesso restrito, mantendo actualizada a informação relativa à ocupação de cada casa abrigo e respectivas disponibilidades em cada momento.

PCM/CIDM, MSST, CNPD
- Criação da base de dados – 1.º semestre de 2004
- Colocação da base na Internet – 2.º semestre de 2004

4.5. Estabelecimento de uma rede entre todos os organismos públicos e privados que lidam com violência doméstica, para que se estabeleçam regras mínimas de atendimento, que incluam a confidencialidade, o bom acolhimento e o encaminhamento das diferentes situações (protocolos de atendimento a vítimas), tendo em vista uma melhor resposta às vítimas.

PCM/CIDM, enquanto entidade dinamizadora, MS, MSST, MAI, MJ, ONG's, ANMP.
- 1.º semestre de 2004

4.6. Elaboração de Guiões de Atendimento para todos os profissionais que fazem o atendimento de vítimas de violência doméstica.

PCM/CIDM, MS, MSST, MAI, MJ.
- 2.º semestre de 2003

4.7. Facilitação do acesso de mulheres vítimas de violência doméstica a programas de pré-formação e formação profissional, bem como a outras formas de apoio para inserção no mercado de trabalho.

MSST
- Em todo o período de vigência do Plano

4.8. Garantir o acesso efectivo de vítimas de violência doméstica a unidades de saúde de aconselhamento e tratamento clínico e psicológico.

MS
4.9. Desenvolvimento e criação de gabinetes de atendimento e tratamento clínico de famílias disfuncionais para prevenção da violência doméstica.

MCES, MSST, MS, MJ
- 1.º semestre de 2005

4.10. Criação de recursos de reabilitação e tratamento clínico dos agressores que, voluntariamente, pretendam mudar o seu comportamento.

PCM/CIDM, MS, MJ
- 1.º semestre de 2005

5. Investigação

É positiva a crescente visibilidade pública que tem merecido a problemática da violência doméstica, nomeadamente nos órgãos de comunicação social. Mas o Governo só poderá combater com máxima eficácia o que conhecer em profundidade. É ainda difícil entender toda a dimensão social e económica deste flagelo, pelo que é forçoso colmatar esta lacuna. O Governo promoverá estudos sectoriais, estabelecerá elos privilegiados com as universidades e com os organismos públicos e privados que financiam a investigação. É forçoso obter dados concretos, que permitam tirar conclusões e fazer projecções objectivas.

5.1. Tendo como referência os indicadores sobre violência doméstica aprovados pelo Conselho de Ministros da União Europeia, em Dezembro de 2002, é necessário adaptar e uniformizar os indicadores nacionais, para permitir conhecer e acompanhar a evolução do combate à violência doméstica, viabilizando, também, a comparação a nível nacional, comunitário e internacional.

PCM/CIDM, INE
- Ao longo de todo o período de vigência do Plano

5.2. Institucionalização da recolha de dados, com base em fichas normalizadas, construídas a partir dos indicadores acima definidos, por parte de todas as instituições que trabalham com vítimas de violência doméstica.

PCM/CIDM, MS, MJ, MAI, MSST, INE, ONG's
- Colaboração a iniciar com o INE no 1.º semestre de 2003
- Implementação prática a partir do 2.º semestre de 2004

5.3. Elaboração de inquéritos de âmbito nacional sobre violência na família que permitam avaliar a evolução deste problema em Portugal.

PCM/CIDM
- 1.º semestre de 2004

5.4. Promoção de estudos sobre os custos humanos, sociais e materiais da violência doméstica, bem como de projectos de investigação para a identificação de factores e valores culturais que perpetuam a manutenção do ciclo de violência na família.

PCM/CIDM, MCES
- Ao longo de todo o período de vigência do Plano

5.5. Disponibilização, através de Protocolo com a Fundação para a Ciência e Tecnologia, de uma linha de subsídios que apoie, também, estudos específicos nesta área.

MCES
- Protocolo a celebrar em 2003, com carácter anual

6. Mulheres Imigrantes

O número de imigrantes que vivem entre nós tem uma dimensão muito significativa no conjunto da sociedade portuguesa. Da coexistência de várias comunidades, com valores e referências culturais tão diferentes resultam problemas novos, nomeadamente na área da violência doméstica. O Governo tem assumido de forma explícita que não consentirá na prática de qualquer forma de mutilação genital feminina em Portugal, e actuará nesse sentido. Na aplicação de todas as outras medidas deste Plano as mulheres imigrantes serão consideradas em igualdade de circunstâncias com as de nacionalidade portuguesa.

6.1. Promoção de estudos que permitam conhecer em profundidade os problemas específicos de violência doméstica a que estão sujeitas as comunidades imigrantes, e desenvolver acções de sensibilização especificamente destinadas a essas comunidades.

PCD/CIDM, MAI, ACIME.
• A implementar com a entrada em vigor do Plano
6.2. Sensibilização, por formas directas não abrangidas por outras consideradas neste Plano, as comunidades de imigrantes para a violação de direitos humanos que constituem todas as formas de mutilação genital feminina.

PCD/CIDM, ACIME
• A implementar com a entrada em vigor do Plano
6.3. Criminalização de forma expressa da mutilação genital feminina.
6.4. Habilitar os Centros de Saúde e os Hospitais a prestar o auxílio especial necessário em situações de mutilação genital feminina nas comunidades em que aquelas se inserem e em relação às mulheres e crianças que a eles recorrem.

PCD/CIDM, ACIME, MS.
• A implementar com a entrada em vigor do Plano

7. Avaliação

Porque o Governo quer alcançar o óptimo, é necessário acompanhar a evolução deste Plano. A CIDM manterá um papel fundamental enquanto dinamizadora, ao longo de todo o seu período de execução, mas nesta área nada se fará sem o empenhamento transversal de todo o Governo, dos organismos públicos e da sociedade civil. Para o cumprimento das medidas que aqui estão expressas, é essencial criar um mecanismo que avalie a sua aplicação.
7.1. Será constituído um Observatório sobre a Violência Doméstica, que acompanhará e fará a avaliação contínua da aplicação deste Plano Nacional. Cumpre-lhe, também, recolher informações e dados tendo em vista a realização de um relatório anual que será apresentado em Dezembro ao Ministro da tutela, para posterior apreciação pelo Conselho de Ministros. Será integrado pelos representantes da CIDM, do Ministério da Justiça, do Ministério da Educação, do Ministério da Saúde, do Ministério da Segurança Social e do Trabalho, do Ministério da Administração Interna e da Associação Nacional de Municípios que trabalharam na elaboração do Plano ou quem, em sua substituição, vier a ser nomeado para este efeito. A CIDM presidirá a este Observatório que reunirá trimestralmente e para

o qual serão ainda convidadas a participar, de forma rotativa, as associações e ONG que trabalham nesta área.

PCM/CIDM, MJ, ME, MS, MSST, MAI, ANMP

7.2. O Observatório terá relações de intercâmbio com o Observatório para os Assuntos de Família.

7.3. A avaliação final será feita por um grupo de especialistas, a designar pelo Ministro da Presidência, que integrará entidades ligadas à investigação científica, personalidades com manifesta experiência nesta área ou, ainda, peritos na área dos direitos humanos.

ÍNDICE DAS SIGLAS UTILIZADAS NO PRESENTE PLANO

ACIME – Alto Comissariado para a Imigração e Minorias Étnicas
ANMP – Associação Nacional dos Municípios Portugueses
CCDR – Comissões de Coordenação e Desenvolvimento Regional
CIDM – Comissão para a Igualdade e para os Direitos das Mulheres
CITE – Comissão para a Igualdade no Trabalho e no Emprego
CNPD – Comissão Nacional de Protecção de Dados
ICS – Instituto da Comunicação Social
INE – Instituto Nacional de Estatística
IPSS – Instituições Particulares de Solidariedade Social
MAI – Ministério da Administração Interna
MCES – Ministério da Ciência e Ensino Superior
MCOTA – Ministério das Cidades Ordenamento do Território e Ambiente
ME – Ministério da Educação
MJ – Ministério da Justiça
MS – Ministério da Saúde
MSST – Ministério da Segurança Social e do Trabalho
OA – Ordem dos Advogados
ONG – Organizações não-governamentais
PCM – Presidência do Conselho de Ministros
PGR – Procuradoria-Geral da República
QCA III – III Quadro Comunitário de Apoio

BIBLIOGRAFIA CITADA*

ACTAS DA COMISSÃO REVISORA DO ANTEPROJECTO SOBRE O DIREITO DE FAMÍLIA DO FUTURO CÓDIGO CIVIL PORTUGUÊS, BMJ, n.º 153, 1966, p. 5 e ss.

Agenda Global n.º 5 – Plataforma de Acção de Pequim 1995 & Iniciativas e Acções Futuras, Igualdade de Género, Desenvolvimento e Paz para o séc. XXI, CIDM, 2001.

AIKEN, Jane Harris – *Intimate Violence and the Problem of Consent*, South Carolina Law Review, vol. 48, n.º 3, 1997, p. 615.

ALMEIDA, Ana Nunes, ANDRÉ, Isabel Margarida, ALMEIDA, Helena Nunes – *Sombras e marcas: os maus tratos às crianças na família*, Análise Social, Vol. XXXIV, 1999, p. 91 e ss.

ALMEIDA, Carlota Pizarro de – *Despublicização do Direito Criminal*, Lisboa: AAFDL, 2000.

ALMEIDA, Maria Rosa Crucho de – *A suspensão provisória do Processo Penal – Análise estatística do biénio 1993 – 1994*, RMP, n.º 73,1998, p. 49.

ALMEIDA, Maria Rosa Crucho de – *As relações entre vítimas e sistema de justiça criminal em Portugal*, RPCC, ano 3, fasc. 1, 1993.

ALMEIDA, Maria Rosa Crucho de – *Inquérito de Vitimação 1992*, 1.º vol., Lisboa: GEPMJ, 1993.

ALMEIDA, Maria Teresa Féria de – *A Lei de Protecção de Testemunhas*, in Do crime de Maus Tratos, cadernos Hipátia, n.º 1, Lisboa: APMJ, 2001, p. 50.

AMARO, Fausto – *Crianças maltratadas em Portugal, aspectos sociológicos*, in Desadaptações sociais e criminalidade. O papel da comunidade na sua prevenção, Vol. I, Lisboa: Centro de Estudos Judiciários, Ministério da Justiça, 1989.

AMARO, Fausto – *Aspectos socioculturais dos maus tratos e negligência de crianças em Portugal*, RMP, Jul-Dez., n.º 35, 1998.

ANDRADE, Manuel – *Algumas questões em matéria de "injúrias graves" como fundamento de divórcio*, RLJ, ano 88.º, p. 293.

ANTUNES VARELA, J. – *Das obrigações em geral*, vol. I, 8.ª edição, Coimbra: Almedina, 1994.

---

* A forma de efectuar as citações tanto na **BIBLIOGRAFIA CITADA**, como ao longo do texto seguem as indicações constantes de VASCONCELOS E SOUSA, Gonçalo de – *Metodologia da Investigação, redacção e apresentação de trabalhos científicos*, Porto, Livraria Civilização Editora, 1998 e AZEVEDO, Carlos A. Moreira e AZEVEDO, Ana Gonçalves de – *Metodologia científica: contributos práticos para a elaboração de trabalhos académicos*, 3ª edição, Porto: C. Azevedo, 1996.

ANTUNES VARELA – *Evolução histórica da sociedade familiar*, Direito e Justiça, Vol. II, 1981-86, p. 33.
APAV – *Estatísticas 2002*, disponíveis na Internet em http://www.apav.pt, em 22 de Fevereiro de 2003
APAV – *Estatísticas 2001*, disponíveis na Internet em http://www.apav.pt, em 20 de Junho de 2002.
APAV – *Manual ALCIPE para o atendimento de mulheres vítimas de violência*, disponível na Internet em http://www.apav.pt, em 10 de Janeiro de 2000.
A Situação Social em Portugal, 1960-1999, disponível na Internet em http://www.ics.ul.pt, em 25 de Abril de 2002.
ASOCIACIÓN PRO DERECHOS HUMANOS – *La violencia familiar, Actitudes e representationes sociales*, Madrid: Editorial Fundamentos, 1999.
APMJ, direcção da – *Apresentação in* Do crime de Maus Tratos, cadernos Hipátia, n.° 1, Lisboa: APMJ, 2001.
ASSOCIATION OF IRANIAN WOMEN – USA (AIW-USA) – *Constitucional Violence against Women in Iran*, disponível na Internet em http://aiwusa.org, em 3 de Março de 2002.
BAINHAM, Andrew – *Men and Women Behaving Badly: Is Fault Dead in English Family Law?*, Oxford Journal of Legal Studies, vol. 21, n.° 2, 2001.
BELEZA, José Manuel Pizarro – *O princípio da igualdade e a lei penal. O crime de estupro voluntário simples e a discriminação em razão do sexo, in* Estudos de Homenagem ao Professor Teixeira Ribeiro, Coimbra 1983, p. 437-608.
BELEZA, Teresa Pizarro – *Maus Tratos Conjugais: o artigo 153.°, 3 do Código Penal*, AAFDL, Lisboa, 1989.
BELEZA, Teresa Pizarro – *Mulheres, Direito e crime ou a Perplexidade de Cassandra*, Lisboa: Faculdade de Direito: AAFDL, 1990.
BELEZA, Teresa Pizarro – *Género e Direito: da igualdade ao "direito das mulheres"*, Themis, ano 1, n.° 2, 2000.
BELEZA, Teresa Pizarro – *Mulheres e Crime – o sistema penal e a construção do género*, RMP, n.°s 33 e 34, p. 29.
BELEZA, Teresa Pizarro – *Sobre Violência Doméstica: situação legislativa – Nota prévia* a LOURENÇO, Nelson, e LEOTE DE CARVALHO, M.ª João, *Violência Doméstica*, p. 95.
BELEZA, Teresa – *Legítima defesa e género feminino*, RCCS, n.° 31, 1991, p. 143.
BELEZA, Teresa Pizarro – *A mulher no Direito Penal*, Cadernos da Condição Feminina, n.° 19, Lisboa, 1984.
BLOCO DE ESQUERDA – *Projecto de Lei n.° 21/VIII – Violência contra a mulher na família, – «crime público» (altera o artigo 152.° do Código Penal, revisto pela Lei n.° 65/ /98)*, disponível na Internet em http://www.parlamento.pt, em 12 de Fevereiro de 2002.
BONINO MÉNDEZ, Luis – *Violencia de género e prevención. El problema de la violencia masculina.*, disponível na Internet em http://www.nodo50.org, em 3 de Março de 2002.
BOUDREAU, Frances – *Elder abuse, in* Hampton et al.(ed.), Family violence: prevention and treatment, New York, Sage Publications, 1993.
BOURDIEU, Pierre – *A Dominação Masculina,* (tradução para a Língua Portuguesa de PEREIRA, M. S.), Oeiras: Celta Editora, 1999.
BRAGA DA CRUZ – *Capacidade patrimonial dos cônjuges*, BMJ, n.° 69, p. 353.

BRAGA DA CRUZ, Ana Maria – *Cobrança da Pensão de Alimentos*, in Direito da Família e Política Social, Porto: Publicações Universidade Católica, 2001, p. 101.
BRAZ RODRIGUES – *Lei do Divórcio – decreto de 3 de Novembro de 1910*, 2.ª edição, actualizada com toda a legislação e jurisprudência, Lisboa: Livraria Morais.
BRAVO, Adolfo – *Carácter da pensão alimentar, e perdas e danos, em caso de divórcio*, Gazeta da Relação de Lisboa, n.º 48, 1935.
BRAVO, Jorge – *O assistente em processo penal*, Scientia Iuridica, 1996, p. 243.
BUNDESKABINETT – *Aktionplan zur Bekämpfung von Gewalt gegen Frauen* 1999, disponível na Internet em http://www.bmfsfj.de, em 10 de outubro de 2002.
BUNDESMINISTERIUM FÜR FAMILIE, SENIOREN, FRAUEN UND JUGEND/ BUNDESMINISTERIUM DER JUSTIZ – *Mehr Schutz bei häuslicher Gewalt*, disponível na Internet em http://www.bmfsfj.de, em 10 de Outubro de 2002.
BURGUIÈRE, André, KLAPISCH-ZUBER, Christiane, SEGALEN, Martine, ZONABEND, Françoise (direcção de) – *História da Família*, vol. 1 – 4, Lisboa, Terramar, 1997.
CAMPOS, Diogo Leite de – *Lições de Direito da Família e das Sucessões*, 2.ª edição actualizada e revista, Coimbra: Almedina, 1997.
CANÇO, Dina – *As mulheres no Censo de 91*, Cadernos da Comissão Feminina, n.º 45, CIDM, Lisboa, 1996.
CANÇO, Dina e CASTRO, Isabel – *Portugal – Situação das Mulheres 2001*, Lisboa: CIDM, 2001.
CAPELO DE SOUSA, R. V. A. – *O direito geral de personalidade*, Coimbra, 1995.
CÁRDENAS, José Eduardo – *Violencia en la pareja – intervenciones para la paz desde la paz*, Granica, Buenos Aires, 1999.
CERDEIRA, Ângela Cristina da Silva – *Da responsabilidade civil dos cônjuges entre si*, Coimbra: Coimbra Editora, 2000.
CHIU, Elaine – *Confronting the agency in battered mothers*, Southern California Law Review, vol. 74, n.º 5 Jul. 2001.
CLARO, João Martins – *O princípio da igualdade*, Nos dez anos da Constituição, Lisboa: Imprensa Nacional Casa da Moeda, 1987.
COMISSÃO DA CONDIÇÃO FEMININA – *Discriminação contra a mulher no Direito da Família*, 1976.
COMISSÃO DE PERITOS PARA O ACOMPANHAMENTO DO PLANO NACIONAL CONTRA A VIOLÊNCIA DOMÉSTICA – *I Relatório Intercalar de Acompanhamento do Plano Nacional contra a Violência Doméstica*, Lisboa, Maio de 2000.
COMISSÃO DE PERITOS PARA O ACOMPANHAMENTO DA EXECUÇÃO DO PLANO NACIONAL CONTRA A VIOLÊNCIA DOMÉSTICA – *Relatório de Acompanhamento do Plano Nacional contra a Violência Doméstica*, disponível na Internet em http://www.cidm.pt, em 10 de Maio de 2002.
COMISSÃO EUROPEIA – *Campagne européenne de sensibilisation contre la violence à l'égard des femmes*, disponível na Internet em http://europa.eu.int, em 9 de Março de 2002.
COMISSÃO EUROPEIA – *Le programme Daphne (2000-2003)*, disponível na Internet em http://europa.eu.int, em 9 de Março de 2002.
COMISSÃO EUROPEIA – *Relatório da Comissão ao Parlamento Europeu sobre o Programa Daphne (2000-2002)*, 2002, disponível na Internet em http://europa.eu.int, em 25 de Julho de 2002.

CONFERÊNCIA MUNDIAL SOBRE DIREITOS HUMANOS – VIENA 1993, *Declaração e Plataforma de Acção*, disponível na Internet em http://www.unhcr.ch.

CONSELHO DA EUROPA – *Family mediation in Europe – Proceedings, 4th European Conference on Family Law, Strasbourg, 1-2 October 1998*, Council of Europe, 2000.

CONSELHO DA EUROPA – *A violência no seio da Família – projecto de recomendação e de exposição de motivos, do comité restrito de peritos sobre a violência na sociedade moderna (PC-R-VS), aprovado na 33.ª sessão plenária do comité director para os problemas criminais (Abril de 1984)*, BMJ n.° 335, 1984, p. 5.

COOK, Philip W. – *The Hidden Side of Domestic Violence*, disponível na Internet em http://www.abusedmen.com, em 23 de Novembro de 2001.

COOK, Philip W. – *Abused Men – The Hidden Side of Domestic Violence*, Praeger, 1997.

CORREIA, Amy, e RUBIN, Jen – *Housing and Battered Women*, disponível na Internet em http://www.vaw.umn.edu, em 21 de Abril de 2002.

CORSI, Jorge, DOHMEN, Mónica Liliana, SOTÉS, Miguel Ángel, con un aporte de MÉNDEZ, Luis Bonino – *Violencia Masculina en la pareja, Una aproximación al diagnóstico y a los modelos de intervención*, Buenos Aires: Paidós, 1999.

CORSI, Jorge (Comp.) – *Violencia Familiar, una mirada interdisciplinaria sobre un grave problema social*, Buenos Aires, Paidos, 1999.

COSTA, Adélia – *Representações Sociais de Homens e Mulheres*, Cadernos da Condição Feminina, n.° 34, CIDM, Lisboa, 1992.

COSTA ANDRADE, Manuel – *Comentário do artigo 149.° do CP*, Comentário Conimbricense do Código Penal – Parte Especial, Tomo 2, dirigido por FIGUEIREDO DIAS, Jorge, Coimbra: Coimbra Editora, 1999.

COSTA ANDRADE, Manuel – *Consenso e Oportunidade*, in Jornadas de Direito Processual Penal: O novo Código de Processo Penal, Coimbra: Almedina, 1995.

COSTA ANDRADE, Manuel – *Sobre as proibições de prova em processo penal*, Coimbra: Coimbra Editora, 1992.

COSTA ANDRADE, Manuel – *Parecer*, CJ, ano VI, tomo I, 1981, p. 6.

COSTA, Eduardo Maia – *Maus tratos entre cônjuges: punir a pedido da vítima ou independentemente da sua vontade?*, in Do crime de Maus Tratos, cadernos Hipátia, n.° 1, Lisboa: APMJ, 2001, p. 42.

COSTA, Eduardo Maia – *Tribuna de Justiça*, Agosto/Setembro de 1985, p. 15 e ss.

COSTA, Maria Emília, e DUARTE, Cidália – *Violência Familiar*, Porto: Ambar, 2000.

COSTA PINTO – *Crime de homicídio privilegiado – Acórdão da Relação de Évora de 4 de Fevereiro de 1997*, RPCC, 1998, p. 279.

CRETNEY, Stephen M. – *Family Law*, London, Sweet & Maxwell, 3.ª edição, 1997.

CUNHA, Conceição Ferreira da – *Comentário do artigo 210.° do CP*, in Comentário Conimbricense do Código Penal – Parte Especial, Tomo 2, dirigido por FIGUEIREDO DIAS, Jorge, Coimbra: Coimbra Editora, 1999.

CUNHA, José Damião da – *A participação dos particulares no exercício da acção penal*, RPCC, ano 8, fasc. 4.°, 1998.

CUNHA, José Damião da – *Algumas reflexões sobre o estatuto do assistente e seu representante no direito processual português*, RPCC, 1995, p. 153.

Declaração de Pequim e a Plataforma de Acção da IV Conferência Mundial das Nações Unidas sobre as Mulheres, Agenda Global n.° 5 – Plataforma de Acção de Pequim

1995 & Iniciativas Futuras, Igualdade de Género, Desenvolvimento e Paz para o Século XXI, CIDM, 2001.

DELGADO, Abel – *O divórcio*, 2.ª Edição, Lisboa: Livraria Petrony, Ld.ª., 1994.

DEVELOPMENTS IN THE LAW – LEGAL RESPONSES TO DOMESTIC VIOLENCE, Harvard Law Review, vol. 106, n.º 7, 1993, p. 1501-1620.

DURHAM, Gena L. – *The Domestic Violence Dilemma: How our ineffective and Varied Responses Reflect Our Conflicted Views of the Problem*, Southern California Law Review, vol. 71, n.º 3, Mar. 1998, p. 641.

EDLESON, J., EISIKOVITS, Z. – *Violencia Domestica: la mujer golpeada y la familia*, (tradução para a Língua Espanhola de Inés Frid), Buenos Aires: Granica, 1997.

El Ciclo de la Violencia, disponível na Internet em http://www.mundomatero.com, em 3 de Março de 2002.

El Ciclo de la Violencia, disponível na Internet em http://www.geocities.com, em 3 de Março de 2002.

EPIFÂNIO, Rui Manuel Lisboa – *Maus tratos a menores – Intervenção do Tribunal de Menores*, RMP, ano 6.º, vol. 23, p. 137.

Estatísticas 2001 do Serviço de Informação às Vítimas de Violência Doméstica, disponíveis na Internet em http://www.apav.pt, em 10 de Outubro de 2002.

Estatísticas da APAV – totais nacionais 2001, disponíveis na Internet em http://www.apav.pt, em 10 de Outubro de 2002.

FAGAN, Jeffrey – *The Criminalization of Domestic Violence: Promises and Limits*, disponível na Internet em http://www.ncjrs.org, em 1 de Março de 2002.

FARREL, Warren – *The myth of male power*, Nova Iorque: Berkley, 1993.

FEDER, Lynette – *Women and Domestic Violence – An Interdisciplinary Approach*, New York – London: The Haworth Press, 1999.

FERREIRA, Amadeu – *Homicídio privilegiado*, 3.ª reimpressão da edição de 1991, Coimbra: Almedina, 2000.

FERREIRA, José Dias – *Código Civil Portuguez Annotado*, Coimbra: Imprensa da Universidade, 1876.

FERNANDO, Rui do Carmo Moreira – *O Ministério Público face à pequena e média criminalidade (em particular, a suspensão provisória do processo e o processo sumaríssimo)*, RMP, n.º 81, 2000, p. 129.

FERRER PÉREZ, Victoria A., e BOSCH FIOL, Esperanza – *Violencia de género y misoginia: Reflexiones psicosociales sobre un possible factor explicativo*, disponível na Internet em http://www.nodo50.org, em 3 de Março de 2002.

FIGUEIREDO, Bárbara – *Maus tratos à criança e ao adolescente (I): situação e enquadramento da problemática*, Psicologia: Teoria, Investigação e Prática, Universidade do Minho, Instituto de Educação e Psicologia, n.º 3, 1998.

FIGUEIREDO DIAS, Jorge de – *Temas Básicos da Doutrina Penal*, Coimbra: Coimbra Editora, 2001.

FIGUEIREDO DIAS, Jorge – *Comentário do artigo 164.º do CP*, in Comentário Conimbricense do Código Penal – Parte Especial, Tomo 1, dirigido por FIGUEIREDO DIAS, Jorge, Coimbra: Coimbra Editora, 1999.

FIGUEIREDO DIAS, Jorge – *Direito Penal Português, Parte geral II, As consequências jurídicas do crime*, Lisboa, 1993.

FINEMAN, Martha Albertson, MYKYTIUK, Roxane – *The Public Nature of Private Violence*, Nova Ioque – Londres: Rouledge, s.d.

FLORES CERDÁN, Dolores – *La Mujer víctima de malos tratos: políticas integradas de actuación*, in AA. VV., La Violencia sobre la mujer en el grupo familiar, Madrid: Editorial Colex, 1999, p. 86-87.

FONTES, David – *What domestic violence presenters don't tell you*, disponível na Internet em http://www.abusedmen.com, em 20 de Novembro de 2001.

GARCÍA ALVAREZ, Pastora, e CARPIO DELGADO, Juana del – *El delito de malos tratos en el ámbito familiar*, Valencia: tirant lo blanch, 2000.

GAUTHIER, Sonia – *La violence conjugale devant la justice, Conditions et contraintes de l'application de la loi*, Montréal: L'Harmattan, 2001.

GIDDENS, Anthony – *Sociology*, 4.ª edição, Polity Press, 2001.

GOMES CANOTILHO, J. J. – *Direito Constitucional*, 6.ª edição, Coimbra: Livraria Almedina, 1993.

GOMES CANOTILHO, J. J. – *Direito Constitucional e Teoria da Constituição*, 5.ª Edição, Coimbra: Almedina, 2000.

GOMES DA SILVA – *O Direito da Família no Futuro Código Civil*, BMJ n.º 65, p. 25.

GONÇALVES DA COSTA, José – *Legalidade versus Oportunidade – Legalidade atenuada, oportunidade regulada*, RMP, n.º 83, 2000.

GOVERNO DA REPÚBLICA PORTUGUESA – *Programa do XV Governo Constitucional*, disponível na Internet em http://www.portugal.gov.pt.

HAMMEAL-URBAN, Robin – *Housing and Battered Women: Using Housing Vouchers to Assist Battered Women Move from Welfare to Work*, disponível na Internet em http://www.vaw.umn.edu, em 21 de Abril de 2002.

HANNA, Cheryl – *No right to choose: mandated victim participation in domestic violence prosecutions*, Harvard Law Review, vol. 109, n.º 8, 1996, p. 1849.

HART, Barbara J. – *Victim issues*, disponível na Internet em http://www.mincava.umn.edu, em 20 de Abril de 2002.

HARWIN, Nicola, HAGUE, Gill, e MALOS, Ellen – *The Multi-Agency Approach to Domestic Violence: New opportunities, old challenges?*, Londres: Whiting & Birch, 1999.

HEARN, Marcellene Elizabeth – *A Thirteenth Amendment Defense of the Violence Against Women Act*, University of Pennsylvania Law Review, vol. 146, 1998, p. 1097.

HÖRSTER, Heinrich Ewald – *A parte geral do código civil português*, Coimbra: Almedina, 1992.

HÖRSTER, Heinrich Ewald – *A Respeito da Responsabilidade Civil dos Cônjuges entre si (ou: a Doutrina da "Fragilidade da Garantia" será válida?)*, Scientia Iuridica, 1995, n.ºs 253/255.

HUGH NATIONS – *Family Homicides – rates by gender – DoJ, 94*, disponível na Internet em http://www.vix.com, em 3 de Março de 2002.

Illiteracy rates, disponível na Internet em http://www.cphrc.org.uk, em 12 de Fevereiro de 2002.

INE, *Censos 2001 – Destaque*, disponível na Internet em http://www.ine.pt, em 3 de Janeiro de 2003.

INE – *Estatísticas do Emprego*, disponível na Internet em http://www.ine.pt, em 3 de Janeiro de 2003.

INE – *Estimativas de População Activa por grupo etário e sexo – valores anuais (1992--1997)*, disponível na Internet em http://www.ine.pt, em 3 de Janeiro de 2003.
KANTOR, Glenda Kaufman, e STRAUS, Murray A. – *The "Drunken Bum" Theory of Wife Beating*, disponível na Internet em http://pubpages.unh.edu, em 5 de Março de 2002.
KANTOR, Glenda Kaufman, e STRAUS, Murray A. – *Substance Abuse as a Precipitant of Wife Abuse*, disponível na Internet em http://pubpages.unh.edu em 5 de Março de 2002.
KINGSLEY, Ben, e JONHSON, Susan – *Elder abuse: the ethical dilemma*, Australian Institute of Criminology, 1993, disponível na Internet em http://www.aic.gov.au.
LEAL-HENRIQUES, M. O., e SIMAS SANTOS, M. J. – Código Penal Anotado, II vol., 3.º edição, Lisboa: Editora Rei dos Livros, 2000.
LEMON, Nancy K. D. – *Domestic Violence Law*, St. Paul, Minn., 2001.
LEUZE-MOHR, Marion – *Häusliche Gewalt gegen Frauen – eine straffreie Zone? Warum Frauen als Opfer männ licher Gewalt in der Partnerschaft auf Strafverfolgung der Täter verzichten – Ursachen, Motivationen, Auswirkungen*, Baden-Baden: Nomos Verlagsgesellschaft, 2001.
LÍBANO MONTEIRO, Cristina – *Comentário do artigo 348.º do CP*, Comentário Conimbricense do Código Penal – Parte Especial, Tomo 3, dirigido por FIGUEIREDO DIAS, Jorge, Coimbra: Coimbra Editora, 2001.
LÍBANO MONTEIRO, Cristina – *Qualificação e privilegiamento do tipo legal de homicídio. Acórdão do Supremo Tribunal de Justiça de 5 de Fevereiro de 1992*, RPCC, ano 6.º, fasc. 1.º, 1996, p. 113.
LOCKE, Lisa M. – *Attitudes toward domestic violence: race and gender issues*, disponível na Internet em http://www.findarticles.com, em 10 de Março de 2002.
LOCKTON, Deborah, e WARD, Richard – *Domestic Violence*, Londres: Cavendish Publishing Limited, 1997.
LOPES CARDOSO, Augusto – *A Administração dos bens do casal*, Coimbra: Almedina, 1973.
LOPES CARDOSO, João – *Partilhas Judiciais (Teoria e Prática)*, vol. 3, 4.ª edição, Coimbra: Almedina, 1991.
LOPES DA MOTA, José Luís – *Protecção das Testemunhas em Processo Penal*, in Estudos em Homenagem a Cunha Rodrigues, vol. I, Coimbra: Coimbra Editora, 2001.
LOURENÇO, Nelson, e LEOTE DE CARVALHO, M.ª João – *Violência Doméstica*, Themis, ano II, n.º 3, 2001.
LOURENÇO, Nelson, LISBOA, Manuel, PAIS, Elza – *Violência contra as mulheres*, Cadernos da Condição Feminina n.º 48, CIDM, Lisboa, 1997.
MACDOWELL, Richard A. – *Battered Spouse Syndrome: Testing the Traditional Limits of South Carolina Law*, Carolina Law Review, vol. 48, n.º 3, 1997, p. 673.
MACKINNON, Catherine A. – *Toward a Feminist theory of the state*, Harvard University Press, 1991.
MACKINNON, Catherine A. – *Reflexions on Sex Equality Under Law*, Yale Law Journal, vol. 100, n.º 5, 1991.
MAGRO SERVET, V. – *La sociedad española ante el reto de la mujer maltratada*, Actualidad Jurídica Aranzadi, ano VIII, n.º 364, 1998.
MAIA GONÇALVES, M. – *Código de Processo Penal Anotado e Comentado*, 11.ª edição, Coimbra: Almedina, 1999.

Maia Gonçalves, M. – *Código Penal Português anotado e comentado e legislação complementar*, 13.ª edição, Coimbra: Almedina, 1999.

Maia Gonçalves, M. – *Código Penal Português anotado e comentado e legislação complementar*, 4.ª edição, revista e actualizada, 1988.

Matias, Carlos – *Casamento e Família no Direito Português*, in Temas de Direito da Família – Ciclo de Conferências no Conselho Distrital do Porto da Ordem dos Advogados, Coimbra: Almedina, 1986.

Matos, Marlene – *Retratos da Violência na Conjugalidade*, RPCC, ano 11, fasc. 1.º, Janeiro – Março 2001.

Melo, Francisco Manuel de (Dom) – *Carta de Guia de Casados*, Mem Martins: Publicações Europa *América, edição n.º 155551/5560, S.D.

Meneses Cordeiro, António – *Os Direitos de Personalidade na civilística portuguesa*, ROA, ano 61, Lisboa, Dez. 2001, p. 1229.

Mills, Linda G. – *Killing her softly: intimate abuse and the violence of state intervention*, Harvard Law Review, vol. 113, n.º 2, Dez. 1999, p. 550.

Ministério da administração interna – *Relatório de Segurança Interna ano 2000*, disponível na Internet em http://www.mai.gov.pt, em 16 de Fevereiro de 2002.

Ministério da justiça – *Actas das sessões da comissão revisora do Código Penal, parte especial*, Lisboa: AAFDL, 1979.

Ministério da justiça – *Código Penal, Actas e Projecto da Comissão de Revisão*, Lisboa: Rei dos Livros, 1993.

Miranda, Jorge – *Manual de Direito Constitucional*, tomo II, Coimbra: Coimbra Editora, 1991.

Miranda, Jorge – *Manual de Direito Constitucional*, tomo IV, Coimbra: Coimbra Editora, 1988.

Mizarela, Fernando – *A «Sanção Civil» do artigo 1790.º do C.C. ou o Cônjuge Declarado Culpado e os Efeitos Patrimoniais do Divórcio*, Revista do Conselho Distrital do Porto da O.A., n.º 20, Dez. 2001.

Montero Gómez, Andrés – *El Síndrome de Estocolmo Doméstico en Mujeres Maltratadas*, disponível na Internet em http://www.nodo50.org, em 3 de Março de 2002.

Montero Gómez, Andrés – *Princípio da ingerencia ante la violencia contra la mujer*, disponível na Internet em http://www.nodo50.org, em 3 de Março de 2002.

Montero Gómez, Andrés – *Síndrome de Adaptación paradójica a la violencia doméstica*, disponível na Internet em http://www.nodo50.org, em 3 de Março de 2002.

Montero Gómez, Andrés – *Shaping the Ethiology of the Stockholm Syndrome. Hypothesis of the Induced Mental Model*, disponível na Internet em http://fs-morente.filos.ucm.es, em 20 de Março de 2002.

Montero Gómez, Andrés – *Tratamiento del maltratador*, disponível na Internet em http://www.nodo50.org, em 3 de Março de 2002.

Moreira das Neves, José Francisco – *Violência conjugal: um problema sem fronteiras*, disponível na Internet em http://www.verbojurídico.net, em 6 de Abril de 2002.

Morley, Rebecca – *Is law reform a solution to domestic violence? A look at recent family law reform on protection from domestic violence*, in Tomé, M. J./Sottomayor, M. C., Direito da Família e Política Social, Publicações Universidade Católica, Porto, 2001.

Mujer y Violencia: análisis, disponível na Internet em http://www.nodo50.org, em 3 de Março de 2002.

MULLENDER, Audrey – *Rethinking Domestic Violence, The Social Work and Probation Response*, 2.ª Reimpressão, Londres e Nova Iorque, 2002.
MUSLIM WOMEN'S LEAGUE – *An Islamic Perspective on Violence Against Women*, disponível na Internet em http://www.mwlusa.org, em 20 de Abril de 2002.
NEGRÃO, F., e BISCAIA, J. – *As crianças e os maus tratos*, Brotéria, Revista de cultura, vol. 149,1999, p. 344 e ss.
NERSON, M. Roger – *De l'application de l'article 1382 du Code civil dans les rapports entre époux*, Revue Trimestrielle de Droit Civil, 1966.
O'BRIEN, Mary K. – *School-Based Education and Prevention Programs*, in Sourcebook on Violence against Women, California: Sage Publications, 2001, p. 387 e ss.
OLIVEIRA ASCENSÃO, José – *Direito Civil – Teoria Geral*, vol. I, Coimbra: Coimbra Editora, 1997.
OLIVEIRA, Guilherme – *Temas de Direito da Família*, 2.ª edição aumentada, Coimbra: Coimbra Editora, 2001
ONU – *Resolução da Assembleia Geral n.º 48/104 de 20 de Dezembro de 1993*, disponível na Internet em http://nodo50.org, em 3 de Março de 2002.
ONU – *Violence in the family*, United Nations Interregional Crime and Justice Institute – UNICRI, n.º 4, 1995.
ORBELIES, Dagmar – *Homicidio entre hombres y mujeres*, disponível na Internet em http://themis.matriz.net, em 26 de Março de 2002.
OSÓRIO, Luís – *Notas ao Código Penal Português*, Coimbra: França e Arménio, Editores, 1917.
PAIS, Elza M. H. D. – *Homicídio Conjugal em Portugal*, Lisboa: Hugin, 1998.
PAIS, Elza – *Tipologia do homicídio conjugal em Portugal: contextos e especificidades*, Revista de Psicologia: Teoria, Investigação e Prática, 1999, vol. 2, p. 323.
PALMA, M. Fernanda – *A teoria do crime como teoria da decisão penal (Reflexão sobre o método e o ensino do Direito Penal)*, RPCC, ano 9, fasc. 4.º, 1999, p. 575 e ss.
PARLAMENTO EUROPEU – *Resolução n.º A4-0250/97 (Resolução sobre uma campanha europeia sobre tolerância zero na violência contra as mulheres)*, disponível na Internet em http://nodo50.org, em 3 de Março de 2002.
PASCAL, Gillian, LEE, Sarah-J, MORLEY, Rebecca, PARKER, Susan – *Changing housing policy: women escaping domestic violence*, The Journal of Social Welfare & Family Law, vol. 23, n.º 3, 2001, p. 293.
PCP – *Projecto de Lei n.º 58/VIII – Reforça as medidas às mulheres vítimas de violência*, disponível na Internet em http://www.parlamento.pt, em 12 de Fevereiro de 2002.
PCP – *Projecto de Lei n.º 58/VIII – Reforça as medidas às mulheres vítimas de violência: exposição de motivos*, disponível na Internet, em http://www.parlamento.pt, em 12 de Fevereiro de 2002.
PEARSON, Patricia – *When she was bad: Violent women and the myth of innocence*, Viking, 1997.
PEREIRA COELHO, Francisco, e OLIVEIRA, Guilherme – *Curso de Direito da Família*, vol. I, Introdução, Direito Matrimonial, 2.ª edição, Coimbra Editora, Coimbra, 2001.
PEREIRA COELHO, Francisco – *Curso de Direito da Família*, Coimbra, 1986.
PEREIRA COELHO, Francisco – *Casamento e Família no Direito Português*, in Temas de Direito da Família – Ciclo de Conferências no Conselho Distrital do Porto da Ordem dos Advogados, Coimbra: Almedina, 1986.

PEREIRA, Rui Carlos – *Justificação do facto e erro em direito penal*, in Casos e Materiais de Direito Penal, Coimbra: Almedina, 2000, p. 139.

PEREIRA VAZ, Manuel A. P. – *Lei e Reserva da Lei: A causa da Lei na Constituição Portuguesa de 1976*, Porto, 1996.

PÉREZ CARRACEDO – *Maltrato – del miedo a la denuncia*, disponível na Internet em http://www.nodo50.org, em 3 de Março de 2002.

PESSOA JORGE, Fernando S. L. – *Ensaio Sobre os pressupostos da Responsabilidade Civil*, (Reimpressão), Coimbra: Almedina, 1999.

PIRES, António Pedro – *Mulheres Violentadas*, Lisboa: A Regra do Jogo Edições, Comissão da Condição Feminina, 1985.

PIRES DE LIMA e ANTUNES VARELA – *Código Civil Anotado*, volume IV, Coimbra Editora, 1975.

PIRES DE LIMA e ANTUNES VARELA – *Código Civil Anotado*, volume IV, Coimbra Editora, 1992.

PROCURADORIA-GERAL DA REPÚBLICA – *Circular n.° 2/98*, disponível na Internet em http://www.pgr.pt, em 27 de Junho de 2002.

Quincy Court Model Domestic Abuse Program, disponível na Internet em http://www.ksg.harvard.edu, em 24 de Março de 2002.

RAMIÃO, Tomé d'Almeida – *Divórcio por Mútuo Acordo (DL. n.° 272/2001) Anotado e Comentado – Legislação Complementar*, 2.ª edição (revista e ampliada,) (reimpressão), Lisboa: Quid Juris?, 2002.

RELATÓRIO ANUAL DA PROCURADORIA-GERAL DA REPÚBLICA – 2000, disponível na Internet em http://www.pgr.pt, em 6 de Abril de 2002.

RELATÓRIO ANUAL DA PROCURADORIA-GERAL DA REPÚBLICA – 1999, disponível na Internet em http://www.pgr.pt, em 6 de Abril de 2002.

RIBEIRO DE FARIA, Jorge, *O processo de adesão segundo o novo Código de Processo Penal, reflexões muito breves*, Coimbra, 1991.

RIBEIRO DE FARIA, Jorge, *Indemnização por Perdas e Danos arbitrada em Processo Penal – O chamado Processo de Adesão*, Coimbra: Almedina, 1978.

ROCA, Encarna – *Familia y cambio social (De la "casa" a la persona)*, Madrid: Civitas, 1999.

RODRIGUES, Julieta Almeida – *Continuidade e mudanças nos papéis das mulheres portuguesas urbanas – o aparecimento de novas estruturas familiares*, Cadernos da Condição feminina, n.° 40, CIDM, Lisboa, 1995.

ROLD, Renée L. – *All States Should Adopt Spousal Privilege Exception Statutes*, disponível na Internet em http://www.mobar.org, em 1 de Abril de 2002.

ROSMANINHO, Teresa – *Violência Doméstica em Portugal*, BOA, n.° 19, 2002.

RUIZ VADILLO, Enrique – *Las violencias físicas en hogar*, Actualidad Jurídica Aranzadi, ano VIII, n.° 326, 1998.

RUGGI, Suzanne – *Honor Killings in Palestine*, disponível na Internet em http://www.merip.org, em 21 de Abril de 2002.

RUMNEY, Philip N. S. – *When Rape Isn't Rape: Court of Appeal Sentencing Practice in Cases of Marital and Relationship Rape*, Oxford Journal of Legal Studies, vol. 19, n.° 2, 1999.

SÁ GOMES, Catarina – *O Crime de Maus Tratos Físicos e Psíquicos infligidos ao Cônjuge ou ao Convivente em Condições Análogas às dos Cônjuges*, Lisboa, 2002.

Sagrada Bíblia, Genesis, 2, 22.

SANI, Ana Isabel – *As vítimas silenciosas: a experiência da vitimação indirecta nas crianças*, Psicologia: Teoria, Investigação e Prática, Universidade do Minho, Instituto de Educação e Psicologia, n.º 2, 1999.

SANMARTÍN, José – *La Violencia y sus claves*, Barcelona: Editorial Ariel, S.A., 2000.

SANTANA VEGA, Dulce Maria – *Principio de oportunidad y sistema penal*, Anuario de Derecho Penal y ciencias penales, tomo XLVII, fasc. II, Maio – Agosto, 1994.

SANTIAGO, Rodrigo – *Sobre a prova pericial no Código de Processo Penal de 1987*, RPCC, ano 11, Fasc. 3.º, 2001.

SARACENO, Chiara – *Sociologia da Família*, Editorial Estampa, Lisboa, 1997.

SEGALEN, Martine – *Sociologia da Família*, Terramar, Lisboa, 1999.

SEIÇA, A. Medina de – *Prova Testemunhal: recusa de depoimento de familiar de um dos arguidos em caso de co-arguição*, RPCC, ano 6, fasc. 3.º, 1996.

SERRAT MORÉ, Dolores – *Violencia doméstica y género: aspectos médico-legales*, disponível na Internet em http://www.aragob.es, em 2 de Fevereiro de 2002.

SHEPARD, Melanie F., e PENCE, Ellen L. – *Coordinating Community Responses to Domestic Violence, Lessons from Duluth and Beyond*, Sage Publications, Thousand Oaks – London, 1999.

SHOR, Elizabeth – *Domestic Abuse and Alien Women in Immigration Law: Response and Responsibility*, Cornell Journal of Law and Public Policy, vol. 9, n.º 3, 2000.

SIEGEL, Reva B. – *The Rule of Love: Wife Beating as Prerogative and Privacy*, The Yale Law Journal, vol. 105, n.º 8, 1996.

SILVA, Germano Marques da – *A Reforma do Código de Processo Penal e as perspectivas de evolução do direito processual penal*, Scientia Iuridica, tomo XLVIII, n.ºs 277/279, 1999.

SILVA, Luísa Ferreira da – *Entre marido e mulher alguém meta a colher*, Celorico de Basto: À Bolina, 1995.

SINDE MONTEIRO, Jorge – *Dano corporal (Um roteiro do direito português)*, RDE, 15, 1989, p. 370.

SOMMERS, Christina Hoff – *Who stole feminism: How women betrayed women*, Simkon and Schuster, 1996.

SOTTOMAYOR, Maria Clara – *Regulação do Exercício do Poder Paternal nos Casos de Divórcio*, 3.ª edição – revista, aumentada e actualizada, Coimbra: Almedina, 2000.

STANG DAHL – *O direito das mulheres – uma introdução à teoria do direito feminista*, tradução portuguesa, Lisboa: Fundação Calouste Gulbenkian, 1993.

TAIPA DE CARVALHO, Américo – *Comentário do artigo 152.º do CP*, in Comentário Conimbricense do Código Penal – Parte Especial, Tomo 1, dirigido por FIGUEIREDO DIAS, Jorge, Coimbra: Coimbra Editora, 1999.

TAIPA DE CARVALHO, Américo – *A Legítima Defesa: da fundamentação teorético-normativa e preventivo-geral e especial à redefinição dogmática*, Coimbra: Coimbra Editora, 1995.

TEIXEIRA, Carlos Adérito – *Suspensão Provisória do Processo: fundamentos para uma justiça consensual*, RMP, n.º 86, 2001.

TEIXEIRA REBELLO, João M. Pacheco – *Código Penal Annotado*, 3.ª edição, Lisboa, 1905.

THE LIBRARY OF CONGRESS – *Portugal – A Country Study*, disponível na Internet em http://lcweb2.loc.gov, em 17 de Abril de 2002.

TOFFEL, Hope – *Crazy Women, Unharmed Men, and Evil Children: Confronting the Myths About Battered People Who Kill Their Abusers, And the Argument for Extending Battering Syndrome Self-Defense to all Victims of Domestic Violence*, Southern California Law Review, vol. 70, n.° 1, Nov. 1996, p. 337.

TOMÉ, Maria João – *O Direito da Segurança Social e a Mulher Divorciada em Portugal*, Direito da Família e Política Social, Porto: Publicações Universidade Católica, 2001, p. 123.

TOMÉ, M.ª João – *O direito à pensão de reforma enquanto bem comum do casal*, Coimbra: Coimbra Editora, 1997.

TOMÉ, M.ª João – *Segurança Social (Direito da)*, Separata do 1.° Suplemento do Dicionário Jurídico da Administração Pública, p. 452.

TOMÉ, M.ª João – *Child Support as an Effect of Divorce in Portugal and Europe*, in NAGEL, Stuart S. – Handbook of Global Legal Policy, Nova Iorque, 2000, p. 254.

TORRÃO, Fernando J. S. P. – *A Relevância Político-criminal da Suspensão Provisória do Processo*, Coimbra: Almedina, 2000.

TORRES, A. M. Pinheiro – *Em Defesa dos Direitos da Família – a Bioética*, Lisboa: Editora Rei dos Livros, 1999.

TRIBUNAL SUPREMO – *Delito de violencia doméstica: substantividad del tipo penal*, Actualidad Jurídica Aranzadi, ano X, n.° 449, 2000.

VASQUINHAS, Irene Maria – *Violência, Justiça e Sociedade Rural – Os campos de Coimbra, Montemor-o-Velho e Penacova de 1858 a 1918*, Porto: Edições Afrontamento, 1995.

VICENTE, Ana – *As mulheres em Portugal na Transição do Milénio – Valores – Vivências – Poderes nas Relações Sociais entre os Dois Sexos*, Lisboa: Multinova, 1998.

VICENTE, Ana – *Direitos das Mulheres/ Direitos Humanos*, Cadernos da Condição Feminina, n.° 59, Liboa, CIDM, 2000.

VICENTE, Gil – *Farsa de Inês Pereira*, Teatro de Gil Vicente, Auto da Índia, Auto da Barca do Inferno, Auto da Barca do Purgatório, Farsa de Inês Pereira, 6.ª edição, Biblioteca Ulisseia de Autores Portugueses, 2001.

VIEIRA DE ANDRADE, José Carlos – *Os Direitos Fundamentais na Constituição Portuguesa de 1976*, 2.ª edição, Coimbra: Almedina, 2001.

Violência Contra as Mulheres: Tolerância Zero – Encerramento da campanha Europeia. Actas da Conferência Europeia, 4-6 de Maio de 2000, Cadernos da Condição Feminina n.° 57, CIDM, 2000.

VIRGILIO, Maria – *Ley e Derecho Penal sobre Violencia contra las Mujeres: una premissa de método*, disponível na Internet em http://themis.matriz.net, em 26 de Março de 2001.

WALKER, Lenore – *The Battered Woman*, Nova Iorque: HarperPerennial, 1979.

OUTRAS REFERÊNCIAS

ANA LUZIA REIS, in ALMEIDA, São José, *Reforçar o Combate e o Apoio às Vítimas*, Jornal PÚBLICO (19 de Outubro de 2002).

BRAGA DA CRUZ, Ana Maria, *Não podemos ignorar*, disponível na Internet em http://www.pagina-da-educação.pt, em 29 de Setembro de 2002.

CHAVES, Henrique, DAR n.º 12, 01/VIII, 1.ª série, de 26 de Novembro de 1999, p. 0434.
DAR n.º 26, 01/VIII, 1.ª série, de 14 de Janeiro de 2000, p. 0989 e 1005 e ss.
Jornal PÚBLICO, *Violência doméstica longe dos tribunais*, 19 de Outubro de 2002, p. 1.
LUSA, *Governo vai lançar novo plano contra a violência doméstica*, disponível na Internet em http://www.vizzavi.pt, em 29 de Setembro de 2002.
MANSO, Ana, in ALMEIDA, São José, *Reforçar o Combate e o Apoio às Vítimas*, Jornal PÚBLICO (19 de Outubro de 2002).
MATOS FERNANDES, DAR n.º 81, 04/VII, 1.ª série, de 6 de Maio de 1999, p. 2929.
MOTA, Fátima, Fundação Bissaya Barreto, em entrevista ao Jornal de Notícias, 18 Nov. 2001, p. 6.
SANTOS, Odete, DAR n.º 86, 04/V, 1.ª série, de 4 de Junho de 1991, p. 2812.
SANTOS, Odete, DAR n.º 81, 04/VII, 1.ª série, de 6 de Maio de 1999, p. 2930.

JURISPRUDÊNCIA CITADA

SUPREMO TRIBUNAL DE JUSTIÇA

– Ac. do STJ de 31 de Março de 1944, in BRAZ RODRIGUES – *Lei do Divórcio – decreto de 3 de Novembro de 1910*, 2.ª edição, actualizada com toda a legislação e jurisprudência, Lisboa: Livraria Morais, p. 186.
– Ac. do STJ de 17 de Fevereiro de 1983, BMJ, n.º 324, p. 584.
– Ac. do STJ de 18 de Outubro de 1989, CJ, XIV, tomo 4, p. 20.
– Acórdão do STJ de 5 de Fevereiro de 1992, in LÍBANO MONTEIRO, Cristina, *Qualificação e privilegiamento do tipo legal de homicídio. Acórdão do Supremo Tribunal de Justiça de 5 de Fevereiro de 1992*, RPCC, ano 6.º, fasc. 1.º, 1996, p. 113.
– Ac. do STJ de 7 de Julho de 1994 (processo n.º 42.887/3.ª), in MAIA GONÇALVES, M. – *Código Penal Português anotado e comentado e legislação complementar*, 13.ª edição, Coimbra: Almedina, 1999, p. 471.
– Ac. do STJ de 25 de Janeiro de 1996 (processo n.º 48.375 da 3.ª secção), disponível na Internet em http://www.cidadevirtual.pt, em Março de 2002.
– Ac. do STJ de 8 de Janeiro de 1997, disponível na Internet em http://www.stj.pt, em 7 de Janeiro de 2002.
– Ac. do STJ de 13 de Novembro de 1997, disponível na Internet em http://www.stj.pt, em 7 de Janeiro de 2002.
– Ac. do STJ de 14 de Novembro de 1997, CJ, tomo III, p. 235.
– Ac. do STJ de Abril de 2001 (Revista n.º 4068/00, da 7.ª secção), disponível na Internet em http://www.cidadevirtual.pt, em 6 de Abril de 2002.

TRIBUNAIS DA RELAÇÃO

– Ac. da Relação de Lisboa de 9 de Março de 1938, in BRAZ RODRIGUES – *Lei do Divórcio – decreto de 3 de Novembro de 1910*, 2.ª edição, actualizada com toda a legislação e jurisprudência, Lisboa: Livraria Morais, p. 191.
– Ac. da Relação de Lisboa de 3 de Maio de 1952, BMJ n.º 33, 1952, p. 285.
– Ac. da Relação de Lisboa de 6 de Março de 1981, in MIZARELA, Fernando, *A «Sanção Civil» do artigo 1790.º do C.C. ou o Cônjuge Declarado Culpado e os Efeitos Pa-*

trimoniais do Divórcio, Revista do Conselho Distrital do Porto da O.A., n.º 20, Dez. 2001, p. 85.
- Ac. da Relação de Lisboa de 4 de Julho de 1984; CJ, IX, tomo IV, p. 132.
- Ac. da Relação de Lisboa de 2 de Maio de 1995, CJ, XX, tomo III, p. 153.
- Ac. da Relação de Lisboa, de 6 de Junho de 2001, disponível na Internet em http://www.dgsi.pt, em 21 de Novembro de 2002.
- Ac. da Relação de Coimbra de 28 de Março de 1984, CJ, IX, tomo II, p. 70.
- Ac. da Relação de Coimbra de 30 de Maio de 1984, BMJ n.º 337, p. 417.
- Ac. da Relação de Coimbra de 5 de Julho de 1984, BMJ n.º 339, p. 470.
- Ac. da Relação do Porto de 22 de Março de 1995, disponível na Internet em http://www.rp.pt, em 6 de Dezembro de 2001.
- Ac. da Relação do Porto de 14 de Maio de 1997, disponível na Internet em http://www.rp.pt, em 6 de Dezembro de 2001.
- Ac. da Relação do Porto de 17 de Junho de 1998, CJ, XXIII, tomo III, p. 239.
- Ac. da Relação do Porto de 31 de Janeiro de 2001, disponível na Internet em http://www.trp.pt, em 7 de Janeiro de 2002.
- Ac. da Relação de Évora de 28 de Abril de 1977, CJ, II, 2, 1977, p. 367.

TRIBUNAIS DE 1.ª INSTÂNCIA

- Sentença do Tribunal da Comarca de Valpaços, de 24 de Outubro de 1925, *in* BRAZ RODRIGUES – *Lei do Divórcio – decreto de 3 de Novembro de 1910*, 2.ª edição, actualizada com toda a legislação e jurisprudência, Lisboa: Livraria Morais, p. 193.
- Sentença do Tribunal da Comarca de Figueira de Castelo Rodrigo, de 7 de Fevereiro de 1927, *in* BRAZ RODRIGUES – *Lei do Divórcio – decreto de 3 de Novembro de 1910*, 2.ª edição, actualizada com toda a legislação e jurisprudência, Lisboa: Livraria Morais, p. 191.
- Ac. do 4.º Juízo Criminal Tribunal da Comarca de Matosinhos, no âmbito do processo n.º 590/99.9 GBMTS.
- Ac. do 1.º Juízo Criminal do Tribunal Judicial da Comarca de Matosinhos, no âmbito do processo n.º 357/01.06 PCMTS.
- Sentença do 3.º Juízo do Tribunal Judicial da Comarca da Maia, no âmbito do processo n.º 1193/00.2 PAMAI, de 6 de Março de 2002.

ÍNDICE

Nota Prévia 7
Abreviaturas mais utilizadas 9

INTRODUÇÃO

1. Definição do objecto. Plano 13

PARTE I
Violência Conjugal em Portugal: Enquadramento Teórico e Histórico

I.1. A violência conjugal como caso específico de violência doméstica 21
    I.1.1. *O conceito de violência conjugal* 24

I.2. Algumas notas históricas sobre a problemática da violência conjugal em Portugal 28
    I.2.1. *Generalidades* 28
    I.2.2. *O século XIX* 31
    I.2.3. *A Primeira República e a Lei do Divórcio de 1910* 36
    I.2.4. *O Estado Novo* 37
    I.2.5. *O Período pós 25 de Abril* 41

I.3. Violência conjugal: contributos das ciências sociais para a compreensão do fenómeno 44
    I.3.1. *O ciclo da violência* 45
    I.3.2. *Pseudo-justificações da violência conjugal* 45
    I.3.3. *Violência conjugal: um problema de género?* 50
    I.3.4. *Contributos para uma tentativa de compreensão do fenómeno da violência conjugal* 54

PARTE II
Violência Conjugal em Portugal: da Intervenção do Estado

II.1. Da legitimidade da intervenção do Estado em sede de violência conjugal . 61
    II.1.1. *Motivações Constitucionais* 62
    II.1.2. *Motivações do Direito Internacional* 67

II.2.	**Espécies de intervenção do Estado**.....................................	71
	II.2.1. *Intervenção preventiva primária ou intervenção preventiva em sentido estrito e intervenção preventiva secundária ou intervenção pós--conflitual*..	71
	II.2.2. *A intervenção preventiva em sentido estrito ou intervenção preventiva primária*	72
	II.2.3. *A intervenção preventiva secundária ou intervenção pós-conflitual. Preponderância desta espécie de intervenção*........................	76
II.3.	**Espécies de intervenção estadual pós-conflitual**	76
	II.3.1. *As sanções penais*..	76
	II.3.1.1. *O crime de maus tratos a cônjuge*	78
	II.3.1.1.1. *Evolução legislativa*....................................	78
	II.3.1.1.2. *Breve comentário à Lei n.º 7/2000, de 27 de Maio*.....	82
	II.3.1.1.2.1. *Algumas considerações sobre a natureza pública do crime de maus tratos a cônjuge*	83
	II.3.1.1.2.1.1. *Da admissibilidade da intervenção de associações de mulheres no processo penal*	86
	II.3.1.1.2.2. *A suspensão provisória do processo a pedido da vítima*	89
	II.3.1.1.2.3. *A pena acessória de proibição de contacto com a vítima e/ou de afastamento da residência desta*	97
	II.3.1.1.3. *O tipo legal de crime de maus-tratos a cônjuge*	100
	II.3.1.1.3.1. *Sua inserção sistemática no artigo 152.º da CP*......	100
	II.3.1.1.3.2. *Do bem jurídico protegido*	102
	II.3.1.1.3.3. *Da exigência de reiteração*	103
	II.3.1.1.3.4. *Das causas de justificação*	107
	II.3.1.1.3.5. *O erro sobre a ilicitude como causa de desculpação no crime de maus tratos a cônjuge*...................	109
	II.3.1.1.4. *O problema da prova no crime de maus tratos a cônjuge*	111
	II.3.1.1.4.1. *A possibilidade de recusa de testemunho do cônjuge vítima*...	112
	II.3.1.1.4.2. *Outros meios de prova*...............................	119
	II.3.1.1.5. *Conclusões*..	122
	II.3.1.2. *O crime de violação (breve referência)*.....................	123
	II.3.1.3. *O crime de homicídio*..	127
	II.3.1.4. *A (in) adequação e/ou (in) suficiência da reacção criminal* .	136
	II.3.2. *As sanções civis*	139
	II.3.2.1. *A responsabilidade civil*.......................................	139
	II.3.2.1.1. *Generalidades*	139
	II.3.2.1.2. *Pressupostos e modalidades da obrigação de indemnização*..	141
	II.3.2.1.3. *Via processual de exercício do direito à indemnização*.	144
	II.3.2.1.4. *Momento em que deve ser exercido o direito à indemnização*..	146
	II.3.2.1.5. *Dificuldades práticas no recurso à acção de indemnização*..	149

	II.3.2.2. *Outras providências adequadas às circunstâncias do caso – o artigo 70.°, n.° 2, 2.ª parte do Código Civil*................	150
	II.3.2.2.1. *Providências preventivas e providências atenuantes...*	151
	II.3.2.2.2. *Do processo tendente ao decretamento das providências adequadas às circunstâncias do caso*................	152
	II.3.2.2.3. *Da coercibilidade das providências adequadas decretadas*...............	154
	II.3.2.2.4. *Algumas considerações sobre a aplicabilidade prática das providências adequadas às circunstâncias do caso.*	156
II.3.3.	**A modificação e dissolução do vínculo conjugal**.............	160
	II.3.3.1. *Generalidades*...............	160
	II.3.3.2. *O Divórcio*...............	161
	II.3.3.2.1. *Divórcio por Mútuo Consentimento e Divórcio Litigioso; Fundamentos do Divórcio Litigioso*............	161
	II.3.3.2.2. *Da natureza sancionatória do Divórcio*............	164
	II.3.3.3. *A Separação de Pessoas e Bens (breve referência)*.......	166
	II.3.3.4. *Algumas considerações sobre a eficácia do divórcio e da separação de pessoas e bens como reacção à violência conjugal*...............	166
II.3.4.	**Outras espécies de intervenção estadual**...............	168
	II.3.4.1. *Generalidades*...............	169
	II.3.4.2. *A Lei n.° 61/91, de 13 de Agosto – garante protecção adequada às mulheres vítimas de violência*...............	170
	II.3.4.2.1. *Da (in) constitucionalidade da Lei n.° 61/91 de 13 de Agosto*...............	172
	II.3.4.3. *A Lei n.° 107/99, de 3 de Agosto – criação da rede pública de casas de apoio a mulheres vítimas de violência e respectiva regulamentação mediante o Decreto-Lei n.° 323/2000 de 19 de Dezembro*...............	176
	II.3.4.4. *O Decreto-Lei n.° 423/91, de 30 de Outubro – estabelece o regime jurídico de protecção às vítimas de crimes violentos.*	179
	II.3.4.5. *Lei n.° 129/99, de 20 de Agosto – aprova o regime aplicável ao adiantamento pelo Estado da indemnização devida às vítimas de violência conjugal*...............	182
	II.3.4.5.1. *Regime aplicável ao adiantamento pelo Estado da indemnização devida às vítimas de violência conjugal versus regime jurídico de protecção às vítimas de crimes violentos*...............	184
	II.3.4.6. *Resolução n.° 55/99, de 27 de Maio – estabelece o Plano Nacional contra a Violência Doméstica*...............	187
	II.3.4.6.1. *Plano Nacional contra a Violência Doméstica: Objectivo I – Sensibilizar e prevenir*...............	188
	II.3.4.6.2. *Plano Nacional contra a Violência Doméstica: Objectivo II – Intervir para proteger a vítima de violência doméstica*...............	190
	II.3.4.6.3. *Plano Nacional contra a Violência Doméstica: Objectivo III – Investigar/estudar*...............	196

PARTE III
Apreciação da Intervenção Estadual em Sede de Violência Conjugal

III.1. **Generalidades** 201

III.2. **Da competência dos tribunais em matéria de violência conjugal** 202

III.3. **A mediação como resposta à violência conjugal** 205

III.4. **A política de habitação como factor de não revitimação** 208

III.5. **A intervenção junto do agressor** 212

III.6. **O modelo de Duluth: um caminho a seguir?** 214

Conclusões 217

ANEXO – Legislação e documentos afins relativos à violência conjugal 227

Bibliografia citada 301

Outras referências 312

Jurisprudência citada 313

Índice 315